英国近代早期
传记名篇

启真馆 出品

西方传记经典

英国近代早期传记名篇

[英] 乔治·卡文迪什
艾萨克·沃尔顿 著

王宪生 译

ZHEJIANG UNIVERSITY PRESS
浙江大学出版社

译者前言

　　英格兰人写传记，实际上从文艺复兴时期才开始，而且早期多是描写君主和圣徒，或是与其类似的道德楷模，后来才逐渐扩大到其他领域的名人。托马斯·莫尔爵士死后，其大女婿威廉·罗珀写了《莫尔传》[①]。枢机主教沃尔西死后，其礼宾官卡文迪什写了《沃尔西传》。后来又有了富勒的《英格兰名人传》、奥布里的《名人小传》、[②] 沃尔顿的《传记集》、海军军官佩皮斯的《日记》等传记作品。本书呈献给读者的，就是卡文迪什的《沃尔西传》和沃尔顿为政教两界五位名人所写的传记合集。

　　乔治·卡文迪什（George Cavendish，约 1500—1561/1562）是英国历史上第一个重要的传记作家，也是第一个转变观念，不再局限于为圣徒和君主立传的人。他出身于名门世家，父亲是英格兰财政部官员，可能是凭借父亲的关系，卡文迪什年轻时就当上了沃尔西（Thomas Wolsey，约 1475—1530 年）最贴身的礼宾官，后来一

[①]　中译文作为附录收入［英］弗朗西斯·培根：《英王亨利七世本纪》王宪生译，北京：北京时代华文书局，2016 年。

[②]　［英］约翰·奥布里：《名人小传》，王宪生译，北京：北京时代华文书局，2014 年。

直服侍沃尔西咽下最后一口气。当时沃尔西如日中天，位极人臣，要做他身边的仆人绝非易事。而卡文迪什对主子忠心耿耿，主子倒台后仍然不离不弃，赢得了主子的绝对信任，沃尔西的很多秘密他都知晓。由于这一原因，连国王也对卡文迪什刮目相看，沃尔西死后，亨利八世也想雇他为自己效力。

卡文迪什"总是想见陌生人，想结识陌生人，尤其是位高权重的人"。服侍沃尔西则满足了他这一愿望。他是礼宾官，要一直不离主人左右，负责主人的各种应酬，这给了他近距离观察沃尔西、结识各种人物的绝佳机会。所以，他在传记里描写的很多场景都是独一无二的，在其他文献里根本见不到。比如他较为详细地描写了教皇的特别法庭审理亨利八世的离婚案，让读者清楚地了解到国王离婚的缘由、王后的态度和各方人物的复杂心理，而这些细节并不见于其他文献。

卡文迪什在服侍沃尔西期间很可能记了笔记，否则他不太可能在多年之后写传记时，将那么多事件及其时间、地点写得那么清楚，将很多谈话内容记述得那么详尽。卡文迪什在传记里称西班牙国王菲利普二世为"我们的主子"，说明这部传记是写于1554—1558年，因为在此期间菲利普是英格兰女王玛丽一世的丈夫，凭借这一身份才能成为英格兰人的"主子"，而此时离沃尔西去世已经有二十多年了。

沃尔西死后二十多年卡文迪什才为主子立传，说明他一开始并没有打算写。但后来他看到有关主子的很多虚假传言，觉得有必要写一部传记来澄清事实，这才促使他拿起笔来。卡文迪什语言简洁生动，和其同代人相比不太注重修辞，但刻画的人物无不给人留下深刻的印象，对后世也产生了很大影响。如莎士比亚的《亨利八世》，剧中描写国王和王后在特别法庭上的陈述，还有沃尔西看望王后的场景，明显受到卡文迪什《沃尔西传》的影响，有些语言甚至和卡文迪什的原话相差无几。

《沃尔西传》的最大看点，就是从沃尔西的盛衰荣辱中折射出的英格兰强大的王权和微妙的政教关系。由于历史和地理位置的原因，自十一世纪诺曼入侵以来，英格兰的王权就比欧洲大陆各国的王权享有更多的独立性。只是在教皇英诺森三世时期，罗马教廷的权力达到顶峰时，英格兰国王约翰才对教皇屈服过。英诺森去世后，英王还是不把教皇放在眼里。英格兰教会圣职的任命权仍然掌握在国王手里，教皇不过是认可一下而已。从《沃尔西传》里我们可以看出，沃尔西从主教、大主教、枢机主教、教皇特使一路高升，都是国王提携的结果，和罗马教廷基本上没有多大关系，国王只要和罗马打个招呼就行了。这一点沃尔西本人非常清楚，也多次公开承认，连最后他被免职、财产被没收以后也是这样说，可见英格兰的王权有多大。

但即便在英格兰王权达到顶峰的都铎时期，英王虽然可以将枢机主教和教皇特使玩弄于股掌之中，但还是要给予罗马教廷应有的面子，在有些事情上不敢自行其是，还要请示教廷征得同意以后才能名正言顺地做。最明显的例子就是亨利八世的离婚案。尽管亨利已拿定主意要离婚，但还是要由教皇的特别法庭来审理，法庭最后没有判决离婚，亨利选择了耐心等待，并不敢贸然行事。只是到了最后安妮小姐怀了孕，不能再拖下去了，亨利才被迫抛开罗马自行解决，身不由己地走上了宗教改革的道路。假如安妮当时没有怀孕，这件事如何收场还真是不好说，甚至英格兰的历史被改写也有可能。当时罗马教廷的权威虽然大不如前，但对广大教徒来说仍有精神上的感召力，英王不得不有所顾忌。当时政教关系的微妙，由此可见一斑。

卡文迪什身为礼宾官，要负责沃尔西的迎来送往和宾客接待工作，所以在传记中多次描写了沃尔西是如何款待客人的。尤其是在汉普顿宫对法兰西使团的接待，在伦敦对外国大使和亨利八世的接待，更是描写得详尽生动。这样的文字不是亲历者是写不出来的，因而具有重要的史料价值。

******

卡文迪什将沃尔西的宦海沉浮归咎于命运女神所转动的轮子，认为这是人力无法掌控的，这一观念在当时仍很流行。甚至到了下个世纪，艾萨克·沃尔顿（Izaak Walton，1593—1683）在其撰写的传记集中，仍然提到命运女神对人的影响。

沃尔顿出身平民，前半生一直经商，也做过教堂管理人。内战中清教徒得势以后，他就洗手不干了，在老家买了地租给佃户，自己则走亲访友，过起了悠闲的日子。他喜爱钓鱼，结交了一帮有同样爱好的朋友，后来写有著名的《钓客清话》（*The Compleat Angler*），在他有生之年就出了五版，由最初的十三章扩充到二十一章，成为"垂钓者的圣经"。他后来写传记也和他钓鱼有些关系，五个传主中，至少有三个爱好钓鱼——多恩、沃顿、赫伯特，他在沃顿传里还专门提到了钓鱼。

当然，钓鱼并非沃尔顿撰写这五部传记的主要原因，更重要的是这些人都是温顺、虔诚、博学的人，个个堪称道德楷模，既值得他自己效仿，也值得后世效仿。尤其是十七世纪中叶由清教徒引起的内乱，造成了世风日下、人心不古，沃尔顿提起来就哀叹不已。在这种情况下，更需要道德楷模来引领风尚，这一点沃尔顿在其传记中多次提及。

沃尔顿描写的五个人中，除了沃顿是政治家和外交官之外，其余四人都是神职人员，而且都是国教派，即圣公会成员。沃尔顿本人也是虔诚的国教派，所以他在传记里对其他教派多有诋毁之词，尤其是对不服从国教派的教派。除此之外，多恩、沃顿、赫伯特还是著名诗人。赫伯特还是音乐家，写有不少圣歌，善于演奏鲁特琴，

临死前还不忘演奏一曲。胡克是著名神学家，圣公会的主要理论家
和捍卫者。桑德森擅长逻辑学、决疑学，其逻辑学著作多年来一直
是大学的教科书，牛顿当年学的就是他这一本。所谓"决疑"，也就
是用推理来判断伦理、宗教信仰上的疑难问题。桑德森曾写有这方
面的著作，是英格兰最著名的决疑学家之一。沃尔顿在其传记里提
到，桑德森由于精通决疑之学，经坎特伯雷大主教推荐，国王查理
一世任命他为王室常任牧师。

　　沃尔顿所描写的这几个人，都生活在都铎王朝后期和斯图亚特
王朝初期。这段时期正值英格兰从鼎盛走向内乱，其中一个重要原
因是宗教改革不彻底，引起几大教派纷争不断，这一特点在这几部
传记中可以看得非常清楚。国王对教会的控制，圣公会内部的弊端，
在传记中也都有反映。

　　沃尔顿在传记中提到的另外两点也值得关注。一是他多次提到
牛津剑桥两所大学，提到学生是如何入学、如何学习的，教师是如
何教学的，学校是如何管理的，还提到国王对学校的影响。如多恩
陪着詹姆斯一世巡行到剑桥，国王向学校推荐多恩，建议授予多恩
博士学位，学校当局二话没说，就把学位授予了多恩。至于某位教
授被国王任命为主教或其他圣职，更是司空见惯。这些例子很能说
明国王与大学的关系。

　　另一点是沃尔顿多次提到牧师的日常工作，提到牧师主持礼拜
活动和布道的情况，尤其是较为详细地描写了赫伯特的朋友法勒先
生一家每天的礼拜活动，这样的描述在其他文献里是很难见到的。
有关胡克的《教会政治体的法律》（*The Laws of Ecclesiastical Polity*）
八卷的来龙去脉和真伪辨析，也是非常珍贵的资料。

　　沃尔顿去世二百多年后，他的五部传记中有两部（多恩传和赫
伯特传）被收入五十卷本的《哈佛经典丛书》。编者在介绍沃尔顿
时，称赞其作品"语言简洁明快"，从来不会用事实来掩盖人物的鲜

明性格，在这一点上没有几部长篇大作能赶得上，是"短篇传记的典范之作"。这是对沃尔顿恰如其分的评价。

　　沃尔顿虽然自称文化程度不高，但有掉书袋的习惯，时常引经据典，给翻译带来很大麻烦。卡文迪什比莎士比亚还要早半个世纪，其语言和现代英语相比，无论是句法还是词法，都有不少差异。译者不揣冒昧，战战兢兢、如履薄冰一般译完了两位作家的传记，以飨国内的广大读者，不当之处希望大家批评指正。

目　　录

沃尔西传

沃尔顿传记集

沃尔西传

（1554—1558 年创作，1641 年出版）

［英］乔治·卡文迪什 著

THE LIFE AND DEATH OF CARDINAL WOLSEY

WRITTEN BY GEORGE CAVENDISH

BOSTON AND NEW YORK

HOUGHTON MIFFLIN AND COMPANY

1905

序　言

　　轻信粗俗的民众嘴里散布的流言蜚语，窃以为绝非明智之举。这些人搬唇弄舌，谎话连篇，既不知羞耻，也毫无诚实可言，这样的话我们每天都能听到。这些话乍一听貌似有道理，像是确凿无疑似的，但实际上再没有那么虚假的了。而对于明白人来说，这样的无耻谰言不会产生什么效果。

　　我读过很多著名作家发出的感叹，驳斥那些粗俗的民众所散布的谣言。粗俗的民众以听到奇谈怪论为乐事，想看到官员更迭，有时候乐于这样胡思乱想，事后总是感到后悔而不是高兴。因此，所有明智而又审慎的人，都要看透民众的鲁莽和疯狂，不要轻信那些突然冒出来的谣言，等待着值得信赖的人完全了解到真相，这些人得到的消息才可靠。一些名人死后，我在一些书里读到有关他们的不实传言，这是民众为了诋毁他们的英名，想让他们永远声名狼藉而编造出来的，不可能有其他目的。

　　我之所以要说这一番话，是为了记述教皇特使、枢机主教、约克大主教沃尔西的一些事迹，记述他的宦海沉浮，其中一部分是我的亲身经历，一部分是听别人说的。

　　这位枢机主教是我的主子，他在世时我服侍他，他倒台后惨遭不幸时我一直在他身边，直到他去世。他落难后我跟随他从南到北，知道他当时的所有行为和习惯，也知道他春风得意时的所有行为和习惯。他死后，我听到很多闲言碎语和虚假传言，讲述他的所作所为，而这些说法再假不过了，他的所作所为我知道得一清二楚。

对于这些传言，我本可以依据事实一一驳斥，但我觉得还是置之不理更好。谎言就让它还是谎言吧，免得我一时冲动激起众怒，反而连一张说谎的嘴都堵不住。所以，我把真相交给知道一切真相的上帝。枢机主教生前或死后，无论人们对他有何看法，我都可以这样大胆地说：他掌权时期，是英格兰王国秩序最好、局势最安定、民众最驯服、司法最公正的时期。我这样说既不是为了惹怒任何人，也不带任何感情。我这样说肯定有证据，不应该指责我太过感情用事或言过其实。所以，我在这里不再说任何夸奖他的话，而是先说说他是如何起步的，得到命运女神的青睐后又是如何一步步登上荣誉、地位和财富的高峰的。

乔治·卡文迪什

早年经历 ①

枢机主教沃尔西一度担任约克大主教，是个诚实的穷人之子，出生于萨福克郡的伊普斯威奇。

他从小就好学，因此其父母或好友、老师就把他送到牛津大学，在那里学习非常突出（他亲口对我说的），人称"童学士"，十五岁就获得了文学学士学位，这是非常罕见的事。由于其学识不断增长，他成为莫德林学院的特别研究生，后来由于其学识而被任命为教师。

这时，多塞特侯爵大人有三个儿子在他那个学校里，侯爵委托他既要教几个儿子学习知识，也要教他们向善。有一年圣诞节前，侯爵派人把几个儿子和老师都叫到他家里，请他们一起聚餐。大家到齐之后，父亲发现几个儿子学习很好，感到很满意。当时他掌管的一个圣职出现了空缺，侯爵就在圣诞节过后老师要回学校时把它给了老师，作为对老师教学勤奋的奖励。

得到这份礼物之后，他到宗教法官那里去办就职手续。从法官手里拿到所有必要的证件之后，他一点时间也没有耽搁，直接到那个教区就职。

---

① 以下小标题为中译者所加。——中译者注

　　他在这个教区的时候，住在附近乡村的一个骑士埃米亚斯·波利特爵士利用一次机会冲他发火，具体原因我不清楚。但是，先生，恕我直言，他竟然一高兴把这位老师头朝下竖了起来。

　　后来这件事既没有被遗忘，也没有得到原谅。老师登上英格兰大法官的宝座以后，并没有忘记波利特先生当年给他带来的不快，于是就派人把波利特叫来，对他说了很多难听话，命他到枢密院里候旨，未经允许不得离开，否则将让他受到折磨和处罚。

　　他继续留在中殿律师学院，大约有五六年甚至更长，住在临近街道的门房里，他把房子改建得很豪华，外面装饰有枢机主教的帽子、纹章、徽章等标志，还有其他很多东西，看起来富丽堂皇，想以此平息以前的不快。

　　这可以成为掌权者的一个范例，让他们记住权力会导致腐败，掌权人有时候会一意孤行，惩罚人凭的是意愿而不是公正。而被惩罚者虽然出身低贱，但后来可能成为达官显贵，将来会对以前所受到的委屈进行报复。埃米亚斯·波利特爵士惩罚这个穷学者的时候，只知道他身份低微，哪里会想到有朝一日他能当上英格兰大法官？这就是天主和命运的杰作。所以，我希望所有的达官显贵，在春风得意时要记住并敬畏天主，做任何事情时都要掂量一下，你们的权力不是永久的，而是会削弱和消亡的，君主会随意改变你们的命运。

　　一切生命都要偿还自然的债务，世人谁都无法违抗，侯爵大人也离开了这个世界。侯爵死后，这位老师想到自己不过是个享有圣俸的小人物，失去了他在学院里的董事职务（据我了解，学院董事一旦获得晋升担任圣职，依照学院章程就要被解除董事职务），又失去了唯一的好主人，觉得用不了多久就会失去其他的帮助和支柱，没有人再为他遮风挡雨了，他最近已经遭受到风雨的袭击。

　　他在辛勤工作期间，认识了约翰·南范特爵士，一位非常有影响力的年长骑士，此人在国王亨利七世治下的加来担任一个要职。

他为这位骑士效力，表现得细心、公正，很受这位主子的器重。他机智、稳重、正直，骑士就把他所有的公务都交给这位专职牧师处理。据我了解，这一公务就是担任加来司库。骑士自觉年老，就卸下职务，又回到英格兰，打算过清静日子。

专职牧师一直辛勤努力，再加上骑士的厚爱，被晋升到国王身边效力，担任王室小礼拜堂神父。安顿下来以后他是如何做的，我要谈一谈。

王室神父

他现在有了正当的理由，可以每天见到国王。他名正言顺地在国王的私人小房间里为国王主持弥撒，弥撒结束之后也不虚度光阴，而是去陪伴他认为在枢密院里最有权势、最受国王青睐的人，当时这些人是温切斯特主教、国务大臣和掌玺大臣福克斯博士，还有骑士托马斯·洛弗尔爵士，非常聪明的枢密院大臣，言辞也很诙谐，同时兼任王家监狱长和伦敦塔总管。

这两位年长、有影响的枢密院大臣后来经过多次接触，发现这位神父很有才智，脑子里满是智慧，是处理复杂事务的合适人选。

有一次，国王急需派一位使节到皇帝马克西米利安那里去，当时皇帝在低地国家佛兰德，离加来不远。国王最器重温切斯特主教和托马斯·洛弗尔爵士，认为他们是最主要的枢密院大臣（在推选使节一事上国王与他们商量）。二人发现这是个推荐国王专职神父的合适机会，觉得神父才智出众，口才好，博学，就向国王大力推荐。国王静静地听着，身为判断力强而又谦虚的君主，既然二人力荐专职神父，就派人把他召来，国王要当面验证他的才智。

神父来了以后，国王就重大问题开始与他交谈，发现他才智过人，觉得他足以担当重任，可以担任使节，于是就命他准备按照计划上路，让他到国王和前面提到的国王信任的枢密院大臣那里，去接受委任和指令。这样，他就有了正当理由经常面君，国王越来越觉得他聪明、心地善良。

接受派遣之后，一天中午他在里士满与国王告别，匆匆赶到伦敦，到格雷夫森德的驳船正准备起航，既顺潮也顺风。他一刻也没有停留，马上登船启程。船航行得很快，仅仅三个小时就到了格雷夫森德。他在这里没有过多停留，驿马一准备好又上了路。

有了驿马他走得很快，第二天一大早就到了多佛，乘客们正准备乘船到加来。他没有停留就加入乘客之中，和他们一起航行，不到三小时就抵达加来。那里驿马已经准备好，他立即出发，飞速赶路，当天夜里就见到了皇帝。

皇帝听说英格兰国王的使节到了，一点也没有耽搁，立即派人召他觐见。皇帝与国王亨利七世关系很好，对有机会取悦于他感到非常高兴。使节找机会向皇帝透露了他的使命，希望皇帝迅速办理，皇帝答应了。这样，第二天他就圆满完成了国王交给他的所有任务。

他没有拖延时间，而是骑上驿马，由皇帝安排的一批骑手陪伴，连夜赶回加来。城门一开，乘客们就马上返回英格兰，就像来时一样。到达多佛是在中午十点之前，他骑上准备好的驿马，夜里就来到里士满的王宫，在那里休息到第二天早上，等国王一走出寝宫到内室望弥撒就去面君。

国王一看见他就把他拦住了，问他为什么还不上路。

"陛下，"他说，"如果您不介意，我就告诉您我已经见过皇帝了，您安排的事也办成了，我相信您会满意的。"然后就向国王呈上皇帝的国书。国王大吃一惊，没想到他这么快就把所有的事情办成了，就掩饰住惊讶，问他是否碰见侍从了，国王已经派侍从去见他，应该还没有走出伦敦。侍从带着信函，里面有委托书和指令里遗漏的一个必要事项，国王希望尽快送交给他。

"是的，确实如此，陛下，"他说，"我昨天在路上碰见他了，知道了陛下在信函里所说的事。不过陛下恕我大胆，我凭自己的判断发现此事非常必要，就擅自这么处理了。我僭越了陛下赋予我的权限，最谦卑地乞求您原谅。"

国王心里暗喜，说："朕不仅宽恕你，还要向你表示感谢呢。你不仅办完了事，而且办得又好又快。"然后命他去休息，吃过午饭再来谈谈他的使命。然后国王去望弥撒了，到适当的时候去吃午饭。

毫无疑问，使节回来以后就去找好朋友温切斯特主教和托马斯·洛弗尔爵士了，向他们讲述了他这次迅速完成任务的情况，他们听了以后肯定也很高兴。

上午他与国王分手以后，国王就派人把主教和托马斯·洛弗尔爵士召来，告诉他们说使节把事情办得非常漂亮，夸奖他才智过人，尤其是把委托书和指令中遗漏的事情提前办成了。国王一番话让这两位枢密院大臣非常高兴，因为使节是他们两个推荐的。

使节想起国王的命令，意识到向国王和枢密院汇报的时间快到了，就赶快做好准备，到国王指定的地点汇报其使命。毫无疑问，他如实汇报了所做的事情，郑重其事，滔滔不绝，枢密院的所有大臣听了以后无不赞扬他，认为他办事简直超过了人的能力极限。

国王作为一种姿态并出于善意，为报答他的勤奋和忠实，就把林肯教长的职位给了他，这是当时国王所给予的主教以下最有价值的圣职之一。从此以后，他越来越受到器重，权势越来越大，后来又被国王晋升为王室施赈员。

飞黄腾达

　　说到这里，所有人都要注意命运女神提供的机会，她给谁机会谁就有机会，甚至会把机会给予她不喜欢的人，虽然这些人从来都不吃苦受累，不勤奋努力，也不刻苦学习，只凭想象就行了。在这方面，我本人有亲身经历。

　　您要知道，我讲的他出色完成国王交给的使命这件事，是他亲口告诉我的，那时他已经垮台，临时住在里士满的大庭院里，我当时在侍奉他，他利用随意交谈的机会说出了这件事，包括当时的各种情况，就像我前面所说的那样。

　　死神不祖护有身份的人，无论是国王还是皇帝。精明的君主国王亨利七世离开了这个世界，愿耶稣怜悯他的灵魂！他以大智慧闻名于每一个基督教地区，人称所罗门二世。他的独子、年轻的君主国王亨利八世以极为隆重的方式为父亲举行了葬礼，又以极为铺张的方式为自己和王后凯瑟琳举行了加冕礼，凯瑟琳是国王新婚的妻子。我把当时的盛况留给记录国王事迹的史学家去描述，这与我的任务没有关系。

　　这些花费巨大的隆重仪式结束之后，天才的、年轻气盛而又勇敢的君主国王亨利八世，接过了这个富饶的英格兰王国君主的权杖，戴上了王冠。当时的英格兰繁荣昌盛，人称黄金世界，全国到处富庶充盈，国王本人也拥有巨额财富。

现在回来说那位施赈员，我写的就是他。他满脑子都是妙计和主意。他发现一条获得晋升的坦途，就精心策划，想办法当上了国王枢密院的大臣，得到国王的器重和厚爱，国王给了他一所房子。这所房子在布莱德韦尔，位于舰队街，一度属于理查德·恩普森爵士。他把房子留给家人，自己每天都到宫里侍奉国王，深得国王的特别眷顾和垂青，大案子都交给他处理，枢密院大臣通常都是这样得宠的。

他在枢密院所做的判决、发表的意见总是极为精辟，只要一有机会，大家就把判决任务交给他，因为他能言善辩，在一切王室事务上，他都是大家的代言人。国王对他喜爱有加，尤其是在整个枢密院中，他是最热心、最敏捷地实现国王意愿和想法的人，无论是什么情况。

所以，国王发现他是执行自己旨意的合适工具，就和他走得更近了，对他格外器重，以至于和其他资深大臣都疏远了，国王把自己所有的旨意都交给他执行。他处理国王所有的事务，他做的一切只是为了让国王感到满意。他心里很清楚，这是他获得晋升的正道。

国王年轻，精力旺盛，喜欢寻欢作乐，满足自己的欲望，根本不把繁重的国务放在心上。这一切施赈员都看在眼里，所以就让国王把国务重担都卸下来，让国王得到放松，这样国王就不必腾出寻欢作乐的时间来处理枢密院的任何事务，只要他在枢密院拥有国王的授权，就肯定能把所有事务处理得四亭八当。他先让国王私下里知道他们经手的事情，然后他再处理完毕，尽量让国王感到满意，国王对此非常高兴。

其他资深的枢密院大臣依照其应尽的职责，多次奉劝国王抽空到枢密院里去交流，听听重大事务是如何处理的。国王对此十分不悦，他最讨厌别人逼他做他不喜欢做的事。施赈员对此非常清楚，他私下里了解到国王的爱好。只要其他大臣劝国王放弃娱乐去处理国务，施赈员就马上劝国王不要这样，这让国王非常高兴，于是就更加喜爱施赈员了。

这样一来，施赈员就把以前操纵他的人玩弄于股掌之中，凭借的是智慧与计谋。现在除了施赈员先生之外，还有谁受青睐？除了施赈员先生之外，还有谁能得到所有的讼案？除了施赈员先生之外，还有谁是一人之下、万人之上？他就这样继续受宠，后来就是接二连三的礼物和奖赏，我相信凡是能激发想象力的东西和充实钱包的东西，他一样都不缺。

命运女神就这样对他微笑，但要把他领到哪里去？我后面就要讲到。所以，凡是受到命运女神眷顾的人，不要过于相信她那靠不住的恩惠和甜言蜜语，其花言巧语下面就是毒药。她看到其仆人大权在握，自信满满地认为自己得到她的喜爱时，她就会变脸，将一副笑脸变得眉头紧锁，将他完全抛弃：她的宠爱和甜言蜜语说变就变。

命运女神的欺骗行为瞒不过聪明的大学者。他们大声疾呼，言辞激烈地撰文抨击她的虚伪和假装的垂爱，以此提醒所有人不要看重她，不要把她当一回事，不要信任她，不要忠诚于她。

这位施赈员就这样匆匆爬上命运女神的轮子，任何人得到的国王的评价都不如他，他有智慧，有能言善辩的才能。他有天生的好口才，巧舌如簧，能赢得所有人的信任。

他这样继续得到命运女神祝福的时候，英法战争开始了，但具体原因我不清楚，只知道国王被完全说服，下定决心要御驾亲征，率领一支大军入侵敌国，不让他们在本国夸下的海口轻易得逞。所以，对于这样一件大事，大家认为有必要在各方面迅速提供丰富的物资用于打仗。这次远征，国王认为在出谋划策和吃苦受累方面，谁都没有他喜爱的施赈员更合适，于是就把这件事全盘托付给他。

凡是国王命他做的事，他就一点顾忌也没有，虽然在别人看来很困难。他把整个事情都承担下来，一切都安排得井井有条，包括粮食、物资和一切必需品，完全满足这样一次远征和一支大军的需要。

他把一切事情都办妥之后，国王不想耽搁，就勇敢地执行他那宏伟的计划，从多佛渡海，顺利抵达加来。① 国王在加来短暂停留，一方面等待着大军、粮食和武器到达，一方面商量事务。随后军队以整齐的战斗队形穿过低地国家，到达一座牢固的城池泰鲁阿讷镇。国王对这座城池发起猛烈进攻，没过多久镇里的人就投降了。

随后皇帝马克西米利安亲率一支大军，来到泰鲁阿讷镇面见国王。他是个强大友好的君主，从国王那里领取薪水，既为他自己领，也为其随从领。这种事情非常罕见，很难见到、听到或读到，皇帝竟然领薪水，在一个国王麾下打仗。

国王占领这座要塞以后，把一切都安排停当，命人守卫好城池供国使用，然后就离开这里向图尔奈市进发，又把这座城池包围了。他发起猛攻，城里的人被迫向国王投降。这时，国王把这个主教区给了施赈员，作为对他一路辛苦的酬报。

国王把这里的一切都安排得让他感到满意，在城里部署好勇敢的军官和士兵防范敌人发起进攻，然后就返回英格兰。和他一起回去的还有很多法兰西名人和贵族，如朗格维尔公爵、克莱蒙伯爵，还有在一场大捷中俘获的很多人。

国王刚回到英格兰，林肯主教史密斯博士就死了，主教职务出现了空缺，国王就把这一职务给了他的施赈员，也是图尔奈候任主教。施赈员并不耽搁，得到这一教区后以最快的速度就职。就职仪式结束之后，他就想办法将其前任的所有物品占为己有，这些物品

————————————

① 此事发生在 1513 年 6 月。这是英法百年战争以来，英国军队第一次入侵法兰西。

有一部分我多次在他家里见到。

不久之后，约克大主教班布里奇博士死于罗马，他是国王派驻到教皇尤利乌斯那里的大使。国王又把这一职务给了他新任命的林肯主教。这样，国王在一年之内就给了他三个主教职务。然后他就准备尽快从林肯教区搬到约克教区。就职仪式结束之后，他得到了约克大主教区，成为"英格兰大主教"，觉得自己足以和坎特伯雷比肩了。

随后他在宫里和其他地方竖起他的十字架，也当着坎特伯雷大主教的面竖，在他管辖范围内竖，也在其他地方竖。坎特伯雷大主教声称自己居于约克大主教之上，要约克大主教服从自己，就像要求国内其他主教服从自己一样。坎特伯雷大主教是"全英格兰大主教"，所以作为古老权威的象征，他要求约克大主教不得在坎特伯雷大主教的十字架前竖起自己的十字架。但约克大主教根本不在乎，还是我行我素，就像前面所说的那样，命人在他前面竖起十字架，无论是在坎特伯雷大主教面前还是在其他地方。

于是坎特伯雷大主教动了怒，对约克大主教的傲慢行为加以制止，这样二人就有了过节。约克大主教看到坎特伯雷大主教要求自己服从于他，就打算想办法让自己比坎特伯雷大主教地位高，不是服从于他或与他平起平坐。于是他先设法当上枢机主教和教皇特使，教皇送给他一顶枢机主教的红帽子，还下了诏书确认其权威。

但通过交流您可以知道，教皇送给他帽子是作为他荣誉、地位和权威的象征，而这顶帽子是由一个恶棍送去的，所有人都认为这是个微不足道的人物。

约克大主教听说信使卑贱，听到了人们的看法和传言，觉得凭借自己的身份，如此珍贵的东西不应该由一个普通信使来呈送。所以他让信使停在半道，一到达英格兰就将信使装扮一新，身着昂贵的丝绸服装，以配得上这么高贵的使节。然后信使来到布莱克希思，在那里受到很多高级教士和勇敢强壮的绅士的迎接，从那里由人陪伴着穿过伦敦，场面十分壮观。

　　威斯敏斯特教堂迅速做好准备，以确认他的显赫地位。这些事情由伦敦附近的所有主教和大寺院住持来做，他们头戴富丽堂皇的法冠，身穿长袍，还有很多昂贵的装饰物。一切都做得极为庄重，除了强大的君主加冕之外，我从未见过这样的场面。

位极人臣

获得这一高位之后，他觉得可以在他尊贵的辖区里与坎特伯雷大主教碰面了，就像前面所说的那样。他觉得还可以在俗界权贵面前摆架子，就像在教区里摆架子一样。所以，想起以前在坎特伯雷大主教面前所受到的嘲笑和限制，他就想挽回面子。他看重世俗荣誉和高官厚禄，就想办法打动国王，当上了英格兰大法官。坎特伯雷大主教被解除了大法官职务，早在国王亨利七世去世之前，他就一直担任这个体面的职务。①

他当上了大法官，又晋升为大主教、枢机主教和教皇特使，觉得自己拥有足够的权威，足以超过掌管所有教区的坎特伯雷大主教，有权召集坎特伯雷大主教及其辖区内的其他主教参加他召开的教士会议，在国内他指定的任何地方召开都可以。

他还把纠正每一个主教区所有事务的权力揽在手里，将国内形形色色的神父、特派员、抄写员、执行官和其他所有职员充实他的

---

① 威廉·沃勒姆于 1504 年担任英格兰大法官和坎特伯雷大主教，1515 年被迫辞去大法官职务由沃尔西继任，但仍然担任坎特伯雷大主教，直到 1532 年去世。——译者注

宫廷。他还走访所有的教堂，通过干预手法让他相中的人担任圣职。

为了提高他教皇特使的荣誉和管辖权，他增设了人事主管、典礼官和类似的其他官员，以炫耀其身份。他有两个大银十字架，一个代表大主教，一个代表教皇特使，一直在他前面举着，无论他走到哪里，举十字架者是他管辖范围内两个最高大、最英俊的神职人员。

为了增加收益，他还占有了职务出现空缺的达勒姆主教区和圣奥尔本斯大教堂。不过后来，温切斯特主教福克斯死的时候，他把达勒姆交给了国王，以换取温切斯特主教区。

他还像占有农庄一样占有了巴斯、伍斯特、赫里福德，因为那里的任职者都是外国人。这些人出生于外国，总是住在海外——他们自己的国家或罗马，是教皇把他们从罗马派来，到英格兰国王这里担任使节的。

他们离开的时候，作为回报，精明的国王亨利七世觉得应该送自己无法保存的东西，这要比送给他们珍宝好。他们只是外国人，觉得更适当的做法是保留其辖区，并以合理方式加以利用，允许枢机主教拥有他们的圣职，由他每年付给他们一笔钱，在他们国家兑换，这要比费尽周折将财产转让给他们好。这样一来，他们主教区的职务晋升和管辖权都由他处理，让他晋升他提名的人选。

他还有一大批人每天侍奉他，既有贵族也有杰出的绅士，身份显赫，极为富有，还有不少他从国内找到的身材高挑的侍从。后来，贵族和绅士们也挑选身材高大、相貌英俊的侍从为自己效力。

现在说说他家里和职员们的状况，我觉得有必要记住。首先您要知道，他每天在大厅里放置三张特殊的桌子，配有三名主要职员，也就是管家、司库、会计师。管家总是由博士或教士担任，司库是个骑士，会计师是个士绅，在家里总是拿着白色权杖。他还有一个保险箱保管员、三个司仪、两个侍从礼宾官、两个男仆、一个施赈员。

大厅厨房里有两个职员，一个由职员担任的会计师，一个服装测量员，一个香料员。大厅厨房里还有两个厨师、十二个劳工，他们称之为"孩子"，还有一个洗碗工、两个洗银碗工、两个糕点工、两个男仆。

他私人厨房里有一个主厨师，每天都穿着绸缎或天鹅绒，脖子上戴一根金项链。有两个男仆、六个劳工和"孩子"在那里效力。食物贮藏室里有一个侍从、一个男仆。热水房里有一个侍从、两个男仆。后厨房里有两个人。酒贮藏室里有两个侍从、两个男仆，另外还有两个听差。餐具室里有两个侍从、两个男仆、两个听差。水洗房里也是一样。

地窖里有三个侍从、两个男仆、两个听差，另外每个月还有一名随从。杂货仓库里三个人，薄饼室里两个人，藏衣室里一个师傅和其他十个人。洗衣房里一个侍从、一个男仆、三个听差，其中两个伙食承办员、一个男仆。面包房里一个侍从、两个男仆。木材场里一个侍从、一个男仆。谷仓里一个人，花园里一个侍从、两个劳工。

大门口有门卫，两个高大的侍从、两个男仆。游船上一个侍从。马厩里有一个马倌、一个职员、一个侍从。还有一个鞍工、一个蹄铁匠、一个车夫、一个赶驮马工、一个马蹬工、一个赶骡人。马厩里有十六个男仆，每个人照料四匹大牲畜。慈善室里一个侍从、一个男仆。

现在我要告诉您他小礼拜堂里的职员和歌手。首先，那里有个教长，总是一个大教士和神学家。还有个副教长，一个唱诗班朗诵员，一个福音书朗读员，一个《使徒书信》朗读员，十二个歌手。俗人之中，首先有一个"孩子"师傅，十二个童声歌手，十六个成人歌手，有一个仆人侍奉前面提到的"孩子"。祭衣室里一个侍从、两个男仆。侍从之中也有很多熟练的歌手，出席各种盛大宴会。

要说小礼拜堂里的设施，我无能为力，不知道有多少昂贵的装饰品和贵重的宝石，那里一直都有这些东西。有一次列队行进时，我看见穿有四十四件长袍，是套服，非常华贵，还有豪华的十字架、烛台和漂亮设施必有的其他装饰品。现在您要知道，他有两个扛十字架的人，两个扛装饰柱的人。

他寝宫里有这些人：大内侍，副内侍；十二个随从礼宾官，他私人卧室里还有两个；男侍者他私人卧室里有六个；另外他还有九个或十个贵族，每个贵族可以有两个仆人，德比伯爵允许有五个。

他还有随从担任司酒官、切肉工、缝纫师、侍者，共四十人。侍从礼宾官有六个，寝宫里男仆有八个，侍从有四十六个，每天侍奉他。还有一个教士担任施赈员，他吃饭时在餐桌旁侍奉他。

在他内室里每天为他主持弥撒的博士和教士有十六人，内室里有个管理员。他还有两个秘书，两个图章保管员，四个精通国内法律的律师。

他是英格兰大法官，法庭里必须有很多职员每天侍奉他，把法庭布置好。首先，他有个国玺处处长，一个卷宗书记员，一个文件箱书记员，一个封蜡员，一个审查书记员，既审查他的小礼拜堂神父，也审查他寝宫里的侍从。他还有四个跟班，每逢他骑马外出旅行，这几个跟班就身穿华丽的跑步外套。

他还有一个纹章官、一个警卫官、一名医生、一名药剂师、四个乐手、一个帐篷管理员、一个军械官、一名受监护人教导员、两个藏衣室侍从、一个法庭办公室管理员。他家里每天还有个约克测量员、一名巡游管理员、一名审计员。

所有这些人每天都在家里服侍他，从睡觉到起床。吃饭的时候，房间里总是有一张桌子坐着内侍和随从礼宾官，还有一群年轻的贵族和他们聚集在一起，还有一桌是随从。除了这些人之外，他家里的任何职员、随从或其他重要人物，都可以有两三个仆人，其他至少有一个仆人。这样加起来就有很多人。

我向大家介绍了他家里的状况，根据他家的花名册介绍了每天服侍他的职员和仆人。除了仆从之外，其余的都是告状者，这些人通常都在大厅里吃饭。我们在国内要是再见到任何这样的臣民，像他这样拥有这么多财产和家庭人口，我就认为此人比他更有威望。所以，他家里的情况我就不再讲了，依据花名册，他家里一共有大约五百口人。

您了解了他家的情况和职员组成后，我现在打算讲讲其他方面的情况。他荣升到这一高位之后，就像我在前面讲过的那样，两次被派出去担任使节，到皇帝查理五世那里去。查理五世现在在位，是我们的主子菲利普国王 ① 的父亲。老皇帝马克西米利安死了，由于多种与国王陛下 ② 有关的紧急原因，加上事关重大，去面见这么伟大的一位君主，枢机主教被认为是执行这一重大使命的最佳人选。

于是他为这一使命做好了准备，在各方面都配得上这位伟大的君主，为英王陛下和英格兰王国挣足了面子。首先，他装备得像个身居高位的枢机主教，各个方面都与这一身份相称。他跟有大批随从，全都身穿深红色天鹅绒制服外套，其颜色是人们所见到的最纯的，脖子上戴着金项链。所有侍从和其他低级职员都穿鲜红色外套，边缘上包着一手掌宽的黑色天鹅绒。

他以这样的装备两次被派到佛兰德觐见皇帝，皇帝当时住在布鲁日，盛情款待了我们的使节，支付了他和一行人的所有花费。在整个布鲁日，使节大人的任何随从所住的任何房子，或去那里求助

---

① 指西班牙国王菲利普二世，1554 年凭借与英格兰女王玛丽一世结婚而成为英格兰国王，1558 年玛丽一世驾崩后随之失去这一头衔。这句话透露出本文应该是写于 1554—1558 年。——译者注

② 指亨利八世，并非刚提到的菲利普二世。这里所说的事远在菲利普出生之前。——译者注

过，房东都接到皇帝官员的命令，不得收取枢机主教仆人的任何食宿费用，违者处死，即便举行豪华宴会也不许收费。另外，皇帝还命令房东，凡是客人想要的任何东西，一样都不能缺。皇帝的官员每天夜里还在城里巡查，凡是住有或去有英格兰人的家里都要检查，确保整夜都有饭吃。

具体做法是这样的。首先，皇帝的官员把一批东西送到每一家，有上好的白面包，两把大银壶，壶里装有葡萄酒，一磅精制的食糖，白灯和黄灯，喝酒用的银碗或银杯，每夜一把火炬。这是每夜配备的食物。到了上午，官员来拿东西的时候就和房东结账，算算随从们在夜里和前一天的花费。

枢机主教及其一行出使期间，皇帝就这样款待他们。完成使命之后，枢机主教又风光无限地回到英格兰，国王对他比以前更加器重了。

现在我告诉您他在开庭期间每天进入威斯敏斯特宫的情况。首先，他在走出私人卧室之前，通常每天先在内室里望弥撒两次，然后和专职神父一起祈祷。我听他的神父说，枢机主教是个讲信用的人，学识渊博，无论白天遇到多大的事，不做完礼拜绝对不会上床睡觉，连一个短祷告也不会漏掉。在这方面，我相信他瞒过了很多人。

望弥撒之后，他又回到私人卧室。获悉卧室外面的情况之后，他来到贵族、随从和其他人中间，身穿枢机主教的法衣，一身红色，或是鲜红，或是深红，布料全是各种丝绸锦缎，是用钱能买来的最好的料子。他头戴一顶圆帽，帽子里面衬一圈黑天鹅绒。脖子上围一条上好的紫貂皮围巾，手拿一个漂亮的橘子，里面的瓤瓣已经取出，然后填上海绵，海绵里有醋，还有其他防范有害气体的食物。他从人群里走过，或受到告状者纠缠时，就经常闻一闻橘子。他前面还有人拿着英格兰的国玺，国玺后面是枢机主教的帽子，由一名贵族或优秀的绅士拿着，很庄重，不戴帽子。

他一走进接见室，在那里等着陪他到威斯敏斯特宫的既有贵族和其他显赫人物，也有他自己家里的贵族和随从。他前面有人扛着两个大银十字架，还有两个大银柱，纹章官扛着一根镀金的大银权杖。然后随从礼宾官大声说道："借光，各位大人，各位先生，请为大法官阁下让道！"然后他就从接见室走进大厅。

来到大厅门口时，他的骡子在那里等着他，浑身上下装饰着深红色天鹅绒，还有镀金镫子。他骑上骡子，扛十字架和柱子的人也骑上高头大马，马装饰成鲜红色。他往前走，侍从们紧随其后，就像我描述的那样，前后有四个跟班，手拿镀金战斧，一直走到威斯敏斯特宫门口。

他在门口从骡子上下来，从大厅走进法庭。不过他通常在一根栏杆前停下一会儿，栏杆是为他准备的，就在法庭台子下面的右侧，在这里与法官们说几句话，有时候与其他人说上几句。然后他到法庭就座，一直坐到十一点，听取原告陈述，就各种事情做出决定。他从这里要根据情况多次进入星室法院。他对谁都不留情面，无论身份高低，对每一个人都是根据其德行表现做出判决。

他每个星期日都到宫里去，当时开庭期间王宫通常在格林尼治。他还带着原来的一行人，在他私人码头上船，身材高大的侍从站在栏杆旁边，所有随从都和他一起在里面，在行政区的克兰河畔上岸。他在这里骑上骡子，带上十字架、柱子、帽子、国玺等，穿过泰晤士街，到鱼市或鱼市附近停下来，从这里再次上船，航行到格林尼治，在这里受到王室贵族和主要官员的隆重迎接，如司库、会计师等人。

他来到国王会客室。他在宫里停留期间，十字架通常是竖着放在国王华盖一侧。他在宫里的时候，里面聚集了很多贵族和绅士，与他来之前大不一样。与贵族们一起吃过饭，和国王或枢密院商量过事情，他就告辞回家，也是同样的排场。只要有机会，他就一直摆出这个阵势。

他就这样风光了很长时间，以其智慧管辖着国内与国王有关的所有事务，也管着外国的所有重大事务，只要国王有理由干涉。派遣到外国君主那里去的所有使节全都由他决定，这些人全都找他要求外派。他家是贵族、绅士和其他人经常光顾的地方，人来人往一直不断，他经常慷慨宴请各国使节和其他外国人。

国王高兴的时候会到枢机主教家里去玩，一年去好多次，每次去都有充分准备，提供用金钱能够买来的或为了友谊能够奉献出来的最精美的佳肴。这样的娱乐活动是为国王的舒适而设计的，或是靠人的智慧想象出来的。宴会上有假面具和哑剧表演，排场豪华，花费昂贵，看上去如入天堂一般。有已婚妇女，也有少女，擅长跳假面具舞，或用其他赏心悦目的游戏活跃气氛。还有各种音乐表演，有优美的男生和童声演唱。

我曾见过国王突然戴着假面具来到这里，还有十几个戴假面具的人，全都穿着牧羊人服装，用精美金线织成的布和深红色缎子布片拼接而成，帽子也是这样，帽舌的比例恰到好处。头发和胡子或是细金线，或是细银线，有的是黑丝线。有十六个人举火把，都有鼓，由其他人侍奉着，戴着帽舌，全都穿绸裹缎，颜色全都一样。

国王来的时候，在进入大厅之前，您要知道，他由水路来到水闸，悄无声息。为了迎驾，很多房间里都装上炸药，国王一上岸全都引爆，其声响如空中打雷一般。这让所有贵族淑女都感到惊讶，正静静地坐在隆重的宴席旁，突然来这么一声，不知道是怎么回事。

宴席的安排如下：首先，您会看到餐桌摆在接见室里，室内是专门为宴会而铺摆的。枢机主教大人坐在华盖下面，在这里单独享受服务。这里还坐着一个贵妇和一个贵族，或是一个绅士和一个淑女。所有餐桌都摆放在室内一侧，拼拢在一起像是一张桌子似的。

所有这一切都是王室宫务大臣桑兹大人设计的，还有王室会计师哈里·吉尔福德爵士。

炮声响过之后，枢机主教想让宫务大臣和会计师去看看，这突然一声响到底是怎么回事，好像他还蒙在鼓里似的。于是他们透过窗户向泰晤士河望去，回来对他说似乎是一些贵族和外国人来到了桥上，像是某位外国君主的使节。枢机主教听了以后说：

"你能讲法语，我想麻烦你到大厅里，根据他们的身份去迎接他们，然后把他们领到这里来，这样他们就能见到我们，见到高兴地在这里赴宴的所有显贵，让他们和我们坐在一起，参加我们的宴会娱乐。"

二人马上就去了大厅，在那里带着二十个新火把迎接他们，把他们领到接见室，鼓和笛子多得让人吃惊，在任何一次假面舞会上我都很难见到这么多。

他们走进接见室，两两并排，径直走到坐在那里的枢机主教面前，毕恭毕敬地向他致意。宫务大臣代表大家对枢机主教说：

"阁下，他们都是外国人，不会讲英语，所以想让我对您这样说：他们听说您在这里举行盛大宴会，聚集了很多非常漂亮的女士，想得到您的允许来到这里一瞻她们的芳容，也想陪她们玩赌博游戏，然后与她们跳舞，以便结识她们。阁下，他们想请您满足其愿望。"

枢机主教回答说，他们要这样做他非常高兴。然后戴假面具者先去向所有在座的女士们致意，然后回到最惹眼的人那里，打开一个杯子，里面全是黄金、克朗①和其他硬币，并拿出很多硬币让她们掷骰子。他们就这样仔细看着所有的贵妇和淑女，他们有的输了，有的赢了。

接下来他们恭恭敬敬地回到枢机主教那里，将杯子里的克朗全

---

① 当时欧洲一些国家流通的一种金币或银币。——译者注

都倒出来，共有大约二百克朗。

"都押上。"枢机主教说，然后掷出骰子，一下全赢了，引起了一阵欢呼。

枢机主教对宫务大臣说："请你告诉他们，我认为他们之中有个高贵人物，我觉得这位贵人比我更应该享有坐下来使用这个房间的荣誉。如果我知道是谁，我会非常乐意把我的座位让给他，这是我的义务。"

于是宫务大臣就用法语说了枢机主教大人的想法，他们聚拢到宫务大臣身旁对他耳语了几句，宫务大臣又对枢机主教大人说：

"他们说，阁下，他们之中确有这么一位贵人，如果您能从中辨认出来，他就会很高兴地显露身份，当仁不让地坐到您的座位上。"

枢机主教就把他们仔细打量一番，最后说道："我看那位有黑胡子的绅士就是。"然后就起身离座，手里拿着帽子，把座位让给那位黑胡子绅士。枢机主教为之让座的人是爱德华·内维尔爵士，一个仪表堂堂的骑士，一戴上假面具比任何人都更像国王。

国王发现枢机主教看走了眼，忍不住笑了起来。他把自己的面具和内维尔先生的面具都摘下来，笑容满面地走上前来。聚集在这里的贵族们看到国王也在他们中间，场面一片欢腾。枢机主教随即就让国王陛下登上宝座，国王说他要先去换衣服，然后就离开了。国王直接进入枢机主教大人的卧室，卧室里已经为他生起了旺火，他在那里换上了君主华丽的服装。

国王离开期间，餐桌上的宴席已经收拾干净，桌子又重新摆好，铺上了崭新的香气四溢的台布。每个人都静静地坐着，等待着国王及其假面舞友们回到他们中间，他们每个人都新换了衣服。

国王登上华盖下面的宝座，命大家都不要动，而是像刚才那样静静地坐着。国王和在场的所有人面前又重摆盛宴，我估计有二百多个碟盘，全是美味佳肴。他们就这样在宴会、舞蹈和其他欢快的娱乐活动中度过了一整夜，国王感到非常满意，在场的贵族们也极为愉快。

这一切我讲得很详细，因为这样您会明白，枢机主教看到国王在他家里受到如此盛情款待会有多么高兴，这一直是他一门心思考虑的问题，千方百计取悦国王，为此不惜花费。国王大驾光临他感到非常高兴。对他来说，没有比取悦国王更能让他高兴的事了，他对国王百依百顺、忠心耿耿。理智要求他这样做，所有事情都考虑得滴水不漏。

枢机主教的时光就是这样度过的，日复一日、年复一年，享受着巨富、欢乐、得意、荣耀，总是得到国王的特殊宠爱。

国王新欢

　　但命运女神愿意让一个人走运多久，他就只能走运多久。对于枢机主教飞黄腾达，命运女神感到不高兴了，就开始想办法挫一挫他的锐气，让永不知足的女神维纳斯成为她的工具。为达到这一目的，她让国王爱上一位淑女，这位淑女也看出国王对她有意。国王一直不停地取悦她，对她有求必应，让枢机主教感到十分不快，这在下文将有详细描述。

　　这位淑女是托马斯·博林爵士的女儿。博林当时只是个最低级别的骑士，后来凭借女儿的爱情而得以晋升。他多次在国王家里担任要职，如会计师、司库、副宫务大臣、宫务大臣。后来他被册封为罗奇福德子爵，最后被册封为威尔特伯爵和嘉德勋位骑士。为了得到更多名利，他又当上了掌玺大臣，国王枢密院里最主要的大臣，直到其儿子和女儿的所作所为惹得国王生气为止。国王对他女儿安妮想入非非，几乎导致一切都乱了套。

　　国王是如何开始爱上她的，后来又发生了什么，我会告诉大家的。这位淑女安妮·博林小姐年轻时被送到法兰西，成为法兰西王后的女仆，直到王后去世。然后家里派人把她叫回去，又回到父亲身边以后，父亲想办法让她成为王后凯瑟琳的女仆。她在女仆中表现优异，超过了其他所有女仆，让国王对她产生了爱慕之情，但任何人都不知晓，甚至连她自己都不知道。

诺森伯兰伯爵的儿子和继承人珀西大人当时侍奉枢机主教大人，也是枢机主教的从仆。枢机主教大人只要一进宫，珀西大人就到王后内室里玩，和王后的女仆们混在一起，最后和安妮·博林小姐混得非常熟，比和其他任何人都要熟。于是二人渐生情愫，相互承诺之后打算结婚。

两个人的恋情让国王知道了，国王很生气。这样一来，国王的暗恋之情就不能隐瞒下去了，而是吐露给了枢机主教大人，和他商量如何破坏这对恋人的婚约。

枢机主教大人离开王宫，回到威斯敏斯特的家里以后，并没有忘记国王的嘱托，就在走廊里把珀西大人叫到他面前，当着我们这些仆人的面对珀西大人这样说：

"我非常吃惊，你竟然做出这种蠢事，和宫里的那个傻丫头厮混在一起，我指的是安妮·博林。难道你不想想，天主让你在这个世界上担任什么角色？你高贵的父亲一死，你极有可能继承并拥有这个王国最有价值的伯爵爵位。所以，在这件事上，你最应该做的就是征求你父亲的意见，得到他的同意，也要让国王陛下知晓，争取让国王同意，把这件事整个交给国王处理。我向你保证，国王不仅会心存感激地接受你的顺从，而且还会为你做出安排，让你高升，根据你的身份和地位为你匹配良缘，凭借你的智慧和体面的举止，国王就会器重你，这样你就会更有面子。

"但现在看看你一任性做了啥事。你不但冒犯了亲生父亲，还冒犯了最仁慈的君主，相中了一个无论是国王还是你父亲都看不中的人。就这件事我一定会让你相信，我要派人把你父亲叫来，他一来要么废除你自作主张订下的婚约，要么永远剥夺你的继承权。国王陛下也会亲自向你父亲抱怨你，国王对你下手绝不会比我说的轻，他打算把她许配给另一个人，他已经和这个人接触过，基本上和这个人达成了共识，虽然她还不知道这件事。国王是个最谨慎、考虑问题最周全的君主，把这件事办得非常妥当，我相信经国王做媒，她会非常乐意地接受下来。"

"阁下，"珀西大人哭着说，"我一点也不知道国王对这件事的看法，让他不高兴我非常难过。我以为自己已经成年，能自己找到个合适的妻子。我想得很好，相信家父会被我说服。她虽然只是个女仆，父亲也只是个骑士，但门第非常高贵。她母亲与诺福克是近亲，父亲是奥蒙德伯爵的后裔，是伯爵继承人之一。阁下，与她攀亲我又有什么好担心的呢？我一有身份就与她门当户对了。所以，我最谦卑地请大人您开恩，也请您代我向国王陛下求情，请他在这件事上网开一面，对此我是不会放弃的。"

"大家看看，"枢机主教说，"看看这个孩子多任性，脑子里想的什么是顺从、什么是明智。我以为你听我说完国王的意愿和所做的努力就会收敛，就会完全服从，你的所有任性和擅自做主行为就会让位于国王的想法，就会完全服从国王陛下的安排，因为国王是对的。"

"阁下，"珀西大人说，"我会服从国王。但在这件事上我已经走得太远了，很多有身份的人都是见证人，我不知道该如何面对自己，如何对得起自己的良心。"

"唔，你想想，"枢机主教说，"这么一件大事，我和国王不知道如何处理？没有问题，我向你保证。不过我看你没有服从的意思。"

"的确，大人，"珀西大人说，"如果您不介意，我会在这件事上完全服从国王，我在良心上完全解除婚约这副重担。"

"那好吧，"枢机主教说，"我会派人把你父亲从北方叫过来，我们要共同采取国王认为最有效的措施，阻止你在匆忙之中做出蠢事。同时我也以国王的名义命令你，你一次也不要擅自去见她，因为你不想让国王动怒。"说完这话，他起身进了内室。

　　于是有人匆匆去到诺森伯兰伯爵那里，以国王的名义把他叫来。伯爵听说是国王的旨意，就急忙进宫。他离开北方先去见枢机主教大人，从枢机主教嘴里听说了匆匆召他进宫的原因，在枢机主教家的走廊里与枢机主教大人秘密交谈了很长时间。谈话结束之后，枢机主教大人叫人端上来一杯酒，二人喝完就分手了，伯爵离开了这里。我们遵照命令服侍伯爵，把他送到仆人那里。

　　伯爵走到走廊尽头，在一条长板凳上坐了下来，长板凳放在那里是让侍者有时候坐下来休息的。坐下之后，他把儿子珀西叫过来，当着我们的面这样对珀西说：

　　"孩子，你总是一个骄傲、自以为是、目中无人、奢侈挥霍的败家子，直到现在还表现出这个样子。所以，我能想象你有什么快乐、安慰或乐趣可言呢？做事考虑不周，不听劝告，一点也不尊重我这个父亲，尤其是不尊重你的主子国王，而所有诚实的臣民都对国王毕恭毕敬、俯首帖耳。你也不考虑自己的身份，不和别人商量就与她许下诺言，因此而让国王感到不快，这是任何臣民都承受不起的！要不是国王英明，知道你轻率、任性，否则他的不快和愤怒足以让我和子孙后代倾家荡产。

　　"但他是个善良仁慈的君主，枢机主教大人也是个善良的主子，他明确地原谅了我，不追究你的可耻行为，不是说你的坏话，而是对你的轻率感到痛惜。他为你想出一个办法，我和你不是要认真考虑，而是一定要遵照执行。我乞求天主，这件事对你来说足以成为一次警告，提醒你以后要放明白点。我可以明确告诉你，如果你不改掉挥霍的毛病，你就是我们家族的最后一任伯爵，你天生就是一个挥霍无度的败家子，把你祖先辛辛苦苦攒下并体面地守护着的家业都败光。

　　"但国王是个仁慈的君主，如果天主愿意，我就打算安排我的继承问题，你只能分享很少一部分。我明确告诉你，我不打算立你为继承人。感谢天主，我有好几个男孩可以选择，这些男孩我相信都比你强得多，更适合成为贵族，我要从中选出最好、最合适的来继承我。"

"现在，各位先生、各位好心的绅士，"他对我们说，"我死以后，你们可能会看到，我对我儿子所说的这一番话会应验，就像我说的一模一样。但同时我希望你们成为他的朋友，他做错事的时候指出他的错误，这样你们就是他真正的朋友。"说完他就与我们告辞了。他又对儿子这样说："你去吧，侍奉你的主子，一定要尽到职责。"然后他就走了，穿过大厅上了船。

对于珀西大人的婚约，经过长时间的讨论磋商，决定将其解除，让他娶什鲁斯伯里伯爵的一个女儿，后来他就娶了她。这样一来，以前的婚约就完全废除了。

这让安妮·博林小姐大为恼火，说她将来一旦有了权，就让枢机主教也吃吃苦头，后来她确实让他吃了苦头。但这一点也不应该怪罪他，他在这件事上什么也没有做，一切都是国王安排的。连珀西大人也接到命令，不得与博林小姐为伴。博林小姐同样接到命令不得进宫，被送回家在父亲那里待了一段时间。对此她很生气，在此期间她对国王的意图一无所知。

但您会看到命运女神什么时候开始皱眉头，看到她如何谋划来莫名其妙地让人不快。好心的读者请注意，怨恨开始出现了，后来突然把枢机主教完全毁掉了。主啊，您是多么神啊！做事如此神秘，直到大功告成才让人发现。善良的读者，请注意下面这件事，留心每一个细节，您就会亲眼看到天主创造的奇迹，看他如何惩罚那些忘记天主、忘记天主给予巨大好处的人！注意，请看仔细！

珀西大人的麻烦事得到阻止，一切都按计划处置停当之后，安妮·博林小姐被召回宫里，在宫里受到青睐并日渐走红。她总是记恨枢机主教，怨他解除了她与珀西大人的婚约，认为这都是枢机主教自己出的主意，和别人没有任何关系，连国王都不知道，虽然国王很喜欢她。

然而，她知道了国王的意愿，知道国王心里非常爱她之后，就开始傲慢起来，全身珠光宝气，衣着华丽，这是用钱可以买来的。所以，宫里所有人都逐渐认识到，她这样受宠，可以对国王施加神秘影响，为她朋友向国王提出任何请求他都会答应。

在此期间，安妮小姐到处受人尊重，好心的王后凯瑟琳有这样一个淑女在身边服侍她，肯定听说过并亲眼见过这件对她不利的事。不过她对安妮小姐或国王没有表现出一点怨恨或不满，而是坦然接受这一切，以智慧和忍耐来掩盖自己的情绪，看在国王分上比以前更加器重安妮小姐，声称自己完全就是格丽泽尔达。①从此以后，所有人都能更明显地看出她的克制行为。

国王对这个淑女的爱越来越强烈，不知道如何捧她才好。枢密院大臣们看到这些，就对枢机主教心生怨恨，因为他们在枢密院里无法按照自己的意愿行使权力，枢机主教压制他们，就像支配其他贱民一样。于是他们就抓住一次机会，想出一个计策来让他在国王面前失宠，使自己享有更多的统治权。

这些大臣在一起密谋策划了很长时间，商量如何把枢机主教剪除掉，觉得由他们自己出面做这事非常困难。于是，他们发现国王非常喜爱安妮·博林小姐，觉得她是达到他们罪恶目的的理想工具，所以就经常和她一起商量这件事。她既有很高的智力，也很想对枢机主教进行报复，所以双方一拍即合。这样一来，想象一下如何指控就行了。他们想出了很多计谋，琢磨着如何把这件事办成。

但做这件事非常危险，他们经常想对国王说这事，可就是不敢

---

① 薄伽丘《十日谈》里描述的一个有忍耐力、顺从的女人。——译者注

说。他们知道国王非常喜爱和器重枢机主教，也对精明过人的枢机主教有所顾忌。他们心里很清楚，如果指控他的理由不正当、不急迫，国王这么宠他，他又这么精明，他就会轻而易举地挫败他们的阴谋，一切努力都会付诸东流，他就会伺机将他们一网打尽。考虑到这些，他们不得不有所收敛，等待一个更有利的时机。

枢机主教发现国王对这个淑女兴趣这么大，就决定既讨好国王，也讨好她。他把这件事埋在心底，在家里举办盛大宴会款待他们二人。于是市面上传言四起，以前从来没有听说过。国王与这个大美女的爱情故事传得活灵活现，出现了各种说法，有了更适当的机会我再接着讲。

英法交恶

随后法兰西国王与波旁公爵有了过节。波旁公爵是法兰西王室的封臣，他担心国王对他有恶意、有怨恨，为了自身安全就逃离了自己的领地，放弃了家园。

枢机主教得到这一消息后就想，如果英格兰与法兰西交战，就可以雇用波旁公爵为将领在那里打仗。由于公爵逃到了皇帝那里，也邀请皇帝挑起战争打击法兰西国王。枢机主教考虑再三，觉得应该促使国王这样做。

国王听说枢机主教的想法以后，就仔细考虑这一计划，最后将其提交到枢密院商量，决定派一个使团到皇帝那里说明此事。与皇帝协商的结果是，国王与皇帝联手打击法兰西国王，由波旁公爵担任统帅，为国王领兵打仗。除了皇帝的大军之外，国王还拨给公爵一支人数众多的精兵，由国王的一名贵族率领。另外，国王还按月为公爵及其随从支付薪水。约翰·拉塞尔爵士（后来成为贝德福德伯爵）一直在海外一个指定的秘密地点，就由他接收国王的钱，并按月支付给公爵。

于是，公爵就在自己的领地开始与法兰西国王激烈交战，法王已将这些领地收归己有，但公爵的敌人并不知道公爵已得到英王的援助。这样，公爵就给法兰西国王带来很多麻烦和不满，法王被迫用一支精锐部队巩固后方，并亲自率领一支大军去抵挡公爵的军队。

公爵听说法王的军队在向前推进，为了自身安全，就被迫率领军队攻占意大利的一个重镇帕维亚。法王稳扎营盘，用重兵将公爵包围，打算把公爵围在里面不让他出来。但公爵还是多次出来，并与法王的军队交锋。

我们先把法王留在帕维亚前面的军营里，回到枢机主教大人那里。枢机主教似乎更倾向于法兰西而不是神圣罗马帝国，但个中缘由我不能说。

法王住在军营里，向英格兰偷偷派出一名密使，一个非常精明的人，想与英王谋求和解。此人名叫约翰·雅钦，其行动极为隐秘，任何人都不知道他的去向。他不是法兰西人，而是出生在意大利，以前在法兰西默默无闻，没有人知道他是其主子的红人，只知道他是个商人。他因为精明而被法王看中，命他担任使节处理这件事。

雅钦抵达英格兰以后，被秘密送到国王在里士满的庄园，在那里一直待到圣神降临周，在此期间枢机主教也来到这里，度过了这一盛大节日。枢机主教好几次与雅钦一起吃饭，雅钦的言谈似乎很诙谐，头脑冷静，处事老成持重。他在英格兰停留了很长时间，直到其使命像是完成了才离开。

随后，有关方面立即向居住在海外的约翰·拉塞尔爵士发出命令，要他把本应在当月支付给波旁公爵的那笔钱扣下来不给，等待国王下一步的旨意。

到了指定支付薪水的那一天，公爵及其随从没有领到钱，于是就神情沮丧、非常失望，因为他们发现钱没有像往常那样发给他们。没有了食品供应，处境就非常危险，食品稀缺，价格昂贵，究竟是何原因有很多不同的猜想。有人说是因为这，有人说永远也不会知道原因，这样他们对原因迷惑不解。最后，由于缺乏食物和其他必需品，这些东西在城里都搞不到，官兵们就开始发牢骚，没有吃的大家可能都会饿死。

在此绝境之中，大家来到统帅波旁公爵面前，说："阁下，我们必须向敌人投降，投降也比像狗一样挨饿强。"

公爵听到他们抱怨，知道他们因缺钱而陷入了绝境，就对他们说：

"先生们，你们都是勇敢无畏的人，在我手下干得很好，你们受苦我也有份，我也非常难过。不过我希望大家再耐心等待一两天，因为你们都是高尚勇敢的人。我相信英格兰国王不会骗我们，到时候他如果再不送来援救物资，我完全赞成大家都向敌人投降。"

对此大家都表示赞成，盼着国王能在三天之内把钱送来。

三天一过，公爵发现没有办法，就把所有贵族、军官和士兵都叫到他跟前，哭着对大家说：

"尊贵的军官们，勇敢的士兵们，我的好战友，在此困境之中我看没有办法，要么向敌人投降，要么挨饿。要是向敌人投降，把城池交出来，我知道敌人不会仁慈。拿我本人来说，我是躲不过酷刑的。我很清楚，一旦落到他们手里，我会死得最惨。所以，我不是为自己伤心，而是为你们，为你们的性命担心，也为保护你们担心。你们要是能逃出敌人的魔掌，我会心甘情愿地受死。

"所以，战友们，勇敢的士兵们，考虑到目前我们所处的险境，我要求大家死得最有价值，而不是像牲畜一样遭到宰杀。如果你们听从我的建议，我们就在今夜袭击敌营，这样我们要么可以逃走，要么可以打败他们。这样像男人一样战死沙场，总比被俘虏成为囚犯活受罪强。"对此大家一致赞同。

公爵又说："你们看看，敌人的营盘十分坚固，想要进去只有一条路，那里布置有大炮和士兵，从那里进去与敌人搏斗不可能不冒巨大的危险。另外你们也发现，最近他们不大注意我们了，监视已经大为放松。所以，我建议大家可以这样做：等到夜深人静，敌人都睡着了，我们就派出一批身手最敏捷的士兵去攻击敌营，进攻要猛烈，甚至直接攻击军营的入口，这个地方几乎是无法攻克的。

"你们的猛烈进攻会让军营里的人迷惑不解，迫使敌人将入口处阻击你们的兵力撤出来打击你们。然后我来到后门，到他们兵力刚撤走的地方，不等他们明白过来，就来到以前他们部署有大炮和兵力的地方与他们交战，解救你们免遭攻击，缴获他们转移过来的大炮，用他们自己的大炮打击他们。然后我们在战场上会师，我相信我们会完胜敌人。"

这一计策让他们非常高兴，于是他们为此而准备了一整天，行动极为隐秘，城里没有任何声响，也没有开炮。这让敌人在夜里更加放松了警惕，每个人都悄悄回到帐篷里和住所里睡觉去了，根本不相信会出事。

国王的军队都睡觉了以后，发动进攻的士兵按照原定计划，从城里悄悄地出来了，向预定地点发起猛烈攻击。军营里的敌人慌忙自卫，正像公爵对士兵们所说的那样，敌人被迫撤出入口处的大炮去打击进攻者。公爵随之出动，身后跟着一万五千或一万六千人，甚至比这还要多，趁着夜色悄悄行动，来到战场上以后敌人才发觉。

公爵一进去，就控制了那里所有的大炮，将炮手都杀掉，填上炮弹打击敌人，炸死了大批敌人。他砍倒了帐篷和临时住所，杀死了里面的敌人，敌人还不知道公爵来了，根本没想到公爵会进来。这样，不等国王起来救援他就获胜了，国王还没有拿起武器就在住所里被俘虏了。

公爵打了胜仗，法兰西国王被俘虏，士兵们被杀死之后，国王的帐篷被洗劫一空，帐篷里有很多东西。在战利品中，在国王保险箱里寻找珍宝的时候，发现了法兰西国王与英格兰国王新近签署的盟约，上面盖有英格兰的国玺。

　　公爵一看到盟约，就意识到英格兰国王为什么不再给他钱了。他进一步了解了这件事，知道这一切和英王变卦都是英格兰的枢机主教操纵的，就对枢机主教大为恼火。

　　公爵把这里的一切安排停当，然后马上就去了罗马，打算洗劫罗马城，把教皇囚禁起来。他第一次攻城的时候，成为第一个被杀的人。[①]不过他的军官们继续攻城，最后攻了下来。教皇逃到圣天使城堡，在城堡里待了很长时间，吃了很多苦头。[②]

　　我之所以详细描写这件事，是因为枢机主教被认为是这一灾难的始作俑者。您会发现，一个人无论想做任何事，不管是君主还是高级教士，到头来还是天主按照自己的意愿安排一切。所以，一个聪明人自作主张，做任何事情都不寻求天恩的帮助，而是仰仗小聪明处理重大事情，实在是愚蠢至极。

　　当年我曾见到一些君主和大人物，无论是召开国会还是处理其他要事，首先是毕恭毕敬地寻求天主的帮助。而现在我看到的情况正好相反。所以我认为，他们更相信自己的聪明才智，而不是寻求天主的帮助，而且后来经常成功，事业一帆风顺。所以不但在这件事上，而且在其他很多事上，您会发现明显的例子。但我几乎从未见过位高权重的人尊重天恩，遗憾越大，越是可悲。这件事我就不再说了，而是转谈其他事情。

---

① 据说杀死波旁公爵的是本韦努托·切利尼。参见［意］本韦努托·切利尼:《切利尼自传》，王宪生译，北京:北京时代华文书局，2014 年，第 70 页。——译者注

② 此事发生在 1527 年 5 月 6 日，对欧洲的政治格局产生了深远影响。罗马遭到洗劫后，人口急剧下降，文艺复兴日渐式微，教皇权力大为削弱，神圣罗马帝国皇帝查理五世转而对付德意志的宗教改革，但最终却成全了马丁·路德。——译者注

　　俘获法兰西国王以后，英格兰枢密院里众说纷纭，争论不休。有人认为，如果国王亲自率领一支大军攻打法兰西，就能轻而易举地将其征服，因为法兰西国王和大多数法兰西贵族现在都是皇帝的俘虏。还有人说，这样做英格兰国王会很不光彩（国王被俘虏）。但也有人说，依据战争法，法兰西国王应该是英王的俘虏，因为法兰西国王是被代表英王的统帅波旁公爵俘获的，不是被皇帝俘获的。所以有人劝国王与皇帝交战，除非皇帝把法兰西国王交出来。另外其他想法还多得很，在这里没法说，我就不再说了，都留给编年史作家去描写。

　　这件事就这样一直争论了很长时间，宫里每个人都发表了意见，想怎么说就怎么说。最后法兰西王国派了好几个使团到英格兰，希望英格兰国王做做皇帝的工作，将法兰西国王释放出来，英王有智慧，枢机主教执掌大权。这样，经过长时间的深思熟虑并听取各方意见，枢机主教觉得皇帝应该将法兰西国王释放，但让法王做出足够的承诺，法王的两个儿子——王太子和奥尔良公爵——应该为父亲当人质。这一决定得到贯彻执行。

　　法王从皇帝那里获得释放，他两个儿子到皇帝那里当人质，英王获得法王赔偿的保证之后，枢机主教对法兰西国王身遭不幸、对教皇遇到大难（教皇仍然在圣天使城堡，是做了囚犯还是自卫我说不准）①感到难过，就竭尽全力做国王和枢密院的工作，既安排法兰西国王获释，也安排不让教皇担惊受怕。

　　最后，我在前面说过，枢密院里很多大人物都在看安妮·博林小姐的眼色行事，要找一个适当的机会扳倒枢机主教。现在他们觉得等待的时机到了，应该让枢机主教接受国王的委托，到海外去办

---

① 当时教皇虽然躲在圣天使城堡，但人身一直是自由的，并没有成为囚犯。——译者注

这件事。他们怂恿枢机主教，说他办事考虑周到，有才智，有权威，去谋求世界上最伟大的君主之间达成完全和解，他比国内或国外的任何人都更合适。他们的意图只不过是让他不在国王身边，让他离开英格兰，这样他们才有适当的机会，在其女主人安妮的帮助之下，冒险实施他们早就谋划好的计划，趁他不在的时候在国王面前贬损他，这样国王会非常生气而不是像往常那样宠他，至少国王会降低对他的评价。

外交斡旋

好了！您还想要什么？这件事就这样定了，枢机主教接到命令准备启程，他也乐意承担这一任务，但是否是真心我还无法告诉您。但有一点我是知道的，他决定承担这一任务后短暂耽搁了几天，为其行程做好各种准备，在路上服侍他的每一个仆人都指派好了。

一切事情都办妥当，为这一伟大的使命做好了各种准备，一切障碍都排除了，枢机主教大人就以天主的名义登程，一起去的还有一些贵族、主教和其他大人物，这些人对阴谋并不知晓。

他从威斯敏斯特的家里走出来，穿过整个伦敦，走过伦敦桥，很多随从走在他前面，三个人一排，身穿黑天鹅绒制服外衣，大多数人脖子上都戴着大金项链。所有的侍从，还有跟随他的贵族和绅士的仆人，全都身穿法兰西式黄褐色制服外衣，制服后背和胸前绣着字母 T. 和 C.，字母上面是枢机主教帽。驮东西的骡子有二十多头，还有马车和其他车辆走在前面，由很多弓箭手和枪手领着和守护着。

他摆出枢机主教的派头，威风凛凛地骑着骡子，骡子身上装扮着深红色天鹅绒，铜镫子上镀着金。还有一头备用骡子跟在后面，也是相同的装扮。他前面是两个大银十字架、两根大银柱、英格兰国玺、枢机主教帽，一个随从举着帷幔，也叫披风袋，由上好的红布制作，上面绣着一层又一层的金线，富丽堂皇，里面有一个红披风。

他就这样穿过伦敦，一路上都是这样，前面专门有人为他一行人安排住所。

他到达的第一站是肯特的达特福德，来到理查德·威尔特希雷爵士家，在达特福德那边两英里。他和一行人都在这里和附近乡村过夜。第二天，他骑行到罗切斯特，住进当地主教的邸宅，其余的随行人员住在市里和桥这边的斯特劳德。第三天，他从这里骑行到费弗沙姆，住在修道院里，随行人员住在城里，一部分住在附近的乡村。

第四天，他骑行到坎特伯雷，在这里碰见城里和乡村里最值得尊敬的人，住在克赖斯特彻奇修道院院长的住所，随行人员都住在城里。他在这里停留了三天或四天，正赶上禧年节，纪念他们的主保圣人圣托马斯。[1] 在节日这天，修道院里隆重举行列队行进，枢机主教大人也参加了。他身穿教皇特使服装，头戴枢机主教帽，命修士们和唱诗班全体成员吟唱连祷文 Sancta Maria ora pro papa nostro Clemente，[2] 并把连祷文念完。枢机主教大人跪在唱经楼门口一条长板凳上，凳子上铺着毯子和垫子。在此期间，修士们和唱诗班全体成员一直站在教堂中央。这时，我发现枢机主教大人悄悄地哭了。据推测，这是因为当时教皇受到长枪骑士团的巨大威胁，处境非常危险。

第二天，我带着枢机主教大人的书信，乘坐王家邮车去了加来，

[1] 即托马斯·贝克特，坎特伯雷大主教，1170 年被国王亨利二世的几名武士杀害于坎特伯雷大教堂，以殉教者的身份被封为圣徒。——译者注

[2] "神圣的玛利亚，为我们的教皇克莱门特祈祷吧。"原文为拉丁语。——译者注

当天夜里就到了。我一上岸，发现加来政务会全体成员都站在码头上的航标灯门外面，我把书信交给他们之后进了城。我在这里住了两天枢机主教大人才到。他在我到达两天以后来到加来港，大约在上午八点，在这里受到城里所有最值得尊敬的人物的欢迎，他们举行了最隆重的列队行进。在航标灯门口为他放了一条长凳子，上面铺着毯子和垫子，他跪在上面祈祷之后才进城。那里有两个大银香炉为他焚香，有人向他洒了净水。

然后他起身往前走，前面有一大群人唱着歌，来到圣玛丽教堂。他站在祭坛上，转身面向大家，为大家祝福，赦免他们的罪过。然后他被人领到一所名叫"方格"的房子，在城里期间他就一直住在这里。他马上就裸身上了床，因为他渡海时患了病。

那天夜里，布伦指挥官杜比耶先生到方格去找他，还有一批勇敢的绅士，和他一起吃了饭。他们与枢机主教交谈了一会儿，杜比耶先生就和其他绅士一起回布伦了。就这样，枢机主教每天都接待某个法兰西贵族的来访。

枢机主教的随从和各种车辆都在加来上岸以后，启程的所有准备工作全部就绪，他把所有贵族和随从都叫到他的内室。大家聚齐之后，他这样说道：

"我把你们叫到这里是要对你们说，我知道你们殷勤地服侍我，我对你们也有好意，从此以后我会记住你们对我的殷勤服务，到时候你们会得到应有的酬谢和奖赏。另外，我也会告诉大家我直接从国王陛下那里得到了什么授权，告诉你们一些法兰西人的秉性，也告诉你们为了国王陛下的荣誉你们要如何尊敬我，如何对待法兰西人，无论在什么时候遇见他们。

"首先，你们要知道，国王陛下经过慎重考虑，为了提升他的身份，指定我在这趟旅途上担任中将，如何对我表示尊敬我会告诉你们。对于我来说，我被任命为中将，必须享有所有的荣誉和地位，就像在陛下面前一样享有适当的尊敬，得到适当的服侍，与国王身份有关的一切我都不能忽视。你们会看到，我连一个细节都不会疏忽。所以，你们对此不应该不知道，这是我让你们来到这里的特殊原因之一。你们想得到我的好感，我就要求你们在时间地点上千万不要忘记这一点，每个人都要记住这件事，这样我回去以后你们就不会惹国王生气，而是会得到他的感谢。我也要另行酬谢你们，因为你们值得酬谢。

"现在说说法兰西人的秉性。你们要知道，法兰西人和你第一次见面时，对你亲热得好像早就认识你似的，用法语和你交谈，好像你能听懂他说的每一个词似的。所以，你们也要这样做，和他们亲热起来，就像他们和你亲热一样。如果他们用法语和你交谈，你就用英语和他们谈。如果你不懂他们讲的法语，他们也不懂你讲的英语。"

有一个随从是威尔士人，枢机主教大人高兴地对他说："莱斯，对他讲威尔士语。我相信你的威尔士语对他来说更难懂，而他讲的法语对你来说还容易些。"

然后他又对我们大家说："你们的一切娱乐活动和举止都要彬彬有礼，你们回去以后，人家会说你们是守规矩的绅士，态度温和，知道对君主、对主子的义务，人家就对你们很尊敬。这样，你们不仅为自己赢得赞美，也会为你们的君主和国家赢得荣誉。现在就去吧，记住我告诫你们的这些话，为明天做好准备，如果天主愿意，我们明天就出发。"

我们就这样聆听了他的教诲，然后回到住所，为第二天与大人一起出发做好一切准备。

第二天是抹大拉的玛利亚节，[①]一切都准备停当，枢机主教大人

---

① 7 月 22 日。——译者注

骑着骡子出了加来，带着那么多身穿黑天鹅绒外衣的人，以前任何一个使节都没有过。一路上加来、吉讷、哈默斯所有持矛的士兵都恭候着他，他们身穿黑天鹅绒外衣，很多人都戴着大金项链。

他就这样出发了。三个随从一排，队伍长达四分之三英里甚至更多，平时的豪华装备都在前面，就像我之前描述的那样，除了国玺之外。国玺留在了加来，由上诉院案卷保管员泰勒博士保管，直到枢机主教回来为止。

刚走了一英里，天下起了暴雨，在这个季节从来没有见过这么大的雨，一直下到我们抵达布伦。到达桑丁菲尔德之前，洛林枢机主教碰见了枢机主教大人。洛林枢机主教是个英俊的年轻绅士，见到枢机主教大人非常高兴，对枢机主教极为尊重，然后大家一起来到桑丁菲尔德。桑丁菲尔德是个宗教气氛很浓的地方，位于法兰西、英格兰和皇帝的领地之间，由于中立而成为三不管之地。

来到这里之后，迎接他的是皮卡第指挥官伯爵布里翁，还有很多拿着武器的人，有巴尔干和阿尔巴尼亚雇佣军等，在一大片燕麦地里排成队，全都身穿铠甲，骑着轻型马，像护翼一样与枢机主教大人一起穿过皮卡第。枢机主教大人对皇帝有些疑虑，担心皇帝会伏击他，把他出卖。由于这一原因，法兰西国王命令他们服侍枢机主教大人，确保他的人身安全，使他免遭敌人毒手。

他就这样在保护之下向布伦镇走去，在离布伦不到一英里的地方遇到镇里最受尊重的居民，其中有一个博学的人用拉丁语向他演讲，枢机主教大人也用拉丁语作答。然后，布伦指挥官杜比耶先生及其随从骑着马迎接他，将他和随行人员一起护送到镇里，一直来到修道院门口。枢机主教下了骡子，径直走进教堂，在圣母像前祈祷，并敬献了祭品。之后他为那里的人祝福，举行了赦免。然后他走进修道院，在这里下榻，随行人员住在附近的镇里。

第二天上午望过弥撒，他骑上骡子来到滨海蒙特勒伊，像前一天一样遇到镇里最值得尊重的人，全都穿着同样的制服，由一个博学的人用拉丁语为他演讲，他也用拉丁语作答。他走进镇里，由镇里威望最高的人在他头顶上打着一个丝绸华盖，上面绣着字母和帽子，与仆人外衣上绣的一样。他一下骡子，男仆们就把骡子牵走了，作为对他们效劳的赏赐。为迎接他的到来举行了很多庆典活动，他在那里被称为"爱好和平的枢机主教"，沿途路过的法兰西其他地方也是这样称呼他。那一夜，附近的很多显赫人物一直陪伴着他。

第二天，他去了阿布维尔，在那里遇见镇里和乡村里的很多绅士，大家陪着他到了镇里，迎接他的有各种隆重的盛会，妙趣横生，花费昂贵。他骑行穿过镇子的时候，每一个街角都有这样的表演活动，也都有人为他打着华盖，比蒙特勒伊和布伦的还要华丽。

大家陪着他来到住所，像是新建好的一座漂亮的砖房。就是在这所房子里，国王路易迎娶了国王亨利八世的妹妹玛丽公主，玛丽后来又改嫁萨福克公爵查尔斯·布兰登。①走进房间，像是走廊似的，但很适用。枢机主教大人在这里住了八天或十天，法兰西枢密院的很多人每天都到这里来，和他一起吃饭。其他很多贵族和绅士也陪着枢密院成员来到这里，和他一起吃午饭和晚饭。

离开这里的时间到了，他骑行到索姆河那边的一座城堡，人称皮基尼城堡，在索姆河附近，坐落在一块巨石或小山丘上，城堡里面有一所漂亮的教士学校，其格局很像英格兰的温莎城堡。他在这里受到一支行进队伍的隆重欢迎，先陪他到教堂，然后又到他在城堡里的住所。在这座城堡里，国王爱德华四世与法兰西国王会过面，就在索姆河上面的一座桥上，这在英格兰编年史里可以看到。

枢机主教大人在这里下榻之后，有人对我说法兰西国王那天要到亚眠，那里距离皮基尼城堡不超过六英里。我很想看看国王进城，

---

① 1515年路易十二驾崩，同年玛丽改嫁萨福克公爵。——译者注

便征得许可，带着一名或两名枢机主教大人的随从，骑着马立即去了亚眠，一是为自己找个适当的住处，也顺便看看国王。

到了亚眠以后，由于我们是外国人，就住在带有天使标记的客栈（暂时居住），正对着圣母大教堂的西门。我们在那里吃了饭，一直待到三点或四点，等着国王驾到。这时，摄政夫人王太后坐着一辆富丽堂皇的马车来了，和她一起来的还有她女儿纳瓦拉王后，后面跟着一百多位贵妇和淑女，都骑着小白马，还有很多贵妇和淑女坐着富丽堂皇的马车，有的坐着轿子。王太后及其随从在西门口下了马车，除了卫兵之外还有很多贵族和绅士陪同，卫兵的人数也不少。

将近两个小时之后，国王进了城，伴随着炮声和各种表演，以欢迎国王驾到。除了很多贵族和绅士之外，国王身前和身后有三支身材高大的卫队，身穿不同的服装。第一支是瑞士人和勃艮第人，拿着枪和短矛。第二支是法兰西人，有的拿弓箭，有的拿长柄矛。第三支卫队是贴身保镖，都是身材高大的苏格兰人，比其他卫兵英俊得多。法兰西卫兵和苏格兰卫兵穿一种制服，为精制的白布外套，还有一手掌宽的绣花银丝饰带。

国王骑着一匹漂亮的西班牙小马过来了，在教堂西门下了马，然后进了教堂登上祭坛，双膝跪下祈祷，之后去了主教邸宅。他在那里下榻，还有他母亲。

第二天上午，我又回到皮基尼侍奉枢机主教大人，这时他已准备好骑上骡子去亚眠。在去亚眠的路上，每个地方他都遇见尊贵和显赫的人物，用拉丁语为他演讲，他也即席作答，其渊博的学识和丰富的想象力让他们惊叹不已。

随后消息传来，说国王要来见他。对此他别无选择，只好在路边一座旧礼拜堂前下了骡子，在礼拜堂里换上华丽一些的衣服，又骑上另一匹装扮漂亮的骡子，骡子身上覆盖着毯子和深红色天鹅绒骡衣，骡衣上有金线绣花，边缘处有金线镶边，非常昂贵，银镫上镀有黄金，笼头上的凸饰和颊板也是如此。这时，他又骑上了骡子，派头十足。

国王已来到很近的地方，离他不到四分之一英里，在一个小山坡上集结，国王卫队沿山坡站成一排，等待着枢机主教大人驾到。枢机主教尽可能快速地赶到国王那里，一直来到近前，在那里停了一会儿。

国王看到以后便站立不动，身边是两个年轻健壮的随从。这是两兄弟，都是洛林公爵的兄弟，也是洛林枢机主教的兄弟，一个叫德吉斯先生，一个叫沃代蒙先生。兄弟二人穿得和国王一样，紫天鹅绒衣服，银白色的布衬里，外套裁得很短。国王让沃代蒙先生骑着马到枢机主教那里，问问他的来意。

沃代蒙先生骑上一匹骏马，快速来到枢机主教大人跟前，一次或两次让他的马扬起前蹄，距离枢机主教大人的骡子非常近，以至于枢机主教怀疑他的马要干什么。然后沃代蒙先生下了马，谦恭地向枢机主教大人表达了他的意思，然后又上了马，走的时候还像刚才那样让马扬起前蹄，又回到国王身边。

枢机主教大人回答之后，国王继续前进，枢机主教大人看到后也往前走，二人在中途相遇，在马背上相互拥抱，每人脸上都露出最和蔼的表情。双方的贵族和随从都聚到他们身边，相互欢呼，像是老相识似的。那么多人挤到一起，很多人的腿都被马挤疼了。国王手下的官员们高喊："Marche, marche, devant, allez devant." [1] 国王与枢机主教大人并驾齐驱，[2] 枢机主教走在国王右边，一起向亚眠走去，每一个英格兰随从都由一个法兰西随从陪同。

---

① "走，走，你们先走。"原文为法语。——译者注
② 依照当时的习俗，枢机主教与一般君主的身份相当。——译者注

　　法兰西人和英格兰人的队伍浩浩荡荡，有两英里长，也就是从他们相遇的地方一直延伸到亚眠。他们在亚眠受到隆重欢迎，炮声响起，有各种花费昂贵的庆典表演，直到国王把枢机主教大人送到下榻的地方，然后在那里分手，国王住在主教邸宅。

　　第二天午饭后，枢机主教大人率领一大批英格兰贵族和随从，骑上马来到王宫，当时国王还在床上，身体有些不适，但枢机主教大人还是来到他的寝宫，床一侧坐着他母亲摄政夫人，另一侧坐着洛林枢机主教，还有其他一些法兰西贵族。枢机主教大人和他们简单交谈了几句，与王太后喝了一杯酒，然后又回到他下榻的地方，由很多法兰西绅士和贵族陪同，和他一起吃了晚饭。

　　国王与枢机主教大人就这样在亚眠住了两个多星期，多次在一起交谈和吃饭。圣母升天节① 那天，枢机主教大人早早地起了床，来到圣母大教堂。在小礼拜堂里，他当着摄政夫人和纳瓦拉王后的面做礼拜、望弥撒，然后又为摄政夫人和纳瓦拉王后主持圣礼。

　　圣礼结束之后，国王来到教堂，被人护送到祭坛尽头，坐在一个漂亮的楼厢里。枢机主教大人坐在祭坛另一端，正对着国王，在另一个漂亮的楼厢里，比国王的高三个台阶。在祭坛上，一位主教在他们前面吟唱大弥撒曲。在圣餐面包分切式上，这位主教把面包平分给国王和枢机主教大人，象征着履行他们签署的和约。国王小礼拜堂里的人吟唱庄严弥撒曲，有短号和低音喇叭伴奏。弥撒结束之后，号手们在十字架神龛里吹奏，直到国王走出教堂进入他的住所。

　　国王走进主教邸宅，打算在那里与枢机主教大人一起吃饭，看见走廊里跪着大约二百个患有淋巴结核的病人。国王在吃饭之前，用手抚摩了每一个人，为他们赐福，一直都没有戴帽子，施赈员跟在国王后面为病人发钱。之后国王为他们祈祷，接着洗了洗手，去

---

①　8 月 15 日。——译者注

内室和枢机主教大人一起吃饭。

　　然后国王和枢机主教大人决定离开亚眠，到一个名叫贡比涅的城市或镇，离亚眠有二十多英里，我被派去为枢机主教安排住所。那是个星期五，我骑着马上了路，走到一个小村庄的时候，我的马掉了一块马蹄铁。村庄里有一座漂亮的城堡，碰巧那里住着一个铁匠，我让仆人牵着马到铁匠那里去钉蹄铁，钉蹄铁时我就站在铁匠旁边。

　　这时，城堡里的一个仆人朝我走了过来。他看我是枢机主教大人的仆人，是个英格兰人，就叫我和他一起到城堡里去见堡主，他认为堡主看见我来陪伴会非常高兴。我答应了他的请求，因为我总是想见陌生人，想结识陌生人，尤其是位高权重的人。于是我就和他一起走了。

　　仆人把我领进城堡，进入第一个院子，门卫都是很诚实的大个子，过来毕恭毕敬地向我行礼，知道了我的来意之后就让我稍等一会儿，他们要向主人禀报。于是我就在那里等着。

　　堡主马上就出来见我。他名叫克雷基，贵族出身，与国王路易血缘关系很近，路易是现任国王弗朗索瓦的前任。堡主一来就拥抱了我，说非常欢迎我来，感谢我如此有礼貌地来看望他、游览他的城堡，还说他正准备去见国王和我的主人，希望他们屈尊大驾，在第二天顺路光临他的城堡，如果他可以这样恳求他们的话。他穿一件天鹅绒外衣，脚蹬一双天鹅绒战靴，脚后跟上有一对镀金马刺，确实是正准备上马。

　　然后堡主拉着我的手，极有礼貌地把我领进城堡，又进入另一个院子。来到城堡的核心院落之后，我看见他全家人和所有仆人都整整齐齐地站着，身穿黑色外衣和长袍，像服丧似的。堡主把我领进大厅，厅里的墙上挂满了手枪，一把挨着一把。厅里还有一根鹰的栖木，上面站着三四只漂亮的苍鹰。

然后我们走进客厅，里面有漂亮的旧挂毯，在那里待了一小会儿，谈到萨福克公爵大人，谈到他如何包围了这座城堡。仆人给堡主送来面包和各种葡萄酒，堡主还让我喝。然后堡主说：

"我想让您看看我家有多坚固，萨福克公爵大人当时想把它拿下来有多么困难。"

然后他把我领到围墙上，围墙非常坚固，厚达十五英尺还要多，配备有大炮，随时可以开炮击退国王和萨福克公爵大人的进攻。

他领我看了城堡所有的围墙和壁垒之后，从围墙上下来，进了一个漂亮的内院，他的西班牙小马在那里等着他骑，另外还有十二匹西班牙小马，是我所见到的最漂亮的牲畜，尤其是他的那一匹，那是一匹母马。他对我说，那是他花四百克朗买来的。其他十二匹马上骑的是十二个年轻漂亮的绅士，人称荣誉侍从，全都不戴帽子，身穿金布外衣，黑天鹅绒斗篷，脚蹬红色西班牙皮靴，马刺的一部分镀了金。

然后他离开了我，命管家和其他随从服侍我，领我到他夫人那里吃饭。接着他骑上西班牙小马，出了城堡上了路。管家和其他随从就领我上了一座塔楼，国王与枢机主教大人要是在这里逗留，女主人就住在塔楼里。

我来到一间漂亮的大餐厅里，餐桌铺好准备上菜，我等着女主人到来。她走出内室来到餐厅，也极有礼貌地接待了我，像个贵妇一样，有十二个侍女服侍。她和随从都出来以后，对我这样说："您是英格兰人，你们国家的习俗是亲吻所有的女士和淑女而不算冒犯。我们这里虽然没有这样的习俗，但我要大胆地吻您，我所有的侍女也要吻您。"我就这样吻了女主人及其侍女。

然后她去就餐，饭菜的丰盛程度不亚于我在英格兰见到的和她同样身份人家的任何一顿饭菜。整个吃饭期间她一直与我愉快地交谈，这是我们英格兰绅士淑女的习俗，她对这一习俗赞不绝口。英王与法王在一起会谈的时候，她与国王在阿德尔，因其长相漂亮、举止得体，被指定去陪伴英格兰女士。长话短说，饭后我稍停了一会儿就与她告辞，骑上马又上了路。

我在克雷基城堡耽搁了一段时间之后尽快赶路，夜里不得不住宿在路边的一个镇里。这个镇名叫蒙迪迪耶，其郊区不久前让萨福克公爵烧毁了。第二天上午我又上了路，星期六抵达贡比涅，那一天正好逢大集。

我一到达就住进市场中间的一家客栈，在一个漂亮的房间里吃午饭。房间里有个漂亮的窗户可以看到大街，我听到喧哗声和长矛碰撞声。我朝街上看去，发现镇里的军官们正带着一名囚犯行刑，他们用剑砍掉了囚犯的脑袋。我问他犯了什么罪，回答是他杀了附近森林里的一头红鹿，论刑当斩。他们立即把囚犯的脑袋挂在市场上的一根柱子上，在两根鹿角之间，把四肢放在森林的四个地方。

然后我就出去为枢机主教大人安排住处，那是镇里的大城堡，一半分配给枢机主教大人，另一半留给国王，中间有一条长廊，长廊上建一道坚固的墙，墙上有一扇门和一扇窗户，国王与枢机主教大人多次通过这扇窗户见面，在私下里交谈，也多次通过这扇门互访。

摄政夫人王太后也住在这里，还有她所有的侍女随从。法兰西首席大臣也来到这里，他是个很诙谐的人。另外还有国王所有的重要参事，他们每天磋商，非常辛苦。我听说枢机主教大人与首席大臣发生了争执，枢机主教指控首席大臣四处活动，破坏枢机主教以前签署的英法两国国王之间的联盟，枢机主教对此事极为不满，对首席大臣说：

"你没有权力解除他们之间的友好关系。如果你主子就在现场，放弃承诺，听从你的劝告，我回到英格兰就会感受到痛苦，知道违背对英格兰国王许下的诺言意味着什么。我对此深信不疑。"

然后枢机主教起身回到住所，一副生气的样子。枢机主教板着面孔，出言不逊，他们不知道如何才能让他息怒，还叫他回到会议室里来，他当时是气呼呼地走的。经多次良言相劝，对他做出让步，希望他恢复原来的友好态度，但始终无法让他的态度软化。最后摄政夫人亲自出面，非常谨慎而又明智地处理此事，终于让枢机主教回到谈判桌上来。这样一来，他以前办不到的事，法方不答应的事，现在也都办成了。这让人不是感到高兴，而是感到担忧。他控制了法兰西枢密院的所有首脑，就像控制英格兰枢密院一样。

发生冲突之后的第二天早上，他起床很早，大约四点钟，坐下来给英格兰国王写信，让一个专职神父准备弥撒。这位神父穿着法衣一直站到下午四点，在此期间枢机主教大人一次也没有起身，连小便也没有，连一口饭也没有吃，而是一直不停地执笔写信，睡帽和头巾一直在头上戴着。

下午大约四点，他把信写完了，命国王的一个仆人克里斯托弗·冈纳马上做好准备，乘王家邮车把这封信直接送到英格兰。把仆人派走以后他喝了点水，然后去望弥撒，还和专职神父一起做了其他礼拜活动，就像他平时所做的那样。然后他直接进入一个花园，在那里散步达一个多小时，在那里做了晚祷，接着午饭晚饭一并吃了，吃了一点之后就上床睡了。

第二天晚上，他命人为摄政夫人、纳瓦拉王后和其他有身份的贵妇准备了一桌丰盛的晚宴。

国王路易有一个女儿勒妮公主，勒妮有个姐姐嫁给了国王弗朗索瓦，不久前去世了。这两姐妹凭借其母亲的关系，都是布列塔尼公国的继承人。因为国王娶了她女儿，他就应该拥有半个公国。为了得到另一半，成为整个公国的主人，他就一直没让勒妮公主结婚，这样勒妮公主就不会有子女，整个公国就会落到他手里，或在他死后落到他后人手里，因为勒妮公主没有子嗣。[①]

我们现在还是回到晚宴上，或者说是一次正式宴会，所有这些高贵的人物都参加了。大家兴致正浓的时候，法兰西国王和纳瓦拉国王突然驾到，大家事先并不知晓，二人坐在餐桌的下首。不仅有很多美食，还有很多欢乐，有愉快的谈话，有枢机主教大人的乐手演奏的音乐。乐曲演奏得悦耳动听，持续了整整一夜，国王大悦，想让枢机主教大人在第二天夜里把乐手借给他。晚宴结束以后，贵妇与淑女们去跳舞了，其中一个侍女枫丹女士得了奖。他们就这样愉快地度过了一夜。

第二天，国王把枢机主教大人的乐手带到一个贵族家。这一家形象好，贵族曾声明去朝圣，去祈祷。国王到了这里之后跳起了舞，其他人也和他一起跳，一直跳了大半夜。枢机主教大人的乐手整个夜晚都演奏得非常精彩，包括芦笛。但那个优秀的芦笛演奏员一天或两天以后就死了。（有人认为或是吹得太累，或是中了毒，因为他们得到了国王的赞扬，比贵族家的乐手得到的还要多。究竟为何我说不清。）

然后国王又回到贡比涅，让人把一头野猪放到那里的森林里，枢机主教大人和国王一起骑着马，到一个罗网里去打野猪。摄政夫人站在罗网外面的马车里往罗网那边看，有很多女士和侍女陪伴她。枢机主教大人站在摄政夫人旁边，观看人们是如何打猎取乐的。

罗网里侧有很多漂亮的随从和国王在一起，准备好猎杀那头危险的野猪。国王只穿着紧身上衣和短裤，全是羊皮色的布，其他什么衣服都没有。他的短裤在膝盖以上，用丝线织的边，和布料一样的颜色。一对漂亮的大白灵缇犬被放了出去，像其他灵缇犬一样戴

---

① 勒妮公主直到 1528 年才嫁给费拉拉公爵埃尔科莱二世，婚后育有二男三女。——译者注

着防护装置，以防范野猪锋利的獠牙。国王其余的随从奉命猎杀野猪，这些人也穿着紧身上衣和短裤，每人手里拿着一杆锋利的长矛用来刺杀野猪。

　　国王这样装扮好以后，命令猎手们把野猪放出来，其他人都站好位置，其中有很多英格兰随从和侍从。野猪立即从藏身处窜了出来，被一只猎犬追到平地上，站在那里停了一会儿看着众人，马上又被猎犬赶跑了。野猪发现一个沟堤上有一丛灌木，灌木丛里藏着两个法兰西彪形大汉，野猪就向那里逃去。为保护自己，野猪就把头拱进两个大汉藏身的灌木丛里，两个人就像逃命一样逃了出去。

　　然后，在猎犬和猎手们的猛烈追逐下，野猪被赶出灌木丛，径直向枢机主教大人的一个跟班跑过去。跟班是个长相英俊的人，也很强壮，手里拿着一杆英格兰投枪，就用投枪保护自己免遭野猪的攻击。野猪不停地用大獠牙扎他，最后迫使他把投枪扔到他与野猪中间的地上，野猪用獠牙猛力将投枪折断了。跟班就拔剑自卫，猎手们过来救援，又把野猪赶跑了。

　　野猪在逃跑过程中又冲向另一个年轻的英格兰随从，此人是拉特克利夫先生，菲茨沃尔特大人的儿子和继承人，后来成为苏塞克斯伯爵。他碰巧从一位法兰西随从那里借了一杆猎杀野猪的长矛，非常锋利。野猪受了伤，疼痛难忍，开始向他发起猛烈攻击。年轻人敏捷地躲开了，转身用借来的那杆长矛猛力向野猪扎过去，扎住了野猪的腿，一下扎到两条腿上的肌肉，野猪再也走不动了，被迫坐下来自卫。年轻人抓住这一最有利的时机，用长矛从野猪肩部直插心脏，就这样杀死了那头大野猪。

　　法兰西贵族认为，这是一个人所能取得的最辉煌的业绩之一，就像杀了一名武士似的。于是我们的拉特克利夫先生就把他打猎的战利品背走了。杀野猪是一项危险而又高贵的娱乐活动，法兰西人认为野猪的獠牙比任何物品都要危险，当时在场的英格兰人好像也是这样认为的。

枢机主教大人在法兰西期间，除了与国王和贵族们一起参加这些高尚的娱乐活动之外，还几次让一些法兰西小人惹得生气。这些人策划出版了一本小册子，里面有不少文章分析枢机主教大人在法兰西的原因。他们推测，枢机主教大人到法兰西是为了缔结两份婚约，一份是英格兰国王与勒妮公主的婚约，我在前面已经提到过勒妮。另一份是当时的英格兰公主、英王的女儿玛丽与法兰西国王次子奥尔良公爵的婚约。玛丽现在是英格兰女王，奥尔良公爵就是现在的法兰西国王。[①]另外他还要签署与此有关的其他一些协议。

这个小册子印了很多本运送到英格兰。枢机主教大人当时正在法兰西，对此事并不知晓，这本小册子严重伤害了英格兰王国，也伤害了枢机主教大人。但这本小册子出笼是出于策略的考虑以平息民众的抱怨（枢机主教在法兰西引起了人们的各种议论和联想），还是有人出于恶意（民众的情绪常常是这样）来针对这些秘密协商的，对此我一无所知。

但作者无论出于什么原因散布这本小册子，有一点我确信无疑：枢机主教大人听说了这件事，仔细阅读了一本小册子之后非常生气。他把法兰西枢密院的所有成员召集到一起，对他们这样说：法兰西王国出了这样邪恶狡猾的叛徒，竟然公开散布富有煽动性的谎言，这不仅是对英格兰人的怀疑，而且是对英格兰国王荣誉的诽谤和中伤。他还说，如果类似的事情出现在英格兰王国，他相信这样的背叛行为肯定会受到应有的惩罚。然而我发现这番话收效不大。

这是法兰西人惹他生气的一件事，他费尽心机准许他们赎回国王就落得这一下场。

---

① 法王亨利二世，1547—1559 年在位。——译者注

还有一件事让他生气。他来到法兰西领土之后，无论在任何地方住宿，其私人卧室都遭到盗窃，不是这件物品被偷走，就是那件物品被偷走。在贡比涅，他丢了镀金的银墨水台，后来发现偷窃者只是个十二三岁的小男孩，是巴黎一个恶棍的听差，经常到枢机主教大人的住所里去而没有受到任何怀疑，直到他躺在大人的私人楼梯下面被抓住。然后他被逮捕并受到审问，马上就招供说所有丢失的物品全是他偷的，偷了以后拿到他恶棍主子那里，这个恶棍都收下了，并教唆他这样干。

查到这个男孩之后，枢机主教大人把这件事披露给枢密院，那个恶棍因此而被逮捕，在市场中央被处以枷刑。对这种可耻的犯罪行为，这是公正的惩罚。

还有一件事让他生气。某个淫荡之徒，在枢机主教大人卧室大窗户上一块倾斜的石头上刻了一顶枢机主教帽，帽子上面有一副绞刑架，以此来嘲弄枢机主教大人。其他还有很多不友善的行为，我就不再写了，都是恶意的诽谤。

枢机主教大人就这样磋商了好多天，等待着克里斯托弗·冈纳回来，冈纳乘坐王家邮车到英格兰给国王送信去了，这在前面已经讲到过。冈纳最后带着信回来了，枢机主教大人收到信以后匆匆返回英格兰。

枢机主教大人离开的那天上午，他在内室里主持弥撒，为法兰西首席大臣举行就任枢机主教仪式，为他穿上枢机主教的法衣，然后就上路返回英格兰。

英法结盟

　　他在吉讷作必要的考察，他和一行人受到当地指挥官桑兹大人的隆重欢迎。他从吉讷到加来，在那里等着将物资、马匹和随从运回去，在此期间他在那里建起一个集市，让所有国家的人参与经营。但这个集市维持了多长时间，是如何经营的，我一无所知。我从未听说它带来多大好处，或聚集了多少商人或商品，维持这么大一个市场需要这些。

　　这些事情办完之后，还有为加来城办的其他好事完成之后，他坐船抵达多佛，从多佛骑行到国王那里，国王当时巡幸到肯特的哈里·怀亚特爵士家。

　　我们这些仆人认为，他回国后肯定会受到国王和其他所有贵族的热烈欢迎，但这一期望落空了。不过他回国后立即去觐见国王，与国王交谈了很长时间，在宫里一直待了两三天，然后才回到威斯敏斯特的家里。他在家里一直待到米迦勒节，①也就是将近两个星期之后，像他平常那样行使大法官的职权。

　　这时，他命人在星室法院召集开会，所有贵族、法官、每个郡

---

① 9月29日。——译者注

的治安官都到威斯敏斯特宫，他在那里发表长篇演讲，向大家说明了他这次出使法兰西的原因，在法兰西所做的事情，其中说道：

"我建立了以前从未听说过的睦邻友好关系，既包括我们与皇帝的关系，也包括法兰西国王与英格兰国王的关系，签署了一份永久和约，这还要经过书面确定，分别盖上两个王国的大金印章。还确认了国王每年接受诺曼底公国的贡品，还有战争期间他所有的花费。

"以前法兰西限制法兰西王后的嫁妆（王后后来改嫁萨福克公爵），在战争期间限制了好几年。现在完全敲定的是，她不仅每年还可以得到嫁妆，而且还可以得到在限制期间未付的欠款。

"所有这些事项，在法兰西使团到来之后都可以完成，其中会有大批贵族和绅士来签署协议，人数之多将超过以前任何一个国家来到我国的使团。和约这样一签署，两国绅士就会建立一种和睦友好关系，就会有商人从事商品贸易，让大家觉得英法就像是一个王国似的。绅士们可以从一国到另一国去消遣娱乐而不受干扰；商人们到了另一国，可以平安无事地办理事情，这样英格兰王国就会永远享受欢乐繁荣。因此，所有真正的英格兰人都会促进和阐明这一永久和约，既在口头上也在行动上，想方设法让法兰西人欣然接受这一和约，用类似的办法让他们回国后说和约的好话。

"各位大人，各位先生，我最真诚地要求大家为国王的利益着想，表现得有爱心，像个恭顺的臣民，国王会为你们的恭顺感到非常高兴，对每个人的慷慨与和善表示感谢，因为你们会表现出慷慨与和善来。"

他讲到这里就结束了，然后离开这里去了餐厅，与枢密院大臣们一起用餐。

大家期待已久的庞大使团终于来了，一共有八十多人，全是法兰西宫廷中最高贵、最有才能的人，所到之处都受到隆重欢迎，一路护送穿过伦敦，来到圣保罗大教堂庭院里的主教邸宅，在这里下榻。很多贵族来到这里，给他们送来各种漂亮礼物，尤其是伦敦市长，有葡萄酒、糖、蜡、阉鸡、野禽、牛肉、羊肉和其他必需品，琳琅满目，供他们享用。

　　来到伦敦后的第一个星期日，他们去了格林尼治的王宫，受到国王陛下的隆重接待。他们有一项特殊任务，要授予国王陛下法兰西王室勋章，为此他们专门带来一个挂勋章的金质项圈，上面悬挂着大天使米迦勒的像，还配有长袍，又昂贵又漂亮，紫天鹅绒的，绣得绚丽多彩。我看见国王以这身打扮穿过接见室进入内室，在下面的小礼拜堂里望弥撒时也是这身打扮。

　　为了让法兰西国王高兴，国王也马上送给法王同样的英格兰勋章，由威尔特伯爵专程送去。陪伴伯爵的是嘉德纹章官，带着长袍、勋袜带和其他有关的装饰物，其花费之昂贵在各方面都不亚于法兰西国王赠送的那一套，在大使团返回之前就送到了。

　　为了履行这一崇高的永久和约，决定由枢机主教在圣保罗大教堂吟唱庄严弥撒曲，在此之前专门准备了一个走廊，从圣保罗大教堂西门一直通到唱经楼门口，每一侧都竖起围栏，围栏上放着器皿，器皿里放着点燃的香料。然后国王、枢机主教大人和所有的法兰西人，还有其他所有贵族和绅士，沿着这条走廊来到祭坛，进入他们的楼厢。之后枢机主教大人准备吟唱弥撒曲，二十四个头戴法冠的主教和修道院院长陪伴并服侍他。他是教皇使节，享有特权，他们就以应有的礼仪服侍他。

　　祈祷的最后一部分结束之后，国王从楼厢里起身，跪在祭坛前面的垫子和地毯上。代表法兰西国王的主要使节是法兰西王室总管，他跪在国王陛下旁边，枢机主教大人为他们二人分圣餐面包，作为这一永久和约的誓约和保证。结束之后，国王和法兰西王室总管分别回到各自的楼厢。

弥撒曲是由国王唱诗班和圣保罗大教堂唱诗班吟唱的。弥撒结束之后，枢机主教大人拿起这份永久和约和友好关系条约，在国王和听众面前公开宣读。和约有英文和法文两种文本，由国王亲笔签署，法兰西王室总管也代表法兰西国王亲笔签署，加盖上金印，双方交换后作为可靠的契据。这一切结束之后，他们就离开了。

国王来到枢机主教在威斯敏斯特的家里吃饭，一起用餐的还有所有的法兰西人，一整天都在一起商讨重大问题，均与这份和约和友好关系条约的签署有关。之后国王又从水路回到格林尼治，走的时候决定让法兰西绅士们到里士满去打猎，在哪一个猎场都可以，再从那里到汉普顿宫，在那里也打猎，然后由枢机主教大人招待他们晚餐，夜里就在那里住宿。然后从汉普顿宫到温莎打猎，回到伦敦以后到宫里去，由国王设宴招待。这一切安排完毕之后，国王和法兰西人就走了。

所有事情都处理好后，就准备在指定的日子到汉普顿宫聚会。枢机主教大人把家里的主要职员叫过来，也就是管家、会计师、厨房职员，命令这些人准备汉普顿宫的宴会，既不要省钱，也不要惜力，让他们吃得尽兴，不仅让他们在这里感到惊奇，还要让他们回到国内说好话，为国王争光，为英格兰王国争光。

大家知道了枢机主教大人的意图之后，为了执行命令，就派出所有的酒席承办员、伙食承办员和其他人员，准备做出最好的饭菜，只要花钱能办到，或是枢机主教大人的朋友出于友情能办到。除了枢机主教大人的厨师之外，他们还派人在整个英格兰寻找最优秀的厨师，只要可以找到，让这些厨师为宴席配菜。

伙食承办员带回来大量昂贵的食材，足以让人感到吃惊。厨师日夜忙个不停，展示了各种高超的技艺，动用了各种精巧的器械，其中不乏金、银和其他昂贵的烹饪器具。

藏衣室的侍从和男仆们忙着在房间里悬挂昂贵的窗帘，配置丝绸床铺，还有其他各种应景器具。我是随从礼宾官，枢机主教大人派我和两个同伴到汉普顿宫，看看房间里的一应物品是否布置停当。我们的辛苦程度并不小，每天忙完这个房间忙那个房间。然后是木匠、细木工、石匠、画家和其他各种能工巧匠开始动工，为装饰房间和宴会忙个不停。盘子、原料和其他各种器具搬来一批又一批，宴会所需的各种想象得到的东西一样也不缺。还有二百八十张床和床上用品，东西太多，无法在这里一一详述。但对于聪明人来说，想象一下如此盛大的宴会需要什么东西就足够了。

法兰西人前来的这一天到了，在预定的时刻之前就聚集在汉普顿宫。所以职员们让他们骑着马到汉沃思，那是国王的一个猎场，在两三英里开外，到那里去打猎。到夜晚他们又回到汉普顿宫，每个人都被护送到各自的房间。房间里生有旺火，有葡萄酒，随时供他们恢复精神，在那里等待着晚宴，吃饭的房间已经布置好。

第一个侍奉室里挂着漂亮的挂毯，其他房间里也是这样，一个比一个漂亮，都配备有身材高大的侍从。房间四周布置有餐桌，像宴会一样，每张餐桌上都铺着漂亮的菱形花纹布。房间里还有橱柜，放有部分镀金的盘子。为了让房间更明亮，有四个银盘子里点着灯，壁炉里生有旺火。

第二个房间是接见室，悬挂有富丽堂皇的挂毯，还有昂贵布料做成的华盖，光彩夺目，很多英俊的随从随时提供服务。餐桌布置得和其他房间里的一样，但设有贵宾席，挪到了华盖下面，位于房间中央，上面铺着上好的淡红色亚麻布，喷洒有香水。房间里临时制作了一个橱柜，和房间里端的宽度一样长，有六张桌子高，摆满了镀金盘，非常华贵，都是最新样式。最里面那张桌子上全是纯金盘，有两个镀金的大银烛台，制作得很奇妙，手工费和银子一共价值三百马克，像火炬一样大的蜡烛在上面燃烧。这个橱柜周围拦了起来，任何人不得靠近，整个宴会期间，这里的盘子没有一个人使用或移动过，因为其他盘子已经足够了。挂在墙上照明的银盘子是镀金的，里面点着灯，壁炉里生着旺火，另外还有如此盛大的宴会所需要的一切物品。

现在一切都准备就绪，晚宴马上就要开始了。枢机主教大人的职员们命人吹起喇叭通知宴会开始。职员们小心地按照顺序，将这些大人物从其房间里领到接见室就餐，来到以后让他们就座，服务有序、周到，花费高，细致入微。各种乐器奏出美妙的音乐，法兰西人如痴如醉，宛如到了天堂一般。

您要知道，枢机主教大人并不在这里，他还没有来。他们在这里尽兴地吃，在第二道菜上来之前对各种细枝末节感到惊讶的时候，枢机主教大人突然来到他们中间。他穿着带有踢马刺的靴子，向大家表示欢迎。枢机主教大人一来，大家都站了起来，高兴地为他腾位子。枢机主教大人让他们坐下，不要挪动位置。他没有把骑马服换下来，马上叫人搬来一把椅子，坐在餐桌中间，乐呵呵地笑着，就像我平时见到他时那样高兴。

第二道菜很快就上来了，那么多盘精美菜肴，花样奇妙，共有一百多种，搭配协调，花费昂贵，我认为法兰西人从来都没有见到过。让他们惊叹的东西确实值得惊叹。有惟妙惟肖的城堡，有圣保罗教堂和尖塔，按照比例缩小，和画家画在布上或墙上的一模一样。有各种飞禽走兽，有人物，在盘子里栩栩如生。有人像是拿着剑打仗，有人拿着枪和弩，有人在跳跃，有人在和女士跳舞。有人全身披盔戴甲，拿着长枪在马上比武。还有更多花样我用语言无法描述。

其中有一个引起了我的注意：一个香料盘里有制作精美的象棋棋盘，上面还有人，比例恰当。因为法兰西人善于下棋，枢机主教大人就把这个棋盘送给了一个法兰西绅士，并命人马上为棋盘做一个盒子，免得在运送回国途中弄坏了。枢机主教大人又端来一个金碗，估计价值达五百马克，碗里是甜酒，这里有很多甜酒。他把帽子脱掉，说：

"为我的国王，也为你们的国王，干杯。"

说完他就喝了一大口。他喝完以后，希望法兰西王室总管也祝酒，就把杯子给了总管，让其他贵族和绅士也为两位君王干杯。然后大家推杯换盏，觥筹交错，喝得很多法兰西人不得不让人扶着上床。

在大家还坐着的时候，枢机主教大人走了，回到他自己的内室缓口气，稍微吃了一点饭以后又回到接见室，豪爽地出现在大家面前，带着慈祥亲切的神情，大家对他赞不绝口。

大家交流娱乐的时候，他们所有的制服都被送到各自房间。每个房间里都有一个盆、一把银水壶，有的是全镀金，有的是部分镀金。有的房间里有两个形状相似的大银瓶，至少有一个瓶里是葡萄酒或啤酒，一个碗或高脚酒杯，另一个瓶供喝啤酒用。每个房间里有一个或两个银烛台，既有白灯也有黄灯，三份蜡，一把火炬，一块白面包，一条黑雀麦面包。整个宫里每个房间都是这样的配备，但两个宴会厅里的那两个橱柜没有一个人动用。

到了午夜，他们被人护送到住所睡觉。第二天早上，他们起得不算早，然后望弥撒，与枢机主教大人一起吃饭，饭后就离开这里去温莎打猎，对城堡、公学和嘉德勋章很感兴趣。他们离开汉普顿宫以后，枢机主教大人又回到威斯敏斯特，因为这时正是开庭期。

毫无疑问，国王知道这场盛大宴会，并打算远远超过这场宴会（等法兰西人回来后再说）。他特意命令手下所有的官员，为这些外国人安排一场宴会，要比汉普顿宫的那一场豪华得多。大家不敢怠慢，不遗余力地迅速付诸行动。

法兰西人从温莎回来之后（他们对那里的良好秩序赞叹不已），邀请他们到格林尼治王宫的日子到了。他们在这里先吃了饭，其中最贤明的人与我们的枢密院大臣交谈了很长时间，其他人跳舞或从

事别的娱乐活动，然后晚宴时间到了。于是比武场里的宴会厅准备
好款待这些外国人，由宫里最高贵的人物陪着他们到这里赴宴。

    但要描述各种菜肴、细枝末节和很多离奇的花样，我这脑子太
笨，肚子里也没有墨水，不足以刻画那些令人惊叹的设计和想象。
不过这一点您要知道：汉普顿宫的宴会奢华得令人不可思议，而这
场宴会还要远远超过它，就像纯金在重量和价值上超过白银一样。

    这两场宴会我都见过，我必须承认我从未见过类似的宴会，在
任何故事或编年史里也没有读到过类似的宴会。宴会进行中，在围
栏里有比武，甚至就在宴会厅里，健壮的绅士身披华丽的甲胄，没
有骑马。然后还有马上比武。这些结束之后，还有最精彩的化装表
演或席间短剧，用的是拉丁语和法语，服装光鲜亮丽，我用语言无
法形容。

    这些活动结束之后，进来了一大批漂亮的贵妇和淑女，全是英
格兰著名的美女，打扮得花枝招展，身穿各种款式的漂亮服装，由
最好的巧手裁缝缝制而成，展示出她们的美、仪态和匀称的身材。
对所有男人来说，她们更像是天使，不是有血有肉的凡人。我乃凡
夫俗子，肯定无法用语言描述，我看只能交给一个更有眼力的高人
去描写。

    法兰西人就与这些美女一起跳舞，直到另一批戴假面具的高贵
绅士进来，与这些美女跳假面舞，每个人都发挥其想象力装扮自己。
跳完之后，这些戴假面具的人离开了，又进来一队戴假面具的女士，
华衣锦服，红飞翠舞，我一点也不敢贸然描述，免得丑化而不是美
化她们，所以就不再提起。这些戴假面具的女士，每个人都和一个法
兰西绅士一起跳假面舞。您要知道，这些戴假面具的女士说一口流利
的法语，法兰西绅士们听到女士们讲自己的母语，感到格外高兴。

    这一夜就这样过去了，从五点一直到午夜过后的两点或三点，
然后各种身份的人都该休息了，每个人都回到安歇的地方。任何东

西，无论是健康、财富还是娱乐，都不可能永远持续下去，所以这场盛大宴会就结束了。第二天早上，对所有看客来说，这场宴会就像是一场令人不可思议的梦。

尽情欢乐过后，他们准备带着行李回家的日子到了。然后，作为有身份的人应尽的职责，他们井然有序地来到宫里，向国王和当时在场的其他贵族告辞。国王向他们夸奖了法兰西国王，感谢他们付出的艰辛，和使团中身份最高贵的人交谈了很长时间，然后和他们告别。

枢密院安排法兰西人到枢机主教大人那里，去领取国王给予的丰厚酬劳。于是他们就去枢机主教大人那里辞行，每个人都按这样的标准领到了酬劳：每个受尊敬的人领到一个最普通的盘子，价值三百或四百英镑，有的多一点，有的少一点，另外还有以前从国王手里领到的厚礼，如华丽的长袍、马匹、阉割过的昂贵漂亮的动物等。有人领到贵重的纯金链，还有其他礼物，现在我已经想不起来了。但我知道的是，其中最微不足道的人也得到一些金克朗，最低等的听差每人二十克朗。这样他们得到丰厚的酬劳之后就走了。枢机主教大人谦恭地赞扬了法兰西国王，然后就与他们告辞了。

第二天，他们由年轻健壮的英格兰随从陪同，把所有物品都带到海边。但说实话，他们回国以后说了什么赞美话我就不知道了，我再也没有听说过与此事有关的只言片语。

国王婚变

  然后其他事情开始酝酿发酵，人们脑子里有各种想象，根本没有来得及完全消化。国王与安妮·博林小姐私下里的恋情隐藏了很长时间，现在已经传到每个人的耳朵里。这件事由国王透露给了枢机主教大人，枢机主教跪在国王面前，恳求他千万不能这样，但毫无作用。国王完全被爱情冲昏了头脑，一点判断力也没有了。国王自以为在这件事上做得高明，想进一步发展恋情，这一想法激怒了枢机主教。但他又觉得自己一个人不宜走得太远，不宜在如此重大的一件事上匆忙做出判断或提出建议，于是就希望国王听听学识渊博的人有什么意见，包括教会法和民法方面的学者。

  国王答应了这一请求，枢机主教大人就凭借教皇特使的权威召集全国所有主教，还有在教会法或民法方面有真才实学的人，或是在国王事务方面富有经验善于出谋划策的人。

  于是这些高级教士就来到威斯敏斯特，在枢机主教大人家聚会，另外还有牛津剑桥两所大学的很多著名学者，以及国内公学和大教堂的一些著名人物，这些人学识渊博，在解决疑难问题上有良好的判断力。大家就国王的问题进行辩论、推理、论证，每天商量，时常商量，让博学的人听审。

但最后通晓法律的长者走的时候，我觉得他们临走时的意见和主流派的期待相反。我听到其中一些最著名人物的意见，说国王的情况太含糊，让人拿捏不准，任何博学的人都说不清楚。一些要点云遮雾罩，很难让人真正看得明白。所以，他们走的时候没有提出任何解决办法，也没有做出任何判断。

于是聚集在这里的主教们认为，最有效的办法是让国王先派一些专员到基督教世界所有的大学，包括英格兰的大学和外国大学，让他们就国王的问题进行实质性辩论，把他们的意见带回来，并加盖每一所大学的印章。

这就是当时做出的决定，也得到了批准，然后立即任命专员，派他们带着这一问题到好多所大学，有的去了牛津，有的去了剑桥，有的去了鲁汶，有的去了巴黎，有的去了奥尔良，有的去了博洛尼亚，有的去了帕多瓦，有的去了其他地方。

这些专员虽然辛苦，但花的是国王的钱，这可不是个小数目，这些钱就从国王金库里流向了国外。我听一些值得信赖的人（这些人确实可靠）说，除了专员们的巨大花费之外，还有数不清的钱送给了一些著名学者，用来堵他们的嘴，尤其是那些掌管大学印章的人。因为这些人同意了，不仅表态同意，而且还有加盖了大学印章的书面材料（得到了印章），他们就拿着这些材料回国，用来达到其目的。

专员们回来以后，主流派非常振奋。这些专员从此以后不仅受到器重，而且还加官晋爵，受到重奖，远远超过他们理应得到的奖赏。不管怎么说，他们飞黄腾达，这件事也有了进展，他们认为有了一个稳固的基础。

这些事情有人禀报给了枢机主教大人，他又把所有主教都召集过来，向他们通报了专员们的考察情况。为了证实这一说法，他向大家出示了几所大学加盖有印章的书面意见。

　　事情到了这一步，他们再次商量如何处理。最后大家一致认为，国王应该（为了避免歧义）派一个使团拿着这些文件到教皇那里去，把这些大学加盖有印章的意见摆出来，认为与会的所有高级教士应该和国王一起加入这个使团，请求教皇就这一重大问题提出意见并做出裁决。如果教皇不马上同意这一请求，使臣们就再请求他授权（有人领导），在英格兰成立一个法庭，（仅此一次）由枢机主教大人和枢机主教坎佩焦负责，坎佩焦当时是巴斯主教。此人虽然是个外国人，国王还是把这个主教区给了他，当时他是教皇派驻英格兰的大使。由这个法庭听审此事，凭良心做出公正判断。

　　经过很长时间的恳求，教皇终于答应授权。这件事办成之后，他们回到英格兰向国王禀报，认为国王很快就会如愿以偿，因为看看法官的身份就知道了：一个是英格兰枢机主教，一个是枢机主教坎佩焦，实际上都是国王陛下的臣民。

　　人们等待了很长时间，各方寄予的期望更高，等待着罗马派出的使团和授权书，最后终于等来了。罗马特使坎佩焦带着授权书抵达英格兰。他受到痛风的折磨，不得不在路上走了很长时间才到达伦敦。他本应该在布莱克希思受到最隆重的欢迎，然后风光无限地被护送到伦敦。但他很有自尊心，绝不愿意看到接待他的场面如此排场炫耀，就突然乘坐一条小船，走水路到自己家里。他家在坦普尔栅门①外面，当时叫"洗浴地"，枢机主教大人为他配备有各种物品和器具，他在英格兰逗留期间一直住在这里。

　　经过慎重考虑，仔细阅读并看明白了他的授权书，然后枢密院做出决定：国王夫妇要住在布莱威宫。在多明我修道会里指定一个地方为法庭，以方便国王夫妇出席。成立这个法庭是为了辩论和裁决国王的案子，由两位教皇特使担任法官来裁决，国王夫妇被适时

①　当时伦敦城的入口。——译者注

传唤到他们面前。

在任何一个地方的任何一部历史或编年史里，您都无法读到或听到比这更离奇的事情或更新颖的景象：国王和王后在自己的王国或领地里，在拥有王权和特权的情况下，却依照诉讼程序作为普通人被强行传唤到法庭，等待着臣民对自己做出判决。君主为所欲为，恣意满足七情六欲，合乎情理的劝说并不足以制止他们，几乎没有人或根本没有人考虑或重视这样做对君主自己、对其王国和臣民带来的危险后果，现在这个世界就是这个样子吗？

首先，最能让君主任性的事情莫过于满足色欲，放纵享受愚蠢的爱情。这一点在这一案件中非常明显。胡编乱造，制定荒唐的法律，古老的修道院被拆除、被丑化，多少宗教观点冒了出来，处决了多少人，多少著名教士被处死，多少慈善机构由救济穷人变成亵渎神灵，多少古代健全的法律和习俗被任性的君主强行修改，几乎到了颠覆和解体这一伟大王国的程度。所有人都明白这个地方发生了什么事情，其证据让所有英格兰人都长了见识。这就更让人痛惜，所有善良的人都会感到悲哀。这一具有毁灭性的、胡乱来的性爱所造成的后果，眼睛不瞎的人都会看见，耳朵不堵住的人都会听见，有怜悯之心的人都会感到悲痛。它所带来的灾难并没有结束（虽然这一恋情只持续了一段时间），枢机主教大人要是浇灭这一欲火，对我们发怒就好了！Quia peccavimus cum patribus nostris, et injuste egimus.[1] 您要知道，如前所述，伦敦的多明我修道会里成立了一个法庭，这两个枢机主教担任法官。我再说说法庭里面是如何布置的。首先，有桌子、长凳和栏杆，像个宗教法院似的，有法官们坐的地方。还有一顶华盖，下面坐着国王，国王下面不远处坐着王后，法

---

[1] "我们与我们的祖宗一同犯罪；我们作了孽，行了恶。"原文为拉丁语，语出自《圣经·诗篇》106:6。——译者注

官脚下坐着法警。首席书记员是斯蒂芬斯博士（后来成为温切斯特主教），执行官是库克，人称温切斯特的库克。

坐在国王和法官前面的是坎特伯雷大主教沃勒姆博士，还有其他所有主教。两端的栏杆旁边是两造的辩护律师。国王的顾问是桑普森博士（后来成为奇切斯特主教）和贝尔博士（后来成为伍斯特主教），还有其他一些人。国王一方的代诉人是彼得博士（后来成为国王首席秘书），还有特雷格内尔博士和其他一些人。

另一边站着王后的辩护律师罗切斯特主教费歇尔博士，还有斯坦迪什博士，此人一度是方济各会修士，后来成为威尔士的圣阿萨夫主教。两人都是著名神学家，尤其是罗切斯特主教，一个非常圣洁、虔诚的人，后来死于塔丘，[①]令国外基督教世界的所有大学悲痛不已。我记得还有一个老博士，人称里德雷博士，小矮个儿，但绝对是个优秀的大神学家。

法庭这样布置停当之后，法官命法庭传报员呼喊肃静，然后向在场的所有听众公开宣读教皇授权书。之后法庭传报员传唤国王：

"英格兰国王亨利到庭。"

国王应声答道："到，各位大人！"

然后传报员又传唤王后："英格兰王后凯瑟琳到庭。"

王后没有回答，而是马上离开座位起立。她不能立即到国王面前，二人之间还有一段距离。王后很吃力地向国王走过去，当着法庭上所有人的面向国王下跪，用不大流利的英语向国王说了如下一番话：

"陛下，为了我们二人之间的爱，为了天主的爱，我恳求您允许我得到公正和权利，给予我同情和怜悯，因为我是个可怜的女人，出生在外国，在这里没有可以信赖的朋友，更没有不偏不倚的辩护

---

① 位于伦敦塔西北，当时处决罪犯的地方。——译者注

律师。我逃到您这里，您是这个王国主持正义的人。

"天啊，陛下，我在哪里冒犯了您，我做了什么事惹得您不快？您想抛弃我（据我观察）。我让天主和所有世人作证，我对您一直是个真正谦恭贤惠的妻子，一直顺从您的意愿，从来没有说过二话，从来没有违背过您的意志，凡是让您高兴的事也总是让我高兴，无论是小事还是大事。我从来没有发过一句怨言，没有流露过一点不快的神情，没有表示过一点不满。凡是您所爱的人我都爱，只是看在您的分上，无论我是否有爱的理由，无论是我的朋友还是仇人。这二十年来，我一直是您真正的妻子，甚至不仅仅是真正的妻子，我还为您生了好几个孩子，只是天主将他们从这个世界上召走了，[①]并不是我的过错。

"您刚娶我时，我让天主作证，我还是个真正的处女，没有碰过男人，[②]是真是假我让您的良心作证。在法律上您要是有任何正当理由指控我，无论是认为我不诚实，还是有任何婚姻障碍要抛弃我，我都会欣然离开您，甘愿承受这奇耻大辱。如果没有任何正当理由，我就斗胆恳求您保留我原来的身份，接受您公正的裁决。

"令尊先王在世时，以其大智慧赢得世人的普遍尊重，被大家公认为所罗门二世。家父西班牙国王斐迪南多年前在位时，被认为是最英明的君主之一。这两位君主都是聪明优秀的国王，既有智慧，又有王家风范。所以，他们所挑选的身边的顾问，肯定都是经慎重考虑之后认为最称职的。而且我还认为，在这两个王国，当年也和

---

① 凯瑟琳先后怀有六胎，其中三个胎死腹中，两个出生后不久就死了，只有一个女儿存活下来，后来成为女王玛丽一世。——译者注
② 1501年，凯瑟琳嫁给了亨利的哥哥亚瑟，大约六个月后亚瑟突然暴病而亡。1509年，亨利七世去世，亨利八世继位为王，然后突然宣布要娶凯瑟琳为妻。凯瑟琳一直声称自己与亚瑟并没有圆房，仍然是处女之身，但实际情况无人知晓。——译者注

现在一样，也有聪明、博学、能明辨是非的人，他们都认为我们二人的婚姻是般配的，是合法的。

"所以，让我感到吃惊的是，现在编造出新的罪名来指控我，什么都不指控而只指控我的贞节，让我站在这个新成立的法庭接受审判，在这里您会冤枉我，如果您打算伤害我的话。你们可以指责我回答问题不充分，没有不偏不倚的辩护律师，而现在给我指定的律师，其智慧与学识如何我并不知晓。您必须考虑这一问题：他们都是您的臣民，是从您的枢密院里挑选出来的，知道您的意图，不敢得罪您，不敢违背您的意愿，他们事先就知道您的意愿，不可能不偏不倚地为我辩护。

"所以，我最谦卑地希望您出于仁慈，为了天主的爱（天主是公正的法官），在这个新法庭里不要走极端，等待我在西班牙的朋友建议我要怎么做。如果您不公正地对待我，偏要一意孤行，我就把我的案子提交给天主裁决！"

说完这话，她站起身来，向国王深深地行了个屈膝礼，然后就离开了。很多人以为她还会回到原来的座位上，但她直接走出了房间，靠在（她一直习惯于这样做）她的收账员胳膊上，收账员人称格里菲思先生。

国王知道她走了，就命法庭传报员再传唤她，传报员喊道：

"英格兰王后凯瑟琳到庭。"

格里菲思先生说："夫人，又传唤您了。"

"传唤吧，传唤吧，"她说，"无所谓，对我来说这不是个公正的法庭，我不会继续待在这里，随便吧。"然后她就离开了法庭，不再回答，以后也不再回答，永远也不在任何法庭上露面了。

国王发现她就这样走了，回想一下她在自己和全体听众面前所说的一番伤心话，这样说道：

"王后走了，我在她缺席的情况下，向在场的各位大人宣布：她对我来说是个真正贤惠顺从的妻子，完全达到了我的期望。她具有像她这样身份的妇女或身份比她低的妇女所具有的全部美德。她确实是个出身高贵的妇女，如果她什么也没有，只有她的身份，我也可以这么说。"

国王说到这里，枢机主教大人说：

"陛下，我最谦卑地恳求您当着大家的面告诉我，我是不是第一个促使您这样做的人。这里所有人都对我表示怀疑。"

"枢机主教大人，"国王说，"我完全可以为你开脱，实际上你倒是一直反对我这样做。为了打消大家的疑虑，我要向大家说一说促使我这样做的特殊原因。

"法兰西国王的大使巴约讷主教早就在这里商谈签署婚约，也就是朕的女儿玛丽公主与法兰西国王的次子奥尔良公爵的婚约，有一次他说了一番话，这番话让我产生了顾忌，良心感到不安。

"婚事谈妥时，他希望暂缓一下，他要向国王禀报朕的女儿是否为合法婚姻所生，这牵涉到王后与我兄长、已故的威尔士亲王亚瑟的一段婚姻。这句话像刺一样扎在我心上，让我良心感到不安，心里产生了疑虑，对天主的愤怒感到怀疑。我觉得天主显然是愤怒了，他没有给我送来一个男继承人，王后怀上的男继承人一生下来就死，[1] 所以我怀疑这是天主在惩罚我。[2]

"我就这样疑虑重重，也对她生下男继承人不再抱任何希望，[3]最后迫使我考虑王国的状况，考虑如果没有男继承人来继承我，没有了君王的权威，国家就会面临危险。所以，我觉得要解除我良心

---

① 凯瑟琳怀的六胎中有三个是儿子，第一个活了五十三天，第二个活了不到一天，第三个流产。——译者注

② "人若娶弟兄之妻，这本是污秽的事，羞辱了他的弟兄，二人必无子女。"参见《圣经·利未记》20:21。——译者注

③ 凯瑟琳比亨利年长六岁，当时已年过四十。——译者注

上的沉重负担，确保这个伟大的王国平安无事，就想尝试一下万一
我与这位淑女的第一次婚姻不合法，法律是否允许我再婚。

"我这样做绝对不是为了满足性欲，也不是因为王后有任何过错
或她的年龄问题，实际上我非常愿意与她白头偕老，就像与任何在
世的女人白头偕老一样，如果我们的婚姻符合天主律法的话。我所
有的疑虑都在这个问题上。在场的各位都是本王国博学而又有智慧
的高级教士，让大家来审理这一案件就是为了这一目的，我把这件
事就拜托给各位凭良心处理了。如果天主愿意，朕就会很高兴地把
自己托付给诸位审判，并接受判决结果。

"我产生了疑虑，良心上受到伤害之后，首先把这件事对我的忏
悔神父林肯大人说了。当时林肯大人也有些拿不准，无法给我提出
建议，就让我再征求一下这里各位大人的意见。坎特伯雷大人，我
是先请你处理这个问题的，先征得你的许可，因为你是朕的大主教。
然后我又请其他各位大人以书面形式批准，并盖了印章，我要在这
里看一看。"

"没有问题，如果陛下愿意看的话，"坎特伯雷大主教说，"我相
信这里所有的同事都会同意的。"

"不，陛下，我不同意，"罗切斯特主教说，"您还没有得到我的
同意。"

"不，你已经同意了，"国王说，"看看这里，这不是你的签名和
印章吗？"然后让他看了看盖有印章的文件。

"这不是真的，陛下，"罗切斯特主教说，"那不是我签的名，也
不是我的印章！"

国王对坎特伯雷大人说："阁下，您说呢？这不是他的签名和印
章吗？"

"是的，陛下。"坎特伯雷大主教说。

"那不是的，"罗切斯特主教说，"当时您手里确实拿着文件让我

签名盖章，就像其他大人签名盖章一样。但当时我对您说，我绝对不会同意这样做，这是违背我良心的事。如果天主愿意，我绝对不会在任何这类文件上签名盖章，另外我们还说了一些诸如此类的话。"

"您说得不错，"坎特伯雷大主教说，"这些话您确实对我说过，但最后您完全接受了劝告，让我代替您签名，由我来盖章，您是允许这样做的。"

"所有这些话、这件事，"罗切斯特主教说，"都被您歪曲了，大人，您想得到这些尊贵听众的支持。没有比这更假的事了。"

"好啦，好啦，"国王说，"这不要紧，朕不会和你争论这件事，你只是一个人。"说完这话，法庭宣布休庭，第二天再开庭。

第二天开庭时，两位枢机主教还坐在那里，两造的辩护律师也在。国王的辩护律师宣称，婚姻从一开始就不美满，因为她与第一任丈夫、王兄亚瑟亲王有性关系。这一问题国王的律师极力咬住不放，而另一方则极力为善良的王后辩护，矢口否认有性关系。为证明这一性关系，他们提出了很多花里胡哨的理由和貌似合理的说法。另一方仍然否认，好像以前的指控都是可疑的，经不起检验，所以有人说没有一个人知道真相。

"不，"罗切斯特主教说，"Ego nosco veritatem."①

"你怎么知道真相呢？"枢机主教大人说。

"我真的知道，大人，"罗切斯特主教说，"Ego sum professor veritatis.② 我知道天主就是真相，他说的话就是真相。他说，quos Deus conjunxit homo non separet.③ 这桩婚姻既然是天主匹配的良缘，我就说我知道真相，人就不能无缘无故地将其拆散。"

---

① "我知道真相。"原文为拉丁语。——译者注
② "我是教真相的教师。"原文为拉丁语。——译者注
③ "神配合的，人不可分开。"语出自《圣经·马太福音》19:6。——译者注

"凡是虔诚的人都和你一样，"枢机主教大人说，"都知道这个道理。但在这个案子上，这个理由还不够，因为国王的辩护律师有很多推定，证明这桩婚姻从一开始就不美满，所以他们说，那不是天主从一开始就促成的姻缘，所以不合法，天主做任何事情都有正当的程序。所以不容置疑的是，他们的推定肯定是正确的，这显而易见。假如他们的指控无法避免，他们的推定就再正确不过了。所以，要说这一婚姻是天主促成的，你们还要拿出更多证据来，仅凭你引述的那句话还不够。你必须首先避开这一推定。"

"如此说来，"里德利博士说，"这对这些尊贵的人来说就是奇耻大辱，在这个公开的法庭上竟然这样推定，任何诚实善良的人听起来都会感到极为厌恶。"

"什么，"枢机主教大人说，"Domine Doctor, magis reverenter."①

"不能这样，大人，"里德利博士说，"对这些可恶的推定绝不应该恭敬。对不恭敬的说法，回答也不能恭敬。"说完他们就走了，不再继续说下去。

就这样一次又一次地开庭，日复一日，直到有一天法庭休庭，国王派人把枢机主教大人召到布莱威宫。他奉命来到国王这里，在陛下的密室里与国王交谈，从十一点一直谈到十二点多。中午，枢机主教走出密室离开了国王，在多明我修道会的台阶上上了船，回到威斯敏斯特的家里。卡莱尔主教和他一起在船上，对他这样说（枢机主教擦去脸上的汗）：

"阁下，天真热啊。"

"是啊，"枢机主教大人说，"如果你在之前的一个钟头里和我一样擦汗，你就会说天很热了。"

一回到威斯敏斯特的家里，枢机主教大人就裸身上了床，躺下

---

① "博士大人，说话恭敬点。"原文为拉丁语。——译者注

还不到两小时，威尔特大人就带来了国王的消息。枢机主教大人知道他来了，就让他坐在床边，他一坐下就说明国王的旨意，国王要枢机主教马上（由另一位枢机主教陪伴）到布莱威宫王后的内室，凭借其智慧劝她自愿把整个事情交给国王处理，这样比较体面，比接受法庭审判强得多，审判会对她造成很大伤害。

枢机主教大人说，他会服从国王的意愿，准备马上就到那里去，又对威尔特大人说："你和其他枢密院大臣在国王身边误导国王，让国王胡思乱想，应该受到指责，你们这样做给整个王国带来很大麻烦，到头来天主和世人都不会感谢你们。"他还说了很多言辞激烈的话，让威尔特大人流下泪来，一直跪在枢机主教大人床边，最后走了。

然后枢机主教大人起来做好准备，上了船直接到"洗浴地"去找另一个枢机主教，然后两人一起到布莱威宫，直接去了王后的寝宫。他们来到接见室，对随从礼宾官说要面见王后，礼宾官马上就向王后禀报。王后出了寝宫来到接见室，脖子上围着一束白线，两位枢机主教正恭候她。看见他们来了，她说：

"哎呀，二位大人久等了，非常抱歉。需要我帮什么忙？"

"如果您不介意，"枢机主教大人说，"可以到您的内室，然后说明我们的来意。"

"大人，"她说，"如果有话要说，就在这里当着所有人的面公开说出来，无论您说什么、指控我什么，我都不在乎。我只想让所有人都听到、都看到，所以请您有话直说。"

于是枢机主教大人开始用拉丁语对她说。

"不，好心的大人，"她说，"请您用英语对我说，虽然我懂拉丁语。"

"确实如此，"枢机主教大人说，"夫人，如果您不介意，我们二人来到这里是想了解您的想法，对于您和国王这件事您打算怎么办，另外也想私下里谈谈我们的意见，给您提些建议，我们是出于对您的关心和顺从而提这些建议的。"

"那就谢谢二位大人了，"她说，"谢谢你们的好意。但对你们的请求我还不能马上回答，我正在和侍女们一起做活，没有想过这一问题。这件事需要好好想想，需要一个比我更有头脑的人去想、去回答你们这样尊贵聪明的人提出的问题。在这一案子上我需要优秀的辩护律师，这件事和我关系密切。

"我在英格兰能找到的任何辩护律师或朋友，都不能达到我的目的，也不能给我带来好处。请您想一想，二位大人，英格兰人都是国王的臣民，有哪一个会违背国王的意愿为我辩护或对我友好？确实没有，二位大人！我信任的能为我辩护的人不在这里，他们都在西班牙，在我的祖国。

"哎，二位大人，我是个可怜的女人，既没有才智，也没有领悟能力，无法回答你们两个聪明人的问题，这一案件事关重大。我请求你们用聪明公正的头脑帮帮我，我是个单纯的女人，在异国他乡没有朋友，没有人给我出主意，你们的建议我不会拒绝，而是愿意洗耳恭听。"

说完这一番话，她拉着枢机主教大人的手，和另一位枢机主教一起走进她的内室，在里面谈了很长时间。我们在另一个房间，有时能听到王后说话声音很大，但不知道说的是什么。谈话结束以后，两位大人离开了这里直接去找国王，把他们与王后谈话的内容禀报给了国王，然后就回家吃晚饭了。

这个奇怪的案件就这样一天又一天地开庭，最后到了判决的时间，每个人都期待着第二天一开庭就宣判。到了这一天，国王来到法庭，坐在一个房间里靠着门，正对着法官的座位，既可以看见法官，也可以听见法官说话，听听法官对他这一案件如何判决。

时间一到，首先用拉丁语公开宣读整个程序。宣读完以后，国王博学的辩护律师在栏杆旁边马上要求判决。然后枢机主教坎佩焦说：

"我不会在这里宣判。我先要把整个诉讼程序向教皇禀报，然后再判决。在这一重大案件上，我要听从教皇的建议，服从教皇的指令。这一案件太重要了，太引人注目了，整个世界都知道，考虑到当事人的尊贵和指控的不确定，我们不能在这里匆忙做出判决。另外，我们坐在这里是教皇委任的，要服从教皇的权威。所以，我们应该让主要首脑为这场官司出主意，然后再最后判决，这样才是明智之举。

"我来到这里不是为了取悦任何人，既不畏惧谁，也不图任何人的报酬或恩惠，无论是国王或是任何有权势的人。我不会昧着良心尊重任何人，也不会为了赢得任何高官或君主的青睐，或为了惹怒他而做出违背天主律法的事情。我老了，体弱有病，来日无多了。为了世上某个君主或高官的利益而让灵魂冒惹怒天主的危险，让我遭受天谴，这对我有什么好处？

"我来到这里的目的，只是凭着良心主持正义，判断这件事是对是错。通过听取双方的指控和否认，我发现这一案件的真相难以确认，还发现被告方不予回答，居然对我们表示不服，认为我们不公正，因为国王在他自己的王国里位高权重，掌控着臣民。我们也是国王的臣民，在这里领取俸禄并担任要职，所以她认为我们害怕得罪国王，不能主持正义。

"所以，为避免所有这些含糊不清和不确定的事情，我不打算为了世上的君主或高官而让灵魂永世受罚。如果天主愿意，我就不再趟这浑水，除非经教皇同意，经比我更有经验、在法律疑难问题上比我学识更渊博的教皇顾问的同意，让我形成正确的意见和判断。

"所以，我将依照罗马教廷的命令，宣布本次法庭休庭，本法庭的司法权就来自罗马教廷。如果我们超越权限行事，其行为就是愚蠢无效的，我们就要承担罪过，并因此而被认为违反了更高一级法庭的命令，我们的权力（我在前面说过）就来自这一更高级的法庭。"

说完这话，法庭就解散了，不再审理诉案。

惹祸上身

随后萨福克公爵就从国王身边走开了。他按照国王的指令，以坚定、傲慢的神情说道：

"我们中间要是有枢机主教，英格兰就永远不会快乐。"

这句话是板着面孔说出来的，所有人都感到惊奇，不知道他是什么意思，没有一个人应声。然后公爵愤愤不平地又说了一遍。

枢机主教大人发现他火气这么大，就心平气和地回答说：

"阁下，在整个王国所有人中，你最没有理由毁谤枢机主教，最没有理由生枢机主教的气。要不是我当着这个不起眼的枢机主教，你的脑袋早就不在肩膀上扛着了，而你竟然这样说我们的坏话。我们没有打算冒犯你，也没有给你留下任何把柄，让你用这样傲慢的话语来报复我们。

"大人，我想让你知道，我和这位同事都希望国王及其王国受到尊重、富足平安，就像你和这个王国的任何人一样，无论其身份和地位高低。我也乐意看到国王打赢这场官司，就像这个王国最贫穷的臣民一样。

"但是，大人，请你告诉我，如果你是国王派到外国的专员，要处理一件大事，其结果难以确定，你会怎么办？你在处理之前会不会先禀报国王陛下？是的，是的，大人，我并不怀疑。所以，我希望你消除心中仓促间形成的恶意和怨恨，想一想我们只是临时担任专员，不可以也不允许在首脑不知情、未同意的情况下，凭借这一身份做出判决，必须由他同意才行，这个首脑就是教皇。所以，我们只做得到授权的事，其他的事不会做。如果有人因此而生我们的气，那他就是个不明智的人。

"所以，大人，消消气，息息怒，像个有身份、有智慧的人那样管住嘴巴，不要随口乱说，免得受到朋友责备。你在我这里得到的好处你最清楚，我从来都没有对任何人透露过，既没有夸过我，也没有贬过你。"

公爵听了一句话也说不出来，于是就不提这件事，跟在国王后面就走了，公爵开始说话的时候国王就去了布莱威宫。

这件事情拖了那么长时间，枢机主教大人惹得国王不满，诉讼案在他手里没有获得胜诉，于是国王就把过错在很大程度上归咎于枢机主教大人，尽管枢机主教大人以接受委托为由替自己辩解，说教皇不同意他就没有权力判决，教皇把权力掌握在自己手里。

最后他们通过书信得到通知，说教皇会考虑暂缓判决，直到教廷开庭，而下一个拿但业节①之前不会开庭。国王觉得离判决还有很长时间，还是向教皇那里再派一个使团为好，以说服教皇袒护自己，尽快了结这件事，或是按照国王的请求，在罗马开庭处理这件事。

这个使团里有斯蒂芬斯博士，当时是秘书，后来被任命为温切斯特主教。他去了罗马，在那里一直逗留到夏末，这在下面就要讲述。

国王下令让王后从宫里搬到另一个地方，他在安妮·博林小姐

① 8月24日，纪念耶稣门徒拿但业的节日。——译者注

的陪伴下，在整个长满绿色植物的季节都在外面巡幸。

于是枢机主教坎佩焦请求离职，这样他就可以回到罗马。恰巧这个时候，担任英格兰驻教廷大使的秘书从罗马回来了，于是就决定让枢机主教坎佩焦到北安普敦郡的格拉夫顿去见国王，枢机主教大人也陪他一起去，在那里坎佩焦向国王告辞。

然后他们就从莫尔①上路了，星期日上午到达格拉夫顿。他们到达之前，宫里众说纷纭，说国王不会与枢机主教大人说话，很多人还下了大赌注。

这两位枢机主教来到宫门口下马，以为他们会像往常那样受到主管官员的迎接。而实际上枢机主教坎佩焦只是个外国人，主管官员接待了他们，陪坎佩焦到宫里的一个住所，那是为他一个人准备的。枢机主教大人把坎佩焦领进住所以后就与他告别了，想直接去自己的房间，就像往常那样。

他走在路上的时候，有人告诉他，说宫里没有为他安排住所。他正吃惊的时候，宫廷侍从官哈里·诺里斯爵士来到他跟前（是否是国王命他来的我不知道），最谦恭地为他临时安排个房间，然后在其他地方再为他安排。

"阁下，我向您保证，"哈里·诺里斯爵士对他说，"这里基本上没有房间了，刚够国王住的，所以请阁下先在这里将就一下。"

枢机主教大人感谢了他的好意，直接去了自己的房间，在那里换下骑马装。来到房间以后，很多和他要好的贵族、绅士朋友都过来看他，欢迎他回到宫里，他从这些朋友嘴里听说了国王对他不满的详情。他听说以后非常生气，马上准备找足够的理由为自己辩解。

枢机主教大人听诺里斯先生说，他要做好准备到接见室，在那

---

① 位于什罗普郡的一个小村庄。——译者注

里等候国王，国王想在那里与他和另一位枢机主教谈谈。坎佩焦来到枢机主教大人的房间，二人一起来到接见室，枢密院大臣们在里面站成一排。枢机主教大人脱下帽子，以最有礼貌的方式向每一个人致意，大家也向他还了礼。这时，接见室里云集着贵族、绅士和其他要人，大家只等着会见，等着看国王和枢机主教大人的神情，看国王如何拿他取乐。

国王一走进接见室站在华盖下面，枢机主教大人就跪在国王面前。国王拉着枢机主教大人的手，也拉着另一位枢机主教的手。然后国王拉着枢机主教的两条胳膊，让枢机主教平身，像平常一样和蔼可亲地把他叫到一旁，拉着他的手到一扇大窗户跟前，在那里和他交谈，让他披上衣服。

再看看那些赌国王会对枢机主教发火的人，看看他们的神情您就会觉得好笑，他们都受骗了，这样猜测也是活该。国王和他认真交谈了很长时间，我听见国王说：

"这怎么可能呢？这不是你亲笔写的吗？"

然后国王从怀里掏出一封信或一份文件给枢机主教看，我发现枢机主教一回答，国王就不再说这件事了，而是对枢机主教这样说：

"大人，去吃饭吧，这里的所有大人都会陪着你，吃过饭我还会找你，继续谈这件事。"

然后国王就走了。

那天，国王在安妮·博林小姐的房间里和她一起吃饭，她在那里的身份更像是王后而不是普通侍女。

接见室里为枢机主教大人和枢密院的其他大臣摆好一张桌子，大家在一起吃饭。大家坐在餐桌旁闲谈，枢机主教大人说：

"国王把他的小礼拜堂神父和主教派到其封地去任职就好了。"

"确实如此，"诺福克大人说，"您说得对，您也是一样。"

"那样的话，我会非常满意，"枢机主教大人说，"国王要是愿意让我去温切斯特就好了，那是我任职的地方。"

"不对，"诺福克大人说，"去约克，约克才是您任职的地方，那里才有您最大的荣誉和责任。"

"只要国王愿意。"枢机主教大人说，然后又转谈其他话题。

这些大臣非常不愿意让他待在温切斯特，这里离国王这么近。吃过饭以后，他们立即开始秘密谈话，直到侍者吃完饭。

我听服侍国王吃饭的人说，安妮·博林小姐对国王非常生气，国王对枢机主教大人那么有礼貌。她和国王在一起吃饭时说：

"陛下，枢机主教让您欠下全体臣民的债，给您带来危险，这不是一件不可思议的事吗？"

"怎么可能呢，亲爱的？"国王说。

"确实如此，"她说，"在您整个王国，任何一个拥有价值五英镑财产的人，没有一个不让您欠下债务，都是因为他（意思是最近国王借了臣民的钱）。"

"这个，"国王说，"这件事不怨他。这我比你更清楚，比任何人都更清楚。"

"不，陛下，"她说，"除此之外，他在国内还做了很多诋毁您让您蒙受耻辱的事。国内任何一个贵族，做的事即便只有他做的一半多，也足以掉脑袋了。诺福克大人、萨福克大人、我父亲，或是国内任何一个贵族，即便是做的事比他少得多，脑袋也已经掉了。"

"哦，我知道了，"国王说，"你不是枢机主教的朋友吧？"

"的确不是，陛下，"她说，"和他交朋友我没有理由，凡是爱陛下的人都没有理由，您也没有理由，如果您仔细想想他的所作所为。"

这时，侍者开始收拾餐桌，他们就结束了谈话。

现在您会发现，宿怨开始爆发，新点燃的木头后来会成为熊熊大火。点火者既有他暗中的仇人，也有她本人，他的仇人我在前面略微提到过。

谈话结束以后，饭也吃完了，国王起身马上去了接见室，枢机主教大人和其他大臣正在那里恭候。国王把枢机主教大人叫到大窗户跟前，悄悄地说了一会儿话。最后国王拉着枢机主教的手，把他领进内室，坐在里面和他单独商量，其他任何一位枢密院大臣都不在场，一直商量到夜晚。

这让他的仇人很恼火，促使他们煽风点火，不知道这件事会发展到哪一步。现在他们除了安妮·博林小姐之外，没有一个可靠的庇护者，他们就把所有希望都寄托在她身上。没有她，他们担心所有的计划都会落空。

有人提醒我，说枢机主教大人在宫里没有地方住，我不得不骑着马到乡下为他安排住处。我在恩普森先生家为他安排好了住处，那里叫尤斯顿，离格拉夫顿三英里。枢机主教大人借着火把到了那里，他和国王分手时已经很晚了。分手时，国王命他第二天一大早还回来，以便把话说完，他们开始交谈以后一直没有谈完。

枢机主教大人与国王分手以后，来到住所尤斯顿，在那里与宫里的几个朋友一起吃晚饭。坐下来吃饭时，秘书斯蒂芬斯博士来找他，也就是前驻罗马大使，但他来干什么我不知道。不过枢机主教大人认为，他来这里是假装服从枢机主教，表达对枢机主教的喜爱，或者是察言观色，听听枢机主教在晚饭时说些什么。不过枢机主教大人还是对他表示欢迎，让他坐下来一起吃饭。枢机主教大人对他这样说：

"秘书先生，"枢机主教大人说，"欢迎您从意大利回国。您什么时候从罗马回来的？"

"是的，"他说，"我回来差不多有一个月了。"

"回国以后去哪儿了？"枢机主教大人说。

"说实话，"他说，"跟着宫里参加这次巡幸。"

"这么说您参加狩猎了，打了很多猎物，玩得很痛快吧。"

"是的，阁下，"他说，"确实很痛快，我得感谢国王陛下。"

"您有漂亮的灵缇犬吗？"枢机主教大人说。

"有几只，阁下。"他说。

他们就这样在晚饭时谈了打猎和娱乐。吃过饭，枢机主教大人和他在一起秘密交谈，直到午夜才分手。

第二天，枢机主教大人一大早就起来，骑着马直接回到宫里。枢机主教大人一到，国王就准备上马，他想让枢机主教大人到枢密院，在国王离开期间和大臣们在一起，说他不能和枢机主教待在一起了，命他和枢机主教坎佩焦一起回去，坎佩焦已经和国王告辞了。于是枢机主教大人也不得不与国王告别，国王当着所有人的面，和蔼可亲地与枢机主教大人分了手。

国王在早上突然离开，这是安妮·博林小姐特意安排的，她和国王一起骑着马，只是领着国王随意溜达，两位枢机主教不走就不会回来。午饭以后枢机主教就走了，又回莫尔了。

那天上午，国王骑着马去看一块场地，准备建一个新猎场，现在叫哈特韦尔猎场。安妮小姐在那里为国王准备了午饭，她怕国王在枢机主教离开之前回去。

午饭以后，枢机主教大人和另一位枢机主教骑着马，踏上回家的路。他们来到圣奥尔本修道院（那是别人代他管理的采邑），在那里待了一整天。第二天，他们骑着马去了莫尔，枢机主教坎佩焦带着国王的奖赏从莫尔回了罗马，奖赏的是什么我不清楚。

不过坎佩焦走了以后，国王听说他带了枢机主教大人的大量珍宝回到罗马（装在大酒桶里），尤其是大量金银，他们推测枢机主教大人会悄悄地离开英格兰到罗马去。于是枢机主教坎佩焦走后，国王马上派出一支队伍去搜查他，在加来赶上了他，他待在那里接受搜查，结果没有找到多少钱，只有一些在国王那里领的赏钱，然后就放他走了。

　　枢机主教坎佩焦就这样走了以后，米迦勒节就要到了，枢机主教大人在节前赶回威斯敏斯特的家里。节期一到，他像往常一样去了大厅，坐在法庭里担任大法官。节日一过，他就再也不坐在那里了。

日渐失宠

第二天，他待在家里，等待着萨福克和诺福克两位公爵的到来。但那天他们没有来，而是次日来的。他们对枢机主教大人说，国王想让他把国玺交给他们二人，然后直接去伊舍，那是位于汉普顿宫附近的一所房子，属于温切斯特主教。

枢机主教大人明白他们的意图，就问他们受谁委托对他下达这样的命令。他们回答说，他们是有足够资格的专员，接受了国王的口头指令这样做的。

"但是，"枢机主教大人说，"这对我来说还不足够，没有国王进一步的命令是不行的，因为国玺是国王亲手交给我的，由我终身保管，并举行了就职仪式，让我担任英格兰大法官这一要职。为证明这一点，我可以出示国王的证书。"

两位公爵与枢机主教就这样激烈地争执起来，都说了很多难听话。他们所说的话他当时没有计较，因为两位公爵愿意空手而回，又到温莎去见国王。他们是如何向国王禀报的我不知道，不过第二天他们又从国王那里来了，还带来了国王的证书。枢机主教大人很恭敬地接过证书看了看，就把国玺交给了他们，欣然服从了国王的命令。他发现国王想占用他的房子，连同屋里的东西，就很乐意地

　　去了伊舍，只带了一些家里用的必需品，其他什么也没有带。

　　两位公爵和他谈了很长时间，然后就拿着英格兰国玺回到温莎去见国王。枢机主教大人也走了，他把家里各个部门的高级职员都叫到跟前，要盘点一下他们负责的所有物品。走廊里摆了好多张桌子，桌子上放着很多艳丽的丝绸，都是整卷的，各种颜色的都有，天鹅绒、缎子、锦缎、卡法、平纹皱丝织品、细呢、薄绸，其他品种我都想不起来了。还有上千块荷兰细麻布，后来我听他说是五百块，都是他和国王送来的。

　　另外，走廊里所有墙上都挂着金黄色的布和薄纱，各种布料的都有，还有银白色的布也挂在两边，华丽的鲍德金布，各种颜色的都有。还有他自己华丽的成套长袍，那是他让人为他制作的，专门在牛津基督堂学院和伊普斯威奇公学①穿，我在英格兰只见过这一套。

　　走廊旁边有两个房间，一个叫镀金房间，另一个名字非常普通，叫会议室。每个房间里都有两张又宽又长的桌子搁在支架上，桌子上放着各种盘子，简直不可思议。镀金房间里的桌子上放的全是镀金盘，一扇窗户下面放有一个橱柜，里面全是纯金盘子，其中有一些还镶嵌着珍珠和富丽堂皇的宝石。会议室里放的全是白色和部分镀金的盘子。两个房间里的桌子下面放着篮子，篮子里都是旧盘子，又破又旧不值钱，不值得用，旁边的账册上记着每件物品的价值和重量，随时可以查看。所有物品的账册都是这样，记录有每件物品的信息。

　　每一样东西都摆放整齐之后，枢机主教大人吩咐每一个部门的高级职员，让他们根据每样东西的凭单，把这些物品都交给国王，这都是他们以前所保管的物品。他家的规矩就是这样，每一个高级

① 这两所学校都是沃尔西创办的。——译者注

职员都靠凭单管理他这个部门的每一样物品。

所有东西就像前面所说的那样摆放整齐以后，枢机主教大人准备走水路离开。他离开之前吩咐司库威廉·加斯科因爵士，在他离开之后要确保前面提到的东西安全交给国王。然后威廉爵士对枢机主教大人说：

"阁下，我为您感到难过，我知道您会直接去伦敦塔。"

"主子身遭不幸，"枢机主教大人说，"这就是你能给予他的安慰和忠告吗？你生性就不看重荣誉，更不看重假消息。我想让你知道，威廉爵士，所有的污蔑诽谤，没有比这更假的了，我从来都不应该（感谢天主）去那里遭到拘捕，虽然这次国王想把我家查抄了。我想让世人都知道，我也承认，我的一切都是他给予我的，无论是财富、荣誉还是地位。所以，我有义务把所有这一切都交还给他，连同我的一颗心，否则我就是个薄情寡义的仆人。你去吧，履行好职责，任何东西也不要挪用。"

说完他就准备走了，还有所有随从和侍从，人数可真不少。他自己从私人阶梯上了船，沿水路去了帕特尼，他所有的马匹都在那里等着他。

枢机主教大人上船的时候，泰晤士河里有不下一千条船，船上坐满了伦敦城的男男女女，等待着枢机主教大人离开，以为他会从那里直接去伦敦塔，对此大家兴高采烈。我斗胆这样说：大多数人从来都没有受到过他的伤害。

摇摆不定、复杂奇怪的民众啊！看看这个瞬息万变的世界，难道不令人惊奇吗？普通民众为了猎奇总是求新、求变，以求得到一点蝇头小利。如果仔细考虑一下这件事的结果，您就会明白：大家对他垮台几乎没有任何值得高兴的理由。接下来发生了什么，聪明人都知道，普通人也都能感觉到。所以，对此事幸灾乐祸肯定是愚蠢行为。

　　要纠正这一现象，我还看不到有什么办法，因为英格兰人的天性就是而且一直都是想更换官员。官员们长期担任职务，早就被养肥了，家里堆满了财物。把贪官赶走了，又来一个饿得面黄肌瘦的官员接替他，啃起骨头来比赶走的那个下嘴还要狠。民众自己想更换官员，就只能这样一直被饿狗啃过来咬过去，他们天性如此，所以这种状况无法改变。

　　我总是看到掌权者遭到普通民众的蔑视，这些掌权者大多数都是秉公执法，对所有人一视同仁的。掌权者满足了某一方的要求，依法给了他好处，就会得罪其对立方，这一方就会大呼冤枉，要求得到公平对待。这样一来，所有公正的法官，总是遭到一些呼吁公正执法者的蔑视。但必须有这样的法官，如果没有人维护正义，世界上就会恶人当道，没有良好的秩序，民众就不得安宁。只有善良的人才会赞赏秉公执法者，我们应对这样的人继续任职感到高兴，而不是对他们垮台感到高兴。这样说对不对，我让所有审慎的人来判断。这一话题就此打住，还从我们岔开的地方开始讲起。

　　他和一行人在帕特尼上岸以后，他骑上骡子，其他人都骑上马。上路以后还没有走多远，他看见一个人乘坐王家邮车从帕特尼镇的山坡上过来了，就问跟班那个人会是谁。几个跟班回答说，他们看着像是哈里·诺里斯爵士。那人渐渐来到枢机主教大人面前向他致意，说：

　　"国王陛下委托我来见大人，让大人一定要放宽心，国王还像以前一样器重您，以后仍然会器重您。"

　　为了证明此话可信，他递给枢机主教大人一枚金戒指，上面有一颗贵重的宝石。

　　这枚戒指枢机主教大人太熟悉了，它一直都是他和国王之间的信物，国王一派他去执行特殊任务就以它为凭证。

　　诺里斯先生还说："国王让您放宽心，不要多想，您不会缺东西的。国王虽然对您不够厚道，您可能以为是这样，那也不是因为国王生您的气，而是为了满足一些人（国王知道那不是您的朋友）的愿望，根本不是生气。您还知道，国王可以用您财物两倍的东西来补偿您。这番话他让我告诉您，所以您要忍耐。就我来说，我相信您的状况会比以前还要好。"

枢机主教听到诺里斯先生转述国王的好话和安慰话，就迅速滚鞍下了骡子，完全是他一个人，像是我们之中最年轻的人似的，立即双膝跪在地上，高兴地举起双手。诺里斯先生看到他利索地从骡子上下来，然后跪到地上沉默不语，感到很吃惊。诺里斯也下了马，跪在他旁边，伸开双臂拥抱他，问他怎么样，让他相信这一消息。

"诺里斯先生，"枢机主教说，"听到您这令人欣慰的好消息，我感到很高兴，突然的喜悦涌上心头，没有考虑地点和时间，而是觉得有不可推卸的责任来向天主表示感谢，向我的主人国王表示感谢，他给了我这么大的安慰，就在这个地方我得到了安慰。"

他跪在泥地里与诺里斯先生交谈的时候，本该脱掉天鹅绒帽子，但解不开系在下巴上的结，一使劲把系带扯断了，把帽子从头上拉了下来，于是就光着头跪着。然后他又把帽子戴上，起身想骑上骡子，但不能像下来时那样利索地骑上去了，于是几个跟班赶忙把他扶到鞍上。

他骑着骡子上了山坡进了镇，一路上与诺里斯先生交谈着。来到帕特尼的荒野，诺里斯先生告辞要离开，枢机主教大人对他说：

"尊贵的诺里斯，如果我是一国之主，半个国家也不足以酬谢您付出的辛劳和带来的令人欣慰的消息。但是，好心的诺里斯先生，您想一想，我现在除了这一身衣服之外，已经一无所有。所以，我希望您收下这份薄礼。"

那是一根小金链，像瓶子链似的，上面挂着一个金十字架，十字架上有个圣十字，他一直戴在脖子上。他还说：

"我向您保证，诺里斯先生，我运道好的时候，这虽然不值几个钱，但给我一千英镑我也舍不得出手。所以我请您笑纳，看在我的分上戴在脖子上，每当您看见它，遇到合适的机会就替我问候国王陛下，在仁慈的陛下面前替我美言几句。他待我厚道，我只能向天主祈祷，乞求天主保佑他国运长久，享受到荣誉、富足和平静的生活。我是他驯服的臣民和奴仆，可怜的王室小礼拜堂神父，如果天主愿意，我打算在有生之年向他说明，我的身份和财产都是他给的，我爱他要胜过爱我自己，我已尽绵薄之力为他效劳。"

说完这话，他拉着诺里斯先生的手与他告别。刚走不远他又回来了，把诺里斯先生喊过来对他说：

"很遗憾，"他说，"我没有适当的纪念品送给国王。如果您愿意接受我的请求，把这个可怜的小丑呈献给国王，我相信陛下会欣然接受。为贵族取乐，他肯定价值一千英镑。"

诺里斯先生就把这个小丑领走了。枢机主教大人又派六个高大的侍从把小丑送到宫里，因为小丑一看要离开枢机主教大人就暴跳如雷。但他们还是与诺里斯先生一起把他送到宫里，国王非常高兴地接待了他。

诺里斯先生带着礼物回去见国王以后，枢机主教大人直接去了伊舍，这座房子临近温切斯特主教辖区，位于萨里郡，离汉普顿宫不远，枢机主教大人及其家人在这里住了三个或四个星期，没有睡觉的床、床单、台布，也没有吃饭用的杯子和餐具。但有各种食物和饮料，包括啤酒和葡萄酒，数量非常充足。枢机主教大人不得不向卡莱尔主教和托马斯·阿伦德尔爵士借一些餐具吃饭，借一些碟子饮酒，另外还借了一些亚麻布。他就这样不尴不尬地住在这里，直到过了万圣节。

万圣节那天上午，正好赶上我到大会客室里去服侍大人，我看见克伦威尔先生斜靠在大窗户旁，手里拿着一本祈祷书，正在念圣母经，看样子很奇怪。他真诚地祈祷着，眼泪都流下来了。我向他打招呼的时候，看见他脸上有泪水。我对他说："哎呀，克伦威尔先生，为何如此悲痛？是枢机主教大人有危险了，您为他感到悲伤？或是您遇到灾难，遭受了损失？"

"不，不，"他说，"是我遭遇不幸。我这一辈子辛辛苦苦、为主子效尽犬马之劳所得到的一切，很可能都会失去。"

"哎呀，阁下，"我说，"我相信您非常聪明，奉大人之命行事，绝不会做出任何不该做的事来，不会做出有可能让您失去财产的事来。"

"这个，这个，"他说，"我说不清，但一切我都亲眼所见，就是这个样子。我很清楚，我因为主子的缘故而让大多数人看不起，他们肯定没有正当理由。不过一旦落下恶名，想洗刷掉就难了。我从来没有得到大人的晋升来增加俸禄。我只能这样告诉你，如果天主愿意，我打算今天下午在大人吃过饭之后骑着马到伦敦，进宫一趟，在回来之前我要么成功、要么失败。我让人家评头论足，看谁能指责我说假话或有不法行为。"

"确实，阁下，"我说，"窃以为您这样做很好，很明智，让天主指引您，给您带来好运。要是我也会这么做。"

说完这话，我被叫进密室，为大人准备所有的东西，他打算那天望弥撒，于是我就去准备了。

遣散仆从

　　然后枢机主教大人和小礼拜堂神父来了，这位神父名叫马歇尔博士，先做晨祷，跪下来听了两首弥撒曲。忏悔之后，他自己祈祷。弥撒和所有礼拜仪式结束之后，他回到会客室，和几个博士一起吃饭，克伦威尔先生也在那里吃饭。吃饭的时候，正好枢机主教大人夸奖他的随从和侍从，夸他们忠心耿耿地为他效力。克伦威尔先生趁机对枢机主教大人说，从良心上来说，他应该考虑他们在他需要时忠心耿耿地为他效力，大家在他有难时从来没有抛弃他。

　　"所以，"他说，"阁下把大家叫过来，这样做很好，这些都是您最优秀的随从、最忠诚的侍从，让他们知道您一直没有忘记他们的耐心、忠实和忠诚，然后用感激的话语赞扬他们。这对他们是巨大的鼓舞，让他们忍辱负重承受您的不幸，尽心尽力为您效劳。"

　　"唉，托马斯，"枢机主教大人对他说，"你知道我没有任何东西可以送给他们，只说话而没有行动往往不被人当一回事。我要是有不久前所拥有的东西，就会非常慷慨地送给他们，他们肯定会很满意。但我现在一无所有，我很惭愧，也很难过，对他们忠心耿耿地效劳无法报答。我确实有理由感到高兴，我发现这些仆人忠诚，在我陷入窘境时对我不离不弃，而是勤奋、顺从地为我效力，就像我在春风得意时那样。但我还是因为不能送给他们东西而感到难过。"

"何必呢，阁下，"克伦威尔先生说，"您在这里不是有几个小礼拜堂神父吗？您非常慷慨地晋升了他们的职务。通过您的升迁，有些人一年花费一千马克，有些人花费五百马克，有些人更多，有些人更少。您家里任何一个小礼拜堂神父，在您家里得到晋升之后都出手阔绰，没有一个每年不至少花费三百马克，这些好处都是从您这里得到的，而您这些仆人什么都没有。但这些可怜的仆人一天所吃的苦，比您那些无所事事的小礼拜堂神父一年所吃的苦还要多得多。所以，如果这些神父不能大度地体谅您的慷慨，在您贫困潦倒时不把从您这里得到的丰厚酬报拿出来，他们活得就很可怜，所有人都会痛恨他们，说他们对主子忘恩负义。"

"我也这样想过，托马斯，"枢机主教大人说，"所以，吃过饭以后，把所有仆人都叫出来，在大会客室里站好队，我要按照你的提议，对他们说说我的想法。"

然后餐桌收拾起来了，克伦威尔先生过来对我说："刚才大人说的话你听见了吗？"

"是的，阁下，"我说，"听见了。"

"那好，"他说，"把大人所有的仆人都集中到大会客室里。"

我照办了。仆人都集中过来之后，我让随从都站在会客室右侧，侍从都站在左侧。最后大人来到这里。他身穿一件主教式的紫布长袍，外面套着一件白外衣，径直来到大窗户旁，旁边是几个小礼拜堂神父。他在那里站了一会儿，看着分站在两边的仆人，心里一热说不出话来，眼睛里流出的泪水也说明了这一点。仆人们一看，忠诚的泪水夺眶而出，顺着面颊流了下来，足以让铁石心肠的人动容。最后他把脸转向墙壁，用手绢擦了擦眼睛，对大家说了如下一番话：

"最忠诚的随从们，真心实意的侍从们，我不仅为看到你们站在我面前感到伤心，而且还为我忽略了大家、对不起大家而感到伤心。我犯了大错。我家境好的时候对大家做得就不够，该做的事情没有做，无论是在言语上还是在行动上，而当时我是有能力做的。但当时我不知道，你们这些仆人就是我家里的珍宝，而现在经验告诉我，另外我也亲眼所见，以前掩盖住的东西我现在已经看得很清楚了。世界上最让我感到后悔的事，莫过于想起自己疏忽大意和粗暴，没有根据你们的功绩而适当地奖励和晋升你们。

"不过大家不会不知道，我在教界晋升得多，在俗界晋升得少。如果我把你们提拔到国王麾下任职，就会激怒国王的仆人，他们就会在我背后四处扬言，说国王的肥缺没有一个不被枢机主教及其仆人占据的，这样世人都会骂我、诽谤我。而现在，国王把我所有的一切都夺走了，除了一身衣服之外，我已身无长物。即便是一身衣服，和我以前穿的比起来也很简朴，我以前穿什么你们都见过。如果这些衣服对你们有用，或者是你们喜欢，我就会让你们分了，包括我背上的皮肤，如果这能够给你们做出一点补偿的话。

"但是，我好心的随从和侍从们，我忠实可靠的仆人们，我认为连君主也没有像你们这样的仆人。我最诚挚地请求你们再忍耐一段时间，我相信国王会考虑到我的死敌对我的攻击收效甚微，所以很快就会恢复我的薪俸，这样我就更有能力每年分一部分给你们了，对此你们尽管放心。至于我收入的剩余额，在结账时无论剩多少，全都分给你们，如果天主愿意的话。从今以后，在这个变幻无常的世界上，除了能够维护天主给予我的身份和地位的钱财之外，其余的都毫无价值，我再也不看重了。

"如果国王在短期内并不让我官复原职，我就会按照你们自己的请求安置你们，给国王或国内任何一位显贵写信，求他们收留你们效力。我相信，国王、国内任何一位贵族或杰出的绅士，都会相信我给你们写的推荐信。

"所以，在此期间，我建议你们回到家里，有妻子就回到妻子那里，没有妻子就借此机会到乡下看望父母和朋友。你们每个人每年都会提出请求，想回去看望妻子或是朋友。我请求你们利用这次机会回去看看，回来时我也不会拒绝，如果我请你回来的话。我认为，就我家的服务情况来说，你们不适合为地位低于国王的人效力。所以，我希望你们只为国王效力，我相信国王不会拒绝你们。所以，我希望你们游玩一个月，到时候再回到我这里来，我相信到那时国王就会善待我了。"

"阁下，"克伦威尔先生说，"这里有很多侍从都很愿意见朋友，但他们没有钱。这里也有很多小礼拜堂神父，他们都收到过您发的高薪，就让他们向您表现一下出于人道应该怎么做吧。我认为他们诚实、慈善，不至于看到您缺钱而无动于衷，拒不向您伸出援手。至于我，虽然没有收到您为我增加的一便士年薪，我也会在您遣散仆人时为您留下这一点。"

然后他递给大人五镑金币。

"现在看看您的小礼拜堂神父会怎么做。我相信他们拿出来的会比我多得多。我能拿出来一便士，他们能拿出来一英镑都不止。拿出来吧，先生们。"他对小礼拜堂神父们说。

于是有人拿出来十英镑，有人拿出来十马克，有人拿出来一百先令，有的更多一些，有的更少一些，依照他们当时的财力而定。

就这样，枢机主教大人收到了大家慷慨解囊拿出来的钱，其数目相当于他发给每个侍从一季的工钱和一个月的伙食费。他们来到大厅，有人决定去看朋友，有人不想离开大人，要等到大人情况好转以后再说。

大人回到内室，对仆人的离别感到伤心，向克伦威尔先生抱怨。克伦威尔先生尽量安慰他，并希望大人允许他去伦敦，在回来之前要么成功、要么失败，他老是这样说。他与大人私下里交谈了很长时间，然后骑上马去了伦敦。他走的时候我就在旁边，他向我道别，说：

"过不了多久你就会听到我的消息。我要是成功了，最近两天就会回来。"

然后我就与他分了手，他骑着马上路了。雷夫·萨德勒爵士（现在是骑士）当时是他的秘书，也和他一起骑马走了。

委曲求全

然后枢机主教大人吃了夜宵（那天是万圣节），所有人都上床了。大约午夜时分，一个门卫来到我房前敲门。我醒了，一看是他，就问他说：

"三更半夜的有啥事？"

"阁下，"门卫说，"大门口有很多骑马的人要进来，说是约翰·拉塞尔爵士，我听声音也像是他，您看我咋办？"

"真是，"我说，"还过去，我去之前先在门房里生上旺火，让他们烤烤。"

那天夜里一直下雨，是那一年下得最大的一场雨。我起来穿上睡袍，来到大门口，问外面是谁。拉塞尔先生说话了，我能听出是他的声音。我就让门卫把大门打开，让他们都进来，他们全都湿透了。

我让拉塞尔先生进门房里烤火，他对我说他从国王那里来，给枢机主教大人捎信，他想让我对大人说一声。

"阁下，您带来的是好消息吧？"

"是的，我向你保证，"他说，"所以请你告诉他，我给他带来了好消息，他会非常高兴。"

"那我就去叫醒他，"我说，"让他起来。"我马上去了大人的卧室把他叫醒，他问我："啥事儿？"

"阁下，"我说，"是约翰·拉塞尔爵士从国王那里来了，他有话对您说。"

他让一个男仆开门让我进去，进屋之后我对他说："今天夜里拉塞尔先生一路辛苦啊。"

"我乞求天主，"他说，"是最好的消息吧。"

"是的，阁下，"我说，"他对我说的，并让我禀报您，他给您带来了让您非常高兴的消息。"

"那好啊，"他说，"感谢天主，感恩天主！你去把他叫来，等他来了我就准备好和他谈了。"

然后我回到门房，把拉塞尔先生叫到枢机主教大人这里，大人已经穿好了睡衣。拉塞尔先生来到大人面前，最谦卑地单膝下跪向大人致意，大人躬身将他扶起，向他表示欢迎。

"阁下，"拉塞尔先生，"国王委托我转告您，"边说边把一枚镶嵌有绿宝石的大金戒指递给他作为信物，"希望您振作起来，他一如既往地爱您，对您的不幸遭遇深感不安，心里一直挂念着您。陛下在吃晚饭之前把我召去，命我悄悄地前来看您，尽我最大的努力来安慰您。阁下，如果您感到满意，我这一趟行程最为艰辛，路这么短，却让我永记在心。"

枢机主教大人感谢他不辞辛苦带来的好消息，又问他吃过晚饭没有，他说没有吃。"那好，"大人对我说，"让厨师为他准备饭，在一个房间里为他生上旺火，他好在床上休息一会儿。"我遵命照办去了。

在此期间，大人和拉塞尔先生悄悄地谈话，结束之后拉塞尔先生去了自己的房间，向大人告辞时这样说："我只能待一会儿，如果天主愿意，天亮之前我要回到格林尼治的宫里，无论如何不能让别人知道我今天夜里和您在一起。"

然后他到了自己的房间，简单吃了一点东西，在床上休息了一会儿，与此同时他几个仆人吃了饭，在火上把衣服烤干，然后一行人立即上马，飞速赶回宫里。

拉塞尔先生回宫后不久，枢机主教大人的很多家用物品、器皿、餐具和一部分必需品都归还给他了，比以前为他配备的还要好得多，但还没有国王希望的那样多。问题出在一些官员身上，交还的时候疏忽了。但即便如此，和以前相比，枢机主教大人仍然感到高兴。

现在回头还说克伦威尔先生，看看他上次与枢机主教大人分手后有何进展。当时的情况是，万圣节之后不久，国会就要开幕了。他在伦敦，设法成为一名国会议员，又正好遇见骑士托马斯·拉什爵士。托马斯爵士是他好朋友，其儿子被任命为这届国会的议员。克伦威尔先生知道了他的房间，以此进入了国会大厦。

进入国会两三天之后，克伦威尔先生到伊舍来见枢机主教大人，其神情比走的时候愉快了许多，在见到大人之前碰见了我，对我说他冒险采取行动，他相信很快就会扭转局势。他见到大人以后，二人悄悄地交谈起来，然后当夜又回到伦敦，因为他不能缺席第二天上午的会议。国会里一有人发言攻击大人，他就马上回复，或是等到第二天，在此之前他就去找大人，问问该如何代表大人做出回复。这样，一有人指控大人，他就做出充分的回答。最后，他因为在主人的案件上表现诚实，人人都对他评价很高，被认为是其主人最忠诚的仆人，得到大家的交口称赞。

随后有人向国会提交一份"罪行录议案"，指控枢机主教大人犯有叛逆罪。对此议案，克伦威尔先生非常慎重地猛烈抨击，其理由充足，非常有说服力，结果该议案没有起任何作用。然后他的仇人又指控他犯了蔑视王权罪，[①]其目的是为了赋予国王没收其全部财产

---

① 因尊重教皇而侵犯国王统治权的一种罪行。——译者注

的权利。枢机主教大人已把这些财产集中起来，那是为牛津基督堂学院和伊普斯威奇公学购买的，并用于学院的维护，当时学院正在建设，极为豪华。

枢机主教大人受到法官的询问，法官被蓄意派去盘问他，看他如何回答。他说："你们指控我利用教皇使节的特权冒犯了国王，犯了王法，而国王陛下清楚地知道我是否犯法。我保险柜里有国王的许可证，有他的亲笔签字，有他的大印章，允许我在陛下的疆域之内最大限度地行使权力，这些权力现在在我仇人手里。

"因此，在对待国王的事业上我没有任何问题，没有理由怀疑我，在你们面前我愿意坦然承认起诉书中提到的罪状，完全听凭国王发落，毫不怀疑他的圣洁和仁慈之心。我知道国王判断力强，能看出真相，看出我谦恭顺从。我虽然可以受审，但我愿意把自己交给仁慈的国王发落。

"我这些话你们可以禀报给国王，我完全服从他，如果天主愿意，我打算服从国王的意愿，执行国王的一切命令。我从来没有违背或反对过他的意愿，而是一直愿意满足他的愿望，执行他在天主面前发出的指令，我是最愿意服从天主的，在这方面的疏忽现在让我非常后悔。

"不过，我由衷地请求你们在国王面前替我美言，我祝愿他长寿，祝愿他国运长久，享受到荣誉、富足和平安，战胜他罪恶的敌人。"

然后几个法官就告辞回去了。

不久之后，国王派诺福克公爵给他带口信，是什么意思我不知道。但大人得到禀报，知道公爵就要到了，就命所有随从恭候他，从大厅一直排列到后院，迎接公爵进门，还命所有侍从排成队站在大厅里。

枢机主教大人和随从们来到门口，碰见了诺福克大人，他迎接时没有戴帽子。二人相互拥抱，他拉着公爵的胳膊穿过大厅，走进会客室。公爵穿过大厅的时候，在上方尽头转脸看了看大厅，凝视着站得整整齐齐的高大侍从说：

"先生们，你们在主人遭遇不幸时勤勤恳恳、忠心耿耿地为他效力，在所有贵族中为自己赢得了忠诚的名声。国王命我以陛下的名义告诉大家，由于你们忠实地为主人效力，陛下将依据你们的业绩，确保你们永远都有活儿干。"

这时，枢机主教大人脱下帽子，对诺福克大人说："阁下，这些人都是经过考验的，所以如果没有服务工作或其他生计会让人感到惋惜。而我现在心余力绌，帮不了他们，心里非常难过。所以我希望大人善待他们，以后有了机会就为他们说好话，向国王推荐他们的勤奋和忠诚。"

"不必担心，"诺福克大人说，"我会尽全力帮他们，有了机会我就会在国王面前为他们说情。看在你们忠诚的分上，有一部分我会留下来为我效力。你们既然已经在这里了，就继续留在这里为大人效劳，等待国王下一步的旨意。天主祝福你们，我也祝福你们！"

然后他就到大会客室里去用餐。枢机主教大人向他表示了感谢，对他这样说：

"大人，在所有贵族之中，我最有理由感谢的就是您，您情操高尚，性情文雅。这是您在我背后表现出来的，是我的仆人托马斯·克伦威尔告诉我的。您是名副其实的贵族，对所有遭遇不幸的人也是同样如此，尤其是对我。您虽然削了我的权，把我一撸到底，当我求您的时候您仍然对我慷慨相助。

"阁下，您确实应该在纹章上添上一头尊贵、温柔的狮子，其本性是在征服其他野兽以后，看到它屈服了，拜倒在自己脚下，就会对这头屈服的野兽表现出最大限度的仁慈，不再伤害它，也不允许其他野兽伤害它。这一本性和品质您都有，所以下面这两句诗可能适用于您：

Parcere prostratis scit nobilis ira leonis:
Tu quoque fac simile, quisquis regnabis in orbem. ①

　　说完这话，水端上来了，让他们先洗手再用餐。枢机主教大人叫诺福克大人和他一起洗，但诺福克大人拒绝了这一好意，说他就免了，枢机主教大人以前身居高位的时候就不和他一起洗，现在也不会一起洗，这样才合适。

　　"是的，的确如此，"枢机主教大人说，"我教皇使节的权力和地位没有了，我所有荣誉都是由教皇使节而来。"

　　"你的遗产一钱不值，"诺福克大人说，"我从来都不更看重您身为教皇使节的荣誉。但我看重您身为约克大主教和枢机主教的荣誉，这一身份居于现在国内任何一个公爵之上。所以我看重您，承认您这一身份，因此而尊敬您。所以我恳求您不必介意，我不会和您一起洗，也请您让我免了吧。"

　　于是枢机主教大人不得不单独洗，诺福克大人也单独洗。两个人都洗完以后，枢机主教大人想让诺福克大人坐在位于餐桌内侧的椅子上，但他同样谦卑地拒绝了。于是又为诺福克大人摆了一把椅子，正对着枢机主教大人，在餐桌外侧。诺福克大人这样做的依据，是他比枢机主教大人身份低。

　　吃饭时，大家谈论的全是随从们的辛勤服务，他们留在这里服侍大人用餐。国王和所有贵族都对他们这样做赞不绝口，看不起那些弃主人有难而不顾、到宫里为国王效力的人，其中有一些他还指

---

① "知道狮子怒吼的人才会饶恕屈服的人，就像您这样的人，足以统治全世界。"原文为拉丁语。——译者注

名道姓地数落一番。

这样说着话，饭也吃完了，大家起身离开了餐桌，一起来到大人的卧室，在那里又继续交谈了一阵子。大家在卧室的时候，碰巧法官谢利先生也来到这里，是国王派他来的，有话要对大人说。公爵和大人只好中断了谈话，公爵想到一个房间里休息一会儿。

公爵正要走出大人的卧室，就迎面碰上谢利先生，谢利先生就向公爵说明了来意，并希望公爵留下来帮助他传达口信。公爵拒绝了，说："我和你的口信没有任何关系，这件事我不掺和。"然后他就去了一个房间，在那里休息了一两个小时。

与此同时，枢机主教大人走出了卧室，到谢利先生这里了解情况。谢利先生打过招呼之后对他说，国王想要他在威斯敏斯特的房子（当时叫作"约克宫"，属于约克主教辖区），打算让它成为一座王宫，并依照王法拥有它。"陛下派人召来所有法官、所有博学的法律顾问，问他们这样行不行。大家一致决定，由您当着一位法官的面，承认这所房子属于国王及其继承人，这样陛下就能拥有它了。所以陛下就派我到这里来，拿您出具的保证书，国王信任您，您不会拒绝的。所以我想知道您在这件事上的高见。"

"谢利先生，"枢机主教大人说，"我知道，国王生性胃口大，但不愿意考虑法律的公正。所以，我建议您、所有法官和国王博学的法律顾问，不要向他头脑里灌输法律和良知不能容忍的东西。您告诉他'这就是法律'的时候，还应该告诉他：这虽然是法律，但这是良心。国王在征求意见行使合法权利的时候，不应该告诉他不讲良心的法律，而是让他在严厉的习惯法面前永远尊重良心，因为'laus est facere quod decet, non quod licet'[①]。国王应该凭借其威严和

---

① "做应该做的事值得赞美，做可以做的事不值得赞美。"原文为拉丁语。——译者注

特权减轻法律的严厉程度，在这一点上良知拥有最强大的力量。所以，为了维护正义公平，国王就设置了一名大法官，一个仁慈执法的官员，其良知与严厉的法律相抗衡。所以，大法官法院以前又叫'良心法院'，因为它有权命令习惯法法官们免除执行死刑和判决，在这里良心起到最大的作用。

"所以，在这件事上我对您这样说：您或您的其他同行，虽然凭借学识发现国王依照法律可以名正言顺地做那件您要我做的事，谢利先生，我可以把那个并不属于我的东西给予别人，让我和继任者失去它，您说这样既公正又合乎良心吗？如果这既合法又符合良知，就请您谈谈看法。"

"是的，大人，"他说，"这件事和良心有些关系。关于王权如何更好地利用这一问题，还是得到良心的允许好一些。国王完全可以用双倍的价钱来赔偿约克的教堂。"

"这我知道，"枢机主教大人说，"但这里既没有承诺的条件，也没有双方同意的条件，只有一方永远交出自己的权利。如果每一个主教都这样做，那每一个高级教士都会把教会的遗产（即教堂）赠送出去，而这些遗产根本就不是他们自己的。这样长此以往，他们的继承人就什么也得不到了，无法维护尊严了。把各种因素都考虑进去，这也会让国王颜面尽失。阁下，我不打算在这件事上与您讲条件，先让我看看您的委托书。"

谢利先生把委托书拿给大人看，大人看了之后又这样说："谢利先生，您可以向国王陛下禀报，说我是他的顺民、忠诚的小礼拜堂神父和祈祷人，他的命令和要求我绝对不会拒绝，而是在一切事情上都会最高兴地满足他的意愿，尤其是这件事，因为你们这些法官说我这样做合法。所以我让您承受良心的负担，卸下我良心的负担。不过我请您转告陛下，说我最谦卑地希望他想一想，既有天堂，也有地狱。"

　　说完这话，枢机主教大人把秘书叫来写保证书，私下里交谈一会儿之后，谢利先生就走了。这时，诺福克大人休息过后也起来了，和枢机主教大人谈了一会儿之后也走了。

　　枢机主教大人就这样继续待在伊舍，每天都从宫里得到消息，有些是不好的消息，有些是坏消息，还有的更糟糕。他的仇人发现国王一直对他很好，就心生一计想让他失去耐心，以为这样可以惹恼他，让他折寿而不是增寿，这是他们最想看到的。他下台以后他们更害怕他，比他得意时还要害怕，非常担心他东山再起，因为国王一直青睐他，这让他们担心自己可能失宠，而不是高枕无忧，因为他们对大人残忍，无中生有地恶意陷害他。

　　所以他们按照这样的程序行事：每天送他一些东西，或做件对他不利的事，觉得这样可以让他感到沉痛或伤心。说不定哪一天，他们会让国王派人把他四个或五个随从召过来侍奉国王，某一天他们会捏造一件事来攻击他。还有一天，他们会将他晋升的人调走，或将他们晋升而又得到他器重的人调走。然后他们会把他的一些侍从叫走，国王有一次抽走了他十六个侍从为自己效力，有时候用侍从充实王家卫队。他一直过着这样的日子，每天上床睡觉之前都气得五脏冒火、七窍生烟。但他是个明白人，所有这些毒计他都忍了。

　　圣诞节时他生了重病，看样子要死了。国王听说以后非常难过，派御医比特大夫去看看他的病情。比特大夫来到他这里，发现他躺在床上，病得很厉害，知道他病情危险，又回到国王那里。国王问他说：

　　"那个人怎么样，见到他了吗？"

　　"见到了，陛下。"比特说。

　　"你觉得他怎么样？"国王说。

　　"真的，陛下，"比特说，"如果您要他死，我向您保证，陛下，他四天之内必死无疑，如果他不尽快得到您和安妮小姐的安慰。"

"是啊，"国王说，"天主不允许他死。我恳求你，好心的比特先生，再到他那里一趟，给他治治，给我两万英镑我也不愿失去他。"

"陛下，"比特先生说，"那您就要先给他捎去几句安慰话，越快越好。"

"这我当然愿意，"国王说，"看你的了。那你就赶快去，你把我这枚戒指给他作为信物，以表示朕的好意和对他的喜爱（戒指的红宝石上刻有国王的肖像，刻得惟妙惟肖）。这枚戒指他非常熟悉，那是他给我的。对他说我心里一点也不生他的气，他会发现天主很快就会让他活下去。所以让他放宽心，振作起来，不要绝望。我命你救他完全脱离危险之后再回来。"

然后国王对安妮小姐说："亲爱的，你爱朕，所以我请你在这种情况下给枢机主教送去个信物，带上几句安慰话，这样你就是做了件让朕高兴的事。"

安妮小姐虽然心里打算对枢机主教做什么，但不想拒绝国王诚挚的恳求，就马上从紧身褡上取下一个金坠，把它交给比特先生，让他捎上几句温柔的安慰话夸赞枢机主教。

于是比特先生就走了，火速返回伊舍去见枢机主教大人。比特先生走了之后，国王又派去了克莱门特大夫、沃顿大夫、苏格兰人克罗默大夫，让他们协助比特先生为大人治病。

比特先生来到大人这里，把国王和安妮小姐的信物交给他，代表他们二人说了一些最能安慰他的话。大人听了以后非常高兴，在病榻上往前挪了挪，非常高兴地接过了信物，感谢比特先生一路辛苦为他带来了好消息。比特先生还对大人说，国王让他服侍大人，为大人治病，为了确保把病尽快治好，还派来了沃顿大夫、克莱门特大夫、克罗默大夫和他一起共同协商。"所以，大人，"比特先生说，"把他们叫来为您看病真是太好了，我很愿意听取他们的高见，相信全能的天主，有了天主的保佑，我们就会减轻您的痛苦，把您的病彻底治好。"

听到这话，枢机主教大人非常高兴，表示愿意听取几位大夫的诊断意见，实际上他更相信那位苏格兰大夫而不是其他人，这位大夫就是因为枢机主教才居住在英格兰，以前他在巴黎时这位大夫就向他展示过技艺。

然后几位大夫来到卧室和他交谈，他颇为内行地与大家讨论自己的病情，所以大家知道他懂行。大家依照程序为他治疗，不久就让他脱离了危险，不再怕死了。四天以后他就能下床了，胃口也比以前大多了。

看到他病情大有好转，几个大夫就告辞回去了。枢机主教大人给他们酬金，但他们拒绝了，说国王对他们特意交代，不得接受大人的任何报酬，回去以后国王会自己出资酬谢他们。大人对他们千恩万谢，他们就与大人告辞后回去了，大人恢复得非常好。

从此以后，大人的状况日益好转，在伊舍一直住到圣烛节。节前，国王派人给他送去三车或四车物品，大部分都锁在大车里（除了床和厨房用品之外），其中有盘子和华丽的帷幔，还有礼拜用品。大人得到这些东西非常满意。国王派人送来的东西虽然不是那么好、不是那么丰富，达不到国王的要求，但大人仍然感到高兴，非常谦卑地向国王表示感谢，向处置财产的人表示感谢。

打开车锁的时候，我们这些仆人觉得，要是处置财产的人高兴的话，就会送来更好的东西了。我们这样一说，大人就对我们说："不对，先生们，一无所有的人有一点就感到高兴，而且这根本就不是一点。虽然这没有我们以前的一半那么多、那么好，我们现在也比以前有那么多东西的时候更高兴，仍然非常感谢国王，相信以后会得到更多。所以让我们大家一起欢呼吧，高兴吧，天主和国王这么仁慈，还记得归还我一些东西，让我保持贵族的身份。"

远离宫廷

然后，枢机主教大人吩咐和他在一起的克伦威尔先生，让克伦威尔先生恳求国王陛下允许他搬到另一个地方住，他已经在伊舍住烦了。老是在这里住，房子就变得让人生厌。如果能搬走，他康复起来就会快得多。枢密院也对国王说过，伊舍的新画廊是大人在下台之前刚建起来的，对国王非常有用，可以将它拆掉，在威斯敏斯特重建。于是就这样做了，现在画廊仍然矗立在那里。

当着大人的面把画廊拆走，这对他来说是很伤感情的事，是他的仇人想出来的馊主意用来折磨他的，确实对他打击很大，他再也不想住在这里了。克伦威尔先生认为，劝枢密院的任何一位大臣来帮助恳求国王都是徒劳的，也是愚蠢的，因为枢密院里有大人的死敌，他们要么阻止他搬走，要么让他搬得离国王更远，不可能帮他搬得更靠近国王平时的处所。所以克伦威尔先生拒绝恳求他们，只恳求国王本人。

国王亲切地听取了克伦威尔先生的恳求，觉得完全可以准许。通过克伦威尔先生的特别请求，国王非常愿意让他搬到里士满，这个地方不久前大人花了一大笔钱来装修，因为国王用这里来和他换取汉普顿宫。

　　枢机主教大人整个搬家过程枢密院一无所知，因为他们一旦听到风声，就会劝国王不让他搬。但他们听说国王同意了，就在国王面前掩饰自己，因为他们非常害怕枢机主教大人，担心他搬得离国王近了以后国王早晚会去找他，把他叫回家，因为国王平常对他非常好，如果不想办法让他从国王身边尽快搬走，他就可能东山再起。

　　经过一番密谋，他们觉得应该对国王说，枢机主教大人应该到北方去，住在他的约克主教区乡下为好。国王觉得他们也是出于好意，就同意了他们的建议。这一建议考虑得很周密，国王根本就不知道他们的意图，很随便地就答应了。

　　于是诺福克公爵就命克伦威尔先生告诉枢机主教大人，克伦威尔先生每天都能见到诺福克公爵，说国王想让大人马上去他的主教区，他职位在那里，让他到那里去履职。克伦威尔先生下一次回去见枢机主教大人的时候，就把诺福克大人的话对他说了，当时大人住在里士满，说已经决定让他去他的主教区。

　　"那好啊，托马斯，"大人说，"既然没有其他办法，我确实打算去我的温切斯特教区。托马斯，我请你就这样告诉诺福克大人。"

　　"好的，阁下。"克伦威尔先生说，然后就遵照这一指令做了。

　　诺福克大人回答说："他到那里做什么？不去那里，让他去约克教省，他在那里接受的职位，那里有他的职责和义务，他应该去履行，对他这样说。"

　　大臣们并不都是他的朋友，听说他的意图之后就想阻止他去温切斯特，绝不允许他离国王这么近，所以就劝国王只给枢机主教大人温切斯特的年金，把其余的分给贵族和其他优秀的仆人，对圣奥尔本斯的收入也这样处理。至于牛津基督堂学院和伊普斯威奇公学的收入，国王把它装进了自己的口袋，克伦威尔先生以前接受过枢机主教大人的安排，接受和管理那两个学校。

　　枢机主教大人思来想去，觉得只好这样。然而，温切斯特和圣奥尔本斯的年金，国王给这个贵族三百马克，给那个贵族一百英镑，给这个多一点，给那个少一点，国王愿意给谁就给谁。

克伦威尔先生公正、一丝不苟地履行职责管理基督堂学院的土地，表现得很聪明，忠实、真诚地为主人效力，得到大家的高度评价。后来，国王用前面提到的收入、以特许方式终生发给年金的人，不能再终生享有这笔年金了，而只能在枢机主教大人的有生之年享有，因为国王不再有那里的财产权和头衔了，那些财产权和头衔是枢机主教因为蔑视王权罪而被剥夺财产后才落到国王手里的。所以，要依据他们的特许证而满足他们的财产要求，就需要枢机主教大人认可他们的财产转让证书。要这样做没有其他办法，只能恳求克伦威尔先生获得枢机主教大人亲笔写的确认证书，他们相信克伦威尔先生最有可能得到。

于是贵族和那些拥有国王特许证的人，无论是温切斯特的特许证还是圣奥尔本斯的特许证，开始恳求克伦威尔先生，请他向枢机主教大人说情，让枢机主教大人出具确认证书。对于大人所受的苦，他们每个人不仅都答应有丰厚的酬报，而且还在各自职权范围内给他各种好处，他们都向他保证。克伦威尔先生发现一个机会可以利用，以了却他长期以来的一个心愿，就打算想办法满足他们的愿望，这样就能尽快达到自己的目的。

克伦威尔先生下一次见到枢机主教大人的时候，就私下里为他在这件事上出主意，于是这两个聪明人就决定联手行动，想办法让克伦威尔先生得到身份和地位，这对他本人有好处，也能让大人受益良多。

然后这件事就开始运作，让克伦威尔先生受到重视，后来其地位大为提高。这样，每个人找机会要求得到枢机主教大人的确认证书时，都要先找到克伦威尔先生。而克伦威尔先生来者不拒，答应他会尽全力办成这件事。他有了接近国王的良机来转让土地，得到了土地的支配权，再加上他表现得很聪明，便越来越得到国王的青睐，这在下文还有描述。

　　不过我们还是先说这件大事，也就是国王给予很多贵族和其他仆人的特许证，克伦威尔先生答应恳求枢机主教大人办成这件事，后来他帮他们达到了目的，赢得了他们的好感。这样他名声大震，所有人都对他非常友好。

　　他诚实、聪明的声誉传到了国王耳朵里，国王见到他以后发现他果然名不虚传，因为他拥有了这些土地的支配权，就像前面提到的那样。他与国王的会面加强了国王对他的印象，国王认为他是个非常聪明的人，是为其效力的一个得力工具，后来他就是成了这么一个工具。

　　阁下，贵族们早就想让枢机主教大人搬得离国王远一些，让国王平常见不到他。所以，贵族之中如诺福克大人，就对克伦威尔先生说过："阁下，我觉得枢机主教大人并不急着到北方去。告诉他，如果他不尽快走，我就是用嘴也要把他叼走，不能让他原地不动。所以我劝他准备好尽快走，否则就派人把他送走。"

　　这些话克伦威尔先生下一次见枢机主教大人的时候就告诉了他，枢机主教大人就有了一个正当理由去找诺福克大人，处理贵族和其他人的特许证事宜。这件事我就放在这里，接着谈谈大人在里士满的情况。

　　枢机主教大人得到国王让他搬到里士满的许可以后，就急忙做搬家的准备，住在了大猎场里。那是一座非常漂亮整洁的门房，虽然小但有足够的房间，很方便。还有一座漂亮的花园，里面有很多宜人的人行道和小径。大人在圣烛节过后不久来到这里，然后就一直在这住着，一直住到四旬斋，带着少数几个仆人，因为房子不大，家里其他人花钱在外膳宿。

　　我给大家讲个故事。阁下，大人习惯于夜里在花园散步，在这里祈祷，于是我就有了机会在这里恭候他。我站在一条小路上，他与小礼拜堂神父走在另一条路上，边走边祈祷。我站着的时候，发现一些野兽木雕像竖立在小屋的墙角上，我就到那里去观看。其中有一个是暗褐色的母牛，我盯着它看的时间最长，因为我觉得它是其中最栩栩如生的。

我在前面说过，大人在花园另一侧散步，发现我以后突然来到我背后，冷不丁地说："在这里发现啥了，这样盯着看？"

"是的，大人，"我说，"我在看这些遗留下来的雕像，我觉得是有人奉命竖立在王宫附近某个地方的。不过，阁下，其中我最关注的是那个暗褐色的母牛，我觉得工匠在雕它时显示出最精湛的技艺。"

"确实如此，阁下，"大人说，"这个母牛和一个预言有关，我让你看看，你可能从来都没有听说过。这是个警句：

这头母牛若是骑上公牛，
　神父啊，要当心你的头。"

这个预言，无论是说这话的大人还是在一旁倾听的我，都不明白是什么意思，虽然这个时候即将应验。这尊母牛像是古代的兽像之一，国王把它送给了里士满伯爵领地，那是他从古代继承下来的遗产。这一预言后来是这样解释的：这尊暗褐色母牛是国王的兽像，所以就代表国王，公牛代表安妮·博林小姐，她后来成为王后，因为她父亲托马斯·博林爵士就是以公牛为标志。

所以，国王与安妮·博林小姐结婚时（当时枢机主教大人并不知晓，实际上任何人都不知晓），[1] 大家都认为这一预言应验了。很

---

[1]　国王与安妮的婚姻并没有得到教皇批准，但安妮又怀了孕，只好秘密结婚，所以当时局外人都不知晓。——译者注

多教士因为触犯了让这一预言应验的法律而掉了脑袋，既有出家的教士，也有在俗的教士，这件事世人无不知晓。所以，世人全都认为，国王和她完婚时，这一预言就应验了。

谜语和预言何其晦涩难解，由此可见一斑：在应验之前，就是最聪明的预言家也说不清楚，直到应验之后才知道是怎么回事。所以我奉劝大家，不要碰任何晦涩难解的谜语和预言，否则你就会像很多人那样上当，把自己给毁了。有很多次人们绞尽脑汁，想避开这些离奇难解的预言，反而是更快地促使预言应验。所以大家要当心预言，不要自以为能解释预言。谁要是解释，首先欺骗的是自己，其次是让很多人犯错误。最近刚经历的事情更加令人惋惜。

但如果有人自以为聪明，能够解开模糊不清的预言，在这方面动脑筋，或是想避开预言，或是想应验预言，希望天主让他取得成功，反而会使伤害来得更快而不是避开危险！千万不要理睬预言，专心做你的正事，把解释说明这些晦涩谜语和预言的事交给天主，天主会处理这些预言，因为天主会依照自己的意愿来改变你的计划，让你的想法都落空，让你失望，让你对自己的愚蠢行为感到后悔。你自以为聪明，到头来让你自己承认愚蠢透顶、疯狂至极，竟然相信这些幻觉。所以，就让天主处理预言吧，天主会根据人的功过进行奖惩，并不依照人的判断。

大家已经听到诺福克公爵对克伦威尔先生所说的话，让枢机主教大人到北方他的约克教区。克伦威尔先生把这话告诉枢机主教大人时，大人是这样回答的：

"是的，托马斯，现在是该走了，如果诺福克大人这样认为的话。所以我请你去找国王替我告诉他，说我由衷地愿意到约克教区去任职，但我没有钱，希望陛下给我一些钱做盘缠。你可以这样说：上一次陛下给我的钱太少，还不够还债的，是枢密院迫使我还债的，所以我就还了债。陛下没收了我所有的财产，我已经窘迫不堪，但我相信陛下是仁慈的。你也可以对诺福克大人说，对枢密院的其他大臣说，说我有了钱就走。"

"阁下，"克伦威尔先生说，"我会尽力而为。"

又说了一会儿话之后，克伦威尔先生就去了伦敦。

四旬斋一开始，枢机主教大人就从门房搬到里士满的加尔都西修道院，在那里的一座房子里暂住，那是曾担任圣保罗教长的科利特博士为自己建造的，科利特博士在复活节前第二周过后搬到北方去了。这座房子有一个秘密走廊，从内室一直通向修道院的教堂，大人每天都到教堂里做礼拜。下午他就坐在小屋里沉思，由修道院里最有威望的几个长老陪同，长老们劝他放弃尘世间的虚名浮誉，给了他几件刚毛衬衣，①后来他就经常穿，这件事我确定无疑。他就这样在圣洁的沉思中度过了在那里的日子。

克伦威尔先生到宫里去的时候，正好碰见诺福克大人，就对他说枢机主教大人非常乐意到北方去，但没有钱，希望诺福克大人向国王求助。然后他们一起来见国王，诺福克大人对国王说，枢机主教大人如果不缺路费的话，会非常乐意到北方去。

国王就把这件事交给枢密院定夺，大臣们意见不一。有人说一个钱也不该给他，最近给他的钱够多了。有人认为应该给他足够的钱，有人说给他一点就可以了。有人认为，这让枢密院很没有面子，让国王更没有面子，国王给了他高官厚禄，那么器重他，让他在国内居于一人之下、万人之上，他竟然没有钱来维护体面，不久前还非常富足，现在却捉襟见肘，这在外国人看来是对国王和整个枢密院的巨大伤害。

---

① 当时苦行者穿的一种衬衣，用粗布或动物毛发制成，有时布里还夹有金属丝或树枝一类的东西，贴身穿以使人不舒服，作为忏悔或赎罪的象征。——译者注

"所以，不能让他缺钱，"一位大臣说，"他虽然从来没有给过我好处，我还是用贵金属作抵押给他一千英镑，免得他走的时候那么寒酸，就像一些人所希望看到的那样。让我们用希望别人对待我们的方式来对待他吧，因为他罪不大，他无法估量的财富都因为这一点罪而失去了，只是为了满足国王的愿望，而他连为自己辩护都没有，他本来是可以名正言顺地为自己辩护的，这大家都知道。不要让怨恨掩盖住这件事的真相，这样就没有同情与怜悯了。你们的夙愿已经实现了，现在就凭良心对他慷慨一些吧。总有一天，我们中间就会有人落到他这步田地。你们变了，自以为万无一失了，地位稳固了，而面前有什么危险全然不知。我就说这么多，你们就看着办吧。"

这番话说完以后，他们重新商量这件事，经过很长时间的争辩和论证，最后决定先预付给他一千马克，从温切斯特主教薪俸中支出，那是国王批准给他的，国王恢复了他在温切斯特主教区的全部薪俸。但国王还从温切斯特主教薪俸中拿出一大笔钱来，作为年金支付给好几位贵族和枢密院大臣。所以，考虑到所有这些因素，我认为他得到的一部分是最少的。

做出这个决定之后，他们禀报给了国王，国王立即下令将这一千马克交给克伦威尔先生。国王把克伦威尔先生悄悄叫过来，让他拿到这笔钱以后再来一趟。于是克伦威尔先生遵照这一命令又来见国王。国王对他说：

"转告你的主人，枢密院虽然没有给他足够的钱来承担他的费用，但你要以我的名义对他说，我要从恩税①中拨给他一千英镑，对他说他不会缺钱，让他放宽心。"

克伦威尔先生单膝跪地，代表枢机主教大人最谦卑地向国王致

---

① 当时英格兰国王向民间征收的一种税金。——译者注

谢，感谢国王的大恩大德，感谢他对大人的一片诚心："陛下这一番安慰的话，比您这笔钱给他带来的喜悦要多出三倍多。"然后他就离开了国王，直接回到里士满去见枢机主教大人。

克伦威尔先生把钱交给大人，把枢密院争论的情况也都告诉了他，这在前面已经讲过，还有争论取得的进展，进展的情况，枢密院给他的钱，国王给他的钱，对他说的一番安慰话。大人听了以后非常高兴，得到极大的安慰。收到这笔钱以后，大人和克伦威尔先生商量搬家、路上行走和秩序等问题。

辗转流离

于是枢机主教大人迅速做好到北方去的一切准备，派人到伦敦去为仆人买制服，这些仆人要随他一起去北方。有一些仆人他不让去，觉得这些人不适合为他效力。还有一些希望得到大人允许继续留在南方，这些人不愿离开家乡，不愿离开父母、妻子和孩子，大人都欣然答应了，并对他们在他落难期间不辞劳苦地长期为他效力而表示衷心感谢。

上路的一切准备都做好了，他就在复活节前第二周开始时出发，来到一个名叫亨顿的地方，当时是威斯敏斯特修道院院长的住所。第二天来到一个地方名叫瑞埃，是帕雷夫人的住所。次日来到罗伊斯顿，住在当地的修道院里。次日来到亨廷登，住在了修道院里。从这里又来到彼得伯勒，也住在修道院里。那天是棕榈礼拜日，^①在这里和全体随从一直住到复活节周的星期四，大多数随从都寄宿在城里。有十二辆车拉着他的东西，车是从牛津基督堂学院里拉来的，那里有六十辆车，装载学院建筑物里的必需品。

棕榈礼拜日那天，他参加了列队行进，僧侣们手拿棕榈叶，和

---

① 复活节前的星期天。——译者注

继续留在他身边的歌手一起，参加了隆重的礼拜仪式。在濯足星期四，他在圣母堂参加了濯足仪式。那里有五十九个穷人，他为这些人洗了脚，擦干后又吻了吻。每个穷人得到十二便士、三厄尔①做衬衫的帆布、一双新鞋、一块面包、三条红鲱鱼、三条白鲱鱼，单身者有两先令。

复活节上午，他去参加复活节礼拜仪式，并穿着枢机主教服参加列队行进，戴着头巾和帽子，非常虔诚地亲自吟唱弥撒曲，完全宽恕所有的听众，在那里度过整个节期。

大人就这样继续住在彼得伯勒，然后打算从这里搬走，就派我去找骑士威廉·菲茨威廉爵士，此人住在离彼得伯勒三四英里的地方，在那里为大人安排一个住所，一直住到下星期一，然后继续北上。我找到这位骑士，向他说明了大人的意思，他一听非常高兴，欢迎大人愿意在途中住在他家，说除了国王之外，枢机主教大人是世上他最衷心欢迎的人，大人在他家居住期间，根本不需要把车上装载的东西卸下来用，大人到来之前所有东西都会为大人准备好，除了他自己的床之外。

我回去之后，把这消息告诉了大人，他一听非常高兴，命我通知所有高级职员和仆人，准备在星期四从彼得伯勒搬走。于是大家把所有东西都准备好，为在城里使用过别人的所有东西付了钱。为此枢机主教大人命人在城里发布文告，说如果城里或乡下有人受到大人任何一位仆人的冒犯，或对大人任何一位仆人感到不满，都可以去找大人的高级职员投诉并得到赔偿，根据情况得到真诚的回复。

一切准备就绪之后，大人在复活节周的星期四登程，离开彼得伯勒到菲茨威廉先生家，在那里受到热烈欢迎。大人在此居住期间受到最盛情的款待，所有费用都由菲茨威廉先生支付。

---

① 旧时英格兰丈量布的长度单位，相当于 1.25 码。——译者注

菲茨威廉先生这样高兴地接待大人在他家住，其原因是这样的：他曾是伦敦的一名商人，也是那里的郡长，和市议员产生过节后与伦敦市发生了争执。他想建立一个新行业公会，名叫泰勒商会，而伦敦市很多议员表示反对，这导致他辞职离开了伦敦到乡下居住。枢机主教大人不顾这些市议员和其他头面人物的恶意反对，为菲茨威廉先生辩护，让他为自己效力，先任命他为家里的司库，后来又任命他为大内侍，最后由于他的智慧、稳重、风度、口才，是个仪表堂堂的绅士，让他当上了国王顾问，后来就一直担任这一职务。想到大人给予他的所有这些好处，无论是在他有难时还是得意时，他就像个知恩图报的忠实朋友那样，最为高兴地给大人以同样的报答，非常乐意有这样一个机会为大人做自己力所能及的事。

大人就这样在这里一直住到下周一，这里既不缺美食美酒，也不缺其他有益的娱乐项目。到了星期一，大人离开这里去了斯坦福德，在斯坦福德住了一夜。第二天，他离开斯坦福德去了格兰瑟姆，住在一位绅士霍尔先生家里。第三天他去了纽瓦克，在城堡里住了一夜。第四天去了索斯韦尔，这是大人的地盘，离纽瓦克有三四英里。他打算在这里度过整个夏季，后来的确如此。

在这里我要给大家讲一个值得注意的事，这事发生在菲茨威廉先生家里，在离开他家之前，是我和大人之间的事。事情是这样的。大人在菲茨威廉先生家的花园里散步，和小礼拜堂神父一起做晚祷，我在那里侍奉他。他散步时，神父托着他长袍的下摆。

晚祷结束以后，大人命托着下摆的神父把下摆交给我，让神父走到一边去。神父走到很远的地方以后，大人对我这样说："你最近到伦敦去了。"

"大人，"我说，"不是最近，是上次我到伦敦为您的仆人买制服。"

"当时有什么消息？听到关于我的事吗？请你告诉我。"

　　我发现这是个好机会，可以把我的想法坦率地告诉他。我说：
"阁下，如果您不介意，我在城里一个地方吃饭时，碰巧坐在很多诚
实、值得尊敬的绅士中间，其中大部分都是老熟人，所以他们就很
随便地和我交谈起来，都知道我还是您的仆人。他们问了我一个问
题，为此我不能饶恕他们。"

　　"什么问题？"大人说。

　　"真的，大人，"我说，"他们先问我您怎么样，您是如何面对不
幸的，如何面对财产损失的。我回答说您身体很好（感谢天主），面
对这一切都很坦然。阁下，我似乎觉得他们都是您的普通朋友，对
您失势感到伤心，对您失去职位和财产感到伤心，担心这一后果会
对国家不利。这样经常调换职位，将肥缺落到贪求财富的人手里，
他们就会千方百计自肥，榨取贫穷百姓的财产。他们说，您已经被
喂肥了，现在很想维护国王的荣誉和公共利益。他们还感到惊奇的
是，您是这样聪明、这样谨慎的一个人，竟然轻易承认自己犯了蔑
视王权罪，您本来是完全可以先受审的。他们知道，国王博学的法
律顾问说过，经仔细考虑您的案子，您是非常冤枉的。对此我觉得
不好回答，只是说：'我相信大人这样做经过了仔细考虑，超出了在
下的理解能力。'"

　　"这是聪明人的看法吗？"他说。

　　"是的，大人，"我说，"几乎所有人都是这样认为。"

　　"那好吧，"他说，"我看他们并不知道我这样做的理由。我考虑
过，我的仇人用这件事来打击我，把这件事弄成国王的案件，让国
王亲自处理这个案子并制造争执，当国王将我所有的财产占为己有
之后，这一争执就变成了与他的争执而不是屈从或迁就法律，后来
他们又把我的财产都归还给我，宁愿（这都是我的仇人和居心不良
的人促成的）想象我彻底完蛋，轻而易举地让我终生监禁。我不愿
意受到伤害，不愿冒生命危险，而是心甘情愿地屈服认罪，把一切

都交给国王处理，宁可像个穷教士一样过自由自在的日子，也不愿在拥有所有荣誉和财产的情况下蹲监狱。

"所以，考虑到各种情况，这样做就是我的最佳选择。我不愿和国王打官司，他不想让人家认为他是个干坏事的人。我相信我一屈服，国王就会非常懊悔，然后就会怜悯我而不是伤害我。

"另外，国王身边一直有个阴险的敌人，我相信如果我被认为是顽固不化，这个敌人就会一直在国王耳边瞎叨叨（我指的是吹枕边风），在她煽动之下，我只会把国王激怒，而不是得到他在法律上的袒护。我一旦失宠（我相信在这种情况下是会失宠的），就永远也不会重新得宠了。

"所以，我觉得失去财产和地位但得到国王的喜爱，要比得到财产和地位但失去国王的青睐要好一些，一旦失宠就意味着死亡，Quia indignatio principis mors est. [1] 这就是我承认犯了蔑视王权罪的重要原因，这一原因我发现所有人都不知道。我发现国王已经感到良心不安，他暗暗感到痛心，但没有一个人能看出来。他心里明白，我对他的冒犯究竟有没有公开宣称的那么严重。我把自己的理由、真相和公平都交给他，让他凭良心来裁决。"

这就是我们交谈的主要内容。虽然谈的比这多，但这就足以让大家明白他认罪的原因，还有他失去所有财产的原因。

现在言归正传。大人住在纽瓦克城堡，打算到索斯韦尔去，离这有四英里远，晚饭之前就上了路。那里的主教邸宅属于约克教区，没有维修，他不得不住在主教邸宅附近一个受俸教士家里，一直住到圣灵降临节，节前他搬到了刚装修过的主教邸宅，在邸宅里度过夏季的大部分时光。当然，当地最受人尊敬的绅士和其他人经常去拜访他，受到他的盛情款待，他设法让他们度过一段最愉快的时光。

---

[1] "君主发怒就意味着死亡。"原文为拉丁语。——译者注

他举止温柔、亲切，受到附近地区所有人的爱戴和尊重。

他住着一所非常气派的房子，为来访者准备有充足的食物和饮料，无论是富人还是穷人，在大门口发放很多救济品，非常仁慈地对待贫穷的佃户和其他人。这一名声他的仇人和不怀好意的人听起来虽然很不入耳，但普通民众有了机会便四处传扬。他比以前更为大家所熟悉，有机会为大家做善事他极为高兴。他帮很多绅士达成协议与和解，帮一些绅士与其长期分离的妻子走到一起，帮他们解决困难，还帮其他一些人达成其他协议。为此他把大家召集到一起，设宴款待他们，不惜任何花费，只要有助于和解。这样，他在当地赢得了爱戴和友谊。

圣体节前夕，吃过晚饭，大人命我做好一切准备迎接第二天的节日，他打算在教堂里主持大弥撒。我记着大人的命令，又把它传达给家里所有的高级职员和其他同事，让大家把一切都准备好，为大人争光。安排完以后，我就上床睡觉了。

我刚暖热被窝睡着，一个门卫就来到我卧室门口敲门叫我，说大门口来了两位绅士，是国王派来的，想找大人说话。我一听就起了床，马上和门卫一起来到大门口，问他们是谁，为什么要进来。他们对我说，他们一个是布里尔顿先生，国王内室的一名侍从，另一个是赖奥思利先生，是乘坐王家邮车来的，有话要对大人说。验明身份以后，我让门卫放他们进来。

他们进来以后，想让我立即禀报大人，不要延误，他们在此不能久留。我就来到大人的卧室把他叫醒，他已经睡着了。他听见我说话以后问我有啥事。

"阁下，"我说，"下面门房那里有一位布里尔顿先生，国王内室的侍从，还有一个是赖奥思利先生，从国王那里来的，有话要对您说。他们不能久留，所以请您马上过去说话。"

"那好吧，"大人说，"让他们到我的餐厅，我准备一下就过去。"

我又回去见他们，说大人想让他们过去见他，他想和他们谈谈，诚心诚意的。他们对我表示了感谢，和我一起去见大人。

大人穿着睡衣，他们一见到他就谦卑地向他行礼。大人拉着他们的手，问国王身体如何。

"阁下，"他们说，"国王身体确实很好，感谢我主。阁下，我们要和您单独交谈。"

"悉听尊便。"大人说。他把他们拉到一扇大窗户旁边，和他们悄悄地谈了起来。谈了很长时间之后，他们拿过来一个保险箱，上面覆盖着绿天鹅绒，用银和镀金线捆着，由一把镀金锁锁着，还有一把镀金钥匙。他们用这把钥匙打开了保险箱，从里面拿出一份文件，由一张多羊皮纸写成，挂着很多大封条，他们在大人的封条上涂了很多蜡，大人用他自己的封条封住，在上面签上名字。

然后他们要离开了（已经过了午夜），大人想让他们留下过夜。他们谢过大人，说他们绝对不能留下，必须立即全速赶到什鲁斯伯里伯爵家，在伯爵早上起床之前到他家里。大人看他们要急着赶路，就让他们吃了一点家里存放的凉饭，喝了一两杯葡萄酒。然后他每人给了价值四英镑的旧金币，让他们笑纳，说他要是有能力的话，给的赏金就会比这多。随后他们就走了。

他们走了以后，我听说他们对赏金不满。实际上他们只是大人的普通朋友，所以看不起这一点赏金。不过，如果他们知道当时大人没几个钱，我相信即便是大人的普通朋友，他们也会对大人表示衷心感谢了。但是，把钱给了这样忘恩负义的人，那算是白扔了。

大人又上床睡觉了。他虽然这样折腾了一夜，第二天仍然按计划主持了大弥撒。整座房子里没有一个人知道这两个绅士来了又走的事，不过里面住着很多值得尊敬的陌生人。

大人就这样一直住在索斯韦尔，直到剪羊毛季末。这时，大人打算搬到斯科罗比去，这是约克主教区的另一座房子。搬家之前，他让所有高级职员做准备，既要在斯科罗比做准备，也要准备搬运东西和处理有关他财产的事情。他打算搬家并不是秘密，当地人都知道，索斯韦尔周围的邻居都很伤心。这些人虽然伤心，斯科罗比附近的邻居却非常高兴。

大人搬家之前，当地很多骑士和有身份的绅士都来到索斯韦尔看望他，打算第二天一路上陪着他，领着他穿过树林到斯科罗比。但大人听说了他们的意图，知道他们打算在路上打一两只鹿，想方设法让他感到快乐。他知道以后就很不愿意接受给他的这些荣誉，不知道国王对此会有什么看法。他相信他的仇人要是知道他这样摆架子一定会非常高兴，一定会借此机会禀告国王，说他虽然下了台，身陷逆境之中，可仍然是那么忘乎所以、奢华铺张，以此让国王产生错觉，那再想与国王和解就希望渺茫了。

他倒是想出一个办法来得到当地人的好感从而对付国王采取的行动，他有很多类似的想法，这样做只会让国王嫌弃而不是赢得国王的好感和敬意。他还不愿意让那些值得尊敬的绅士知道他的想法，免得他们胡思乱想，所以就避开他们，不让他们像平常一样见到他，这样会让他很伤心，而另一方面会让他感到安慰。

他后来就是照他想出来的主意做的，这应该被当作一个玩笑而已。他先是在夜里休息时把我悄悄叫到他那里，命我想各种办法，在夜里悄无声息地准备好六七匹马，再加上大人自己的骡子，在天破晓时由他和他指定的几个人骑着，到一座名叫维尔贝克的修道院，他打算在去斯科罗比的路上住在那里。他让我也准备好和他一起去，一大早就把他叫起来，望弥撒之后在破晓时分骑上马上路。

阁下，您还想知道什么？一切都按照他的吩咐准备好了，该做的事情也做过了，他就骑上骡子，和事先指定的几个人一起，在破晓时分向维尔贝克走去，那离这大约十六英里。大人和我们一行人在早上六点之前赶到那里，他直接就上了床，把那些陌生的绅士们留在了索斯韦尔的床上，谁也不知道大人悄悄地走了，他们正等着大人在八点起床呢。

但落在后面的人知道了以后，大家全都上了马飞奔而去，希望能赶上他。但他们在索斯韦尔还没有起床的时候，大人就在维尔贝克安然入睡了。这样一来，他们猎捕大鹿的计划就落了空。但他们赶到大人那里坐下来吃饭的时候，这件事引起满堂欢笑，一场误会烟消云散。

第二天，大人又从这里搬走了，什鲁斯伯里伯爵的很多仆人和侍从去找大人，以伯爵的名义请大人到伯爵的一个猎场里去打猎，该猎场叫沃克索普猎场，离维尔贝克不到一英里，从猎场穿过去是大人旅行的最佳和最近的路线，里面有很多猎物供大人随意猎捕。

但大人对伯爵的好意表示感谢，也对仆人们的一路辛苦表示感谢，说他不适合参与这类娱乐活动，他有其他兴趣爱好，这样的娱乐只适合对此感兴趣的绅士。但他至少把什鲁斯伯里伯爵当成好朋友，他发现伯爵的盛情邀请显示出彬彬有礼和高尚的情怀，他对伯爵表示最谦恭的感谢，但绝对不要请他去打猎。尽管这些可敬的随从千方百计缠着大人要他去，可大人就是不答应，对他们说还是算了吧，他到这里来不是为了娱乐，而是要办一件大事，那才是他的职责，他关注的对象，他的兴趣所在。他用这些理由才让他们暂时安静下来。

可当大人穿过猎场的时候，什鲁斯伯里伯爵的仆人和前面提到的随从又来纠缠他，他们前面有漂亮的鹿可尽情猎捕。但这还是不行，大人以全速穿过猎场。走出猎场以后，他把伯爵的随从和猎场看守人叫过来，希望他们代他向伯爵大人致意，感谢伯爵大人的盛情邀请和好意，不久以后他就会到伯爵大人府上去拜访。他还给了猎场看守人四十先令，作为对他们不辞劳苦带领他穿过猎场的酬谢。

　　大人又到了一座修道院，名叫拉福德修道院，在这里吃了午饭，然后又去了布莱思修道院，在这里住了一夜。

　　第二天他到了斯科罗比，在这里一直住到米迦勒节过后，多次主持慈善活动。每逢星期日（如果天气允许的话），他都去附近某个小教区教堂，在那里祈祷，或是主持弥撒，或是望弥撒，让他的小礼拜堂神父向会众布道。礼拜活动结束以后，他就到镇上某个诚实人家去吃饭，在那里向穷人发放很多救济品，既有钱，也有食品和酒，给予那些吃不饱饭的人，如果穷人数量过多的话。

　　他在斯科罗比居住期间还做了其他善事，比如说让有过节的双方达成和解，每天都外出行善。

　　米迦勒节过后，大人又动身去了卡伍德城堡，那里离约克不到七英里，路上在圣奥斯瓦尔德修道院住了两夜一天，在教堂里为儿童行坚振礼，从早上八点一直到上午十一点。简单吃一点午饭之后，一点钟又去教堂，继续为儿童行坚振礼直到四点，最后累得坐在椅子上，儿童的数量那么多。行完坚振礼之后做晚祷，然后去吃晚饭，在那里休息一夜。

　　第二天上午，他动身去卡伍德，临走之前又为将近一百个儿童行坚振礼，然后再上路。在离费里布里奇不到四分之一英里的地方有一块草地，草地里竖立着一个石十字架，旁边聚集着大约二百个儿童，等着他行坚振礼。他在那里下了骡子，连脚步都没有挪动一下，直到为所有的孩子行完坚振礼。

　　然后他又骑上骡子到卡伍德，在那里住了很长时间，得到当地人的尊重和爱戴，包括上层人士和平民百姓，做各种善事。他住着一所高大宽敞的房子，对所有的来访者开放。他还建造并维修了城堡，当时城堡已严重损坏，请了很多工匠和劳工，共有三百多人，每天发给工钱。

　　在这里居住期间，经常有当地的绅士去找他。他听这些绅士说，理查德·坦皮斯特爵士和布赖恩·黑斯廷斯先生发生严重分歧，成了不共戴天的死敌。黑斯廷斯先生当时只是个乡绅，后来被册封为骑士。这两人闹得要出人命，如果不想办法来解决纠纷的话。

大人听说以后非常不安，就想办法以书信和其他方式，让他们很乐意地到卡伍德去见大人，听候大人吩咐。然后又指定一天让他们来到大人面前，每一方都来了很多人。在此之前，大人让很多可敬的绅士也在场，用他们的智慧协助大人安抚这两个势不两立的杰出绅士。为了维护"王之和平"，① 陪这两个绅士进入城堡的人员每一方不得超过六个家仆，其余人等一律待在镇外，或待在他们愿意待的地方。

大人走出大门，把双方人员叫到面前，以国王的名义最诚挚地命他们维护王之和平，违者会受到惩罚，既没有夸奖哪一方，也没有埋怨哪一方，让他们喝啤酒和葡萄酒，那是他派人送到镇里的，然后在大约九点时又回到城堡。

他想让这两位绅士在他餐桌上和他一起吃饭，觉得这样有助于缓和二人积怨，避免再出麻烦。于是他把二人叫到小礼拜堂，在其他绅士的协助之下，他开始谈论这件事，阐明了任性和愚蠢最有可能带来的危险和伤害，另外还说了很多劝诫的话。然而，双方都提出很多理由为自己辩护，不时说些难听和有挑衅意味的话，大人和其他绅士费了很大周折加以制止，双方积怨太深了。

不过到了最后，大人用很多明智、有说服力的理由对他们不停地劝说，到下午大约四点，他们终于同意和解了，总算言归于好。两个人好像都很高兴，对结果感到满意，所有可敬的绅士都松了一口气。大家让他们握握手，手挽着手去吃饭。虽然吃饭的时间已经很晚了，但他们还是和其他绅士一起，在大人的餐桌上吃了饭，两

---

① 早期英国王室法的核心概念。——译者注

人互相敬酒，态度十分友好。

饭后，大人让他们遣散各自聚集在镇里的民众，身边只保留几个平常和他们一起骑马的仆人。然后，两位绅士遵照大人的命令留在卡伍德，在这里住了一夜。大人将他们待若上宾，他们也接受了大人的盛情雅意，把大人当作当地特别受珍视的人，非常尊重他、喜爱他，这从后来他们对待大人的态度上可以看出来。

毋庸置疑的是，约克附近那些值得尊敬的博士和受俸教士按照其职责，从枢机主教大人一到那里就经常去找他，把他当成精神上的父亲和庇护人，他们的约克教堂离这里不到七英里。这样您就明白了，约克教堂的教长希克登博士，还有教堂司库和其他主要人物为什么到大人这里来，为什么最热烈地欢迎他来到这里，说看到大人来到他们中间，就是对他们非常大的安慰，大人就是他们的首领，他们早就没有首领了，这些日子他们就像是没有父亲的孩子，无依无靠，盼望他赶快来到他们中间，回到他自己的教堂。大人说：

"这就是我一路来到这里的重要原因，不仅是暂时来到你们中间，而是一辈子都和你们在一起，做你们的父亲和同事。"

"如此说来，阁下，"他们说，"您要知道，我们教堂的日常规章是古老的习俗，您虽然是我们的首领和主管人员，对这些规章可能还没有我们熟悉。

"所以，在大人的支持下，我们要把规章的一部分内容向您说明，另外还有古老的习俗、戒律和惯例。这样您就会明白，您既然打算来到我们这里，依照我们教堂的古老戒律和习俗，大主教就是我们的首领和大祭司，就像您现在这样，但不得或不许来到唱经楼门口，唱经楼里也没有您的座位，除非按照适当的命令才能得到座位。这是因为万一您在就职之前死亡，您不能埋葬在唱经楼里，只能埋在教堂下面。

"所以，我们代表所有的同事一致要求您，一定要像您尊贵的前任那样做。您不得违反或违犯我们教堂值得赞美的习俗和章程，我们大家都必须遵守，一来到这里都要宣誓，尽我们最大的努力遵守这些习俗和章程，另外还有我们宝库里纪录的其他一些事项。"

"这些纪录，"大人说，"我很想看一看，看完并领悟之后，我再向你们谈谈我的想法。"

这件事他们就谈到这里，接着又谈其他事情。大人为他们指定个日子把记录拿过来。

到了指定的日子，他们拿来了登记簿，里面写有他们的章程和古老的规章，约克教堂的所有神父要最严格地遵守，既要监督别人遵守，也要自己遵守。大人看过之后，认真考虑了记录的要旨，和他们讨论了主要内容，决定在万圣节过后的星期一在大教堂就职。

就职之前做了必要的准备，但没有其前任那样奢华铺张，不像外界诋毁的那样，传言者不诚实，编造的都是谎言，再没有那么虚假的了。真相我完全清楚，因为我了解内情，被派到约克安排一切事情，为就职做各种准备，比他所有的前任都简朴得多。

万圣节终于到了。教堂的主要官员之一依照其职位分工，负责就职典礼的大部分工作，这一天要和大人一起在卡伍德吃饭。坐下来吃饭时，他们开始商量就职程序。这位官员对大人说，大人应该从圣詹姆斯教堂（坐落在约克城门外）走到大教堂，一路上铺着布，然后把布送给穷人。

大人听了以后这样回答说："我的前任走在布上很风光，但如果天主愿意，我打算在路上不铺布，直接走在路上，不要任何排场。我让天主对我做出评判，我不要任何铺张的方式走到那里去，能遵照教堂章程行事就可以了。就像您所说的那样，我一定要遵守章程。所以，我希望大家容许我这样简朴，我也命我所有的仆人这样谦卑，平常穿什么还穿什么，不穿任何华丽的服装，平常的服装就非常得体。我向您保证，我打算在星期日夜里去约克，住在教长家里，星期一就职。然后请您和其他同事吃顿饭，还有届时来看我的那些值得尊敬的绅士。第二天我要和市长一起吃饭，然后夜里回到卡伍德，这一任务也就完成了。以后我随时都可以到约克大教堂来，不再打搅任何人。"

　　这一天当地人不会不知道，有些人肯定听说了，当地的绅士也得到通知，有修道院院长、小修道院院长和其他人，大家都知道了这个隆重的日子，送来的各种美味佳肴简直令人难以置信。详细情况我就不谈了，如大块的肥牛肉、羊肉、猎鸟、鹿肉，包括红色的和淡棕色的，还有其他各种应季的食物，足够举办一场盛大宴会。

沦为囚徒

这些事情枢机主教大人都不知道。他被阻止了，他的打算落空了，因为他被逮捕了，这在下面就会讲到。这些准备好的东西，大部分是在他被捕当天就送到了约克，有的是在第二天。他被捕的消息被严密封锁，不让当地人知道，因为他们担心当地人爱戴他、尊重他，大人在当地每天都有善举，其言行举止大家都很熟悉，这是诱使北方人爱戴他的有效手段。

在我继续讲述之前，我打算谈谈他在卡伍德最后一次落难之前的情况，这预兆着天主让他落得这一下场，或是预兆着他不久之后所遇到的麻烦，这一结果当时谁都没有预料到。所以，这是一件值得注意的事，我就（如果天主愿意）凭借记忆如实讲述一下当时的情况，当时我就在现场。

宫里国王身边那些枢机主教大人的宿敌，现在比他下台之前还要对他感到担忧，因为国王一直对他有好感，觉得到头来国王还会把他召回来。一旦他被召回，他们认为他就会想办法收拾他们，不会赦免或忘记他们的残忍行为，他们对他太不公正、太狠心了。所以他们密谋策划，想以指控他犯有叛逆罪的名义将他处决，或用其他办法让他激怒国王。

他们每天都是这样思来想去，派出很多细作盯着他的一举一动，就像诗人伪装成百眼巨人阿尔戈斯一样。这样一来，无论他做任何工作或任何事，他的仇人很快就会知晓。最后，他们找到一个机会可以达到目的，以为这样就可以战胜他。

有一次，他们把这件事告诉了国王，像预谋的那样言辞激烈，觉得国王一定会大为震怒，非收拾他不可。他们就这样做了，国王听说以后，觉得应该让他受审，对此他们一点也不乐意，不过还是派人把他召来了。

首先，他们打算把他监禁起来，他们知道这样会让他悲伤，到国王面前回答问题时就更虚弱了。于是他们就委派国王内室的一个随从、骑士沃尔特·沃尔什爵士，让他到乡下去诺森伯兰伯爵（伯爵是在大人家里抚养成人的），二人共同接受委任，以傲慢叛逆罪将大人逮捕。

这样决定之后，他们让沃尔什先生带着授权书准备上路，另外还附有一些相关的命令。万圣节中午大约一点，他们让沃尔什先生在宫门前准备好，骑上马到北方去。我在前面答应过大家，要讲一讲大人遇到麻烦的预兆，现在我就到了这个节骨眼上。情况是这样的。

万圣节那天，大人正坐在卡伍德城堡里吃饭，几个最有才华的小礼拜堂神父也在座，陪着大人一起吃饭，当时没有陌生人。您知道，大人的大银十字架像平常一样放在屋角，在餐桌的一端，靠在房间的帷幔上。收拾餐桌时，他们该起身了。离开餐桌时，医生奥古斯丁大夫把靠在墙角的十字架碰倒了。此人出生于威尼斯，身穿一件粗糙的黑色天鹅绒外衣，起身时外衣碰着十字架了。十字架顺着帷幔倒了下去，正好砸到邦纳博士头上。邦纳博士和其他人一起站在帷幔旁边，正向大人行礼，十字架的一个尖头擦伤了头皮，血流了出来。

站在那里的人对这一意外事故大为吃惊。大人坐在椅子上正看着他们，看到出事以后就问我，我就在他旁边，问我为什么大家这样窘迫。我就对他说，十字架砸到邦纳博士头上了。

"流血了吗？"大人说。

"是的，大人，"我说，"我看像是流血了。"

他一听低下了头，镇静地看着我，半天没有说一句话。最后他（摇着头）说："不祥之兆。"然后他祷告着起身，离开餐桌回到卧室，在那里伤心地祈祷。

注意这件事的含义。后来在庞弗里特修道院，大人向我详细解释了这件事。

首先，您要明白，这个十字架属于约克大主教，他认为就代表他本人。碰倒十字架的奥古斯丁，他认为代表控告他的人，这一告他必定要垮台。邦纳博士是大人特权和宗教管辖权的主管人，医生碰倒十字架砸到邦纳博士头上，就会让这一权力受到伤害，流血则预示着死亡，这不久之后就应验了。

在这次出意外事故的同一时间，沃尔什先生在宫门前跨上马，这两个时间非常接近，于是大人就把它看作是后来发生事情的预兆，如果把这两件事放在一起考虑的话，尽管当时在场的人谁也不知道沃尔什先生来，也不知道后来发生的事。所以，据推测，天主在暗中向他显示了他晚年的境况和悲惨结局，这要比任何人所知道的都要多。这从他与我的多次谈话中可以看出来，这显然就是他的最终结局。

这一惊人的预兆谈完了，现在言归正传。

大人就职的时间就要到了，他打算星期一在约克就职。在此之前的星期五，他正在吃饭，诺森伯兰伯爵、沃尔什先生和一大群绅士来到卡伍德的大厅，这些绅士有的是伯爵的仆人，有的是以国王的名义从当地召集起来的，但并不知道此行的目的和意图。高级职员们正在吃饭，大人还没有吃完，正吃水果，根本不知道伯爵已经来到大厅。

伯爵进入城堡以后，所做的第一件事就是命令门卫把大门钥匙交给他。门卫拒不交出钥匙，尽管伯爵以国王的名义十分粗暴地下达了命令，让门卫把钥匙交给伯爵的一个仆人。门卫对伯爵说：

"阁下，您打算把钥匙交给一个仆人保管，让这个仆人把守大门，把另一个人安插在我的位置上。我不知道您为什么这样做。我向您保证，我和您的任何一个仆人一样，也有能力保管好钥匙，无论保管的目的是什么。另外，钥匙是我主子交给我的，主子命我遵守誓约，遵守其他戒律和指令。所以，我恳求大人您原谅我，尽管我拒不服从您的命令。只要您命我做职权范围内的事，我会欣然从命，就像您的任何仆人一样。"

在场的随从听到门卫说话像个男子汉一样语气坚定、理由充足，就对伯爵这样说：

"阁下，他是个好人，说起话来像个对主子忠诚的仆人，也像个老实人，您就把任务交给他吧，还让他看守大门，我们相信他会服从您的命令。"

"那好吧，"伯爵说，"让他拿一本书。"然后命他把手放在书上。门卫有些犹疑不决，但在场的几个随从都劝他，他就放心了，把手放在了书上。伯爵对他说："你要发誓，一定要为国王把守好大门，完全服从我们以国王名义发出的命令，我们是国王陛下的特派员，在城堡逗留期间要确保一切正常，没有我们的命令不许让任何人进门或出门，我们会经常告诉你。"发过誓之后，门卫从伯爵和沃尔什先生手里接过钥匙。

这些事情枢机主教大人一无所知，他们把通向大人房间的楼梯挡住了，这样凡是从他房间里下来的人都上不去了。最后，大人的一个仆人碰巧往大厅里看了看，看到了楼梯的一个拐弯处，然后就回去对大人说，诺森伯兰伯爵在大厅里。

　　大人非常吃惊，一开始并不相信，就命一个随从礼宾官下去看看，然后给他个准话。礼宾官下了楼梯，看见伯爵在拐弯处，然后回来对大人说就是伯爵。

　　"这么说，"大人说，"我们真不该吃饭，恐怕职员们没有把好鱼留下来，没法让伯爵大人依照其身份尽情享用了，虽然他会出于好意，我们吃什么他就吃什么。餐桌不要收，我要下去迎接他，把他领上来，让他看看我们吃到什么程度了。"

　　然后大人离开餐桌，站起身来走下楼去，走到楼梯中间碰见伯爵正在上楼，伯爵身边的人也和他一起上来了。大人一看见伯爵就脱下帽子，对伯爵说："大人，最热烈地欢迎您。"然后二人相互拥抱。

　　"大人，"枢机主教大人说，"我经常由衷地希望能在家里见到您，但您要是像我爱您一样爱我，您来之前就会给我捎个话了，这样我好按照身份接待您。不过我还是会尽力让您感到高兴，我会诚心待您。我相信等我以后条件好转了，有更好的饭菜招待您了，就希望能经常见到您，您就会接受我的好意了，就像接受一个老朋友的好意一样。"

　　说完这话，大人拉着诺森伯兰伯爵的手，把他领进会议室，伯爵所有的仆人也都跟了进去。屋里的餐桌还是大人离开时的老样子。大人对伯爵说："阁下，您可以看看我们吃饭吃到什么程度了。"然后大人把伯爵拉到火炉旁，说："大人，您可以到我的卧室去，那里为您生了旺火，您可以换换衣服，直到把您的房间收拾好。带上您的随从，我走之前，请允许我拉着这些仆人的手。"

　　他拉了所有仆人的手之后，又回到伯爵这里对他说："大人，我发现您遵守了我的老规矩和指令，那是您年轻时和我住在一起的时候我告诉您的，也就是爱护您父亲的老仆人，我发现今天和您一起来的很多都是。当然，大人，您在这方面做得很好，像个聪明的绅士一样。这些仆人不仅为您效力、爱戴您，而且生死都和您在一起，对您忠心耿耿，希望您飞黄腾达。我恳求天主让您成功、长寿。"说完，他拉着伯爵的手，把伯爵领到他的卧室。

他们都走了以后，我一个人留下了。我是随从礼宾官，负责看门，这是我的职责。这两位大人在枢机主教大人的卧室里，站在一扇窗户旁边靠着壁炉。伯爵颤抖着，把手搭在枢机主教的胳膊上，以非常微弱的声音对大人说："大人，我是以叛国罪来逮捕您的。"

一听这话，枢机主教大人大吃一惊，两个人都静静地站着，半天都没有说一句话。最后，大人说："是谁让您逮捕我的，您接受了谁的命令来逮捕我？"

"真的，大人，"伯爵说，"我有授权书，是奉命行事。"

"授权书在哪里？"大人说，"让我看看。"

"不行，大人，您不能看。"伯爵说。

"要是这样的话，"大人说，"那我就不让您逮捕。您的前任和我的前任因为宿怨而相互争斗，这一恩怨您会继承下来，给您带来麻烦，以前也有过这种事。所以，您要是不把授权书拿出来，我就不让您逮捕。"

两个人正在屋里争执的时候，沃尔什先生正在门口忙着逮捕医生奥古斯丁大夫，我听见沃尔什先生对他说："进来，你这个逆贼，要不然我就动手了。"听到这话，我把门打开，沃尔什先生用力将奥古斯丁大夫推了进来。

双方发生的这些事情让我感到非常吃惊，心里盘算着这到底是怎么回事。最后沃尔什先生进了屋，把头巾拿掉，那是用一块棉布做的，盖住头免得别人认出他来。拿掉头巾以后，他跪在大人面前，大人先命他站起来，对他这样说：

"阁下，这边诺森伯兰大人把我以叛国罪逮捕了，但依照谁的命令或是谁授的权，他并没有告诉我，只是说他有授权书。你要是知道，或和他是一起的，请你告诉我。"

"确实如此，大人，"沃尔什先生说，"不瞒您说，他确实有授权书。"

"那好，"大人说，"请你让我看看。"

"阁下，请您原谅，"沃尔什先生说，"我们的授权书上附有一项计划，上面写有命令，但绝不能让您知道。"

"为什么？"大人说，"有什么命令不能让我看？也许我看了以后，能帮助你更好地执行命令呢。我相信你们两个不会不知道，像这样重大的事情我知道的多了，参与的多了，但我证明自己是个忠诚的人，与我残忍的仇人想象的完全相反，所以我知道这是怎么回事。

"好了，没有别的事了，我相信你是国王内室的随从，我猜你名叫沃尔什，我愿意服从你，但不服从诺森伯兰大人，不看到他的授权书我就不服从他。你是国王内室的随从，足以顶个特派员，即便身份最低，也足以逮捕王国中身份最高的贵族，国王吩咐一声就行了，不需要授权书。所以，我可以任由你处置，以天主的名义执行国王交给你的任务。不必手软，我服从国王的旨意。我更害怕我仇人的残忍，不害怕我对国王的忠诚，这我可以让天主作证，我从来没有冒犯过国王，无论是在语言上还是在行动上。在这方面，我可以面对任何一个公正、不偏不倚的人。"

这时，诺森伯兰大人朝我走来，他站在门口，命我离开房间。我不愿意离开大人，就站着不动。伯爵又对我说："没有办法了，你必须离开。"

听了这话，我看了看大人，意思是让我走吗？大人沮丧地看着我摇了摇头。我从他表情上可以看出，他是不让我再硬撑下去了。于是我就离开了房间，到了隔壁的一个房间，里面有我的很多同事。

他们向我打听消息，我就把所见所闻告诉了他们，他们听了以后非常伤心。

伯爵把很多随从叫到屋里，大部分都是他的仆人。伯爵和沃尔什先生把大人所有保险箱的钥匙都拿走之后，就把大人交给这些随从监管。第二天天亮之前，他们把家里所有东西都整理好，打算在星期六与大人一起离开这里。但他们一直拖到星期日，因为并不能像打算的那样把东西都归整好。

他们急急忙忙把奥古斯丁大夫押送到伦敦，以最快的速度赶路，派了很多诚实的人护送，把大夫捆在了马肚子底下。送走以后，到了夜里，特派员派大人的两个男仆在房间里服侍他，他们就睡在那里。伯爵其余的随从和仆人大部分都在隔壁房间和屋子四周不停地监视着，直到第二天天亮。门卫把守着大门，任何人不得出入，直到第二天早上。

第二天早上，大人起了床，以为当天就要走，不过他在屋里受到严密监视，所以老想着离开这里。

这时，伯爵派人把我叫到他房间里，命我到大人那里去服侍大人，还要求我发誓遵守一些规矩。

我离开伯爵去见大人的时候，在院子里碰见沃尔什先生，他把我叫过去，领着我进了他的房间，向我转达了国王陛下对我的好意，说我每天都忠心耿耿地为主子效力。"所以，"他说，"国王的意思是让你跟在主子身边，成为主子最重要的人。国王对你非常信任，要你对陛下发誓遵守一些规矩，这些规矩是写成文字的，我这就交给你。"

"阁下，"我说，"诺森伯兰大人已经让我发誓遵守一些规矩了。"

"是的，"他说，"但伯爵大人不会给你书面材料，而我是奉命让你看书面材料的。所以，我给你的材料上有这些规矩，你必须发誓遵守。"

"阁下，"我说，"我在发誓之前，请您允许我先仔细阅读一遍，看看我能不能做到。"

"那是当然。"他说。

我看过之后，觉得这些规矩都是合理的，说得过去，就回答说我愿意服从国王的旨意，发誓遵守这些规矩。于是他又给了我一份新的誓言。

然后我去找大人，他正坐在屋里的一把椅子上，餐桌已经铺好，准备让他吃饭。他一看见我进来就唉声叹气，说些伤心话，眼里含着泪水，就是铁石心肠的人看了也会伤心落泪。我和其他人尽量安慰他，但没有用。他说：

"我一看见这位先生（指的是我）这么忠诚、这么勤勉、这么辛苦，从我落难以来就一直为我效力，抛弃了家乡、妻子、孩子和家庭，放弃了休息和安静，只是为了效力于我，而我却没有给他任何东西来报答他的功绩，真让我伤心啊。看见他让我想起我那些忠诚的仆人，这些人还和我一起留在家里。我时常打算晋升他们的职务，尽我最大的能力，只要有机会。而现在，哎呀，我没办法啦！没有留下任何东西可以报答他们了，所有东西都给我夺走了，我成了他们孤苦伶仃而又可怜的主子，一无所有，悲惨得很，除了天主之外无依无靠。不过，"他又叫着我的名字对我说，"我是个真诚的人，你为我效力绝不会蒙受耻辱。"

听到他这一番令人伤感的话，我这样对他说："大人，我一点也不怀疑您的真诚，为此我敢向国王陛下和枢密院发誓。"然后我跪在大人面前，说："大人，请放宽心，想开些。您的敌人残酷无情，其恶意和谎言永远也战胜不了您的真诚和忠实。我相信您终有申辩的一天，我希望您会推翻他们所有的虚假指控，让国王感到满意，您以前的职务还会恢复，财产也会归还。"

"是的，"他说，"如果我能申辩，我就不怕任何人。看着这张脸

（指着他自己的脸）的人如果能够指控我不忠实，他就不是活在人世上。我太了解我的仇人了，这就是我得不到公正审判的一个原因，他们会想出其他恶毒的办法来毁掉我。”

“阁下，”我说，“您不必怀疑，国王是您的好主子，他一直都是这样，您每次遇到麻烦时都是这样。”

说完这话，大人的饭菜端上来了，我们就中断了谈话。我给他端上水，扶他坐下来吃饭。和他坐在一起的有伯爵的好几个随从。不过大人吃得很少，多次突然痛哭，说出一些最令人伤心的话来。最后他从心底发出一声长叹，说了下面这段经书上的话："O constantia Martirum laudabilis! O charitas inextinguibilis! O pacientia invincibilis, quae licet inter pressuras persequentium visa sit despicabilis, invenietur in laudem et gloriam ac honorem in tempore tribulationis."①

他就这样在悲痛和沮丧中吃完了饭，咽下的与其说是美酒佳肴，不如说是伤心的泪水。我相信，和他坐在一起吃饭的随从没有一个是不流泪的。餐桌收拾好以后，有人对大人说当天夜里不走，而他一整天期盼的就是离开这里。他说："诺森伯兰大人觉得好就行。"

第二天是星期日，大人准备一接到命令就登程。吃过午饭，等到伯爵将城堡里的一切都安排停当，天就要黑了。选派了我们五个人来服侍大人，都是他的仆人，没有其他人，也就是我、一个小礼拜堂神父、理发师、他内室里的两名男仆。大人走出大房间下楼梯的时候，要见他其余的仆人。伯爵回答说，他们没有走远，都被关在小礼拜堂里，以免影响他上路。

“阁下，我求您了，”大人说，“让我在临走之前见见他们，否则

---

① "赞美始终如一的殉道者！爱是无法遏制的！在强敌手中遭受磨难的人啊，世人可以看见，身处卑鄙的迫害者包围之中，但在此困境中也应得到赞美、尊敬和荣誉。"原文为拉丁语。——译者注

我永远也不会走出家门。"

"哎呀，大人，"伯爵说，"他们会给您添麻烦的，我求您就免了吧。"

"要是这样，"大人说，"那我就不出家门。我一定要见他们，向他们告辞。"

仆人们都被关在小礼拜堂里，听说大人要走，但又不让他们在他走之前去见他，于是就表达不满，大声咆哮起来。两个特派员担心会因此而出现骚乱，觉得还是让他们去见见大人为好。这样，大家来到大人所在的大会客室，跪倒在大人面前，没有一个人不是眼含泪水，为大人落难而感到伤心。大人安慰他们，赞扬他们勤勉、忠诚，并向大家保证，无论他发生什么事情，他都是一个对主人忠心耿耿的人。他就这样伤心地和他们一一握手告别，夜幕很快就降临了。

大人的骡子和我们的马匹已经牵到了内院，我们骑上去来到大门口。门是关闭的，门卫把门打开让我们出去。门口有很多绅士及其仆人恭候着，那是伯爵派来服侍并陪伴他当夜到庞弗里特的，这在下面还要讲到。

聚集在大门口的当地人数量之多令人惊叹，大约有三千，大家都为大人的离开感到难过。大门一打开，他们一看见大人就高声喊道："天主保佑大人！天主保佑大人！让您离开我们的人都该死！请求天主惩罚他们！"

他们就这样喊叫着，跟在大人后面穿过卡伍德镇，大家是这么爱他。大人走了以后他们肯定损失很大，包括穷人和富人。穷人从他那里得到很多救济，富人在做事时没有他出谋划策了，因而他在当地受到大家的普遍爱戴。

大人由人领着赶往庞弗里特。路上大人问我，这些陪着他的绅士里面是否有我的熟人。

"有，阁下，"我说，"您有什么吩咐？"

"有点事，"他说，"我有一样东西忘记带了，我想把它拿回来。"

"阁下，"我说，"我要是知道是啥，马上就派人把它拿来。"

"那好，"他说，"让信差去找诺森伯兰大人，让大人把那个红粗布袋给我拿来，在施赈所我的房间里，由我的封条封着。"

然后我就离开了大人，马上去找一个骑士，此人名叫罗杰·拉塞尔斯爵士，当时是诺森伯兰伯爵的管家，是骑手之中的主要首领之一，我希望他派个仆人去找伯爵办这件事。罗杰·拉塞尔斯爵士最有礼貌地答应了我的请求，立即派一个仆人到卡伍德去找大人拿那个袋子。

仆人忠实地执行了命令，大人刚到庞弗里特修道院的一个房间，仆人就把袋子给大人拿回来了。大人在修道院里住了一夜。袋子里装的只有三件刚毛衬衫，别的什么也没有，他把衬衫悄悄地给了小礼拜堂神父，也是他的忏悔神父。

另外，我们在赶往庞弗里特的路上时，大人问我夜里他们要把他领到哪里去。"真的，阁下，"我说，"去庞弗里特。"

"哎呀，"他说，"这是让我去城堡吗，住在那里，像个畜生一样死去？"

"阁下，他们打算干什么我就不知道了。不过我可以问一问，这些绅士里面有我一个好朋友，他是主要出主意的人。"

然后我就去找那位骑士罗杰·拉塞尔斯爵士，最诚挚地希望他告诉我，夜里枢机主教大人要住在哪儿。骑士回答说，大人必须住在庞弗里特修道院，其他任何地方都不许住。于是我就禀报给了大人，他一听很高兴。这样夜里我们就来到庞弗里特修道院，住在了那里。

伯爵整夜都待在卡伍德城堡，看着整理家里的东西，把一切都安置好。

第二天，他们和大人一起赶往唐克斯特，想在天黑之前抵达那里，因为跟着他的人一直在伤心地哭泣。他虽然有火把照路，他们还是手里拿着蜡烛跑在他前面，喊着"天主保佑大人，天主保佑大人，我好心的枢机主教大人"。所以我不得不紧靠着大人的骡子，挡着大家不让靠近他。不过他们还是看见他了，咒骂着他的仇人。他们就这样把他护送到多明我修道院，在那里住了一夜。

第二天，我们来到谢菲尔德猎场，什鲁斯伯里伯爵住在门房里。一路上人们哭喊着，就像在此之前的情况一样。我们来到谢菲尔德猎场，靠近门房的时候，什鲁斯伯里大人夫妇，还有很多淑女、伯爵大人的随从和侍从，站在门房外恭候枢机主教大人，对他表示热烈欢迎。伯爵拥抱了枢机主教大人，这样说道：

"大人，我向您表示最诚挚的欢迎，非常高兴看到您光临寒舍，我时常盼着您能来到这里。您要是以另一种方式来，我就更为高兴。"

"啊，好心的什鲁斯伯里大人，"枢机主教大人说，"我衷心地感谢您。我虽然没有理由高兴，但一个伤心的人也可以高兴，我也就感到高兴。让一个如此尊贵的人监管我，这是我的好运气，所有贵族都知道他的荣誉感和智慧。阁下，无论指控我的人是多么心狠手辣，我向您保证，在您面前，在世人面前，我要申明我行得正站得直，对君主忠心耿耿。我的所作所为大人您看得很清楚。我求天主看在我正直忠诚的分上，帮助我脱离困境。"

"您说的是实话，我毫不怀疑，"伯爵说，"所以，大人，请您放宽心，不必害怕。我收到了国王的亲笔信，他让我善待您，回头您就明白了。阁下，我一点也不遗憾，我没有足够条件依据您的身份并按照我的心意接待您，只能以现有的一切最诚心地欢迎您，也希望您接受我的好意。我不是把您当作囚犯来接待，而是当成我的贵客，当成国王忠诚的臣民。这是我妻子来向您问好。"

大人脱帽吻了伯爵夫人和所有的淑女，拉了拉伯爵仆人、随从、侍从和其他人的手。然后两位大人手挽手进了小屋，把枢机主教大人领到走廊尽头一个漂亮的房间，在一个新塔楼里，大人就住在这里。走廊中间横着拉开一块薄绸，把一半留给枢机主教大人，另一半留给伯爵大人。

然后，陪大人来到什鲁斯伯里伯爵这里的一大群随从和其他人都走了。大人来到以后，在这里住了十八天。大人只有几个仆人在这里服侍他，伯爵就为他又派了好几个仆人，确保大人想要的东西什么都不缺。仆人服侍大人在他自己的房间里吃午饭和晚饭，对大人毕恭毕敬，给他很多美味佳肴，就像他在自己家里一样，很随意。

伯爵每天到大人这里来一趟，坐在走廊大窗户旁边的一条长凳上和他交谈。伯爵虽然好意安慰他，但大人还是非常伤心，这让伯爵也非常难过。

"阁下，"伯爵说，"我每天都收到国王的来信，他命我把您当作他喜爱的人、非常器重的人来款待。而我发现您却无缘无故地伤心，这没有多大必要。您虽然受到指控，我还是坚信您是冤枉的。国王至少会让您受审，这样做主要是为了满足一些人的愿望，不是怀疑您的所作所为。"

"哎呀，"大人对伯爵说，"有人竟然这样向国王诬告我，我连到国王面前申辩的机会都没有，这样的案子还不够惨吗？我坚信，大人，无论是活人还是死人，谁都不能当着我的面指控我对国王不忠。国王竟然怀疑我，认为我欺诈国王，或阴谋陷害国王，这多么让我伤心啊！国王完全可以相信，我在这个世界上没有值得信任的朋友，只有国王陛下。我要是背叛我最信任的君主，所有人都会理所当然地认为我不仅缺少仁慈，而且还缺心眼、缺辨别力。

"不，不是这样的，大人，我宁愿为捍卫国王而让我的心流血，也不愿想象着国王受到伤害。我一定要捍卫国王，既由于我的忠诚，也是为了自卫。国王是支持我的权杖，是保护我免遭敌害的一堵墙，是我的一切。他比任何人都更了解我的真诚，他在这方面最有经验。

"所以，我最后要说的是，不要认为我打算恶意伤害或背叛国王，或损害国王的尊严，而是像我所说的那样，用我的心流出的血来捍卫国王，而且还让所有人都这样做，这也是为了保护我本人，保护我微贱的身份，我的仇人认为我非常看重这一身份。我在逆境中无处可逃，无处获救，只有躲在国王的羽翼之下。

"哎呀，大人啊，我现在情况很好，过上了清静日子，我很满意。但敌人从来没有睡大觉，无论是在睡梦中还是在清醒时，老是想着要把我彻底毁掉。他们发现我思想上很满足，就担心他们做了那么多伤天害理的事，到头来会让他们自己蒙羞并遭受惩罚。所以，为了避免这一下场，他们就想让我流血。

"但他们瞒不住天主，也逃不脱天主的惩罚，只要天主找到机会。天主知道他们内心的秘密，知道所有人心里的秘密。好心的大人，您要是证明自己是我的好朋友，您就给国王写信，请求国王陛下让指控我的人来到我面前，当着国王的面让我申辩，我相信您就会看到我洗刷掉他们蓄意指控我的所有罪名，彻底挫败他们。他们无论用任何手段，也无法证明我在意愿上、思想上、行动上冒犯了国王。

"所以，我希望您、最诚挚地请求好心的大人您帮帮我，让我在国王陛下面前与指控我的人对质。这是国王的案子。如果他们的指控是真实的，这与谁的关系都没有与国王本人的关系密切，所以他要当面聆听才最为合适。

"但我担心他们宁愿把我处死，也不愿让我面见国王。他们心里很清楚，我的真实会战胜他们的虚假和无端的指控，这是我真诚希望到陛下面前申辩的主要原因。我失去财产，名誉受到伤害，遭遇到各种麻烦，这都没有失去国王的好感更让我感到伤心。国王应该这样看待我：我没有罪过，没有虚假，而是不辞辛劳，忠心耿耿地为陛下效力，在任何时候都是为了国王的利益和荣誉。

"另外，我的所作所为都是真实的，与他们无端的指控相比显得最正当、最忠诚，足以证明我的诚实，给我带来的是好名声而不是巨额财富，如果国王能公正地聆听我申辩的话，我对此深信不疑。

"好心的大人，请您仔细斟酌我的合理请求，仁慈和真实能让您那颗高贵的心产生怜悯，在知道所有这些真相的情况下帮帮我，承蒙天恩，您不会受到伤害和指责。"

"那好吧，"什鲁斯伯里大人说，"我会为您给国王陛下写封信，告诉国王您为他的不快和愤怒感到非常伤心，并请求在陛下面前接受审判。"

他们就这样交谈一番，就像平常那样，还说了其他一些话，然后就分手了。

染病在身

　　大人在这里住了两个星期，受到非常体面的款待。伯爵经常请他到猎场里打一两头鹿，而大人总是拒绝各种形式的娱乐，既不打猎，也不参加其他活动，只是不停地虔诚祈祷。

　　有一次，大人在自己房间里吃饭，到最后吃的是煮熟的梨，陪他一起吃的还有伯爵的很多随从和小礼拜堂神父，这些人多次陪伴他。我站在餐桌旁边为大人削梨，发现他脸色时常更变，据此我判断他身体不太好。我把身子探到餐桌上，轻声对他说：

　　"大人，我觉得您身体有些不舒服。"

　　他回答说："确实不太好。我突然觉得胃不舒服，有个东西压在我胸口上，像一块磨石一样冰冷，那只是气。所以我请你收起桌布，少吃几口饭，过一会儿再到我这里来。"

　　然后餐桌收起来了，我去叫侍者在外面走廊里坐下来吃饭，又回到大人那里，发现他还坐在刚才的位置上，很难受的样子，不过他还是和餐桌旁的随从们交谈。我一走进房间，他就叫我去找药剂师，问问药剂师有没有往上排气的东西。

　　接到命令之后，我就去找药剂师。走在路上，我想起来以前向沃尔什先生发过的一条誓言，于是我就先去找伯爵，向伯爵说明大人现在的情况，又说大人想让药剂师来为他缓解病情。

伯爵一听，马上命人把药剂师叫到跟前，问他有没有排气的东西，有人胸口有气，很难受。药剂师回答说，有这样的药。"那就给我拿过来。"伯爵说。

药剂师把药用白纸包着拿给伯爵，是一种白糖药丸。伯爵命我为药剂师试一试，我就当着伯爵的面试了。然后我把药给大人拿过去，又当着大人的面试了试，然后交给大人，他一口就服下去了。大人服下去之后，确实把多余的气排出来了。

"看看，"大人说，"你看这是气吧，不过是吃了这服药排出来的，我要感谢天主，好多了。"

大人离开餐桌站起来去祈祷，他吃过饭之后通常都是这样。祈祷的时候，他想拉肚子，就去找便桶。

这时，伯爵派人叫我，我一去他就对我说："我早就看出来你是个人物，主人对你非常信任，我凭经验看出来你是个诚实的人。"他还说了很多赞美的话，我在这里就不提了。

伯爵还说："是这样。你可怜的主人经常让我给国王写信，说他想觐见国王，为指控他的罪行申辩，于是我就写了封信。今天我收到了国王的信，是骑士威廉·金斯敦爵士送来的，我发现国王对他看法很好。经我多次请求，国王派这位威廉·金斯敦爵士叫大人过去，依照他自己的意愿申辩，威廉爵士在房间里。所以，大人经常想去申诉，现在机会来了，我相信这对他有好处，他这样做对他来说是一生中最有价值的一趟旅行。

"所以，我想让你扮演一个聪明人的角色，先把这件事巧妙地告诉他，让他心平气和地往好处想，因为他在我面前老是伤心，我怕他往坏处想，那样就糟了。我向你保证，也请你告诉他，说国王是他的好主人，非常感谢我对他的款待，命我继续款待他，他肯定能在陛下面前自证清白。所以你去找他，对他好言相劝，让我去的时候看到他心平气和。我在你后面不会停留过久。"

"阁下，"我说，"如果您愿意，我会竭尽全力完成您的命令。但是，阁下，有一件事让我担心，我要是提到威廉·金斯敦爵士的名字，他就会怀疑事情不妙，因为威廉·金斯敦爵士是伦敦塔总管，狱警队队长，有二十四个卫兵护卫着他。"

"确实如此，"伯爵说，"他是伦敦塔总管又如何？他还是最合适的人，有智慧、有判断力，传递这样的消息都是派他去。至于卫兵，他们只是保护他免受伤害，或是受到语言伤害，或是受到行为伤害，并没有其他意思。而且这些卫兵都是或大部分是枢机主教大人以前的仆人，是国王不久前才把他们召过来效力的，这些人服侍大人最合适，知道如何服侍他才好。"

"那好吧，阁下，"我说，"我尽力而为。"于是我就去找大人了。

我去了以后，发现大人坐在走廊上一个捆起来的箱子上，手里拿着珠子和权杖。他看到我从伯爵那里来，就问我有什么消息。

"确实有，阁下，"我说，"对您来说是最好的消息，如果大人能正确对待的话。"

"但愿如此，什么消息？"他说。

"的确是好消息，阁下，"我说，"是什鲁斯伯里大人，您最信任的朋友，您经常对他说想到国王面前去申辩，他就给国王写了信，现在国王派金斯敦先生和二十四个卫兵过来了，要带您去觐见陛下。"

"金斯敦先生。"他把这个名字念叨了一遍或两遍，用手拍了一下大腿长叹了一声。

"阁下，"我说，如果您把这一切都往好处想，那对您就会好得多。放心吧，看在天主分上，想想天主和您的朋友都是为了您好，都是为了满足您的意愿。您不是一直都想在国王面前证明自己清白吗？现在天主和您的朋友让您的愿望实现了，您还不感到欣慰吗？

"如果您认为自己忠诚，忠于君主，您的仇人就扳不倒您，国王会为您做主，这您很清楚，国王肯定会这样做，因为有人指控您对陛下犯了重罪，国王会让您受审，并根据您的罪过进行处罚。国王相信您有罪，也是这么说的，但您可以向陛下证明自己是个正直的人，在这方面您更有理由高兴而不是悲伤，不要怀疑国王不主持公道、不支持您。

"我向您保证，您的仇人对您的担心和畏惧，要超过您对他们的担心和畏惧。他们想做的事情，我相信就是无论如何挖空心思也做不到。我刚才说过，国王是您公正、了不起的主人和朋友。为了证明这一点，您看，他不是把尊贵的金斯敦先生派到您这里了吗？还有您以前忠诚的仆人，他们适合服侍您，因为您自己没有仆人。

"国王还让金斯敦先生尊重您，对您的态度要和您的显赫地位相称，路上要让您走得舒适，无论您命令他做什么，他都会遵命。无论您走到哪里，您的命令都会得到执行，保证让您满意，让您有面子。

"所以，阁下，我斗胆恳求您记住这些合理的劝告，记住其他迫切需要考虑的很多理由，慎重考虑一下。请您放宽心，我最诚心地请求您，这可以给您带来最大的安慰，然后给您所有朋友、给我和您其他仆人带来成功的希望。"

"那好，那好，"大人说，"我觉察到的要比你想象的多，或者说比你知道的多，这是我从多年的阅历中学到的。"然后他站起身来，走进房间来到便桶跟前，痢疾让他非常痛苦。

拉完之后大人又出来了，什鲁斯伯里大人马上来到走廊，枢机主教大人遇见了他，然后二人坐在一扇大窗户旁边的长凳上。伯爵问他怎么样，他还像平常那样伤心，对伯爵的盛情款待表示了感谢。伯爵说：

"阁下，您还记得您经常对我表示希望到国王面前申辩，我也想帮您实现这一愿望，就怀着对您的好意，特意代您给国王写了一封信，告诉国王您很伤心，那是您因为国王生气而伤心。这一切国王都理解，包括您的所作所为，就像在这种情况下朋友所做的那样。所以我劝您振作起来，不要被仇人所吓倒。我向您保证，您的仇人比您想象的更怕您，他们发现国王非常想亲自听审您的案子。阁下，如果您放宽心，我相信您去面君对您会大有好处，会扳倒您的仇人。国王派那位可敬的骑士金斯敦先生和您的二十四个老仆人来叫您，这些仆人现在都是卫兵，保护您免遭敌人暗害，以便您能安全到达陛下那里。"

"阁下，"大人说，"据我所知，金斯敦先生是伦敦塔总管？"

"是的，那又怎么样？"伯爵说，"我向您保证，国王是把他当作您一个朋友派来的，他是个稳重的绅士，最适合保护您的安全。国王肯定非常喜爱您，私下里对您非常好，比您得到的好处要多得多。"

"那好吧，阁下，"大人说，"既然这是天主的意愿，那就这样吧。我把自己交给命运来安排，我是个真诚的人，随时准备接受天主对我做出的安排，这就是我的目标。阁下，请您告诉我金斯敦先生在哪里？"

"哦，"伯爵说，"您要是不介意，我就派人把他叫过来，他非常愿意见到您。"

"那我就请您把他叫来。"大人说。

金斯敦先生得到消息马上就过来了。大人一看见他来到走廊，就赶快过去迎接。金斯敦先生毕恭毕敬地向大人走过来，然后跪下，以国王的名义向大人致意。大人脱下帽子去搀扶他，但他仍然跪着。

"金斯敦先生，"大人说，"我请您平身，不要再向一个非常不幸的人下跪了，我不配受到这样的尊重。我是个贱人，完全被抛弃了，无德无能。所以，好心的金斯敦先生，平身吧，否则我就跪在您旁边。"

一听这话，金斯敦先生站了起来，非常恭敬地说："阁下，国王陛下让我代为向您问好。"

"我谢谢陛下，"大人说，"我相信陛下健康快乐，我乞求天主让他永远健康。"

"是的，毫无疑问，"金斯敦先生说，"国王首先让我告诉您，您一定要相信他对您的好意一如既往，希望您放心。有人向他禀报，说您要恶意伤害他，他根本就不相信。但这样的案件必须维护公正，为了避免偏袒的嫌疑，他不得不派人叫您过去受审，根本不怀疑您的真诚和智慧，而是相信您能洗清对您的一切指控。这次上路您可以随意，国王命我服侍您，给予您应有的尊重，保护您不会受到任何伤害，不会有任何不便。他挑选了您的老仆人，这些人现在都是他的仆人，让他们在路上为您效力，他们最了解您的饮食习惯。所以，阁下，我恳求您放宽心，您什么时候愿意上路了，我就听您吩咐。"

"金斯敦先生，"大人说，"谢谢您带来的好消息。先生，请您相信，我的身体状况要是还像不久以前那么好，我肯定会和您一起骑着马走邮路。但我现在拉肚子，身体很弱。不过，金斯敦先生，您这一番安慰话只是为了给我带来幻想，我知道等待我的是什么。然而我还是感谢您的好意，感谢您为我吃苦受累。明天我会尽快和您一起上路。"

然后伯爵、金斯敦先生就和大人转谈其他话题。大人命我为明天上路做好一切准备。我命人把所有东西都捆起来，尽快准备好。

夜里该上床睡觉了，大人病情有所加重，一整夜不停地起来拉肚子。从他生病到次日，他拉了五十多次，所以那天非常虚弱。他拉出来的东西黑乎乎的，医生称其为霍乱毒汁，他看见以后对我说:"如果不赶快想办法,我就没命了。"

一听这话,我就让和伯爵在一起的医生尼古拉大夫过来,让他看看大人拉出来的脏东西。尼古拉看了以后断言,大人活不过四天或五天。不过,如果什鲁斯伯里伯爵不在的话,大人当天就会和金斯敦先生一起上路了。所以,考虑到他的病情,他们就让他再停一天。

途中病亡

第二天，大人和金斯敦先生与卫队一起上路了。卫兵们一看见老主人这么惨，都伤心得哭了。大人在路上骑着骡子拉着他们的手，拉了好几次，有时候和这个说几句，有时候和那个说几句。夜里他身体状况很不好，住在了哈德威克－霍尔，这是什鲁斯伯里伯爵的一所房子。

第二天他来到诺丁汉，夜里就住在那里，病情更加严重。第二天去了莱斯特修道院，路上病得很厉害，好几次险些从骡子上摔下来，还没有到修道院天就黑了。他来到大门口，院长和整个修道院的人打着很多火把迎接他，毕恭毕敬地接待了他。

大人对院长说："院长阁下，我来到这里，这把老骨头就留在这儿了。"

他们牵着大人的骡子，一直来到他房间的楼梯跟前，大人在那里下了骡子，金斯敦先生扶着大人的胳膊上了楼梯。后来大人对我说，他这辈子从来也没有感觉这么沉重过。大人一进屋就立即上了床，病情很严重。

这是星期六夜里，他的病情越来越严重。

星期一上午，大约八点钟，我站在大人床边，窗户关着，柜子上放着点燃的蜡烛。我看着他，看样子他快不行了。他看到床边墙上我的影子，就问是谁。

"阁下，是我。"我说。

"你怎么样？"他问我。

"我很好，阁下，"我说，"我要是看到您好该有多好。"

"几点了？"他对我说。

"哦，阁下，"我说，"上午八点多了。"

"八点了？"他说，"不可能啊。"他说了好几遍。"八点，八点；不对，不对，"最后他说，"不可能是八点，到了八点，你主子就没了。我气数到了，要离开这个世界了。"

帕姆斯博士站在他旁边，一个可敬的绅士，也是他的小礼拜堂神父和忏悔神父。帕姆斯悄悄地让我问他是否要听忏悔，说不定该准备见天主了。我遵照吩咐问了大人这个问题。

"问我这个问题，你想干啥？"大人对我的冒昧感到非常生气，直到最后博士先生过来用拉丁语和他交谈，总算让他息了怒。

吃过午饭，金斯敦先生派人把我叫到他房间里，对我这样说："情况是这样的。国王派这位文森特先生给我送信，你们是老伙计了。他最近遇到点麻烦事进了伦敦塔，大人上次与他分手的时候应该得到一笔钱，这笔钱现在找不到了。所以，为了证明自己清白，经他请求，国王派他来到这里，他带着国王写给我的一封信，命我为此事而调查一下大人，并征求一下你的意见，看这件事该怎么办才能让大人不往心里去。这就是我把你叫来的主要原因，我想听听你的高见，怎样才能证明这位先生清白。"

"阁下，"我说，"关于这件事，窃以为您亲自去找大人为好，向大人说明这件事。如果大人不说实话，就按照国王的旨意办，千万不要提我的伙计文森特。我建议您不要在大人那里拖延时间，他病得很厉害，恐怕他活不到明天上午了。"

于是金斯敦先生就去找大人，先问他病情如何，然后把话题转到那笔钱上，说：

"诺森伯兰大人在卡伍德找到一个账本，账本上说您最近有一千五百英镑现金，现在连一个便士也找不到了，大人就给国王写信说了这件事。于是国王给我写信，问您是否知道这笔钱的下落，如果你们二人挪用的话会让人感到遗憾。所以，我以国王的名义要求您说实话，这样我好把您的回答如实禀报给国王。"

大人稍微停了一会儿说道："天啊，国王竟然认为我欺诈，这多么让我伤心，我骗过他一个便士吗？金斯敦先生，我宁愿把这个小虫剥了皮塞进嘴里，也不会挪用或骗他一个硬币。"① 这句话他狠狠地说了两遍或三遍。"天主作证，我所有的一切，我喜爱或感兴趣的一切，我都把它看作是国王的财产，我在有生之年只是使用它而已，我死以后就把它留给国王，而国王却不让我这么做。至于您问我的这笔钱，我向您保证，那根本就不是我的钱，而是我从好几个朋友那里借来的，用来安葬我、发放给我的仆人，他们为我吃了很多苦，都是忠诚可靠的人。然而，如果国王想从我这里拿走这笔钱，我肯定乐意，不过我要最谦卑地恳求陛下让债主得到赔偿，我是从他们手里借的钱，以此来兑现我的承诺。"

"债主是谁？"金斯敦先生说。

"让我告诉您，"大人说，"我从伦敦的约翰·艾伦爵士手里借了二百英镑，从理查德·格雷沙姆爵士手里借了二百英镑，从萨伏伊校长手里借了二百英镑，从牛津基督堂学院院长希克登博士手里借了二百英镑，从约克教堂司库手里借了二百英镑，从约克教长手里借了二百英镑，从我的小礼拜堂神父帕森·埃利斯手里借了二百英镑，从我的管家手里借了一百英镑，这个管家的名字我忘记了。我

---

① 原文 "mite" 在这里是双关语，既指"小虫"，也指"硬币"。——译者注

相信国王会还他们钱的，那不是我的钱。"

"阁下，"金斯敦先生说，"国王肯定会还钱，您不必怀疑。我会把您的请求向国王禀报，国王知道以后会妥善处理的。但是，阁下，请问这笔钱在哪里？"

"金斯敦先生，"大人说，"我不会向国王隐瞒的，承蒙天恩，我死之前会告诉您，请您耐心等待一会儿。"

"那好吧，阁下，现在我就不再打扰您了，我相信明天您就会告诉我。"

"是的，我会告诉您，金斯敦先生，这笔钱很保险，由一个诚实的人保管着，他不会扣下一个便士不给国王。"

然后金斯敦先生就回房间吃晚饭去了。

大人病得非常厉害，最有可能在当天夜里死去，经常昏过去，我觉得他很快就会咽气。凌晨四点时，我问他怎么样。

"哦，"他说，"有吃的就好了，请你给我一点。"

"阁下，没有现成的。"我说。

"我知道，这就更应该怪你了，你应该随时给我准备好吃的，我一有胃口就吃，所以请你给我拿来一点。如果天主愿意，我打算今天恢复体力，这样我好忏悔，准备好去见天主。"

"这么说，阁下，"我说，"我叫厨师给您做一些。如果您不介意，我还把帕姆斯先生叫来，这样您可以和他说说话，直到饭做好。"

"我当然愿意。"他说。

于是我就先去叫厨师，命他为大人做些饭，然后又去找帕姆斯先生，把大人的情况告诉他，让他起来赶快去见大人。随后我又去找金斯敦先生，提醒他说我觉得大人活不成了，他要是有话对大人说就赶快说，大人非常危险。

"说实话，"金斯敦先生说，"这就是您的不对了，您让他觉得病情更严重了，而实际上没有那么危险。"

"那好吧，阁下，"我说，"您不要说再等一天了，我提醒过您了，我一定要这么做，这是我的职责。所以，无论再出现任何情况，请您不要再说我疏忽大意，我已经明确告诉您他活不长了。您就看着办吧。"

金斯敦先生还是起了床，准备好去见大人。

大人喝了一匙或两匙鸡汤，然后说道："这是啥汤？"

"哦，阁下，"我说，"是鸡汤。"

"哎呀，"他说，"今天是斋戒日，圣安得烈节① 前夕。"

"那又怎么样，阁下？"帕姆斯博士说，"您有病，可以例外。"

"又怎么样？我不吃了。"他说。②

然后他忏悔了一个小时。忏悔结束以后，金斯敦先生与他道别，这时已经是早上七点了，并问他怎么样。"先生，"大人说，"我只是等待天主的旨意，把我这个微贱的灵魂交到他手里。"

"还不到时候，阁下，"金斯敦先生说，"您会承蒙天恩活下去，活得很好，如果您放宽心的话。"

"金斯敦先生，我这病让我活不下去了。这种病我经历过，是这种情况：腹泻，持续发烧，如果八天之内这种状况不改变，肯定会出现肠子表皮脱落，或是发狂，要不就是死亡。最好的结果是死亡。我算着今天就是第八天了。你要是看到我没有变化，那就没救了，虽然还能再活一天或两天，不过这三种结果中最好的是死亡。"

"不，阁下，说实话，"金斯敦先生说，"您老是这么悲观，这样胡思乱想，担心那种不必担心的东西，这只会让您更糟糕。"

"哎呀，金斯敦先生，"大人说，"我知道害我的这种东西是怎么形成的。如果我侍奉天主像侍奉国王那样尽心尽力，天主就不会在

---

① 11 月 30 日。——译者注

② 斋戒日喝鸡汤是违反教规的。——译者注

我老的时候抛弃我了。而我不辞劳苦，为国王效尽犬马之劳，只是为了满足他的虚荣和享乐，疏忽了我身为神职人员的职责，这就是我应该遭到的报应。

"所以，我衷心地恳求你把我托付给国王陛下，请陛下回忆一下从最初开始到今天我们之间发生的一切，还有这些事情的进展，最重要的就是那件至今悬而未决的大事（指不久前国王和王后凯瑟琳之间的事），然后良心就会告诉他我是否冒犯了他。他肯定是一位有魄力的君主，有宽广的胸怀，不该为了满足一点意愿和爱好而冒失去一半王国的危险。我明确告诉你，我经常在他内室里跪在他面前，时间长达一个或两个小时，劝他放弃这一意愿和爱好，但一点用也没有。所以，金斯敦先生，如果有朝一日你当上枢密院大臣，因为你具备这样的智慧和素质，我就提醒你特别注意对他说什么话，你说了之后他就绝对不会忘记。

"另外，我以天主的名义请求陛下提高警惕，严格控制新近出现的邪恶的路德派教徒，免得由于他疏忽而让这一教派在英格兰王国发展壮大，这样到头来他就不得不费尽周折去镇压。波希米亚国王就是这样，面对暴民他就有热闹可看了，这些民众受到威克里夫①异端思想的影响，掠夺和屠杀国内的宗教人士。这些人逃到国王和贵族那里避难和求救，但得不到他们的帮助和保护。国王和贵族反而嘲笑他们，在他们遭到抢劫和杀害时袖手旁观，把自己的职责和保护义务抛在脑后。

"这些邪恶的异端分子制服了所有的教士，抢夺了大批财富，包括教堂、修道院和其他所有宗教物品，直到没有东西可抢了，他们的胆子就更大了，像以前那样肆无忌惮，鄙视君主和所有显赫人物，

---

① 十四世纪后期的英格兰教士，其宗教改革思想对后来的马丁·路德产生了深刻影响，因而被称为"宗教改革的启明星"。——译者注

还有国内的主要首领，并开始与世俗贵族联手，毫不留情地屠杀和掠夺他们。国王和贵族们不得不肩负重任，抵抗这些异端分子的邪恶势力，保护自己的生命和自由，摆开战场打击他们。这些逆贼在战场上凶猛无比，一部分人极其残忍，最后他们获胜了，杀死了国王、贵族和国内所有的富绅，凡是有富绅名字或有富绅派头的人没有一个活下来，在政府里享有一点权力的人也没有一个活下来。

"这场大屠杀过后，他们就一直生活在痛苦和贫困之中，群龙无首，大家都过着畜生一般的日子，遭到所有基督教国家的厌恶。请你让国王以此为戒，避免类似的危险吧。

"好心的金斯敦先生，请不要相信乌合之众。暴民们要是聚集在一起，仁慈和应尽的义务就被他们抛到脑后了。国王陛下有一位高贵的前辈理查德二世，与煽风点火的威克里夫生活在同一个时代。请你想一想，当时民众不是起来造反，反对英格兰国王和贵族吗？一部分贵族被他们逮捕了，未经审判就被残忍地杀害了。他们不也是抢劫吗？想把一切都公有化。最后他们肆无忌惮，盛怒之下把国王从伦敦塔里拉出来，最为无耻地押着他在城里游街示众，迫使国王为了保命而答应他们的无理要求。

"还有背信弃义的异端分子约翰·奥尔德卡斯尔爵士，摆下战场攻打国王亨利五世，国王被迫御驾亲征，天主不是让国王获胜了吗？

"哎呀，金斯敦先生，要是没有这些显而易见的先例，没有足够的说服力来劝诫君主小心防范类似的危害，他要是如此疏忽大意，天主就会收走他的权力，降低他的威望，把他审慎的顾问和勇敢的军官都夺走，撇下我们得不到他的帮助。这样一来，灾祸就会接踵而至，麻烦就会接二连三。没有良好的秩序，全国都会成为不毛之地，所有物资都匮乏，整个伟大的王国就彻底给毁掉了。愿仁慈的天主保护我们免遭此难。

"金斯敦先生，永别了。我不行了，但我希望一切都好。我的时间不多了，不能和你待在一起了。请你不要忘记我交代你的话。我死以后，我的话你也许记得更清楚。"

说到这里，他就不再说了，舌头不听使唤了，眼睛盯着金斯敦先生的头，已经看不见了。然后我们让他回想耶稣受难，并派人去叫院长来鼓励他。

院长匆匆赶来，为他主持了有关的所有礼拜仪式，还让卫兵们站在旁边，既让他们聆听他临死前的谈话，也让他们做见证人。刚到八点，他咽了气，离开了这个世界。我们想起他前一天说过的话，他说八点我们就会失去主人。大家面面相觑，认为他预见到了自己的离世。

一个如此高傲的人就这样殒灭了，命运把他推到了如此显赫的位置上。我敢说，在他春风得意时，他做任何事情都是世界上最傲慢的人，对世俗荣誉的尊重超过了对宗教信仰的尊重，依照信仰他本应该温顺、谦卑、慈善，这我要留给熟悉天主律法的人去细说。

他死之后，金斯敦先生派出一辆王家邮车，由一名卫兵向国王禀报约克枢机主教去世的消息，此人耳闻目睹了他的谈话和死亡。然后金斯敦先生把我叫到他和院长那里，商议大人的葬礼事宜。

经过多次协商，决定将他在第二天下葬，金斯敦先生不能等到信使回来。还决定派人把莱斯特市长及其同事请来，让他们亲眼看看大人死了，免得出现虚假传言，说大人没有死，还活着。于是就派人去请莱斯特市长及其同事了。

与此同时，他的遗体被人从床上抬起来，他贴身穿一件刚毛衬衫，还有一件上好的荷兰亚麻布衬衫。这件刚毛衬衫，一直在他卧室里服侍他的所有仆人都没见过，只有他的小礼拜堂神父知道，也就是他的忏悔神父。他就穿着这件刚毛衬衫下葬了，躺在一具木棺材里，遗体上覆盖着他就任主教和大主教时穿戴的所有服装和装饰物，有法冠、牧杖、戒指、祭服，还有与他职业有关的一切物品。

他就这样在敞开的棺材里躺了一整天，脸露着，所有人都可以看见他死了，不是假装的。市长及其同事和其他所有人来看他的时候，他就这样在棺材里躺着，直到夜里四点或五点时分，院长和修道院全体人员以十分隆重的仪式，把他的遗体抬进教堂里，很多个火把照明，唱着葬礼曲。

遗体抬进教堂之后，安放在附属圣母堂，灵柩周围点燃了很多蜡烛。很多穷人也坐在四周，手里举着点燃的火把，整夜守护着遗体，教士们唱着挽歌和其他宗教歌曲。大约凌晨四点，大家唱起了弥撒曲，然后遗体下葬。金斯敦先生和我们这些仆人一起出席了葬礼，在望弥撒时献祭。整个仪式得体、实用，一切都结束后，大约是早上六点。

尾　声

那天是使徒圣安得烈节，我们准备上马到宫里去，宫廷当时在汉普顿宫，国王正住在那里。圣尼古拉节前夕我们到了那里，我们因事出席了枢密院的会议。

第二天，国王派人召见我。我在宫里金斯敦先生的房间，听说国王召见以后就去面君。我看到国王正在猎场里射箭，那里位于园子的后方。我看见他正忙着射箭，觉得不应该打扰他，就靠着一棵树准备站在那里，陪着他尽情娱乐。我正陷入沉思，国王突然来到我背后，拍了拍我的肩膀。我一看是国王，就连忙下跪。他叫着我的名字说："我要结束游戏，和你谈谈话。"然后就去了边界处，游戏到此结束。

然后国王把弓交给掌管弓的侍从，往里面走去，我在后面跟随。他又叫约翰·盖奇爵士，和他说着话，一直走到园子后门，从那里进了门。国王一进去门就关住了，我只好走开。

我刚走出去不远，门又开了，哈里·诺里斯爵士喊我，命我进去见国王。国王站在门后，身穿一件黄褐色天鹅绒睡衣，紫貂衬里。我向国王下跪，单独和他待了一个多小时，他问了我很多与枢机主教大人有关的重要问题，希望这比他花去的两万英镑更珍贵。然后他又问我要那一千五百英镑，也就是大人临死前金斯敦先生提到的那笔钱。

"陛下，"我说，"我只能在一定程度上告诉您这笔钱在哪里。"

"是吗？"国王说，"那就请你告诉我，朕会非常高兴，而且这也不是没有回报的。"

"陛下，"我说，"如果陛下不介意，我就说一说。大人被拘押在斯科罗比时，戴维·文森特在那里与大人分手，把他保管的钱留给了大人，钱装在好几个袋子里，用大人的封条封住。大人又把封在袋子里的钱交给了一个神父（我向国王提到了这位神父的名字），让神父保管好。"

"真的吗？"国王说。

"是的，陛下，"我说，"确凿无疑。这位神父当着我的面无法否认，交给他钱时我就在现场。"

"那就好，"国王说，"这个秘密你知我知，再也不让其他人知道。我要是再听到有人提起这件事，我就知道是谁泄露出去的。三个人如果想守住秘密，就只有等两个人死掉。如果我觉得我的帽子知道我的秘密，我就会把它扔到火里烧掉。你真诚、诚实，你就当朕的仆人吧。与朕在同一个房间，和你在老主人那里一样。你去找副宫务大臣约翰·盖奇爵士，我已经对他说过，让他把你的誓词交给你，确认你成为与朕在一个房间的仆人。然后你去找诺福克大人，他会支付给你全年的工钱，也就是十英镑。这样行吗？"

"好的，陛下，"我说，"我一年有三个季度没领工钱了。"

"不错，"国王说，"朕也听说了，所以才让你领全年的工钱，由诺福克公爵付给你报酬。"国王一有机会就另外给我承诺，他是我非凡的、好心的、仁慈的主人。然后我就与他告辞了。

我在路上碰见金斯敦先生，他从枢密院里出来，以枢密院的名义命我马上到那里去，枢密院派他来叫我。

"看在天主分上，"他说，"一定要注意你说什么，他们要问你已故的大人临终前所说的话。如果你对他们说实话，把大人的话说出来，你就把自己给毁了，千万不要让他们听到。所以你要小心，考虑好如何回答他们的问话。"

"哎呀，先生，"我说，"你自己是怎么做的？"

"不错，"他说，"我完全否认我听到过这样的话，先公开这件事的人吓跑了，也就是从莱斯特乘坐王家邮车到国王那里送信的一个卫兵。你就去吧，愿天主给你好运，完事之后到会见室里来见我，我会在那里等你，看看你运气如何，看看你是如何对待国王的。"

于是我就去了，一口气来到枢密院会议室门口，一到那里就被喊了进去。进去以后，诺福克大人先和我说话，欢迎我来到宫里，说："各位大人，这位先生为他的主人枢机主教效过力，公正、不辞劳苦，像个诚实、勤奋的仆人。所以我相信，你们提出的问题他会如实回答，我敢为他担保。你看怎么样？有人说你的主人说了一番话，是在临死前说的，其真实情况我相信你知道。既然你知道，就请你说一说，谁也不要怕。你不需要对他起誓，说吧，传言是真的吗？"

"说实话，阁下，"我说，"我一直忙着保住大人的性命，并没有留意他说的每一句话。阁下，实际上他说了很多不着边际的话，人在临终时都是这个样子，我现在也想不起来了。各位大人如果把金斯敦先生叫过来，他肯定会说实话。"

"不错，我们已经见过他了。"他们说，"刚才他还在这里，矢口否认你的主人说过这些话，无论是临死前还是任何时候，都没有说过这些话。"

"确实如此，各位大人，"我说，"我也无话可说。他要是没听见，我也不可能听见，他听到的和我听到的一样多，我听到的和他听到的一样多。所以，各位大人，我要是说假话是非常愚蠢的，我是无法为假话做出解释的。"

"看！"诺福克大人说，"我不是说过了嘛。你走吧。"他对我说："你可以走了，一会儿到我房间里去，我有话要对你说。"

我最谦恭地谢过各位大人，到会见室去见金斯敦先生，我看见他正站在那里和一位老先生交谈，那是国王内室的礼宾官，人称拉德克利夫先生。我一进去，金斯敦先生就问我到枢密院去过没有，我是如何回答的。我说，我的回答让他们非常满意，又告诉了他我是如何说的。他又问我跟国王谈得如何，我就把我们交谈的一部分内容告诉了他，还提到国王的仁慈与慷慨，国王还命我去找诺福克大人。

我们正说着诺福克大人，就见他从枢密院来到会见室，一看见我就来到窗户跟前，我和金斯敦先生、拉德克利夫先生正站在那里，我对大人说了国王的意思。这两位先生希望国王成为我的好主人。

"不，"诺福克大人说，"我对他比你们想象的还要好。我要是在他见到国王之前和他说，就能让他为我效力了。在整个英格兰，除了国王之外，他只会为我效力，不会为其他人效力。看，凡是我为你做的事，都是出于好意。"

"这么说，阁下，"我说，"如果您愿意，是否可以在国王面前为我求情，让国王给我一辆车和一匹马，把我的东西和大人的东西（现在存放在伦敦塔）拉到我家乡去？"

"当然可以。"他说，然后又回去找国王。

为了等他，我仍然和金斯敦先生、拉德克利夫先生在一起，他们说也去帮诺福克大人替我向国王求情。转眼间诺福克大人就来了，对我说国王真是我仁慈的主子，给了我六匹最好的马，我可以从他所有的马里挑选，还有一辆车拉我的东西，五马克做回家的路费。

"国王还命我，"诺福克大人说，"给你十英镑做工钱，是以前没有支付的钱，另有二十英镑做赏金。"他命人去叫首席大臣为此出具凭证。

　　首席大臣接到命令后，当天夜里就去了汉沃思。他又命会见室里的一个信使，让信使骑上马飞速去把凭证拿回来，又让我第二天在伦敦与他会面，领取我的钱、东西和国王给我的马。我照办了，所有的东西都拿到了，然后就回了家乡。

　　我已故的主人、富有而又春风得意的教廷特使、英格兰枢机主教大人的传记到此结束。愿耶稣怜悯他的灵魂！阿门。

乔治·卡文迪什

沃尔顿传记集

（1651—1678 年）

［英］艾萨克·沃尔顿 著

THE LIVES OF

DOCTOR JOHN DONNE

SIR HENRY WOTTON

MR. RICHARD HOOKER

MR. GEORGE HERBERT

AND DOCTOR ROBERT SANDERSON

BY IZAAK WALTON

IN ONE VOLUME

CHICAGO

STONE AND KIMBALL

1895

LONDON: METHUEN & COMPANY

献　词

大人:

几年前,我呈献给您一部理查德·胡克先生传。胡克先生是个谦卑的人,君主和国内最博学的人提起他都肃然起敬。除了胡克先生传之外,现在我把纯朴虔诚的典范乔治·赫伯特先生传、多恩博士传、您的朋友亨利·沃顿爵士传也呈献给您,都是重印的。

胡克先生传、乔治·赫伯特先生传是在贵府撰写的。由于这一原因,如果您觉得它们配得上,可以要求题写献词。甚至多恩博士传、亨利·沃顿爵士传也可以这样要求。如果说在下适合做这件事,那不是因为我有学问,而是因为我们有四十年的友谊。四十年来,我聆听大人的教诲,与大人交谈,这样我才能在这个炫耀口才、强词夺理的时代,写成这几部还算说得过去的传记,如果说它们真能说得过去的话。

大人,在下虽然打算以此拙作来纪念几位名人,但对作品并没有多大信心,所以还斗胆请您署上大名,以此希望所有认识您的人

都不会把这当成题献——至少凭此题献您会得到一点荣誉——而
是当成在下对您恭敬、公开的感谢。长期以来，您每天都对我恩
惠有加。

您最谦卑的仆人

艾萨克·沃尔顿

致读者

在这几部传记的前言里,我已经提到我撰写这些传记的部分理由,也提到是如何撰写的。但现在这几部传记要复审,要增补和再版,四部传记要合为一卷,所以请允许我告诉各位读者,我有时候想想自己受教育不多,才艺平平,而拙作竟然公开出版,连我自己都有点吃惊。

在这些前言里,我提到一些偶然促使我撰写这几部传记的理由,但除此之外我还要再补充一点。亨利·沃顿爵士要写多恩博士传时,我帮他搜集一些资料,但亨利爵士还没有动笔就死了。这样一来,我就像那些稀里糊涂地卷入一场官司或争吵的人一样,一旦卷入就无法脱身了。我就这样不得不违背初衷,承担起撰写多恩博士传的任务。写了多恩博士传,又不得不写亨利·沃顿爵士传,亨利爵士是多恩博士的朋友,也是我一直尊敬的朋友。

这两部传记写完之后,我搁笔达二十年,既不想麻烦自己写传记,也不想麻烦别人写传记,我知道自己不适合做这件事。但就在这时,高登博士(当时是埃克塞特主教)出版了他所谓的理查德·胡克先生传,里面有很多严重错误,有的涉及胡克先生本人,有的涉及胡克先生的著作,让吉尔伯特阁下(现任坎特伯雷大主教)感到失望。于是吉尔伯特阁下就吩咐我仔细检查一下，然后纠正高登主教的错误，向世人更完整、更准确地介绍胡克先生及其著作。我知道我做到了。

我要告诉读者，如果不是吉尔伯特阁下命我这样做，我连想都不敢想，根本不认为自己适合承担这一任务。但他两次嘱咐我这样做，我就放弃了自己的想法，接受了他的意见，服从了他的命令。我要是不接受，我就会指责自己抗命不遵，甚至忘恩负义，他给了我那么多好处。这样我就动笔撰写了第三部传记。

至于那位圣洁的楷模乔治·赫伯特先生的传记，我承认是自愿撰写的，主要是为了自娱，但也不是没有为后世着想。赫伯特先生虽然是个后世不能忘记的人，但他很多业绩和功德已经被人遗忘或湮没无闻了，如果我不将其搜集起来公之于世供后人效仿的话。窃以为要保存人的善行，文字记载要比口口相传更可靠、更准确，尤其是在这个时代。

我还要告诉读者，这部赫伯特先生传虽然不是急就章，我还是打算在出版之前再审读一遍，但情况不允许，刊印时我不在伦敦。所以，读者可能会在书中发现一些错误，有些是双重表达，有些说法不太妥当，有些地方本可以再缩减一些，有些是印刷错误而不是我的错。但我希望这都不是大错，我认错之后能够获得好心的读者的原谅。

我希望这几位传主都像犹太学者约瑟夫斯和其他人那样，也为自己立传。但写自传现在不时兴了，我就希望他们的亲朋能为他们立传，要是拖延下去再写就难了。这是逝者应该享有的荣誉，也是对后世应尽的义务，后世会因此而感到高兴，也会感到满足，所以我就更希望玉成其美了。

后世也会像今人一样，赞赏杰出的决疑学家桑德森博士（已故的林肯主教）在其布道词和其他作品中所表现出的博学和清晰的推理。他们要是喜爱美德，在了解到这个好人不但博学，而且还以温顺、纯真而著称，甚至在长期患难中（受到那些自称虔诚派的迫害）不屈不挠，其身遭不幸是由于他在国家和教会和平时期宣讲并刊印的教义，知道这些之后，难道他们不感到高兴吗？看到类似的对经院哲学家菲尔德博士的描述，还有对其他博学者的描述，又有谁会不感到高兴呢？我虽然不指望我的做法或提出的理由会促使别人承担这一任务，但我自己感到高兴，而且也希望是这样，并以此来结束这一前言。

艾萨克·沃尔顿

约翰·多恩博士传

引言

已故的亨利·沃顿爵士曾担任伊顿公学校长，是语言和艺术大师。他要是能活着看到这些布道词出版，就会把作者生平准确无误地呈献给世人了。可惜他没有活到这一天，这确实是值得他去做的一项工作，他也适合去承担：他与作者彼此非常了解，二人在年轻时就友情甚笃，只有死亡才能迫使他们分开。躯体虽然分开了，但情感并没有分开。朋友死后，这位博学的骑士一直爱着他。骑士把他的想法告诉了我，请我了解一些与此有关的详情，这足以表明他对朋友的爱。他知道我认识作者，喜爱作者，这样可以让我的勤奋派上用场。我极为高兴地承担起这一任务，搜集到有关资料，只差他那支生花妙笔将其增补完成了，但死亡阻止了他，没有完成这一任务。

听到这一噩耗，也听到这些布道词将要付印的消息，我就想写作者的生平，我知道他一生极为辉煌。不知是由于愤慨还是悲伤，我又看了一遍那些被抛弃的材料，决定让世人看到作者栩栩如生的生平。借助于寻求真相的手，我这支拙笔就能将其描绘出来。

如果现在有人问我是谁，就像以前有人问庞培的那个可怜的奴隶那样，"那个可怜的人怀着感恩之心，一个人留在了海滩上，和那具被抛弃的遗体待在一起，那是他显赫一时的主子。他把一条破船的碎木板捡到一起，堆在尸体上烧掉，这是罗马人的习俗——你是谁，竟然独自一人享有安葬庞培大将遗体的荣誉？"我又是谁，竟然如此多管闲事，将作者的英名付之一炬？

我希望这样问是出于惊奇而非轻蔑。但读者确实会感到惊奇，因为我承认自己笔拙，竟然不自量力，要描述他的生平，而他的大名世人闻之如雷贯耳！我相信，这样做虽然对传主不利，但对读者有利，读者会看到对作者真实自然的描绘，这会让读者相信所言不虚。一个不会骗人的人，自然会值得信赖。

作者不朽的灵魂已在天堂。如果这一灵魂有闲空往下看我一眼，看看我这个最可怜、最平庸的朋友，正信心十足地为别人帮忙，出于好意来纪念他的英名，他是不会蔑视的。他的谈话给我和尘世间的很多人带来快乐的时候，我知道他的谦虚和文雅是显而易见的。我听神学家说过，在尘世间只是偶尔闪烁一下的美德，在天堂里却会变成熊熊大火。

我在转入正题之前请读者注意，多恩博士的布道词首次付印之际，以上所言就是我敢于撰写他生平的理由，不说这番话我是不敢露面的。

多恩传

1573 年，约翰·多恩先生出生于伦敦，父母都是高贵、有德性的人。他博学，多才多艺，这足以为他增辉，为其后代增辉。但读者想必也会乐于知晓，他父亲是威尔士一个古老世家的直系后裔，其家族有很多人仍居住在那里，在当地享有盛誉，这是当之无愧的。

他母亲是著名学者托马斯·莫尔爵士的后裔，也是杰出、勤奋的法官拉斯托尔的后裔。莫尔一度担任英格兰大法官，而拉斯托尔为后世留下了大量准确无误删节的法令。

　　他最初在父亲家里长大，由一位家庭教师照管他，直到他十岁为止。十一岁那年，他被送到牛津大学，熟练掌握了法语和拉丁语。除此之外，他还有其他一些杰出才能，于是当时有人这样评价他：这个时代又出了一个米兰多拉的皮科，①据说皮科天生聪明，不是靠学习而变聪明的。

　　他在哈特学院待了几年。为了促进学习，好几门学科的教师对他进行指导，直到他学会，其学识在公开练习活动中表现出来，证明他可以获得学士学位了。但他听从了一些朋友的建议，没有去读学位。这些朋友信奉天主教，所以对一部分誓言极为反感，当时每个人都要发誓，凡是想获得学位的人是不能拒绝的。②

　　大约十四岁那年，他从牛津转到剑桥，这样他可以从两片土地上吸取营养，在那里一直待到十七岁。在此期间，他一直都是最勤奋的学生，经常改换学习科目，但设法不拿学位，其原因前面已经提到了。

　　大约十七岁时，他搬到了伦敦，随后被录取到林肯律师学院，打算学习法律。他在这里充分显示了才智和学识，显示了他在法律方面所取得的进步。他这样做只是为自己增光添彩，得到自我满足，并没有其他用处。

　　他在进入这个团体之前父亲就死了。父亲是个商人，为他留下

---

① 意大利文艺复兴时期的天才学者。——译者注
② 伊丽莎白女王执政后确立圣公会为唯一合法的教会，天主教等其他教派均为非法。牛津大学、剑桥大学也对天主教徒极为苛刻，不公开放弃天主教信仰便拿不到学位。多恩父母都信奉天主教，但要拿学位就要发誓放弃天主教信仰，这是违背他们良心的事，所以朋友们才劝他不要攻读学位。——译者注

了一笔钱（三千英镑）。母亲以及受委托照顾他的人非常关注他的学业，为他指定了家庭教师，既教他数学，也教他其他人文学科。但在人文学科方面，这些教师得到劝告，要向他灌输罗马教会的信条。这些教师私下里承认，他们都是罗马天主教徒。

这些教师几乎是迫使他接受其信仰。他们这样做有不少有利条件。除了有很多机会之外，还有他虔诚的父母为榜样，这是个最有影响力的因素，对他起到非常大的作用，他在其《伪殉教者》前言里就是这样说的，本书读者可以在下文看到一些描述。

他现在十八岁了，还没有信奉任何一个宗教，除了基督教之外还可以加入任何一个教派。理性和孝敬都让他相信，没有所谓的宗派分立罪，如果没有必要信奉某一个显而易见的教会的话。[①]

大约十九岁时，他还对信奉哪一个教会游移不定。考虑到选择最正统的教会与灵魂关系密切，他就抛弃与此有关的一切顾虑——虽然他年富力强——马上把学习法律和所有可能会导致他选择某一教派的学科抛到一边，开始认真考察和考虑神学，因为当时新教派和罗马教派正在辩论神学问题。是圣灵唤醒他去探寻的，他也一直不停地在探寻——这是他的原话。所以，他也让圣灵见证他的声明：他要谦恭地去从事研究和探寻。他走一条最安全的路，即经常祈祷，在两派之间保持中立。真理之光将其四周照得通明，在这个目光锐利的探索者面前无处躲藏。他也太精明，不想隐瞒他找到了真理。

在追求真理的过程中，他认为枢机主教贝拉明是罗马教派最好的捍卫者，所以就致力于研究这位枢机主教的理论。罗马教义有说服力，无论是对上帝还是对良心，故意懈怠都是无法原谅的，所以

[①] 暗指英格兰国教圣公会。这句话的意思是说，即便不信奉国教而信奉其他教派，也不能算是违法。这与当时官方的观点明显相悖。——译者注

他就适度加紧研究。

大约二十岁那年，他把枢机主教的所有著作都展示给格罗斯特教长——其名字我现在忘记了——著作上面有他亲笔写下的很多重要心得。这些著作是枢机主教临死前赠送给他的，作为遗产给了一位最亲爱的朋友。

大约一年以后，他决定去旅行。埃塞克斯伯爵先去加的斯，再航行到岛上，1596年去加的斯，1597年去岛上。他利用这两次机会服侍伯爵大人，亲身经历了那些快乐和不幸的时刻。

但他并没有回到英格兰，而是在国外待了几年，先是在意大利，然后在西班牙，对这两个国家及其法律和政府运作模式进行了很多有用的考察，回来时熟练掌握了这两个国家的语言。

他第一次去意大利时，本打算把花在西班牙的时间用来到圣地旅行，去看看耶路撒冷和救世主的陵墓。但他身处意大利最偏远的地方，既没有人陪伴，没有人护卫，也不确定钱能不能送到这偏僻之地，于是就错过了这一良机。后来他时常提起这件事，感到十分惋惜。

回到英格兰后不久，那位严肃和智慧的楷模埃尔斯米尔大人，时任掌玺大臣和英格兰大法官，发现了他的学识、外语能力和其他方面的才华。埃尔斯米尔大人非常喜爱他，喜爱他的举止，就雇他担任自己的首席秘书，并打算以此为跳板，以后让他为国家担任更重要的职务。大人经常说起这件事，认为他很合适。

多恩先生服侍大人期间，大人与其说是把他当成仆人，不如说是当成朋友。能够证明这一点的是，大人总是对他非常客气，让他坐在自己的餐桌旁，很喜欢与他为伴，喜欢与他交谈，把这当成一件很体面的事。

秘书这一差事他干了五年，每天过得都有意义，并非受雇于朋友。在此期间，他喜欢上——我不敢说是一种不幸——一个年轻的淑女，在她的认可之下又爱上了她。这位淑女也住在大人家里，是埃尔斯米尔夫人的侄女，乔治·莫尔爵士的女儿，乔治爵士当时是嘉德勋章大臣和伦敦塔副官。

乔治爵士看出了一些迹象，他知道阻止是明智的做法，就赶忙让女儿回到他家里，他家在萨里郡的洛塞斯莱。但这样做为时已晚，二人已经海誓山盟，谁也不能违背誓言。

二人的承诺只有他们自己知道。双方的朋友都苦口婆心地规劝，泼他们冷水，但不起任何作用。爱情是讨人喜爱的祸害，老人和贤人预言其不幸，但当事人充耳不闻。这些不幸常常是激情这位鲁莽的"父亲"所生的儿子，激情能轻而易举地让我们犯下错误，就像旋风卷起羽毛一样容易，让我们不屈不挠地去实现自己的愿望。尽管有人紧盯着他们，这种不屈不挠的精神就是能让他们偷偷地走到一起——如何走到一起的我就不说了——最后还结了婚，根本没有得到朋友的认可。要把贞洁的爱情合法化，朋友的认可总是必要的，将来也永远是必要的。

对那些不愿看到他们结婚的人来说，这一消息可能像是一场突如其来的暴风雨。如果事先有所了解，消息传开后受到的震动就不会那么大。结婚的消息故意传到很多人的耳朵里，但没有一个人能证实这件事。

乔治爵士的小心提防终于结束了。疑心常常比确切知道所担心的事更加令人心神不宁。经多恩先生允许，这一消息透露给了乔治爵士，这对多恩先生是有利的。透露消息者是乔治爵士尊贵的朋友和邻居、诺森伯兰伯爵亨利，但乔治听说以后大为震怒，好像他的愤怒情绪比他们的爱情和错误所产生的激情还要大。他马上让妹妹埃尔斯米尔夫人和他一起去找她的主人，请求解除多恩先生在大人手下担任的职务。

这一请求遭到激烈反对。对方提醒乔治爵士，说这样惩罚错误可能太过分了，所以让他忍一忍，三思之后也许会消除一些顾虑。但乔治爵士心神不宁，直到对方答应了他的请求，惩罚了多恩先生。

查理五世大帝把他的秘书埃拉索交给他儿子与继承人菲利普二世时，这样赞扬埃拉索说，埃拉索这份礼物比他交给菲利普的所有财产、所有王国都要珍贵。多恩先生被解雇时，大法官大人并没有这样赞扬他，不过他还是说他告别了一位朋友，这样一个秘书更适合于为国王效力而不是为臣民效力。

多恩先生离职以后，立即给妻子写了一封伤感的信，把这一消息告诉了她，署名之后这样写道：

John Donne, Anne Donne, Un-done [①]

上帝知道，多恩说得太对了。这样严厉处罚多恩先生，并没有让乔治爵士完全息怒，最后他又把多恩先生和塞缪尔·布鲁克、克里斯托弗·布鲁克先生两兄弟分别投入三座监狱才算罢休。塞缪尔·布鲁克是多恩的证婚人，当年在剑桥时与多恩一度是同学，后来成为神学博士和三一学院院长。克里斯托弗·布鲁克先生在林肯律师学院上过学，曾与多恩住在同一间寝室里，是他把多恩的妻子交到多恩手里，并见证了二人的婚姻。

多恩先生是第一个获释的。他的脑子和身体一刻也没有闲着，也不让任何一个他认为有影响力的朋友闲着，直到那两个被监禁的朋友释放出来才算罢休。

他现在自由了，但他的日子依然阴云密布。这些麻烦事过去了，

---

① "约翰·多恩，安妮·多恩，全完了"（Anne Donne 与 Un-done 谐音，多恩用玩弄文字游戏的手法幽了一默）。——译者注

其他麻烦事接踵而至。妻子被扣住不许见他，让她极为伤心。他并没有为了妻子而受到雅各很大的刁难，[①]但他丢掉了一份好差事，被迫去获得一个头衔，通过一场旷日持久的官司来拥有她。这是一件非常麻烦的事，他不得不承担起来。耗费的青春，跑过的路，不必要的犒赏，将他的财产花费得所剩无几。

据说沉默和屈服是让人着迷的品质，对爱发火的人最为有效，此言一点不虚。乔治爵士的情况就是这样。这两种品质，再加上大家都说多恩先生的优点，还有他那迷人的举止——在它诱惑人的时候，就有了一种离奇、优雅、不可抗拒的力量——除了这些因素之外，时间也让乔治爵士冷静了下来，世人也都赞成他女儿的选择，他在新女婿身上只能看到不同寻常的美德，终于让他感到非常后悔。

爱情和愤怒就像疟疾，一阵热一阵冷。父母的爱虽然会消失，但很容易再次产生，直到死亡让人失去天生的活力才完全消失。乔治爵士设法恢复女婿的职务，为此他和妹妹都去做她主人的工作，但不起作用。大人回答说，他对自己的做法真诚地感到抱歉；不过一有人说情就解雇仆人，再有人说情又重新接收仆人，这有失他的身份和信誉。

乔治爵士试图为多恩先生恢复职务一事是绝对要保密的，因为人都是本能地讨厌错误，而不是低三下四地接受他明显承认的污点。但不久之后，乔治爵士就像是与多恩先生和解了，希望他们幸福，不拒绝他身为父亲的祝福，但拒绝提供任何有助于他们生活的钱财。

多恩先生的钱财绝大部分都花在旅行、购书和代价昂贵的经历上。他没有任何可以养活自己和妻子的工作，妻子受过多方面的良

---

① 雅各的岳父拉班长期用不公正的手段苛待雅各，但雅各仍然凭借智慧发家致富。参见《圣经·创世记》30:25-43。——译者注

好教育。二人都生性慷慨，习惯于送礼而不是受礼。这些和其他一些问题让他非常伤心，但主要是妻子也要承担一部分痛苦，这更让他伤心，显然也担心生活困难。

但他的忧伤减轻了，生活困难问题解决了，他们高贵的亲戚、萨里郡皮尔福德的弗朗西斯·沃利爵士及时向他们伸出援手，请他们过来和他住在一起。他们在那里住了几年，自己非常自由，亲戚也很满意。他们的负担增加了——她每年都生一个孩子——他的爱和慷慨也增加了。

据聪明和爱思考的人观察，在发现好人时，财富几乎不占多大份额，而且绝对不是标志。全能的上帝把一切都安排得合情合理，他出于仁慈之心而不让很多人拥有财富——只有他知道原因——而是让他们拥有更丰富的知识、更多的美德，作为他爱人类的更充分的证明。目前这个极为博学、极有天赋的人就是这种情况。他那一点不稳定的收入，很难满足他日常必要的花费。我说这些是因为就在这时，有人最慷慨地向他伸出援手，以减轻他的生活负担，这件事我在下面就会提到。

上帝对教会非常好，在每一个时代都让一些既虔诚又有抱负、要为人类做善事的人到祭坛上效力。这一性情很像上帝，只能来自上帝，上帝乐意在人身上看到这一秉性。这些时期，上帝赋予很多人这一秉性，其中有些人仍然健在，成为像使徒一样仁慈的楷模，具有超乎常人的忍耐力。

我之所以这样说，是因为我有机会在下文提到这样一个人，也就是莫顿博士，最辛劳、最博学的达勒姆主教，九十四岁时上帝还让他拥有完美的智力和愉快的心情，目前仍然健在。他富足时慷慨大方，将其丰厚的收入用来鼓励学习和行善。说起来让人伤心，他现在生计窘迫，而他处之泰然，仍出手大方，显示出心灵之美，好像这是一个不需要为明天操心的时代。

　　我欣然为读者简单而又如实地介绍了这个好人，他是我的朋友，我在下面讲到的事情就是从他那里听说的。

　　他派人去找多恩先生，想在第二天占用多恩一小时的时间商量点事情。二人见面以后，没有过几分钟，他就对多恩先生这样说：

　　"多恩先生，我这次派人请您来，是为了和您商量一件事，自从上次见到您以来我就时常想着这件事。不过我有一个条件，那就是您不必立即答复我，而是给您三天时间，在此期间您要花一些时间来斋戒和祈祷，对我所说的事情认真考虑之后再来答复我。不要拒绝我，多恩先生，这是出于真爱，我会心甘情愿地给您，只当是我欠您的债。"

　　这一请求被接受了，莫顿博士这样说道：

　　"多恩先生，我知道您受过教育，有才能，知道您想为国家效力，也知道您适合为国家效力。我还知道，宫廷答应的事情会拖延很久。让我告诉您，我们的友谊由来已久，我也知道您有才能，出于对您的爱，我调查了解了您目前的经济状况，对您的困难并非不知情，我知道依您的慷慨性格，这一困难您无法承受，如果没有虔诚的忍耐力来支撑的话。

　　"您知道，我曾劝您放弃进宫的想法，劝您担任圣职。现在我还是这样劝您，除了我以前说的之外又增加一个理由：昨天国王任命我为格罗斯特教长，另外我还有一个圣职，其收益和我担任教长的薪俸一样多。我觉得教长薪俸就够我用了——我是单身，而且决定至死都单身——所以我要放弃另一个圣职，由您来担任。圣职授权主管人同意我这样做，如果上帝让您接受这一建议的话。

　　"记住，多恩先生，受过任何教育或具有任何才能的人，担任这一职务都不能说是大材小用，这是担任上帝的使节。上帝以惨死的方式，为人类打开了生命的大门。现在不要回答我，但记住您的承诺，第三天来告诉我您的决定。"

　　听了这一番话，多恩先生呼吸微弱，面露难色，心里显然是在掂量。但他履行了承诺，走的时候没有答复，到了第三天这样回答说：

　　"我最值得尊敬、最亲爱的朋友，自从见到您以来，我一直信守诺言，也常想着您的大恩大德，让我一直感激不尽。但我不能接受，更不能报答您。我是怀着感恩之心这样做的，尽管我不能接受您的提议。

　　"但是，阁下，我拒绝不是因为我不屑于担任这一职务。即便是国王，如果他们这样想，也不能算是贤王。也不是因为我受到的教育和具有的学识让我配不上这一职务。在下虽然不才，但上帝的恩惠和谦恭会帮助我，让我在一定程度上适合担任这一职务。但我敢把您这样亲爱的朋友当成我的忏悔神父。我做过一些不守规矩的事，一些人看得很清楚。感谢上帝，我通过苦行赎罪与上帝言归于好，并借助于上帝的恩惠消除了我的情感，上帝知道得一清二楚，但大家并不知情，无法阻止他们责怪我，无法让圣职不蒙受耻辱。

　　"另外，最好的决疑学家认为，从事这一职业为上帝增光是首要目的，养家糊口是第二位的。虽然人人都可以打算二者兼顾，但把主次颠倒过来是绝对违背良心的事，探究人心灵的神可以做出判断。我目前的状况确实如此，假如我扪心自问，无论我的良心是否接受这一规则，目前它对这一问题都是困惑不解。我既不能给我自己一个答案，也不能给您一个答案。阁下，您知道有人这样说：'做过事情不受良心谴责的人是幸福的。'除此之外，我还有其他不能接受的理由，但我求您开恩别让我说出来，我敬谢不敏。"

　　这就是他眼下的决定。但人心并不是由自己掌管的，上苍注定让他接受这一圣职。上苍威力巨大，终于迫使他就范。这件事我要在搁笔之前为读者描述一番。

　　多恩夫妇一直住在弗朗西斯·沃利爵士家里，直到弗朗西斯爵士去世。在此之前不久，弗朗西斯爵士非常高兴，终于促使乔治爵士与其被抛弃的女婿和女儿完全和解。乔治爵士以契约的形式规定，在某一天付给多恩先生八百英镑，作为他和妻子的一份财产，或每季度二十英镑用以维持生计，作为这笔钱的利息，直到这笔钱支付完为止。

他住在弗朗西斯爵士家里时，大部分时间都用来学习民法和教会法，完全掌握了这两门学问，据认为可以和很多终生研究这两门学问的人相媲美。

弗朗西斯爵士死后，这个幸福的家庭解体了，多恩先生在米彻姆为自己买了一座房子，这里临近萨里的克罗伊登，以空气好和邻居素质高而闻名。妻子、孩子住在这里，他自己住在伦敦，离怀特霍尔不远，他经常到那里会朋友或办事，国内的很多贵族和其他人也常到那里去拜访他，让他对一些最重大的事务出谋划策，付给他一些报酬以改善其生计。

不仅是国内的贵族器重他、喜爱他，大多数外国使节与其他很多外国人也想与他结识、和他交朋友，这些人在英格兰或是求学，或是办事。

很多朋友对他软缠硬磨，让他经常住在伦敦。但他仍然拒绝，把妻子与孩子安置在米彻姆，与一些朋友为邻，这些朋友对他慷慨大方，对他妻儿也慷慨大方。上帝知道，他们需要这样。我从他很多信中为您摘录几段话，以便您能更好地判断他当时的思想状况和经济状况。

……我没有回复您上一周的来信，因为我当时悲痛欲绝。我目前的情况是，家里除了我自己之外，没有一个人安然无恙。我已经失去了半个孩子，妻子遭此不幸之后神志恍惚，感到极度痛苦。其他几个孩子的疾病更让她茫然失措。说实话，其中有一个我已经不抱多大希望。这几个孩子的医疗条件太差。如果上帝以安葬来让我们解脱，我连如何安葬都不知道了。但我以这一希望来安慰自己：我也快死了。糟蹋性命最快的方式，莫过于如此悲伤了。至于……

于米彻姆医院

约翰·多恩

8 月 10 日

他就是这样表达悲伤的，在其他信里也是这样。

……在仅仅没有做善事，没有可以受到指责的行为时，我们几乎没有发现罪孽。无论是哪一种情况，我经常怀疑自己有一种愿望，也就是真诚地向往来世，虽然我知道这不仅仅是厌倦今世，因为我随波逐流时也有同样的愿望，比现在的希望还要美好。

但我担心是尘世间的烦恼使这种愿望更加强烈：现在是春季，所有的春趣都让我烦心；每一棵树都开花，只有我在凋残；我越来越老，不是越来越好；我力量在衰减，负担在加重。但我想活下去，想做点事情，但不知做什么，在我悲伤的时刻这并不奇怪。选择了就要去做，但不参加任何团体就什么都不是。我现在就是这样，我认为自己就是这样，除非我能够融入这个世界，比如做一番事业，为大家做出一份贡献。

这件事我考虑过。我小时候就开始考虑，知道学习法律，但后来放弃了，沉溺于女色，那是人的学识和语言渴望得到的东西。富人确实需要美女陪伴，但我贫困潦倒，需要一个职业，我觉得我选了一个好职业，如果我认为从事这一职业可以让我尽绵薄之力的话。我跌跤了，摔倒了，现在我非常渺小，简直是个废物，不是个好臣民，连一封信都写不好。

阁下，我担心我目前的不满来路不正，我非常满足于化为乌有，也就是死亡。但是，阁下，我虽然落到这步田地，简直是世界上的一种疾病而不是世界的一个组成部分，所以既不爱这个世界，也不想活在世上。但我非常愿意成为一个你爱了并不感到后悔的人。阁下，您一心为自己好，我也同样一心为自己好。上帝喜爱我这种热情，不允许您怀疑它。如果您现在看见我写字，您就会怜悯我，疼痛让我的头歪得非常厉害，保持这样一种姿势，眼睛就看不见笔。所以，我以自己疲倦的灵魂为您祈祷，也把我自己托付给您的灵魂。

我相信下一周就会给您带来好消息，我要么好转，要么死亡。但假如我这样继续热下去，我也会从中得到安慰，救世主会公正处理我的命运和我的身体，把他全部的怜悯都给予我最需要怜悯的灵魂！我担心我的灵魂太像个门卫了，经常靠近大门，但并不走出门外。

阁下，对您说句真心话，我现在并不愿意搁笔，我似乎觉得这预示着我不再写了。

您不幸的朋友，
上帝不幸的病人
约翰·多恩
9月7日

从这里您看到一部分他的窘况，看到他豁达的思想所感受到的困惑。

这种状况持续了大约两年，在此期间他家人一直住在米彻姆，他自己也时常回去，经常用些时日来研究英格兰教会与罗马教会争论的一些问题，尤其是至尊问题和效忠问题。^①他在世时可能乐意到米彻姆去，乐意研究这些问题。但朋友们极力规劝他，对他产生了很大影响，终于促使他和家人搬到了伦敦。罗伯特·德鲁里爵士是个身份非常高贵的绅士，思想也更为开明。他在特鲁里街有一座大房子，他把其中一套很实用的房间安排给多恩夫妇，不仅免掉房租，而且还关心多恩的研究。这是一个同情他和他家人的朋友，与他同甘共苦。

多恩夫妇住在罗伯特爵士家里时，海勋爵受国王詹姆斯派遣，到法兰西国王亨利四世那里去完成一项光荣使命。罗伯特爵士突然决定陪他一起到法兰西宫廷，觐见国王时他也在场。罗伯特爵士突然做出决定，恳求多恩先生陪他一起上路。

这一想法突然让多恩的妻子知道了，她当时正怀孕，身体行动不便。考虑到健康问题，她表示不愿意让多恩离开她，说她有预测能力的灵魂告诉她，他离开期间她会生病，所以要求他不要离开。这让多恩先生抛弃了一切上路的想法，实际上是坚决不上路。

但罗伯特爵士一直不停地劝他。多恩先生非常大度，认为自己对不起罗伯特爵士的慷慨，他从罗伯特爵士那里得到了那么多好处。多恩先生就把这一想法告诉了妻子，妻子并不情愿地勉强同意他上路，这趟行程计划只有两个月，到时候他们就回来。

打定主意之后没过几天，使节、罗伯特爵士和多恩先生就离开

---

① 即教会的最高权威应该是君主还是教皇，教徒应该效忠于君主还是教皇。这是英格兰宗教改革初期教会内部争论了很长时间的问题。1534年，国会通过了《至尊法案》，规定君主是教会首领，教徒只能效忠于君主，不得效忠于教皇。而天主教徒只承认教皇为教会首领，不承认君主为教会首领，但在效忠问题上观点不一：有的只效忠于教皇，不效忠于君主；有的既效忠于教皇，也效忠于君主。如果让后一种人在教皇与君主之间做出选择，他们就会非常痛苦，拒绝做出选择。——译者注

了伦敦，第十二天安全抵达巴黎。到那里两天之后，多恩先生被单独留在一个房间里，他和罗伯特还有其他一些朋友刚在那里吃过饭。半小时之后，罗伯特爵士回到了这个房间。他离开时只有多恩先生一个人，回来后发现还是多恩先生一个人，但神志恍惚，容颜有变。罗伯特爵士感到奇怪，就一本正经地问多恩先生，问他在这么短的时间内发生了什么事。

多恩先生一时回答不上来，不知所措地停了很长时间，最后说道：

"自从我见到你以后，我看见一个可怕的幻象，[①] 我看见我妻子两次穿过这个房间从我旁边走过去，头发垂在肩上，怀里抱着一个死去的孩子，这是我见到你以后看到的。"

罗伯特爵士回答说："当然，阁下，我走了以后你就睡着了，这是因为你做了个伤心的梦，我希望你把它忘掉，你现在醒了。"

多恩先生回答说："就像我确信我现在还活着一样，我也同样确信我见到你以后没有睡着，也确信她第二次出现的时候停了下来，往我脸上看了一眼就消失了。"

第二天，多恩先生经过休息和睡眠之后仍然没有改变看法，而且更加慎重、更加自信地证实了他的幻象，弄得罗伯特爵士也隐约相信这一幻象是真实的。

愿望和疑心是安静不下来的，此言一点不虚，罗伯特爵士就是这样。他马上派一个仆人到特鲁里的家里，然后赶快回来，告诉他多恩夫人是否还活着，如果活着健康状况如何。

第十二天，信使回来了，说多恩夫人非常伤心，病倒在床上，

---

① 基督教术语，指虔诚的教徒在睡梦中、昏睡状态中或狂喜状态中所看到的景象，通常比梦中看到的景象清晰，常与对未来的预言有关。中世纪文献中常有关于幻象的描写。——译者注

经过很长时间的生产，分娩下一个死婴。经仔细询问，分娩日期和时间与多恩先生断言的完全一样，也就是在那个房间里断言他看见妻子从他旁边走过。

这件事会让人感到惊奇，很可能是这样，因为现在大多数人都有这样一种观点，认为不再有幻象和奇迹了。两把鲁特琴，琴弦调成同样的音高，然后演奏其中一把，另一把放在离开有一定距离的桌子上不动，但能听见它发出微弱的谐音，以回应演奏出来的同一音调，就像喇叭的回音一样，这种事确定无疑。但很多人不相信灵魂感应这种事，对此每位读者都有自己的看法，我悉听尊便。

但如果不相信的读者不允许别人享有相信这一故事真实性的自由，那我就让他想一想：很多聪明人都相信，尤利乌斯·恺撒的灵魂确实在布鲁图斯面前显现了；圣奥古斯丁及其母亲莫尼卡都看到过让他皈依教会的幻象。这些幻象，还有其他很多幻象——不胜枚举——虽然只是依据人讲述的故事，但不相信的读者可以在神讲述的故事中看到，撒母耳甚至在死后向扫罗显现，[①]是真是假我不去判定。在《约伯记》中，比勒达这样说："恐惧、战兢临到我身，使我百骨打战。有灵从我面前经过，我身上的毫毛直立。"[②]对这些话我不评论，而是让有疑心的读者去考虑。

我还让有疑心的读者考虑这个问题：很多虔诚、博学的人都认为，仁慈的上帝为每一个人都指定了一个特定的守护天使，经常告诫他，陪伴他经历所有的危险，包括身体的危险和灵魂的危险。每个人都有自己的守护天使，这一观点是有依据的，圣彼得奇迹般地从监狱里释放出来，释放他的不是很多天使，而是一个天使。[③]

---

① 典出《圣经·撒母耳记上》28。——译者注
② 原文有误。说这话的不是比勒达，而是提幔人以利法。参见《圣经·约伯记》4：14—15。——译者注
③ 典出自《圣经·使徒行传》12：4—9。——译者注

这一说法如果读者再考虑一下，就会更加可信：彼得获释之后，敲了敲约翰之母玛利亚家的门，女仆罗大看到彼得之后又惊又喜，但没有让他进门，而是赶快跑去告诉众使徒——当时他们就聚集在那里——说彼得就在门口。使徒们不信，说她疯了；她又说了一遍，他们虽然还不信，但断言道："必是他的天使。"①

对这类事情作进一步的观察，然后得出结论，就会更加相信这个故事。但我就此打住，我只打算讲故事，免得被当成一个雇来证实这一故事的人。不过我觉得这件事一定要说出来。这件事固然不是多恩先生本人告诉我的，但是一个值得尊敬的人告诉我的，这是很久以前的事了，此人与多恩先生关系极为密切，对多恩灵魂的秘密比当时在世的任何人都更了解，我相信他对我说的是实话。根据他当时说这件事时的语境，他说话时不容置疑的语气——我自己的想法就不用说了——我坚信他本人相信这件事就是真的。

对于这件事及其有关的情况，我不再让读者费心了，我自己也不再费心了，我把多恩先生的一首诗抄下来让读者看看，这是多恩先生与妻子分别时送给她的。请允许我告诉读者，我听到一些精通语言和诗歌的评论家说，任何一位希腊诗人或拉丁诗人的诗都比不上他这一首。

别离辞：节哀

正如德高人逝世很安然，
对灵魂轻轻地说一声走，
悲伤的朋友们聚在旁边，
有的说断气了，有的说没有。

---

① 典出自《圣经·使徒行传》12: 12–15。——译者注

让我们化了，一声也不作，
泪浪也不翻，叹风也不兴；
那是亵渎我们的欢乐——
要是对俗人讲我们的爱情。

地动会带来灾害和惊恐，
人们估计它干什么，要怎样
可是那些天体的震动，
虽然大得多，什么也不伤。

世俗的男女彼此的相好，
（他们的灵魂是官能）就最忌
别离，因为那就会取消
组成爱恋的那一套东西。

我们被爱情提炼得纯净，
自己都不知道存什么念头
互相在心灵上得到了保证，
再不愁碰不到眼睛、嘴和手。

两个灵魂打成了一片，
虽说我得走，却并不变成
破裂，而只是向外伸延，
像金子打到薄薄的一层。

就还算两个吧，两个却这样
和一副两脚规情况相同；

你的灵魂是定脚，并不像
移动；另一脚一移，它也动。

虽然它一直是坐在中心，
可是另一个去天涯海角，
它就侧了身，倾听八垠；
那一个一回家，它马上挺腰。

你对我就会这样子，我一生
像另外那一脚，得侧身打转；
你坚定，我的圆圈才会准，
我才会终结在开始的地点。

（卞之琳译）

　　说过幻象之后，我要告诉读者的是，多恩先生去法兰西之前、在法兰西期间和返回之后，很多贵族和宫里有影响的人都关注着他，并强烈要求国王雇他做事。国王以前不但认识他，而且还非常器重他，愿意与他为伴，也希望他能为国效力。多恩先生伴驾时，国王总是非常高兴，尤其是在用餐时，通常会对各方面的学术问题进行深入交谈，常常会有气氛友好的辩论，或由陛下与一些神学家辩论宗教问题。当时这些神学家因其职务而必须伴驾，尤其是小礼拜堂的教长，当时是主教蒙塔古，陛下大作的出版商，还有最受尊敬的博士安德鲁斯，已故博学的温切斯特主教，当时是国王的施赈员。

　　当时出现了很多争论，与至尊和效忠誓言有关，国王参与了这些争论，写了一些公开出版的作品，现在仍然存世。陛下与多恩先生交谈，涉及很多通常是反对发誓的理由时，担心他表述和回答问题的正确性和明确性，于是就命多恩先生用一些时间把这些论据梳理清楚，然后把答复写下来，写完以后不要派人送来，而是亲自呈送给陛下。

多恩先生马上就勤勤恳恳地干了起来，六周之内就亲笔写好送给了陛下，现在已经刊印出来。这本书名叫《伪殉教者》（*Pseudo-Martyr*），刊印于公元1610年。

国王看过这本书之后，就劝多恩先生担任牧师。当时多恩先生似乎很不愿意，担心自己力有未逮，他这样谦虚是错误的。虽然陛下答应支持他，很多重要人物却和陛下商量，想让多恩在俗界任职——他接受的教育让他适合在俗界工作——尤其是萨默塞特伯爵。

当时萨默塞特伯爵红得发紫，正和国王一起待在西奥博尔德家。那天夜里，枢密院的一个书记员死了，伯爵派一名信使去叫多恩先生马上过来。多恩先生来到以后，伯爵说："多恩先生，为了证明我真的喜爱你，证明我提拔你的决心，请你待在这个花园里，等我去找国王，然后带回来你成为枢密院书记员的消息。我这样做请你不要担心，我知道国王喜爱你，知道国王不会拒绝我。"

但国王一口回绝了所有的请求，以明察秋毫的语气回答说："我知道多恩先生是个博学的人，具有神学家的才华，能成为一个有影响的布道者，我希望他从事这一职业，在这方面我不会拒绝你为他提的任何要求。"

后来多恩先生说，国王屈尊大驾，亲自劝他担任圣职，几乎到了恳求的地步。当时他虽然没有拒绝，但还是拖延了将近三年。在此期间，他一直坚持学习神学著作，进一步提高学术语言水平，即希腊语和希伯来语。

在基督教早期，也是基督教最好的时期，神职人员受到尊重，也值得受到尊重，凭借其美德、忍耐力和长期遭受痛苦，最终战胜了反对他们的人，只有这些人才被认为配得上担任神父。他们温和、逆来顺受，谦卑地崇拜圣职，对圣职心怀畏惧。担任圣职确实需要高度的谦恭态度，需要努力，需要小心谨慎，只有这样才被认为配得上这一神圣的职务。当时只寻找这样的人，请求这样的人担任圣职。

我之所以提起这件事，是因为冒失和轻率不能成为不够格或不适合的理由，多恩先生是这样，其他很多人也是这样。他已经考虑了很长时间，对于担任圣职所要求的生活严谨、有学术能力等问题，在思想上斗争了很长时间。考虑到他自己的不足，他肯定谦卑地用圣保罗的话"这事谁能当得起呢？"① 问过上帝，用温顺的摩西的话"主啊，我是谁？"② 问过上帝。

可以肯定的是，如果他亲自问过上帝，他就不会因此而担任圣职了。但上帝与多恩先生搏斗，上帝是能够取胜的，就像天使与雅各搏斗③ 那样。上帝记住了他，把他当成自己人，为他祝福，让他服从圣灵的意志。然后，就像他以前用摩西的话"我是谁？"来问上帝那样，现在他明白了上帝对他的特殊恩惠，在国王和其他人请求他的时候，他就开始问大卫王充满感激的问题："主啊，我是谁，你竟顾念我？"④ 您是这样顾念我，引导我四十余年，让我在险境中多次经受住诱惑，多次转弯；您是这样顾念我，让最博学的国王屈尊鼓励我担任圣职！您是这样顾念我，最终说服我接受这一建议！您的建议我愿意接受，现在我引用圣母玛利亚的话"和你眼里最好的仆人在一起"。所以，神圣的耶稣，我会举起救赎之杯，呼唤您的名字，传播您的福音。

这样的思想斗争圣奥古斯丁经历过，当时圣安布罗斯试图劝他

---

① 语出自《圣经·哥林多后书》2：16。——译者注
② 语出自《圣经·出埃及记》3：11。——译者注
③ 典出自《圣经·创世记》32。——译者注
④ 原文是"人算什么，你竟顾念他？"参见《圣经·诗篇》8：4。——译者注

皈依基督教，并承认让奥古斯丁的朋友阿利皮尤斯了解基督教。我
们博学的作家——一个适合仿照范本写作的人——也经历过。他把
自己的打算告诉了好朋友金博士，当时的伦敦主教，他那个时代的
名人，对多恩先生的才能颇为了解，因为他曾担任大法官大人的专
职牧师，当时多恩先生是大法官大人的秘书。金博士听到这一消息
后非常高兴，表达了欣喜之后，又劝他要矢志不移，然后马上就任
命多恩先生为助祭，不久之后又任命他为牧师。

这时圣公会有了第二个圣奥古斯丁，我认为在他改宗①之前谁
也没有他更像圣奥古斯丁，改宗之后谁也没有他更像圣安布罗斯。
如果说他年轻时具有圣奥古斯丁的弱点，上了岁数之后就具有了圣
安布罗斯的优点，而且具有他们二人的学识和圣洁。

他以前偶尔学习不同的科目，现在则集中学习神学。他有了新
职业，有了新思想，其智慧和口才派上了新用场。他所有的世俗情
感都转换成了对上帝的爱，他灵魂的所有功能都用来劝别人改宗，②
用来传播悔罪者得到宽恕的好消息，用来为每一个不安的灵魂带来
安宁。做这些事情他兢兢业业，思想上发生了巨大变化，可以引用
大卫的话了："万军之耶和华啊，你的居所何等可爱！"③他公开宣
称，当他想要世俗的祝福时，上帝给了他心灵的祝福；现在他宁可
在上帝之家当门卫，也不愿担任最高贵的世俗职务。

他担任圣职不久，国王派人去召他，让他担任王室常任牧师，
并答应特别关注他的晋升。

他与学者和身居最高位的人早就熟悉，有些人要是处于他这个
位置，就会很不客气地向任何显赫人物布道。但他在这一问题上极

---

① 多恩以前信奉天主教，现在担任圣公会的圣职就意味着他要放弃天主教
　　信仰。——译者注
② 即动员天主教徒或不信国教者改信圣公会。——译者注
③ 语出自《圣经·诗篇》84: 1。——译者注

为谦虚，谁也无法说服他这么做，而是常常在某个朋友的陪伴下，悄悄地到某个离伦敦不远的村庄去布道。

他第一次布道是在帕丁顿。后来陛下派人传话，指定一个日子让他在怀特霍尔宫为国王布道。陛下和其他人都对他期望很大，而他非常幸运——没有几个人有他这么幸运——满足并超过了他们的期望。

他传播福音的时候，自己的心灵被他辛辛苦苦灌输给别人的思想和快乐控制住了。他是个真诚的布道者，有时候为听众哭，有时候和听众一起哭。他总是为自己布道，像是来自云端的天使，但不在任何一个云端，像圣保罗那样把一些人欢天喜地地送到天堂，以策略和迎合劝导其他人改变生活方式。有时候向作恶的人描述这种罪恶，将其描述得很丑陋，又把美德描述得很可爱，连那些不喜爱美德的人也会觉得它可爱。所有这一切都展现出他最大的魅力，还有一种难以形容的得体。

有些人可能会认为我对朋友有偏爱，毫无节制地夸赞他的布道，这些人肯定没有听过他布道。如果我恳求他们遇见一次，尽管我很多都不会提及，他们也会加倍证实我所说的话。有一位杰出的绅士证实过，他是奇德利先生，经常听多恩先生布道。他为多恩先生写过一首葬礼挽歌，其中有一部分写到他布道，这是众所周知的事实，尽管是诗歌的形式。

> 每一座祭坛上都有他的火焰 [1]
>
> 他拥有爱，但不拥有物体，
> 智慧他没有抛弃，而是将其移植，

---

[1] 典出自"坛上的火要在其上常常烧着，不可熄灭"。参见《圣经·利未记》6:12。——译者注

教它时间和地点，让它懂得虔诚，
它就变得最为虔诚。

******

乐趣可曾有过这样的装扮？
见过罪恶或美德是如何表达的，
他是如何描述宗教的？
他不是谴责一个美女犯罪吗？
败坏的本性感到伤心，
她与向善失之交臂。
他布道时她希望听不到他谈虔诚，
他有这么大的诱惑力。
他动听的话语是如何
劝人改过自新的？——

还可以举出更多这样的例子，更多见证人，但我到此为止，言归正传。

那年夏天，就在他担任圣职、成为国王常任牧师的那个月，陛下外出巡幸，被请到剑桥大学接受款待。当时多恩先生陪着陛下，陛下很高兴地把他推荐给剑桥大学，建议授予他神学博士学位。哈斯内特博士——后来成为约克大主教——当时是副校长，他知道多恩先生是那部博学的著作《伪殉教者》的作者，不需要其他证据来证明其才能了。他把这件事提交到大学当局，大学当局很快就同意了，很高兴有这样一个机会让多恩先生成为他们的一员。

他在这一职业上表现出的才能和勤奋非常突出，显赫人物都知道他，都喜爱他。在他任职的第一年，就有好几个地方的十四个圣职推荐给他。但这些地方都在乡下，他不能离开他喜爱的伦敦，他对伦敦有一种本能的喜爱。他出生在伦敦，在伦敦接受的教育，在伦敦结交了很多朋友，与朋友们交谈增加了他人生的乐趣。可以把他固定在伦敦的一份工作是受欢迎的，他需要伦敦。

他刚从剑桥回来，妻子就死了，他成了个财力薄弱、收入不稳定的人，还有七个活下来的孩子——已经埋葬了五个——需要他精心照料。他自愿向孩子们保证，决不让他们受继母的气。这一诺言他最为忠实地履行了，流着眼泪把他全部的世俗欢乐都埋进他最亲爱的妻子的坟墓里，去过一种最平静、最寂寞的生活。

他离群索居，最亲密的朋友常常见不到他。他与世隔绝，拒绝这个喧闹不休的舞台上每天都在表演的一切无聊故事和想象出来的快乐，这些东西也一概拒绝了他。这也不难理解，意外事故既可以增加人的激情，也可以改变人的激情。以前夫妻相亲相爱，妻子一直都是他的至爱，是他年轻时的伴侣，他与妻子同甘共苦，这是常人做不到的，这并不难理解。妻子已不在人世，以前他有多么快乐，现在就有多么痛苦。妻子死后，他心里只有悲伤，没有给享乐留下任何余地。如果说留了一点余地的话，那就是享受独处，像荒野里的鹈鹕一样，可以在无人看见或没有约束的情况下表达悲伤，像约伯在遭受痛苦的日子里那样发泄情绪：“惟愿我得着所求的，愿神赐我所切望的！”[①] 既然坟墓成了她的家，那我也赶快把坟墓变成我的家，这样我们就能够一起在黑暗中铺床叠被了。就像以色列人想起锡安山时坐在巴比伦河边伤心那样，他也发泄一下悲痛的情绪来减轻内心的痛苦。这样，他从白天伤心到夜里，伤心一夜之后白天又继续伤心。

他就这样日复一日地伤心，直到想起他要对上帝履行的新义务，

---

① 语出自《圣经·约伯记》6: 8。——译者注

想起圣保罗的话："若不传福音，我便有祸了！"①笼罩住希望的愁云惨雾才最终散去，迫使他看到了光明。

他离开家之后所做的第一件事，就是到埋葬妻子的地方去布道。那里是伦敦坦普尔栅门附近的圣克莱门特教堂，他讲的经文是先知耶利米的哀歌"我是遭遇困苦的人"。②

他的话语和容貌证明他确实就是这样一个人，加上他在布道时流露出的叹息和眼泪，听众无不动容，陪着他一起悲痛。然后大家离开了教堂，别人家里给予他们的是快乐，而他家里给予他的只有新的悲伤：一群无依无靠的孩子，少得可怜的收入，对孩子们的教育还要操很多心，处理很多问题。

在这段悲伤的日子里，他受到林肯律师学院主管委员们的纠缠，这些人是他年轻时的伙伴和朋友，现在要他接受他们的讲座教席，由于加泰科博士离职，这一教席空缺了。他接受了下来，非常高兴地与那些他很喜爱的人重叙旧情，他曾是那里的一个扫罗——虽然不是迫害基督教，也不是嘲笑基督教，而是在不守规矩的青年时代对基督教活动视而不见——现在要变成一个保罗，③向教友们宣讲救赎。

现在，他的生活成为老朋友中的一盏明灯，让他们目睹了严谨和规律的生活。就像圣保罗规劝哥林多人那样，他会这样说："你们该效法我，像我效法基督一样，走路也要学我的样子。"④不是一个身影忙碌的样子，而是一个在生活和交谈中爱沉思、无恶意、谦卑、圣洁的样子。

---

① 语出自《圣经·哥林多前书》9: 16。——译者注
② 参见《圣经·耶利米哀歌》3: 1。——译者注
③ 扫罗最初亵渎神，迫害基督徒。后来耶稣向他显现，他便皈依基督，并改名保罗。参见《圣经·使徒行传》。——译者注
④ 语出自《圣经·哥林多前书》11: 1。——译者注

　　这个高贵的团体以多种方式表达了对他的爱。除了单独的漂亮住所之外，还为他新添置了所有必需品，每天都向他表达其他好意，这么多，这么慷慨，好像他们表达的感激之情要超过他的功劳似的。这种竞相表达奖赏和慷慨的做法持续了两年。他诚心诚意、持续不断地向他们布道，他们慷慨地报答他。

　　大约这个时候，德意志皇帝驾崩，独立伯爵（不久前刚娶了国王詹姆斯的独女伊丽莎白公主）当选并加冕为波希米亚国王，这成为波希米亚很多灾难的不幸开端。

　　国王詹姆斯的座右铭"Beati pacifici"①真实地表达了他心里的想法。他先是试图阻止波希米亚发生动乱，然后又试图调停，其中一个举措是委派唐卡斯特伯爵海大人担任使节，到那些不安定的诸侯那里去。陛下对多恩博士下了特别命令，让他到联盟的诸侯那里协助工作。伯爵对此最为高兴，他一直都非常器重多恩博士，非常喜爱与多恩博士交谈。多恩博士在林肯律师学院的朋友们也很高兴，因为他们担心他学习起来没有节制，为妻子的去世而悲伤，用雅各的话说，这会使他"来日无多"，对他的身体健康也"有害"，在这方面有很多明显的迹象。

　　多恩博士启程时，与林肯律师学院的朋友们依依惜别，朋友们也与他惜别。他虽然不能像圣保罗对以弗所人那样说"我素常在你们中间来往，传讲神国的道。如今我晓得，你们以后都不得再见我的面了"②。但他知道自己患了肺病，所以也有这一疑问，朋友们也担心。所有人都断言，他精神上的不安，再加上他不间断地学习，加剧了他身体的衰弱。

　　但上帝是一切智慧和仁慈的上帝，将这一切都向最好的方面转

---

① 　"和平缔造者有福。"原文为拉丁语。——译者注
② 　语出自《圣经·使徒行传》20: 25。——译者注

化。执行这一任务——其结果就不用说了——不仅转移了他的注意力，让他忘却繁重的学习和悲伤，而且还像是赋予了他新的生命，在一个真正快乐的时刻，在异国他乡亲眼看到他最亲爱、最尊重的女主人波希米亚王后①身体健康，亲眼看到她见到他时流露出的喜悦之情。王后以前知道他是个廷臣，现在高兴地看到他穿上了法衣，更高兴地亲耳聆听了他精彩的布道。

离开英格兰大约十四个月以后，他回到林肯律师学院的朋友们中间，悲痛情绪减轻了，健康状况改善了，然后就一直致力于布道。

从德意志返回大约一年以后，凯里博士被任命为埃克塞特主教。他一调动，圣保罗教长职务便出现了空缺。国王派人去召多恩博士，命他第二天午餐时伴驾。陛下一落座，还没有吃一口饭，就乐呵呵地说："多恩博士，我请你来吃饭。你虽然没有坐下来陪我，但我会为你切下一盘来，我知道你非常喜欢吃。你喜爱伦敦，所以我任命你为圣保罗大教堂教长。我吃完以后，你就把这盘喜爱吃的菜带回家，端到你书房里，自己做感恩祷告，这会对你有很大好处。"

他一就任教长，就雇工匠装修美化小礼拜堂，就像当年大卫王起的誓："他的眼睛和太阳穴无法休息，直到他把上帝之家美化好。"

下一个季度，他岳父乔治·莫尔爵士——过了一段时间之后已经成为喜爱和赞赏他的人——来给他有条件限制的二十英镑，他拒绝接受，像好心的雅各听说可爱的儿子约瑟还活着时所说的那样："已经够了。您对我和家人一直很好，我知道您目前也不宽裕，我希望我会宽裕，或者说是不需要这笔钱，所以我不会再按照契约收您的钱。"为表明其态度，他慷慨地放弃了契约。

他刚被任命为教长，由于怀特博士去世，伦敦西部圣邓斯坦教区的牧师职务落到了他身上。在此之前，该教区的圣职授予权早就

---

① 即前文提到的伊丽莎白，国王詹姆斯一世的女儿。——译者注

由他可敬的朋友多塞特伯爵理查德给了他，当时理查德是圣职授权主管人，并由理查德已故的兄弟爱德华加以证实，兄弟二人都是很讲信誉的人。

大约同一时期，又一笔宗教资金落到他手里，是以前肯特伯爵给他的。有了这些钱，他就能够给穷人捐款，对朋友表达好意，为几个孩子提供足够的物质，不让他们出丑，配得上他和他们的职业和身份了。

在这一年召开的新一届国会上，他当选为圣公会宗教会议主席。大约这个时候，他最仁慈的主子国王陛下指定他在很多特殊场合布道，比如说在圣保罗十字布道坛①和其他地方。所有这些布道任务他都完成得非常出色，受到全国神职人员代表机构的赞赏。

有一次，只有这一次，他引起了国王的不快，是由某个恶意搬弄是非的人惹的祸。此人对陛下说，多恩博士在布道坛上四处放风，暗示他担心国王有天主教倾向，不喜欢国王的政府，尤其是不喜欢国王把晚间训话变成问答，阐述主祷文、使徒信条和十诫。陛下更倾向于相信这一说法，因为此人是贵族，名声显赫，与多恩博士友情甚笃，当时被逐出了宫廷——我暂时不提他的名字，到一个更合适的时机再说——依法投入了监狱。这在普通民众中引起很多传言，英格兰民众认为他们不聪明，除非是自己不懂的东西瞎忙活，尤其是关于宗教问题。

国王听到这一消息后极为不满，心里无法平静，他不会允许太阳落下去，让他对此感到担心。国王派人把多恩博士召来，要他对这一指控做出回答。多恩博士的回答非常清楚，令人满意。国王说，

---

① 旧圣保罗大教堂门前一个木制的十字架形布道坛，供露天布道用，每逢星期日都有著名神职人员在这里布道，后来在第一次内战中被国会下令拆除。——译者注

他非常高兴，不再心存疑虑了，可以安心了。

国王说过之后，多恩博士跪下感谢陛下，说他回答的都是实话，他没有与任何人密谋，所以希望陛下确信他清白无辜，在类似情况下他总是能够得到上帝的信任，所以也能得到陛下的信任，否则他就跪地不起。

听到这话，国王亲手把他从地上扶起来，说他相信多恩博士，他知道多恩博士是个诚实的人，不会怀疑他，而是真心喜爱他。国王让多恩博士退下之后，把枢密院的一些大臣召进会议室，很认真地说："我的博士是个诚实的人，各位大人，他刚才的回答让我再满意不过了。想起是我让他当上的牧师，我就感到高兴。"

多恩博士五十岁那年被任命为教长。五十四岁那年他患上重病，随后转成肺病。但就像约伯心怀感激地所说的那样，上帝让他保持着精神，让他头脑清醒正常，就像他刚患病时那样。疾病一直拖下去，他有死亡的危险，但他并不害怕。

在他患病期间，他亲爱的朋友亨利·金博士每天都去看望他。亨利·金博士当时是主要的驻堂教士，奇切斯特前主教，在全国的神职人员中广为人知，以生性乐于助人而著称。他发现多恩博士难以康复，就选择一个适当的机会对多恩博士这样说：

"教长先生，承蒙您的厚爱，我对您的财产状况并非一无所知，您对最近给我们的出价也并非一无所知，有人想续租属于我们教堂的最好田产。您知道这一要求被拒绝了，因为我们的佃户非常富有，提出罚一笔很少的款，这与他得到的好处不相称。但我要么提高他这笔钱的数目，要么让其他驻堂教士一起接受所出的价钱。承蒙您的厚爱，我可以并愿意马上去这么做，这对您的身心都不会造成任何伤害。我恳求您接受我的提议，我知道这能为您增加很多财产，您需要它。"

听了这一番话，多恩博士停了一会儿，然后从床上起身回答说：

"最亲爱的朋友，我最恭敬地感谢您对我的很多好意，尤其是这件事。但依照我目前的情况，我不能接受您的提议。因为肯定有渎圣罪这一说。假如没有渎圣罪，经文里就不会有这一名称，早期的教士也不会严加防范这一罪行。实际上所有基督徒对这一罪行都很厌恶，认为这是公然挑衅全能上帝的权威和神意，是宗教衰落的可悲的前兆。以前的基督徒专门挑选固定的时间来斋戒，为虔诚的教士向上帝祈祷，他们服从虔诚的教士。而现在的基督徒则热衷于争论鸡毛蒜皮之类的事，争论教会礼仪问题，对渎圣罪毫无顾忌，对什么是渎圣罪连问都不问，这样的人大量存在。

"但感谢上帝，我考虑过渎圣罪问题。我现在卧病在床，全能的上帝让我无法为教会服务，所以我不敢从这里得到任何好处。但如果上帝让我康复，可以回到祭坛上继续效力，我会非常乐意接受这一教堂的慷慨捐助人给我的报酬，上帝知道我的孩子和亲属需要它。其中不能忘了我母亲，她轻信、仁慈，本来很富有，现在已所剩无几。

"但是，金博士，假如我不能康复，我身后留下的那一点财产——分成八份之后非常少——就归您所有，如果您不拒绝我这一点好意的话，您是我最忠实的朋友和遗嘱执行人，您的谨慎和公正我毫不怀疑，就像我不怀疑上帝为我的财产祝福一样，那是我尽心尽责为他们积攒下来的。但在我卧病在床时，这笔财产不能再增加了，我宣布这是我不能变更的决定。"

对这番话的回答，不过是答应按照他的要求去做。

几天之后，他的病状减轻了，体力也增加了，他也更加感谢全能的上帝，他最出色的《祈祷书》可以证明，他康复之后出版了这本书，读者从中可以看到当时他心灵深处最隐秘的想法，经他阐释之后公之于众。这本书被称为"心灵沉醉之图画"并无不妥，缘起于他那场突如其来的疾病，也适用于这场疾病。这是一本沉思录、演讲集和祈祷书,在病榻上写成,模仿早期主教的笔法,早期主教往往在他们接受赐福的地方建造祭坛。

这场病把他带到死神门前,他看到了随时准备吞没他的坟墓。他常说,他康复是超自然力所为,是上帝恢复了他的健康,让他的生命延续到五十九岁。

1630 年 8 月,他与长女哈维夫人一起在埃塞克斯的阿布里-哈奇,在那里发起了烧。他一直患有忧郁症,很快就转成了明显的肺病,见到他的人会说"他是天天冒死",就像圣保罗说他自己一样。[1] 他也会像约伯那样说:"我的福禄如云过去,困苦的日子将我抓住,令人厌倦的黑夜在等待着我。"[2]

各位读者,这场病拖得时间长,不仅使他衰弱,而且让他疲倦。我希望他现在休息一下,在谈到他的死亡之前,和读者一起回顾他的生平,希望读者不要认为这是节外生枝,在他安睡时让您思考一番,希望这样并无不妥。

婚姻是他一生中的大错。他虽然拥有非凡的智力,非常善于维护似是而非的论点,但他远远没有证明其婚姻美满。他妻子多年来一直很能干,再加上其他原因,可以适当地缓和严厉的指责。但他偶尔因此而自责,这肯定伴随有深深的悔恨,如果上帝没有赐予他们夫妻恩爱的话,比如说在他们遭受痛苦时,让他们伤心的面包吃起来比愚钝、愁闷者的宴席味道好一些。

他年轻时的娱乐是写诗。他乐此不疲,好像大自然及其万事万物创造出来只是为了让他运用智力、发挥丰富的想象力似的。他随手写着玩、写完随便一扔的诗可能是这样——这些诗大多数都是

---

① 圣保罗的原话是"我是天天冒死"。参见《圣经·哥林多前书》15: 31。——译者注

② 语出自《圣经·约伯记》30: 15–17。——译者注

二十岁以前写的——看上去有精心挑选的隐喻，大自然和所有的艺术联起手来竭尽全力帮助他。

　　到了该赎罪的年纪，看看年轻时随手扔到一边——上帝知道，太随意了——的一部分诗，他希望这些诗胎死腹中就好了，或是非常短命，让他亲眼看到它们的葬礼，这都是事实。他虽然对这些诗不友好，但并没有与圣诗发生纠纷，没有抛弃圣诗，即便到了晚年也没有抛弃，当时他写了很多有关宗教的十四行诗，还有其他高尚、圣洁、悦耳的作品。他甚至在病榻上也写了这种神圣的赞美诗，表达他当时心灵的喜悦，写作时确信上帝对他有厚爱：

天父上帝赞

　　　　您会饶恕那罪过吗？我生命从中发端，
　　　　虽然它早已犯下，却也是我的罪过。
　　　　您会饶恕那罪过吗？我正在其中滚翻，
　　　　而且不断在滚翻：虽然我不断在悔过。
　　　　在您做过之后，您并未做完，
　　　　因为我还有更多。

　　　　您会饶恕那罪过吗？我曾经用来诱劝
　　　　别人也去犯罪，且以我的罪为楷模。
　　　　您会饶恕那罪过吗？曾经我有一两年
　　　　避开了它：却在其中翻滚了廿年多。
　　　　在您做过之后，您并未做完，
　　　　因为我还有更多。

　　　　我犯有一种疑惧罪，恐怕我一旦缠完

最后一缕线之时，我将在此岸逝灭；

但以您自身起誓：您儿子在我死之前

将一如既往普照，将普照一如此刻；

做过这事之后，您才算做完，

我不再疑惧更多。

（傅浩译）

　　我之所以提到这首赞美诗，是因为他让人为此诗谱了最庄重、最严肃的曲子，由圣保罗大教堂的唱诗班在管风琴伴奏下经常演唱，他亲自聆听，尤其是在晚祷时。他依照习惯在那里祈祷完之后返回时，有时会对一位朋友说："这首赞美歌的歌词，让我想起了我患病期间写这首诗时内心的喜悦之情。教堂音乐的魅力啊！为这首歌增添的和声让我情绪高涨，让我更有激情、更充满感激之情。我发现我在教堂尽完祈祷和赞美上帝的义务后返回时，内心总有一种难以形容的平静，有一种想离开这个世界的愿望。"

　　当年救世主的十二位使徒，还有离救世主最近的年月里最优秀的基督徒，就是以这种方式赞美全能上帝的。读过圣奥古斯丁传记的人会发现，他即将离开母亲时痛哭一场，基督教的敌人拆散了他们，亵渎并毁坏了他们的庇护所，因为他们的赞美诗从教堂里丢失了。很多虔诚的教徒也以这种方式举起双手，向全能的上帝供奉可以接受的祭品。多恩博士也在这里供奉了祭品，现在他就埋葬在这里。

　　但是，主啊！这个地方现在（1656年）是多么荒凉！

　　我在继续讲述之前，觉得应该告诉读者，多恩博士在死前不久让人画了一幅画，表现基督的身躯伸展在一个锚上，就像画家向我们展示基督被钉死在十字架上时所画的那个样子，改动的地方只是不把他绑在十字架上，而是绑在锚上——锚是希望的象征——他让人把锚画得非常小，这样画的很多人像雕刻在天芥菜石上，雕刻得非常小，然后镶上黄金。他把这些像送给很多最亲爱的朋友，用作图章或戒指，作为对他的纪念，对他爱他们的纪念。

他亲爱的朋友和保护人亨利·古迪尔爵士、罗伯特·德鲁里爵士不在这些人之列，乔治·赫伯特的母亲马格德琳·赫伯特夫人也不在，这些人都获得了永生，在他之前入了土。但亨利·沃顿爵士和已故的诺里奇主教霍尔博士在此之列，索尔兹伯里主教杜帕博士、不久前去世的奇切斯特主教亨利·金博士也在此之列。这些人既有一般常识，有天生的口才，也有基督徒的谦恭，值得文笔和他们同样漂亮的人撰文纪念，在文采上无人能超越他们。

列举他的朋友时，虽然很多人必须忽略，但那个古朴虔敬的乔治·赫伯特先生不能忽略。我说的这个乔治·赫伯特是《圣殿，或圣诗与短祷》一书的作者，他在书中描述了自己精神上的冲突，安慰并鼓舞了很多沮丧和彷徨的人，让他们产生了愉快和平静的想法。经常阅读这本书，在给予作者以灵感的那种精神的帮助之下，读者可以养成安静和虔敬的习惯，得到圣灵和上天的一切恩赐。继续读下去，就能让圣火在如此纯洁的一颗心的祭坛上持续燃烧，让这颗心摆脱尘世间的烦恼，让其专注于天国的事物。乔治·赫伯特与多恩博士的密切友好关系持续了很长时间，是相同的性格使他们结下了友谊，让他们非常乐意相互为伴。这一幸福的友谊也由很多圣洁的表示爱慕的言行来维持，下面这首诗可以证明。

致乔治·赫伯特先生

送给他一枚基督绑在锚上的图章

在此之前一捆蛇用作我的图章，那是我们家的饰章。

Qui priùs assuetus serpentum falce tabellas

Signare, haec nostrae symbola parva domûs,

Adscitus domui Domini [1]

被接纳进上帝之家，

旧纹章丢了，我启用新纹章。

下面是十字架，我洗礼时的标记，

变成了一个锚。

十字架变成锚，就像你背负着十字架一样，

那个十字架也变成了锚。

但这样把十字架变成锚的人

是基督，他为了我们而被钉死。

但我可以用它来呈现我的蛇，

上帝给了新的祝福，但留下了旧的，

蛇可以成为我的典范，

我的毒药，因为蛇吃尘土，尘土就是我。

他肯定绕着地球去杀人，

他会置我于死地，但十字架能救我，

把自然钉在十字架上吧，然后

恳求他的恩典，他曾被钉死在那里。

当一切都成为十字架，十字架都变成锚，

这枚图章就成为教义问答手册，不仅仅是枚图章。

小图章下面我送有大礼，

既有善工也有祈祷，那是一位朋友的抵押物和收入。

愿骑在大图章上的那位圣徒啊！

---

[1] "以前用一块蛇钩板在我们家族的标志上盖章。他被允许进入圣殿。"原
文为拉丁语。——译者注

送给你厚礼，你和他同名。

约翰·多恩

IN SACRAM ANCHORUM PISCATORIS [1]

乔治·赫伯特

Quòd Crux nequibat fixa clavique additi, –
Tenere Christum scilicet ne ascenderet,
Tuive Christum [2]

十字架不能把基督留住，
虽然把他钉在上面，他还要升天。
你的雄辩也不能把他留住，
但只要你一发话，这个锚就能留住。
这样你也不会满意，除非你在
这个锚上增添一枚印章；所以
水和土都把它们确定性的象征
归功于你。
让世界旋转吧，我们和大家一起稳稳地站着，
这个神圣的锚链挡住了所有的暴风雨。

乔治·赫伯特

　　言归正传。我要告诉读者，多恩博士除了这些给他亲爱的赫伯特先生写的诗，除了我提到的在圣保罗大教堂唱诗班席位上唱的赞

---

① "圣锚上的渔夫"，原文为拉丁语。——译者注
② "十字架可以固定住，基督不去背负。"原文为拉丁语。——译者注

美诗之外，还写了其他宗教短诗来打发很多悲伤的时刻。他临死前
在病榻上写了一首赞美诗，其题目是：

病中赞美上帝

1630 年 3 月 23 日

我就要走进那个圣所，
在那里我和您的圣徒唱诗班一起，
永远演唱圣歌，
我到门口校准乐器的音调，
要做什么事先就想好。

我的医生凭借他们的爱
成为宇宙志学家，我躺在床上，
成为他们的天体图。

迎接我的主！他身穿紫衣，
把他的另一顶荆冠给我；
我对其他人传布您的福音，
这是我的经文，我对自己布道：
"他可能起身；所以主倒下了。"

　　如果这些话语遭到人的指责，那是因为这个人与尘世接触过多，
不适宜判断这些超凡脱俗的狂喜和启迪。他要知道，很多圣洁和虔
诚的人都认为，普鲁登修斯①的精神是最高尚的，死前不久，"他

---

① 　Prudentius，公元四世纪时的罗马诗人，信奉基督教。——译者注

责令每天早上和晚上都要向上帝献上一首新圣歌"。大卫王和仁慈的国王希西家 ① 的做法为其提供了依据。希西家在其搞革新的岁月里，用一首赞美诗来感谢全能的上帝，诗的结尾这样说："耶和华肯救我，所以我要一生一世，在耶和华的殿中，用丝弦的乐器唱我的诗歌。" ②

他后半生可以说是一直在学习。他通常每周布道一次，如果次数不是更多的话，布道之后眼睛也从来没有休息过，先找出一段新经文，当天夜里将布道词整理成形，将经文划分成若干部分，第二天去请教其他神职人员，把他心里想的内容记在脑子里，他记忆力极好。

但星期六他通常让身心休息一下，放下他一周来冥思苦想的沉重负担。这一天他一般是拜访朋友，或是做其他让脑子得到放松的事情。他常说，他让身心都得到恢复，这样他就能够做第二天的事情了，不是萎靡不振地做，而是精神饱满地做。

他不仅是在晚年勤奋。在他年轻时最不稳定的日子里，他躺在床上的时间也不会超过凌晨四点，很少十点以后才走出卧室，这一段时间都用在了学习上，尽管在此之后他就很随意了。

如果说这好像有点奇怪，看看他丰硕的劳动成果你就会相信了，其中有一部分就可以证明我在这里所说的一点不虚：他留下了一千四百位作家的成果，大多数有删节，有他亲笔写下的分析。他还留下了一百二十篇布道词，全是他亲笔所写。他还写有一部措辞严谨、读起来佶屈聱牙的专著，写的是自杀，名叫 *Biathanatos*，其中自杀所违反的所有法律他都进行了仔细考察，并审慎地加以谴责。

---

① 《圣经》中记载的犹大王国第十三任国王。参见《列王纪下》18—20、《以赛亚书》36—39 和《历代志下》29—32。——译者注

② 语出自《圣经·以赛亚书》38：20。——译者注

这是他年轻时写的，仅凭这一部作品，就可以说他不仅精通民法和教会法，而且还精通其他很多知识和论点，这些问题很多拼命想当大学者、装作无所不知的人根本就没有考虑过。

这些学识不仅体现在他的学习上，而且还体现在对公众来说有一点重要性的所有事务上，无论是我国的事务还是邻国的事务。他或是用拉丁语、或是用该国的语言将其简单记录下来，然后保存起来以备将来使用。他还保存与他朋友有关的各种书信和良心诉讼材料，还有他对这些材料的评述和处理意见。另外还有各种有意义的事务材料，都由他本人分门别类，整理得井然有序。

他生前就开始为离开这个世界做准备，在痛苦或疾病使他的精神功能出现障碍之前就立下遗嘱，不是突然担心死亡时立下的，而是经过深思熟虑后立下的。遗嘱表明，他是个公平无私的父亲，几个孩子分得的份额一样多。他也爱朋友，为他们留下的遗产都是适当的、经过慎重考虑的。

我不能不提到一些人的名字，我认为这些人的名字应该在这里记下来。这些人有：

他妹夫托马斯·格赖姆斯爵士，遗赠的是自鸣钟，他长期装在衣袋里。

他亲爱的朋友和遗嘱执行人金博士，奇切斯特前主教，遗赠的是多德雷赫特宗教会议的金模型，那是他最后一次在海牙时议会送给他的；还有神父保罗和富尔根蒂奥的两幅画像，这二人是他在意大利旅行时结识的，以学识渊博而在意大利享有盛名。

他的老朋友布鲁克博士，剑桥三一学院院长，他的证婚人，遗赠的是圣母和约瑟的画像。

继承他担任教长的温尼夫博士，遗赠的是一幅叫作"骨架"的画。下一任教长，当时并不知道是谁，遗赠的是很多有价值的必需品，对其家庭很有用。还有用于小礼拜堂的几幅画和礼拜用品，希望能登记在册，然后遗赠给继任者。

多塞特伯爵和卡莱尔伯爵，遗赠的是几幅画。

其他很多朋友他都有遗赠。他遗赠是为了表达情谊，不是为了增加他们的财富。

而对于穷人他则充满仁慈，对于其他很多人他长期不断地慷慨解囊，这些人可以称得上他的施舍对象。他对所有这些人都有赠送，而且赠送得很多。他本来就有六个孩子要赡养，有些人会觉得这和他的财产状况不相称。

其他人的名字我就不再提了，免得读者觉得我太啰唆而失去耐心。但我恳求读者看看遗嘱的开始和结尾。

"以神圣、光荣的三位一体的名义，阿门。我，约翰·多恩，牧师，凭借基督耶稣的仁慈，凭借圣公会的感召，现在健康状况良好，智力健全——为此我要感谢上帝——特此立下我最后的遗嘱如下。

"首先，我把完整的躯体和灵魂供奉给仁慈的上帝，最谦恭地感谢圣灵对我做出的保证，让我的灵魂得救，让我的躯体复活，感谢圣灵对我做出的不变的令人高兴的判决，让我生在真正的教会，死在真正的教会，这一教会就是圣公会。

"为了得到复活，我希望把我的遗体埋在——尽可能用最隐秘的方式——伦敦的圣保罗大教堂，现在的驻堂教士经我请求，已经为此而进行了设计……

"这是我的最后遗嘱，出于对上帝的敬畏而立，出于对整个世界——从我身份最低的仆人到我最高的上司，我祈求他们的宽恕——的爱而立，我谦恭地乞求上帝的怜悯，我一直都仰仗耶稣基督。该遗嘱由我亲笔所写，每一页都有我的签名，一共有五页。

封于 1630 年 12 月 13 日。"

他不仅在临死前这样表达善意，他健在时也是这样。他经常乐呵呵地去看望那些沮丧或贫困的朋友，经常询问囚犯缺什么东西，将很多人从监狱里赎出来，这些人因为税或欠一点债而入狱。他经常为穷学生慷慨解囊，既有本国学生也有外国学生。除了亲自送钱物之外，他通常在全年的所有节日，尤其是圣诞节和复活节，派一个仆人或谨慎可靠的朋友，到伦敦所有的监狱去施舍。

有一次，他把一百英镑送给一个老朋友，他知道这个朋友以前生活富裕，由于太大方、太粗心而家道中落。老朋友拒绝接受，说他不缺钱。各位读者会注意到，有些人慷慨大方，但想方设法掩盖和忍受贫穷，不愿意红着脸承认自己贫穷。还有一些人生性温柔、富于同情心，所以怜悯人的苦难，并设法阻止别人受苦受难。我之所以说这些，是因为多恩博士这样回答说："我知道你不缺少维持生命的东西，这些东西有一点也就够了。你在日子宽裕时鼓舞了很多贫困潦倒的朋友，现在我希望你也接受我的一点心意，用以鼓舞你自己。"听到这话，老朋友就接受了。

他是个快乐的和事佬，解决了很多亲朋好友家里的纠纷。他做这事从来都不轻松，因为调解纠纷往往收效甚微。大家对他的裁决和公平无私非常信任，所以他出的主意从来都不会遭到拒绝。他至死都是母亲的大孝子，精心赡养她，她一直都是缺吃少穿。但上帝把他养大后不让她受穷，她曾在罗马教会里吮吸母亲的奶水，在外国花费钱财，享受到了自由，最后死在他家里，仅比他早死三个月。

他一直到死都是个公正的管家，管理着上帝的财产。我觉得应该让各位读者知道，他晚年担任教长以后，每年在其私人账户（上帝及其天使都可以为他担保）下面先计算收入，然后再算送给穷人的钱数和其他慈善花费，最后是为他和家人余下的数目。这些事情做完之后，他为每年剩下的那一点可怜的钱数做感恩祷告，这不只是普通的祈祷，读者可以用他自己的话分享一部分：

今年剩下的就是这些——（1624—1625）

Deo Opt. Max. benigno largitori, à me, et ab iis quibus haec à me reservantur, Gloria et gratia in aeternum. Amen.

翻译过来就是：

最仁慈的、全能的上帝，乐善好施的赐予者，这些钱是我和他们存下的，是我为他们存下的，荣耀和恩典永远归于上帝。阿门。

今年（1626 年），上帝赐予我和家人的是：

Multiplicatae sunt super nos misericordiae tuae, Domine.

翻译过来就是：

主啊，您倍加怜悯我们。

Da, Domine, ut quae ex immensâ bonitate tuâ nobis elargiri dignatus sis, in quorumcunque manus devenerint, in tuam semper cedant gloriam. Amen.

翻译过来就是：

主啊，您无限慷慨仁慈，给予我们恩惠，无论谁得到它，都会增加您的荣耀。阿门。

In fine horum sex annorum manet: (1628–1629)

Quid habeo quod non accepi à Domino? Largitur etiam ut quae largitus est sua iterum fiant, bono eorum usu; ut quemadmodum nec officiis hujus mundi, nec loci in quo me posuit dignitati, nec servis, nec egenis, in toto hujus anni curriculo mihi conscius sum me defuisse; ita et liberi, quibus quae supersunt, supersunt, grato animo ea accipiant, et beneficum authorem recognoscant. Amen.

翻译过来就是：

这六年结束时还剩下：

我还有什么没有从我主那里得到呢？他恩赐的目的是让我们正确利用其恩赐之物，以此作为对他的回报。去年一整年，我知道我并无不足，无论是履行世俗职责还是保持我的身份地位，或是对待仆人和穷人。所以，为我子女留下的只有剩余的东西，他们会以感激之情接受这些东西，并感谢仁慈的恩赐者。阿门。

说了那么多题外话，现在言归正传。

前面提到多恩博士病倒在埃塞克斯，被迫在那里度过冬季的很多时日，因为他不能离开。将近二十年来，他从来都没有耽误在那个月份陪王伴驾并为国王布道，四旬斋布道者名单上一直都没有漏掉过他的名字。当时——1630 年 1 月——有消息传到伦敦，或这消息就出现在伦敦，说多恩博士死了。多恩博士就借此机会，给一位好朋友写了下面这封信：

先生：

　　我时常发烧，这给您和其他一些朋友带来一个好处，那就是让我更经常地来到天堂门口，迫使我独处，对我严加看管，这样我就能够更经常地祈祷，祈祷时我从来都不忘记祝你们好运。我也毫不怀疑，上帝除了为其他人祝福之外，还会因为我的祈祷而为您祝福。如果死亡没有其他好处，但在我死亡的消息传出来之后，我得知那么多善良的人感到悲伤，有那么多善意的表示，我简直是愿意去死。真是感谢上帝。

　　但我发现并不全是这样。有人给我写信，说一些人——他指的是我朋友——认为我的病情并没有我假装的那么严重，我是要躲避起来过悠闲日子，卸下布道的重担。这是一种不友好的解释，上帝知道，这样解释也站不住脚。我不能布道的时候，总是比听不到我布道的人更加感到遗憾。我一直希望能死在布道坛上，愿上帝能满足我这一愿望。如果不能死在布道坛上，我也可以在布道坛上受死，也就是尽快因为布道而死。

　　先生，我希望在圣烛节①之后不久见到您，届时我要在宫里开始四旬斋布道，除非宫务大臣相信我死了，将我的名字从名单里删除了。但只要我还活着，还没有丧失语言能力，我就不愿放弃这项服务。

　　我写信的空闲时间比您读信的空闲时间还要多，但我不愿给您增加太多读信的负担。愿上帝赐福于您和您的儿子。

您的朋友，耶稣基督的仆人

约翰·多恩

这个月还没有过完，他就接到指示，依照惯例还在那一天布道，

---

①　2月2日。——译者注

也就是四旬斋的第一个星期五。他接到了通知，在病中就进行了准备。他早就渴望着在这一天布道，决定不让他的病体耽误行程。于是他来到伦敦，比指定的布道日期提前几天到达。

到了伦敦以后，很多朋友看到他被疾病折磨得只剩下皮包骨，都感到很伤心，怀疑他没有气力去完成任务，所以就劝阻他不要去布道，说布道肯定会缩短他的寿命。但他坚决拒绝了朋友们的请求，说他多次体力不支时，上帝都给了他意想不到的力量，所以他不相信现在最后一次执行任务时上帝会不支持他，并表达了执行这一神圣任务的强烈愿望。

他出现在布道坛上时，一部分听众感到吃惊。很多人认为，他到这里不是以充满活力的声音来宣讲苦行的，而是拖着衰弱的病体、以垂死的面孔来宣讲死亡的。很多人肯定在私下里问《以西结书》里的那个问题："这些骸骨能复活吗？ [1] 灵魂能让舌头说那么长时间，就像杯子里的沙子移到中间，测量出这个垂死之人还能活一小时吗？肯定不行。"

然而，他充满激情的祈祷只经过几次短暂的停顿，他强烈的愿望使他衰弱的躯体说出事先思考的话题，那就是死亡，主题是"死亡问题是上帝的事"。很多人看见他流了泪，听到他微弱、沉闷的声音，说他们认为这一主题选得有预见性，多恩博士是在他自己的葬礼上布道。

上帝让他完成了他想尽的义务，他非常高兴，匆忙回到家里，此后再也没有出来过，直到"虔诚的人把他抬进坟墓"，就像抬圣司提反那样。[2]

---

① 语出自《圣经·以西结书》37: 3。——译者注
② 原文是"有虔诚的人把司提反埋葬了"。参见《圣经·使徒行传》8: 2。——译者注

　　布道之后的第二天，他体力基本耗尽，精神疲惫不堪，既不能做事，也不能说话。以前经常见他随便开玩笑的一个朋友问他："为什么伤心？"他面带既快乐又严肃的神情，显示出内心的平静，一颗灵魂愿意告别这个世界，这样回答说：

　　"我不伤心。昨天夜里，我大部分时间都在想念几位朋友，他们离开了我去了一个地方，再也不会回来了。几天以后我也要到那里去，再也见不到我了。准备应对这一变化，就成为我夜里躺在床上要思考的问题，疾病让我在床上辗转难眠。而现在，我认真思考着上帝的意愿，思考着上帝对我的仁慈，我连上帝最微不足道的仁慈行为都配不上。

　　"回首往事，我明显看出是上帝阻止我从事任何俗务。我直到担任圣职之后才安顿下来，才事业发达，这都是上帝的意愿。我担任圣职已近二十年，我希望能为上帝争光。我要最谦恭地感谢上帝，我靠担任圣职能够报答大多数在我贫困潦倒时对我好的朋友，我借此表达了感激之情，上帝知道我当时贫困潦倒。感谢上帝，大多数朋友都需要我的报答。

　　"对于我好心的岳父乔治·莫尔爵士，我帮了他的忙，让他过得舒适，上帝用很多挫折来磨炼他的忍耐力。我赡养了母亲。按照上帝的意愿，母亲在年轻时生活优裕，到老年时则家道艰难。我抚慰了很多良心不安的人，这些人由于精神受到伤害而苦恼，我希望能得到他们的祈祷。

　　"我不能声称自己一生清白，尤其是我年轻时，这要由仁慈的上帝来裁决，他不愿意看到我做错事。我呈献给上帝的虽然只有罪孽和苦难，但我知道，他现在看待我的眼光和我看待自己的眼光不一样，他看我与救世主同在，即便是在目前，他也通过圣灵来给我一些证据，证明我在他的选民之列。所以我现在有难以形容的喜悦，将在平静中死去。"

我现在必须回过头来告诉诸位读者，他刚从埃塞克斯出来最后一次去布道时，他的老朋友和医生福克斯博士——一个很有才华的人——来了解他的健康状况。福克斯博士看了他一眼，询问了一下病情，让他喝点甘露酒，再喝二十天的牛奶，这样也许能恢复健康。但他坚决不喝。一心一意爱着他的福克斯博士死劝活劝，他才最终答应喝十天。

到了十天头上，他对福克斯博士说，他喝主要是为了满足福克斯博士的要求，不是为了恢复健康。就是最明确地保证让他再多活二十年，他也不想再多喝十天了，他不喜欢喝。他根本不怕死，对其他人来说死亡是恐怖之王，而他却期待着死亡那一天。

据观察，对荣誉或赞赏的渴望根植于人性之中。生活最严谨、最节制的人虽然极为谦卑，不会自吹自擂，杂草也会自己长出来，他们不能抑制这种对荣誉的渴望。就像人固有的热量，人活着时热量存在，人一死热量消失，很多人认为就应该是这样。人都想在身后让后世来纪念，我们不需要圣洁的楷模来证明这一想法是正确的。我之所以提到这一点，是因为多恩博士在福克斯博士的劝说之下，轻易就做出了让步，要为他立碑。但福克斯博士并没有告诉他如何立碑、立什么样的碑，这要由多恩博士自己决定。

决定要立碑之后，多恩博士派人去请一位雕刻师，让雕刻师用木头为他做一个骨灰瓮，并向雕刻师说明了大小和高度，把一块相当于他身高的木板也送去了。"有了这些东西之后，又马上挑选了一位画家，准备好为他画像，其画法如下：先在他大书房里生了几堆木炭火，他手里拿着裹尸布走进书房，把所有衣服都脱掉，把裹尸布放在身上，在头上和脚上打好结，把手放在死尸通常放的位置上，等待着裹住之后放进棺材里或坟墓里。他就这样站在骨灰瓮上，闭着双眼，很大一部分裹尸布放在一边，露出他那张枯瘦、苍白、死人一样的脸，故意面朝东方，期待着救世主耶稣从东方再临。"

他就以这个姿势，按实际身高让人为他画了像。全部画完之后，他让人将画像放在他床边，之后一直放在那里，他每小时都看看，直到他死亡，然后送给了他最好的朋友和遗嘱执行人亨利·金博士，圣保罗大教堂的首席驻堂教士。亨利·金博士让人用一整块白色大理石，将多恩博士以这个姿态雕刻出来，现在就安放在圣保罗大教堂里，并依照多恩博士的安排，将这些文字刻在雕像上作为墓志铭：

JOHANNES DONNE,

SAC. THEOL. PROFESS.

POST VARIA STUDIA, QUIBUS AB ANNIS

TENERRIMIS FIDELITER, NEC INFELICITER

INCUBUIT;

INSTINCTU ET IMPULSU SP. SANCTI, MONITU

ET HORTATU

REGIS JACOBI, ORDINES SACROS AMPLEXUS,

ANNO SUI JESU, MDCXIV. ET SUAE AETATIS XLII.

DECANATU HUJUS ECCLESIAE INDUTUS,

XXVII. NOVEMBRIS, MDCXXI.

EXUTUS MORTE ULTIMO DIE MARTII, MDCXXXI.

HIC LICET IN OCCIDUO CINERE, ASPICIT EUM

CUJUS NOMEN EST ORIENS. [1]

---

[1] "约翰·多恩，神学教师，年轻时努力学习过很多科目，但不幸因冲动而入狱。在国王詹姆斯的鼓励之下，于1614年担任圣职，时年四十二岁。1621年11月27日披上这座教堂的法衣，1631年3月最后一天去世。他虽然在西方的灰中，看，他的名字在升起。"原文为拉丁语。——译者注

他一生历尽千辛万苦，一直到达死亡和坟墓的边缘，我希望他能
安息。然后我会告诉诸位读者，我见过他的很多画像，身穿不同的法
衣，在不同的年龄，摆着不同的姿势。我现在之所以提起这件事，是
因为我见过他一幅离奇的画像，他当时十八岁，佩着剑，还有当时的
时尚青年和花花公子常用的其他装饰品。他当时的座右铭是：

我要改变多少才能真正改变！

如果把那幅年轻时的画像和这幅临死前的画像放在一起，每个
观看的人都会说，天啊，多恩博士在真正改变之前已经有了多么大
的变化！看了这两幅画像，诸位读者可能会有些吃惊地问自己："天
啊，我现在身体还好，在真正改变之前，在这幅可变的臭皮囊得到
永生之前，也会变化这么大啊！"所以对此要有所准备。

但拙作不是送给读者的纪念品，而是要告诉读者，多恩博士经
常在私下里交谈时、在公开布道时提到他身体和思想上的很多变化，
尤其是思想上的变化，也就是抛弃了以前纸醉金迷的生活方式。他
常说，他最幸运的大变化就是从俗务转向教务，从事教务让他非常
高兴，认为自己的前半生白过了，他的人生从第一次担任圣职开始，
就是在祭坛上为最仁慈的上帝效力。

这幅画像画完以后，他星期一最后一次告别他喜爱的书房。他
发现自己每小时都在衰竭，就来到卧室。那一周，他好几次派人去
叫很多朋友来，向他们郑重道别，交代几句对生活节制有用的话让
他们考虑，然后就让他们回去了，就像好心的雅各对他几个儿子那
样，为他们祝福。

下一个星期日，他安排手下的仆人，如果有任何还没有处理的
事情，无论是与他有关的事还有与他们有关的事，都要在下个星期
六之前做完，过了星期六他就不再考虑与这个世界有关的任何事情，

永远也不会考虑，而是像约伯那样"等我被释放的时候来到"①。

　　他现在心情非常愉快，什么事也不做，只等着死。等死他不再需要时间，他早就研究过死亡，已经研究透了。他以前生病的时候，曾经请求上帝作证，他那一分钟就准备把灵魂交到上帝手里，如果上帝要他在那一分钟死的话。那次生病时，他乞求上帝让他永远保持这种状态。他耐心地等待不朽的灵魂脱离死亡之衣，我相信他现在适度地相信他的祈祷被听见了，乞求被批准了。

　　他躺下十五天，真诚地等待着他时时发生的变化。在他最后一天的最后一小时，他的躯体逐渐消失，化成了精灵，我真诚地相信他的灵魂显示出慈祥的幻象。他说："我要是不死就惨了。"说完这话，断断续续的微弱气息就消失了，同时还一再说："您的天国来到了，您的意愿实现了。"话语长期以来都是他随叫随到的忠实仆人，直到他生命最后一分钟才离开，然后就抛弃了他，不是去为另一个主子效力——谁也不像他那样说话——而是在他之前就死了。这时话语对他已经没有用了，在尘世间用话语和上帝交谈，而据说在天堂里，天使是用思想和眼神交谈的。

　　他一言不发，凭借亮光看到了天堂，像圣司提反那样目不转睛地看着，终于看到"人子站在神的右边"。②看到这幸运的景象他感到满意，随着他的灵魂升天，他咽下最后一口气，闭上了双眼，手和躯体摆放的姿态根本不需为他裹尸的人移动分毫。

　　他的一生就是这样多变、这样贞洁；他的死亡就是这样完美、这样堪称楷模，这是个值得纪念的人。

　　他被埋葬在圣保罗大教堂，他在死前好几年就做出了这样的安排，因此他每天都向全能的上帝公开祈祷，当时圣保罗大教堂每天

---

①　"被释放"在这里是"死亡"的意思。语出自《圣经·约伯记》14:14。——译者注
②　典出自《圣经·使徒行传》7: 55-56。——译者注

两次向上帝公开祈祷、赞美上帝。但他不是秘密下葬的，尽管他希望秘密下葬。除了数不清的普通人之外，很多贵族和知名学者都参加了他的葬礼，他在世时他们都喜爱和尊重他，他死时都来表达对他的爱和尊重，自愿怀着悲伤的心情陪伴着他的遗体来到墓地，那里最引人注目的莫过于大家共同向他致哀。

到他墓地去的有一些悲恸的朋友。就像亚历山大大帝到著名的阿喀琉斯的墓地去时所做的那样，他们把很多珍稀名贵的花朵撒在多恩博士的墓上。他们——根本不知道都是谁——从早上到晚上持续去了好多天，一直没有停下来，直到教堂里的墓石让他的遗体进入冰冷的墓穴，现在是他安息的床。墓石又经石匠凿平，像以前一样坚固，其埋葬地普通人根本就看不出来。

下葬之后的第二天，一位不知名的朋友，很多喜爱并赞赏他美德和学识的人之一，在多恩博士坟墓上方的墙上，用一块煤写下了这一墓志铭：

> 我要让你知道，读者！
> 多恩的遗体躺在下面；
> 若是灵魂还在这墓里，
> 尘世比天国还要富裕！

对他的遗体所表达的尊重不仅是这些。上帝自认为是债务人，借了一些人的钱，但这些人并没有得到酬报。这些人信任上帝，献出爱心时并没有见证人。一位具有感恩之心的不知名的朋友，认为多恩博士的英名应该永远纪念，就把一百马克①送给了多恩博士忠

---

① 当时流通于英格兰和苏格兰的一种货币，一马克相当于十三先令四便士，约合三分之二英镑。——译者注

实的朋友和遗嘱执行人，以便为多恩制作墓碑。

这件事多年来大家都不知道是谁做的，直到福克斯博士死后，才知道是他送的钱，他活着看到大理石将他已故的朋友表现得栩栩如生：一尊雕像简直和多恩博士一模一样，就像多恩博士的朋友亨利·沃顿爵士所说的那样："它似乎是在轻轻地呼吸，后世将把它看作人工奇迹。"

他个头稍微偏高，身材挺直、匀称，其言行又为身材增添了难以描述的魅力。

他忧郁和讨人喜爱的性情在他身上非常协调，二者相得益彰，与他为伴是一件让人高兴的事。

他记忆力强得不可模仿，只有其大智慧才能与之相比，他强大的判断力让二者都派上用场。

他一副快乐的模样，这是清醒、精明、心安理得的无声证明。

他一双水灵的眼睛显示他有恻隐之心，有高尚的同情心。他非常勇敢，不会伤害人；是个真正的基督徒，会宽恕人。

他经常沉思冥想，尤其是担任圣职之后，思考全能上帝的仁慈，思考灵魂不朽，思考天堂的快乐，常常欣喜若狂地说："他就是上帝，感谢他，他是唯一的、神圣的。"

他生性易动怒，但更易制怒。他非常喜爱为人帮忙，富有仁慈之心，只要看到有人受难就会同情，就会出手相助。

他认真、不知疲倦地追求知识，对此他充满活力的灵魂已得到满足，一再感谢上帝。是上帝首先把灵魂注入他生气勃勃的躯体，这一躯体曾是圣灵之殿，现在则成了基督徒的一抔尘土：——

但我会看到他获得第二次生命。

艾萨克·沃尔顿

1639 年 2 月 15 日

亨利·沃顿爵士传

  现在我打算写亨利·沃顿爵士传。公元 1568 年，他出生于波克顿－霍尔，通称为波克顿，或称为鲍顿宫，位于富饶的肯特郡波克顿－马勒布堂区。波克顿－霍尔是个古老而又美丽的建筑，与附近的波克顿－马勒布教堂交映生辉。这两座建筑都在沃顿家一个漂亮的庭园里，位于一座山顶上，视野开阔，让所有的观景者都同样感到愉快。

  但这所房子和这座教堂之所以不同寻常，主要是因为显赫的沃顿家族长期居住在这所房子里，现在则埋葬在这座教堂里，看看教堂里的很多墓碑就知道了。沃顿家族产生了很多以智慧和勇猛而著称的名人，他们在英格兰和其他国家的英勇事迹和辉煌成就，既为其家族增光添彩，也为这个国家增光添彩。他们在国外忠实地为国效力，履行重大职责，谨慎地与好几位君主谈判。他们也在不同时期在国内效力，包括和平时期和战争时期，赢得了很多荣誉，明智、公正地处理了很多公务。

  但我担心有人会否认或怀疑我所说的实情，认为我在赞美这一家族时把话说得太满，而且我认为这些人的业绩和英名应该令人欣慰地被记录下来，所以我要以他们家的族谱和我们的编年史作为证据，从中选取得到公正认可的一部分——只是一部分而已——这一部分从那以后就被人详述，然后让每一位不偏不倚的读者去判断，看看我犯的错误是赞誉过度还是赞誉不足。

罗伯特·沃顿爵士，波克顿－马勒布人，骑士，出生于公元1460年前后，生活在国王爱德华四世统治时期，受到国王信赖而担任吉斯尼中尉、骑士警卫和加来会计师，后来死在加来并被隆重地安葬在那里。

爱德华·沃顿爵士，波克顿－马勒布人，骑士，前面提到的罗伯特爵士的儿子和继承人，生于公元1489年，国王亨利七世统治时期。他被任命为加来司库、国王亨利八世的枢密院大臣。亨利八世想让他担任英格兰大法官，但据霍林斯赫德说，他由于谦虚而谢绝了。

托马斯·沃顿先生，波克顿－马勒布人，前面提到的爱德华爵士的儿子和继承人，我们要讲述的传主亨利爵士的父亲，生于公元1521年。他是个受过良好教育的绅士，喜爱学习所有人文学科，在这方面的造诣达到了完美的程度。除了有这些才能、有高贵的身份、雄厚的财力和祖先的影响力之外，他还多次受到女王伊丽莎白的邀请，要他把乡村娱乐方式和隐居改为宫廷娱乐方式，女王还表示愿意册封他为骑士——当时女王和他一起在波克顿－霍尔——不过这只是预示着他还要在女王手下承担更体面、更有利可图的工作。但他谦恭地一概拒绝，因为他是个"非常谦虚、最为质朴和纯真的人，喜爱古代人的自由、正直"。

这一赞美经常引起亨利·沃顿爵士愉快的回忆，他欣慰地以这样一位父亲的儿子而自豪。他的确继承了父亲的聪明才智，总是表现出这一聪明才智，也一直赞赏和珍视别人的聪明才智。

这位托马斯也以好客而著称，非常喜爱家乡，也受到家乡人的喜爱。除此之外还可以再补充一句：他看重学问，这从优秀的古物研究者威廉·兰巴德先生的《肯特勘察报告》中可以看出来。

这位托马斯有四个儿子：爱德华爵士、詹姆斯爵士、约翰爵士、亨利爵士。

爱德华爵士由女王伊丽莎白册封为骑士，还被任命为王室会计师。卡姆登说："他在女王统治时期，以承担很多重要的国务而引人注目，好几次被派到外国担任使节。女王死后，他又被国王詹姆斯任命为王室会计师，成为枢密院大臣，由国王晋升为沃顿勋爵，肯特的梅莱男爵，担任肯特郡的治安长官。"

二儿子詹姆斯爵士可以算作他那个时代的武士之一。女王伊丽莎白统治的第三十八年，他和苏塞克斯伯爵罗伯特、拿骚伯爵洛多威克、葡萄牙国王安东尼奥的儿子克里斯托福罗先生和其他很多高贵勇敢的绅士，在西班牙加的斯附近的战场上被册封为骑士。攻占加的斯之后，他们得到了很高的荣誉和巨额财富，也付出了伤亡惨重的代价。

约翰爵士是个才华出众的绅士，其才华既来自读书，也来自旅行，由女王伊丽莎白册封为骑士。女王对他格外青睐，打算进一步提升他的职务。但他英年早逝，晋升的希望化为泡影。

下面我要谈一谈亨利爵士。

前面提到的沃顿家族成员在血统上一脉相承，其中大多数人及其业绩，与我们交往过的人仍有记忆。但我要是追溯到国王理查德二世时期的尼古拉·沃顿爵士，或在他之前的很多显赫人物，有人就会感到厌烦。但如果我不提尼古拉·沃顿，也就是我第一个提到的罗伯特爵士的四儿子，其他人就会更有理由认为我疏忽大意。

这位尼古拉·沃顿是法学博士，一度担任约克和坎特伯雷教长。上帝不仅让他长寿，而且还让他多才多艺，他也想用自己的才能为国效力，他承担的几项工作可以证明。他有九次作为使节被派到外国君主那里，担任过国王亨利八世、爱德华六世、女王玛丽、女王伊丽莎白的枢密院大臣。在英格兰与苏格兰、法兰西交战期间，他还三次担任委员会成员，以实现英格兰与苏格兰、法兰西的和解，且并非没有成效。博学的卡姆登说："他死时因其智慧和虔诚而受到赞誉。"他还被国王亨利八世指定为遗嘱执行人之一。他还是亨利八世之子、虔诚的君主爱德华六世的首席国务大臣。

关于尼古拉·沃顿我再说一句：女王伊丽莎白想让他担任坎特伯雷大主教，但他拒绝了，而且他死时并不富裕，尽管他生活在解散修道院的年代。①

还可以补充更多。但仅凭这些我们就可以看出，亨利·沃顿爵士是这样一个家族的支脉，为后代留下了好名声，这一名声可以激起陌生人竞相效仿，也可以让其家族成员胸怀大志，做出无愧于祖先的业绩来。

亨利·沃顿爵士就是这样做的，而且其所作所为比我这支笔表达得还要完美，如果他很多健在的朋友之中有才华横溢、身居高位者乐意向后世赞美他的话。但现在已经过去了一些年头，他们都没有这样做，其原因不得而知。我对这位已故的朋友有感激之情，一些仍然在世的人一再请求，渴望看到有人把这一任务完成，这促使我承担起这一任务。说实话，我这样做恐怕自己心余力绌，但远非绝望，有一定的信心让拙作被诸位读者接受，因为我为大家描述的是实情，是亨利·沃顿爵士的功绩。

有了这一前提，接下来我就告诉诸位读者，亨利·沃顿爵士的父亲结过两次婚。第一次娶的是骑士约翰·鲁德斯通爵士的女儿伊丽莎白。伊丽莎白死后，他虽然不喜欢任何形式的争执，但还是被

---

① 亨利八世因离婚问题与罗马断交后，出于对罗马的报复，同时也是为了占有财产，就把英格兰的修道院全部解散。在这一过程中，很多人将修道院的财产占为己有，发了大财。在罗马教会的管辖范围内，所有的修道院都隶属于罗马教廷，至少在理论上是这样。——译者注

迫打了几场官司。起诉花了他很多时间，也引起了很多不满。在这
一过程中，好几位朋友诚心诚意地劝他再婚，他经常这样回答：如
果他决定结婚，一定要避开这三种人：

生有子女的人；

摊上官司的人；

他本家族的人。

然而，他自己在打官司过程中，在威斯敏斯特宫遇见了埃莉奥
诺拉·莫顿夫人，肯特郡罗伯托·莫顿先生的遗孀，她也在打几场官
司。有一次，他听她在法官面前诉讼，观察了她的举动之后，禁不
住既同情她的遭遇，又喜爱她这个人。有情人的眼泪，或是悲伤掩
盖之下的美，被认为有一种迷人的魅力，常常让人难以抗拒。我之
所以这样说，是因为托马斯·沃顿就是如此。虽然她同时遇到这么
多事故，他本人曾极为认真地防范这样的事故，但他对她的爱还是
变得非常强烈，于是决定向她求婚，求婚之后就得到了她。

她是肯特伊斯特威尔人威廉·芬奇爵士的女儿，只为托马斯·沃
顿生下亨利，他最小的儿子。亨利小时候，有很多时间是母亲当他
的家庭教师。对于母亲的照顾和付出的辛劳，亨利每天都用学业上
的进步作为回报，显示出将来学业有成的迹象，这让她的付出变成
一种令人愉快的烦恼。她乐于这样继续烦恼下去，直到父亲把亨利
接走亲自照顾，把亨利安排到波克顿他自己家里，交给了一位家庭
教师。

经过一段时间的勤奋学习，亨利可以接受高一级的教育了。当
时他还很小，就把他送到了温切斯特公学。这是个纪律严明、秩序
良好的地方，让他从小就养成守规则的习惯。他父亲是个明白人，
知道这是将来让他过上幸福生活、有能力处理各种事务的最为必要

的途径，无论是处理公务还是办理私事。

他对这种过规则生活的信念可能更为坚定了。到了适当的年龄，他从这所学校转到了牛津，成为新学院的一名自费生，这两所学校都是温切斯特主教威廉·威克姆创办的。

他在这里继续求学到大约十八岁，然后转到了王后学院，当年他就经院长劝说，参与写作了一个剧本供他们自己用。这出戏叫《坦克雷多的悲剧》，剧中名言交织，各种性格的角色扮演得惟妙惟肖。这一团体中最重要的人物说，亨利牛刀小试，就充分证明他将来有才能。虽然有一些刻薄的人觉得这并不值得纪念，但那位聪明的骑士巴普蒂斯塔·瓜里尼——博学的意大利人把他看作是为意大利增光添彩的人——却认为，就他的年龄来说，这出戏既不是不像样，也不是无益处。

但我还是转谈更重要的事情。

大约二十岁时，他晋升到文学硕士。当时他讲读三门拉丁语的眼科课程，描述眼睛的形状、转动和奇妙的构造，展示各种体液、神经是如何各司其职的，就像制定规则的上帝所安排的那样有条不紊。所有这一切安排都对人有利，眼睛长在人身上，不仅为人导向，其他感官都需要时间来告知灵魂，而眼睛在一瞬间就能知晓并提醒人注意危险，教人从别人的观点来发现智慧、愚蠢、爱和恨。

观察到这些现象之后，他开始讨论这一有关眼睛的问题："我们看到物体是凭借从眼睛里面发出的光线，还是从外面接收光线？"讨论之后，又经过多次类似的学术探讨，他在结束其讲座时，利用一个合适的时机来为其课程增色，赞美有视力的福分和好处：

"凭借视力，我们不仅可以发现大自然的奥秘，而且可以看见世界之光，发现天堂的构造、天体的秩序和运动，不停地给我们以满足，因为视力是永不疲倦的。不仅如此，如果眼睛俯视，就能高兴地看到我们共同的母亲大地的怀抱，看到里面百花锦绣，鲜花一天天趋向完美，然后人就默默地想到自身的状况，不久之后人就像鲜花那样枯萎凋谢，很快就回到大地的尘土之中，人和鲜花最初都出自尘土。"[①]

这些问题得到充分讨论，优美的语言使其更加富有吸引力，赞赏他的除了其他人之外，还有那位博学的意大利人阿尔贝里库斯·真蒂利斯，时任牛津大学民法教授，他把亨利称为"我的眼睛亨利"。亨利爵士在牛津大学期间，他很多要好的朋友和很多名人都这样亲切地称呼他。

但他在牛津待的时间并不长，至少没有朋友们一度期待的那么长，因为亨利爵士晋升文学硕士之后的第二年，他父亲离开了这个世界，到了一个更好的地方。只要一提起父亲，亨利爵士就用"我父亲这个好人"或"我父亲这个最好的人"之类的敬语。父亲为亨利爵士和其他几个较小的儿子每年留下一笔一百马克的租金，这是他一座庄园永远支付的一笔钱，而庄园的价值则要大得多。

这个好人虽然死了，但我希望与他有关的一两件事不会湮没无闻，所以我要在这里讲一讲，这些事情诸位读者应该知道，所以请原谅我说几句题外话。

公元 1553 年，坎特伯雷教长尼古拉·沃顿——我在前面提到过他——当时是驻法兰西大使，他梦见侄子托马斯·沃顿想参与一项计划，如果不及时阻止托马斯的话，这一计划既会要了他的命，又会毁了他全家。

这位善良的教长肯定知道，一般人做梦不过是休息时毫无意义地演绎清醒时的想法，或是演绎白天发生的事情，或是休息时胡思乱想的结果。他还知道，把梦当真就会变成愚蠢的迷信，这种情况

---

① 依据《圣经》的说法，人和兽"都归一处，都是出于尘土，也都归于尘土。"参见《传道书》3: 20。——译者注

太常见了。这些道理他虽然都知道，而且还可能相信已经没有预言了，但他肯定会想一想，并非所有的梦不认真考虑就可以忽略或丢下不管的。所以，他宁可先把这个梦放到一边，而不是打算完全忘掉。

第二天夜里，他又做了个同样的梦，成了双梦，就像法老的梦一样，学者们对双梦进行了多次观察。他觉得这个梦和他清醒时的想法没有关系，和他内心的期望更没有关系，于是就更认真地考虑起来。他想起全能的上帝在梦中向圣奥古斯丁的母亲莫尼卡启示，使她确信"她儿子终将成为基督徒，她曾为儿子放声痛哭，多次为他祈祷"。这件事我相信善良的教长考虑过。他还考虑过全能的上帝——虽然做梦的原因通常不得而知——甚至在现在，也通过在睡梦中启示人的灵魂，披露人的智慧无法预见的很多事情。

考虑过这些问题之后，他决定采取一种慎重的办法来防范，这样无论是对他本人还是对他侄子，都不会带来很大的不便。为此他写信给女王——即女王玛丽——恳求她把他侄子托马斯·沃顿派到肯特之外去，让枢密院大臣们询问他一些想象出来的问题，然后装模作样地把他投入一座好监狱，说等他以后有幸面见女王的时候，会把这一请求的真正原因告诉陛下。

这件事就照教长的意思办妥了，我先把沃顿先生留在监狱里，把后来发生的事情告诉各位读者。

这时，我们的女王玛丽和西班牙国王菲利普缔结了婚约。缔结婚约如果说不是枢密院劝说的话，也是枢密院出的主意，说这样对英格兰可能会有很多好处，但还有一些人不仅公开表示不赞同，而且还招募军队起来反对。他们说，这样会使英格兰置于西班牙统治之下，让英格兰人成为外国人的奴隶。

这批人之中，肯特郡博克斯利修道院的托马斯·怀亚特爵士是主要人物，托马斯爵士家与沃顿家是世交。托马斯爵士说服很多贵族与绅士支持他，尤其是肯特的贵族与绅士。他战败后被俘入狱，被控告后判了刑，丢掉了性命。萨福克公爵和其他很多人也是同样下场，尤其是肯特的很多绅士，作为怀亚特的助手在不同的地方被处决。

沃顿先生如果没有被监禁的话，很可能就在这批人之中。他虽然不可能不知道"别人犯了叛逆罪，隐瞒者与之同罪"，但他叔叔返回英格兰之后到监狱里去探望他时，他却敢于向叔叔供认，"他不仅仅是透露了怀亚特的打算"。他觉得自己并非一直都是真的无辜，如果叔叔不是这么幸运地因为做梦而把他投入监狱的话。把他投入监狱的那只手又把他从监狱里释放出来以后，叔侄二人都更为认真地考虑了那个梦，然后又为此而共同感谢上帝："上帝不拘一格，或是为他爱的人防灾，或是怜悯他们。"

另一件事让这场梦更值得注意。上帝以前常常在幻象中对其子民说话，好像在梦中多次对这一家族的人说话。这位托马斯·沃顿的一件小事，我要在这里对各位读者讲一讲。他做的梦常常灵验，既预言未来的事情，也发现过去的事情，其详情如下：

这位托马斯在死前不久做了个梦，梦见牛津大学的金库被市民和穷学生抢了，强盗共有五人。那天他给在牛津的儿子亨利写信，觉得反正也不费多大事，就在信的附言里随便问了问。信是从肯特发出的，三天以后寄到儿子手里，就在抢劫案之夜过后的次日上午。正当牛津市和大学乱作一团忙着抓贼的时候，亨利·沃顿爵士出示了他父亲写的信，蒙在鼓里的人们看过信之后眼前一亮，很快就发现并逮捕了那五个罪犯，大学当局连计算一下数字的麻烦都省了。

更值得注意的是，尼古拉·沃顿和托马斯·沃顿双双预测到自己死亡的确切日期。他们都是生活圣洁的人，性情平和，热衷于斋戒和祈祷。尼古拉预测时已七十岁，身体完全健康。托马斯预测时六十五岁，当时正在伦敦——他死在了伦敦——预言说他就死在这里，并安排如何将其遗体运回波克顿。他虽然觉得叔叔尼古拉配得上那座宏伟的墓碑，那是他为叔叔在坎特伯雷大教堂立的，但这个谦卑的人则安排把他自己悄悄地埋葬，尤其是葬礼绝对不要铺张。

这就是对他家族的简单描述，这一家好像得到了上帝的爱。

现在好像早该我言归正传，谈谈身在牛津的亨利·沃顿爵士了。他在牛津讲完眼科讲座之后，与博学的阿尔贝里库斯·真蒂利斯——我在前面提到过他——建立了深厚的友谊。如果有可能的话，真蒂利斯恨不得把自己的满腹经纶——他既精通数学，也精通法律——都注入他亲爱的哈利的脑子里，真蒂利斯喜欢称呼亨利为"哈利"。他虽然做不到这一点，但亨利爵士对意大利语有一种天生的喜爱，而真蒂利斯则是用意大利语传授学业的大师，所以二人的友谊与日俱增，这对亨利爵士在大学期间增长几门学科的知识越来越有利。

在我邀请诸位读者跟随他从牛津到外国之前，我虽然要略去当时在牛津的很多人的名字，这些人都以博学而著称，都是亨利爵士的朋友，但我不能不提他与多恩博士之间的友爱。多恩博士一度担任圣保罗大教堂的教长，其才华我就不再提了，因为每一个号称有学问或有智慧的英格兰人，如果没有听说过多恩博士的话，就不配知道他。这二人之间的友谊我不能不提，他们好得简直情同手足。这一情谊始于青年时代，在同一所大学，二人志趣相投，学业相同，所以一直保持到老年，直到死亡将他们分开。

他在牛津待到父亲去世大约两年之后，当时他大约二十二岁。为了给他的大智慧再增添上学问和文科知识，他就把书本放在一旁，到旅行这个有用的图书馆里去，与世人进行更广泛的交谈，用青春期的剩余时光，用勤奋和财富去充实思想，去换得对外国这个宝库的了解：大自然的奥秘，不同民族的性格，各国的法律和语言，他大部分都已掌握。这些内容我要忠实地描述下来，然后再接着讲述他的生平。

他旅行了将近九年才返回英格兰。他在法兰西只逗留了一年，其中大部分时间是在日内瓦，在那里结交了已经年迈的西奥多·贝扎，[1] 结交了艾萨克·卡索邦。[2] 如果我得到的信息正确的话，亨利·沃顿爵士就住在卡索邦家里，与这个在学识和智慧上几乎无与伦比的人建立了最为深厚的友谊。

剩余的八年之中，有三年是在德意志度过的，其余五年在意大利。按照上帝的安排，他要在意大利这个舞台上扮演他一生中的一个重要角色，在罗马、威尼斯、佛罗伦萨结交了最著名的学者和各种艺术大师，如画家、雕塑家、化学家、建筑师和其他手工艺术家，甚至还有不入流的工匠。这些艺术他都极为喜爱，是非常优秀的鉴赏家。

他大约三十岁时从意大利返回英格兰，以其相貌和举止而为很多人所关注。他确实体型一流，身材高大，举止颇有魅力。再加上他谈吐文雅，彬彬有礼，凡是认识他的人无不喜爱他。

他年轻时就以才思敏捷、爱开玩笑而著称。随着岁月的增长，通过旅行与交谈，他变得完美起来，受到众人的称赞，与他为伴好像成了人的一大乐事。埃塞克斯伯爵罗伯特——当时最受命运女神宠爱的人之一，女王伊丽莎白跟前最大的红人——先是与他交友，知道他很有才华之后，又让他担任秘书，另一个秘书是亨利·卡夫先生。卡夫先生曾在牛津的默顿学院上过学，在那里也认识年轻时的亨利·沃顿爵士，在大学时期就以博学而大名鼎鼎，离开大学以后又以才华出众而闻名，最后以丧命而闻名。[3]

亨利·沃顿爵士开始为埃塞克斯伯爵效力，在两次海上打击西班牙人的航行中为伯爵出谋划策，在去爱尔兰的航行中也是这样，这也是伯爵的最后一次航行。在这次航行中，伯爵激怒了女王，返

---

[1] 法兰西神学家，加尔文的门徒，宗教改革时期的重要人物。——译者注

[2] 法兰西著名学者，被认为是当时欧洲最博学的人，晚年移居英格兰。——译者注

[3] 卡夫因参与谋反而以叛国罪被处决。——译者注

回英格兰以后女王更为恼怒。女王对他不可动摇的器重让他感到飘飘然，促使他做出这等事。在反对派的煽动下，他被出乎意料地关进了伦敦塔。

这一切亨利·沃顿爵士都看在眼里。他虽然不属于鼓励伯爵做这等事的这一派——伯爵的追随者也分为不同的势力——这样做后来让伯爵及其很多盟友丢掉了性命，但亨利爵士知道叛国罪无所不包，连客观环境都算在内，并依据客观环境做出肯定的结论，狡猾的政治家就是这样谋划的，或是为报复，或是为自身安全。考虑到这些，他决定防患于未然，离开英格兰比待在这里更安全，在这里他将在监狱里为自己的清白辩护。

于是伯爵刚被逮捕，他就悄悄地从肯特迅速来到多佛，连他亲爱的故乡波克顿都没有看上一眼。路上一帆风顺，他付给海员的报酬又很丰厚，结果离开伦敦十六小时之后就抵达了法兰西海岸。不久以后他就听说伯爵被告发，判刑之后被斩首，他的朋友卡夫先生被绞死，还有好几个显赫人物被处决。

时局对亨利·沃顿爵士不太有利，因此他没有返回英格兰。他得到兄长爱德华·沃顿爵士的担保，意大利会有人付给他年金。于是他去了意大利，高兴地与朋友重叙旧情，恢复了以前的兴趣，在意大利与老相识再次交谈确实让他非常满意，尤其是在佛罗伦萨。这座城更知名的不是大公的宫廷，而是有最杰出的学者和艺术家可以求助，这些人之中他遇见了老朋友维埃塔先生，一位威尼斯绅士，后来成为托斯卡纳大公的秘书。

在佛罗伦萨待了一段时间之后，他第四次游览罗马，那里的英格兰神学院 ① 里有他很多朋友，是他们的仁慈使他们成为朋友，尽

----

① 为英格兰培养神职人员的一所罗马天主教神学院，由英格兰枢机主教威廉·艾伦创建。——译者注

管他们知道他在宗教上持有异议，不同意他们的很多宗教信条。他愉快地与他们为伴，在一定程度上满足了好奇心之后回到了佛罗伦萨，他去罗马的部分原因就是好奇。他在佛罗伦萨得到一个最值得注意的机遇，不但找到一个施展才华的机会，而且结识了我们的国王詹姆斯并引起了国王的关注，当时詹姆斯是苏格兰国王。这件事我要讲一讲。

　　但我要首先告诉诸位读者，虽然女王伊丽莎白或枢密院从来都不愿意宣布她的继承人，但大多数人都坚信，当时的苏格兰国王詹姆斯要担当起领导王国政府的重任。[①]女王身体急剧衰弱，一是因为年老，二是明显有病。那些信仰罗马天主教的人——甚至罗马本身，还有英格兰的天主教徒——觉得女王驾崩和确立王位继承人事关重大，直接关系到是摧毁还是确立英格兰的新教，所以他们就利用一切机会，竭力阻止一位信奉新教的君主来继承女王的王位。教皇依据耶稣会[②]的意见和惯例将女王伊丽莎白逐出了教会，这样就可以名正言顺地将她杀掉。所以，如果我们相信一个愤怒的敌人、一个在俗教士和耶稣会士的话，你就可以相信当时有很多人试图将国王詹姆斯逐出教会，然后结果他的性命。[③]

　　亨利·沃顿爵士刚从罗马返回佛罗伦萨——女王伊丽莎白驾崩大约一年之前——佛罗伦萨大公斐迪南截获了一些书信，其中披露

---

① 伊丽莎白女王终身未婚，其姐姐和弟弟均死后无嗣，都铎王朝已断了血脉。不过伊丽莎白的姑姑玛格丽特远嫁苏格兰国王詹姆斯四世后子孙满堂，这里所说的苏格兰国王詹姆斯就是玛格丽特的孙女玛丽女王的儿子詹姆斯六世，是都铎家族最近的旁系血亲，自然是继承伊丽莎白的不二人选。这一点大家都很清楚，伊丽莎白也完全明白，但她顾虑重重，至死也没有对外宣布。——译者注
② 十六世纪成立的一个天主教修会，对罗马教皇绝对忠诚。——译者注
③ 詹姆斯的母亲、苏格兰女王玛丽虽然是天主教徒，但詹姆斯本人接受的是长老会教育，所以是新教徒。——译者注

了一项计划，要杀掉当时的苏格兰国王詹姆斯。大公对此感到厌恶，决定尽力阻止这一行动，便与秘书维埃塔商量，看最好用什么办法向詹姆斯国王发出警告。经过考虑，二人决定把这一任务交给亨利·沃顿爵士，是维埃塔先把亨利爵士推荐给大公的，而大公也尤为注意到这个经常到他宫里来的英格兰人，并赞同让亨利爵士去。

亨利爵士非常高兴地应朋友维埃塔之邀来见大公。大公首先表达了对他的友好和信任，把这一秘密告诉了他，详细交代了有关情况之后，派他带着给国王的书信去了苏格兰，另外还带了意大利人制作的解毒剂，当时苏格兰人对此并不知晓。

辞别大公之后，亨利爵士取了个意大利名字，讲意大利语。为避开英格兰情报机构，避开危险，他取道挪威，从挪威进入苏格兰，到达苏格兰以后听说国王在斯特灵。到了斯特灵，他想办法通过国王内侍伯纳德·林赛做出安排，让他尽快与陛下秘密会晤。他对林赛这样说，他即将与国王会谈的事情极其重要，托斯卡纳大公突然命他离开祖国意大利，来向贵国国王禀报。

伯纳德·林赛把这番话告诉了国王，国王听说是个意大利使节或信使有点惊讶，也有点猜忌，便问起他的名字，得到的回答是奥克塔维奥·巴尔迪，国王便在当晚指定一个时间，命他在私下里禀报。

奥克塔维奥·巴尔迪来到谒见室门口，有人让他把身上佩带的意大利式长剑放到一边。走进谒见室以后，他发现和国王在一起的有三四个苏格兰贵族，远远站在室内几个角落。看到他们之后，他停住了脚步。国王一看就让他不要担心，有话只管说，并保证在场的所有人都会守口如瓶。奥克塔维奥·巴尔迪就把书信呈上来，用意大利语向国王禀报了信息，国王很有礼貌地收下了书信。稍停了一会儿之后，奥克塔维奥·巴尔迪走到案前，用母语悄声对国王说他是英格兰人，恳请陛下在一个更隐秘的场合与他会面，他在苏格兰逗留期间要隐匿起来。

国王答应了他的请求，在他逗留期间实际上由国王亲自落实到位。他逗留了大约三个月，在此期间国王感到非常愉快，奥克塔维奥·巴尔迪本人也感到非常愉快，为此苏格兰倾尽了全力。他以一个真正的意大利人身份离开了苏格兰，就像他来时一样。

回到佛罗伦萨以后，他向大公如实汇报了这次使命的完成情况，充满了感激之情。他回来几个月之后，有消息传到佛罗伦萨，说女王伊丽莎白驾崩，苏格兰国王詹姆斯宣布登上英格兰王位。大公知道，旅行和处理事务是学习知识最好的学校，而亨利·沃顿爵士在这两方面都受过教育，所以就劝他马上回到英格兰，到那里祝贺国王获得一个更显赫的头衔，等待命运女神给他一个肥缺。

国王詹姆斯来到英格兰以后，发现已故女王的旧臣之中有一位王室会计师爱德华爵士，后来成为沃顿勋爵。国王问沃顿勋爵是否认识一个名叫亨利·沃顿的人，此人曾旅居国外很长时间。沃顿勋爵回答说太认识了，亨利是他弟弟。国王就问他弟弟现在何处，得到的回答是在威尼斯或佛罗伦萨，但看亨利最近的来信，好像是突然去了巴黎。

"派人去叫他，"国王说，"他要是回到英格兰，让他私下里来见我。"

沃顿勋爵有些吃惊，就问国王："陛下莫非认识他？"

国王回答说："你不把这位绅士带到我这里来，我是不会告诉你的。"

这次谈话几个月之后，沃顿勋爵带着弟弟来觐见国王。国王拥抱住亨利，对奥克塔维奥·巴尔迪表示欢迎，说他是国王所见到的最诚实因而也是最善于伪装的人。国王说：

"我知道，你既不缺少学问和旅行，也不缺少经验，而且我还亲自验证过你的忠诚和完成外交使命的能力，我派人叫你来是要把我的打算告诉你，那就是从今以后让你从事这一职业。"

国王在他二十二年统治的大部分时间里的确是这样做的。国王在允许奥克塔维奥·巴尔迪离开之前，恢复了他以前的名字亨利·沃顿，并以这个名字册封他为骑士。

这件事过后不久，国王按照其座右铭"和平缔造者有福"，决定与邻邦法兰西和西班牙建立友好关系，而且还由于几个重要原因要与威尼斯国结盟。为此他要向这几个国家派出使节，让亨利·沃顿爵士挑选一个。

亨利爵士觉得自己财力不足——他从来都没有打算增加财富——知道大君主的宫廷奢华，必然花钱多，所以他最倾向于威尼斯，那是个更适合隐居的地方，最合乎他的品位，他一直都喜爱处理事务、学习、适应自然环境。而富饶的意大利，大自然的宠儿，一个珍视所有艺术的地方，这在整个基督教世界尽人皆知，正适合他做这些事情。

经过短暂的考虑之后，亨利爵士决定去威尼斯，国王就给了他一大笔旅费，在威尼斯居住期间还有一笔固定的生活费，然后他就离开了英格兰，由全国最高贵的家族和最有教养的绅士陪伴，经法兰西到威尼斯。这些人太多，无法一一列举，但有两个人不能遗漏，其原因如下：一个是他侄子艾伯塔斯·莫顿[①]，去担任他的秘书；一个是威廉·比德尔，一个学识渊博、聪明绝顶的人，去担任他的专职牧师。

他的好友多恩博士——当时是个无官职的绅士——虽然没有亲自陪他上路，但在亨利·沃顿爵士离开英格兰的那天上午写给他一封信。这封信可以证明，多恩博士并非不希望陪他上路。

---

① 亨利的母亲是再婚，亨利与艾伯塔斯的父亲同母不同父，所以姓氏不同。——译者注

阁下：

　　这些令人尊敬的证书，其灵魂是
　　我们善良伟大国王慈祥的手和大名，
　　他给了你很多，
　　想尽办法让你成为：

　　他火炬的芯，他原作的抄件，
　　一束美丽的光线，
　　来自同一个温暖灿烂的太阳，
　　虽然他的美德要在另一个世界流出。

　　这些博学的文献上面，
　　有你愉快地写上的有用的笔记，
　　你在这座宝库里驾轻就熟，
　　无论是写还是做。

　　这些充满爱心的书信是朋友寄给你的，
　　送你远航时他们悲喜交集，
　　送别一个好人的钟声响起，
　　祷告声升上天堂。

　　收下这封真诚的信，
　　你可以让任何人看，
　　你在威尼斯要说的话，信里都说了，
　　你要完成的任务，信里当然也有。

承诺爱心不变，
你的命运之中只有荣誉，
我不再为你的命运增光，
为你增光需要智慧。

但需要比管大事容易些，
虽然二者都很沉重，
需要时我们只管自己的事，
而管大事则要小心防范别人的邪恶。

所以你的勇气要经历最后的考验，
要做适合你做的事情，
学校、法庭和过去的战争，
以最好的方式接触和体验。

对我来说，如果有我的话，
命运女神——如果有这么个女神的话，
发现我甘心忍受她的暴虐，
就会觉得其他一切都不适合我。

她虽然把我们分开，但上帝离我不远，
他经常听见我为你祈祷，
就把我恳求的给了你，他的梯子
在哪里都一样长，爬起来都一样容易。

　　　　　　　　　　　　　　　约翰·多恩

　　亨利·沃顿爵士在威尼斯受到热烈欢迎和隆重接待，既因为他的意大利语发言最为精彩，也因为他来得正是时候，他主子的友谊对威尼斯共和国来说似乎很有用。

　　他到威尼斯大约是在 1604 年，利奥纳多·多纳托当时是总督，一个聪明、果断的人，在各方面——亨利·沃顿爵士常说——都是威尼斯不可或缺的人物。教皇克莱门特八世时期，就教士特权和民事法官的权力问题产生一些争执。为了让普通读者了解情况，我要说上几句，因为这有助于理解下文。

　　大约在 1603 年，威尼斯共和国发布几项命令，规定未经民事法官许可，平信徒不得将土地或动产送给教会，禁止的理由是"任何动产或土地，一旦到了神职人员手里就不能转让了。由于这一原因——平信徒在临死时甚至过于慷慨——神职人员越来越多，而且要求不提供公共服务、免税、不服从世俗法官判决，结果造成平信徒负担越来越重"。

　　另一个分歧是，大约这个时候，威尼斯人依法控诉两名教士，一个是内尔韦萨修道院院长，一个是维琴察大教堂教士，二人犯下的罪行我在这里不便明说，提到这两个人也不是想说某个职业的坏话，因为神职人员并非个个圣洁——据观察，意大利造就了世界上最圣洁的人，也造就了世界上最邪恶的人。这两个人早就以威尼斯国的名义在罗马遭到控诉，但并没有让威尼斯人感到满意，他们就把这个院长和教士抓起来投入了监狱。

　　威尼斯人这样行使权力是公正还是不公正，前教皇克莱门特八世和威尼斯共和国曾经心平气和地讨论过。我之所以说心平气和，是因为教皇并没有将威尼斯人逐出教会。我认为，教皇考虑了之前召开的塔兰托宗教会议。经过多次政治动乱和拖延，教皇尽力保持自己现有的权力，终于召开了这次会议，其目的是全面改正教会犯下的诸多错误，这些错误是逐渐犯下的。这次宗教会议宣布：

"惩罚、在特殊情况下开除教籍，是教会管理的主要手段之一，其目的是让教徒服从教会，这样做很有好处。但会议还申明并建议，使用这一手段也要很有节制、非常谨慎，因为经验告诉我们，如果在考虑不周、鲁莽的情况下使用，其结果与其说是让人畏惧，不如说是让人蔑视。"

这是宗教会议结束时提出的建议，与威尼斯人发生争执的前几年。然而，这位审慎、能容忍的教皇克莱门特一死，其继承人教皇保罗五世——虽然不是立即继承，但是在同一年——性子急躁得多，与威尼斯人的争执也激烈得多。教皇保罗认为，威尼斯之前的举动是削弱他的正当权力，于是就限定他们在二十四天内将其废止，并威胁说如果不服从命令，他就要把威尼斯逐出教会。威尼斯人仍然用理性和古老的习俗为自己的做法辩解。但这位教皇与其前任的温和做法完全相反，要求绝对服从，不许争辩。

就这样持续了大约一年，教皇仍然威胁要将其逐出教会，威尼斯人仍然说好话，但拒不服从。最后，教皇对罗马教廷的热忱促使他将总督、整个元老院及其全部疆域逐出教会，然后关闭了所有教堂，责令所有神职人员不许为威尼斯人主持礼拜仪式，直到他们就范之后可以得到宽恕为止。

但教皇这样做只是让威尼斯人更加坚决地拒不服从他。听说教皇发布禁令之后，威尼斯人马上用喇叭发布公告，大致意思是：

"无论何人，只要收到在罗马发表的教皇禁令，这一禁令既伤害了威尼斯的荣誉，也违背了上帝的律法，所以要立即呈交给十人委员会，违者处死。"凡是替耶稣会说话的，要剥夺其财产和贵族头衔。

随后，威尼斯驻罗马大使杜阿多被召回国，宗教裁判所①依照政府的命令暂时关闭。闸门就这样打开了，任何具有嘲讽才能的人

---

① 十三世纪时由罗马教皇创立的一个宗教司法机构。——译者注

都可以随意发泄对教皇的不满，或是随口乱说，或是文字诽谤，两种形式都受到民众欢迎。

事情发展到这一步，政府就和神父保罗商量，保罗是一个圣洁、博学的行乞修士，《塔兰托宗教会议史》的作者。保罗的建议是："既不触怒教皇，也不放弃自己的权利。"他以政府名义发表书面声明，说："教皇受托保管两把钥匙，一把是谨慎，另一把是权力。如果两把钥匙不同时使用，仅凭权力开除教籍是无效的。"

这样，不满和对抗又继续下去，直到有传言说，威尼斯人要全体改宗新教。很多人信以为真，有人发现英格兰大使非常频繁地与元老院会面，其专职牧师比德尔先生更频繁地与神父保罗会面，大家认为保罗与他并不是朋友。

另外，据说威尼斯共和国还责令其驻英大使格雷戈里·胡斯蒂尼亚诺，让他把这一切进展都告诉英格兰国王，并恳求英王答应在必要时提供援助。与此同时，他们还请求英王出主意，征求英王的意见。

英王所提出的建议，与他刚加冕为王时给教皇克莱门特的建议是一样的——当时教皇劝他与罗马教会联合——也就是"争取召开一届自由的宗教会议，实现基督教世界的和解。我毫不怀疑法兰西国王和其他很多君主都会共同参与，协力去做这件好事。这一分歧，包括与我的分歧、与威尼斯人的分歧，都是教皇的罪过"。

在这场争执中——持续了将近两年——教皇越来越高调，威尼斯人越来越坚定，越来越不在乎，仍然将他们的做法向国王詹姆斯通报，由亨利·沃顿爵士、比德尔先生、神父保罗从中帮忙。威尼斯人当时聘请神父保罗为国务顾问，用他那支笔为他们的正义事业辩护。这一任务神父保罗完成得非常出色，教皇明显感到自己由于越权而使权力受到削弱，就提出以很宽松的条件赦免威尼斯人。

威尼斯人仍然不把教皇的赦免放在眼里，最后得到赦免时几乎

连一点感谢都不表示，下令在得到赦免那天不许在公共场合举行欢
庆活动，夜里也不准燃篝火，免得人家以为他们希望得到赦免，或
者像是做了错事后被宣布无罪似的。

　　这些争执促使神父保罗结识并关注国王詹姆斯。主要是为了国
王詹姆斯，神父保罗才编纂了那部著名的《塔兰托宗教会议史》。这
部史书一写出来，就以几页书信的形式由亨利·沃顿爵士、比德尔
先生和其他人送到英格兰，呈交给国王詹姆斯和当时的坎特伯雷大
主教，在那里首先刊行问世，包括英语版和通用语^①版。

　　亨利·沃顿爵士在意大利八年期间，得到国王的公正和高度评
价，但最后由于一次意外事件而坏了名声，这件事我要在下面讲
一讲。

　　他担任大使第一次去意大利时途经德意志，在奥古斯塔停留了
几天。他以前在这里旅行过，当地很多最博学、最有智慧的人都认
识他，这些人被认为是德意志的古董收藏家。他与这些人欢聚了一
个晚上，克里斯托弗·弗莱卡莫尔请他在自己的"阿尔博"上写一
句话。"阿尔博"是一种白纸本，很多德意志绅士都带在身边，请人
在上面写字。亨利·沃顿爵士答应了，就找到一个机会，依据在场
的某人随便说的一句话，用这样的字眼为"大使"下了一个有趣的
定义：

　　"Legatus est vir bonus, peregrè missus ad mentiendum
　　Reipublicae causâ."

　　亨利·沃顿爵士要是用英语这样写就会感到满意了：

---

① 指拉丁语。——译者注

　　"大使是个诚实的人，为了国家利益而被派到国外去撒谎。"

　　但必须承认的是，表示"撒谎"的这个词——理解这句话的关键所在——在拉丁语里并不是这样表达的，尤其是在一个敌人手里，并非像亨利爵士用英语所想的那样是个漂亮的表达方式。实际情况是，这句话和其他句子一起，在这个白纸本里安安静静地沉睡了将近八年，直到后来偶然落到贾斯珀·肖皮尤斯手里。贾斯珀是个罗马天主教徒，一个生性焦躁不安、蓄意用笔制造事端的人。他撰文反对国王詹姆斯，把这句话刊印出来作为国王信奉的宗教信条，也是国王在威尼斯的大使亨利·沃顿爵士的宗教信条。之后不久，这句话就被写在威尼斯的好几个玻璃窗上，并恶意宣称这是亨利·沃顿爵士的话。

　　这件事让国王詹姆斯知道了，他认为这是亨利·沃顿爵士的一大疏忽，是一大弱点，甚至比这还要严重，国王对他极为愤怒。亨利·沃顿爵士被迫写了两封道歉信。一封用通用语写给了韦尔塞鲁斯，奥古斯塔的首领之一，他让人刊印出来，散发到德意志和意大利最显眼的地方，作为针对肖皮尤斯恶毒文字的解毒剂。另一封道歉信写给了国王詹姆斯。这两封信都写得别出心裁，清晰明白，极有说服力，陛下——他是个纯粹的评判员——收到信以后忍不住这样公开宣称："亨利·沃顿爵士即便是犯了更大的罪也足以减刑了。"

　　现在，就像折断的骨头接好以后长得更结实一样，亨利·沃顿爵士不仅恢复了原来的声誉，而且陛下对他的评价比以前更好，对他也更加青睐了。

　　那个具有非凡智慧和丰富想象力的人，他的朋友多恩博士，在其遗嘱中——表达个人意见的遗嘱——把名望给了朋友，把勤奋给了敌人，因为亨利·沃顿爵士从那里得到了名望和勤奋。亨利·沃顿爵士经受这次磨难时，一些朋友尽力为他开脱，说他有开玩笑的自由，这些朋友对他来说更亲密了，也更加受到他重视了。而有些熟人借此机会打击他，这也让他汲取这次过失的教训而变得更加聪明起来，让他在将来说话和写作时更加小心谨慎，这是错误能够带来的最好结果。

我讲述了他在意大利所做的一些工作。在意大利，保护他的总督利奥纳多·多纳托去世了，总督公开表示喜爱他；而肖皮尤斯蓄意指控他。尽管如此，在威尼斯任职期间，他对后来继任的所有总督都有影响力，而且其影响力还在增加，像是一种继承下来的爱似的，他在威尼斯待了将近二十年。在此期间，他仔细了解这些总督的性情，了解其他国务顾问的性情。他很清楚，一个持续不断地商谈事务的人要是忽略对性情的了解，通常是达不到预定目的的。但亨利·沃顿爵士不会达不到目的。他精心挑选适当的礼物，举办奇特而又花费不多的娱乐活动，同时伴随着各种令人愉快的交谈，讲一些精彩的故事，甚至用他们的意大利语，因此他先是得到威尼斯国对他的关注，然后就一直保持对他的这一关注。据观察，他们从来没有拒绝过他的任何请求。这或是由于他的功德，或是由于他的谦虚。

但这些只能表示他有能力，适合从事这一工作。所以我还要告诉各位读者他如何利用其得到的影响力：实际上他是要施恩于别人而不是自肥，他仍然尽力在德意志帝国和意大利维护英格兰的声誉，热情款待很多到威尼斯旅行的绅士，告诉他们在行为举止上要注意什么，并通过其影响力来庇护或救助那些通常在旅途上突然遇到麻烦的人。

这些事情对各位读者来说显得过于笼统，我就告诉大家两个具体的例子，一个说明他生性仁慈，一个说明他思想高尚。下面我就开始讲。

很多英格兰士兵被其指挥官带到威尼斯来，为威尼斯人当雇佣兵打击土耳其人。这些英格兰人因为违规或不节俭，被带到大帆船上去划桨①或被投入监狱。这些人有好几百，在监狱里受折磨，在异国他乡贫困潦倒而得不到怜悯。亨利·沃顿爵士就向威尼斯政府请愿，请求保全他们的性命并将其释放。他的请求得到批准，这些人因他而获得释放，轻松自如地去感谢上帝、感谢他，庆幸自己能活着回到祖国。

我看这是他有怜悯之心的一个证据。在意大利居住期间，他那里就像是一个避难所，为英格兰和其他国家的不幸者提供保护。

说到他思想高尚的证据，就要靠各位读者更准确的理解力了。亨利·沃顿爵士除了好几次到其他国家从事外交工作之外，还三次被派到威尼斯共和国担任大使。最后一次到威尼斯去的时候，他还到好几位德意志君主那里担任使节，尤其是到皇帝斐迪南二世那里担任使节。他到皇帝和其他君主那里去的使命，是说服他们公平合理地为波希米亚王后及其后裔恢复世袭的独立伯爵职位。

他经过八个月的不懈努力，陪侍皇帝及其宫廷和议会，很可能会有一个成功的结果而不必流血。但当时战场上有两支敌对的军队，他们正在磋商时战斗打响，战斗中一方犯了很多严重错误——亨利·沃顿爵士在一封快信中对国王就是这么描述的——形势变得对皇帝极为有利，成功达成协议的希望破灭了。

亨利爵士看到这场胜利改变了和谈局势，就准备离开皇宫，向皇帝告辞时竟敢这样提醒他：每一场战役的结果，都会随着命运女神看不见的轮子一起转动，一会儿转到上面，一会儿又转到下面，所以他斗胆劝皇帝要冷静面对这场胜利，还是要考虑一下和解。

他提这个建议时虽然有些激动——此事与他的女主人波希米亚王后有关——但皇帝并不见怪，回答说他会考虑这一建议。他虽然

---

① 古代西方惩罚犯人的一种方式，划桨者很少有人能活着回来。——译者注

把亨利爵士的国王主子看成是他的敌人独立伯爵的教唆犯，但亨利爵士本人在起草条约过程中表现很好，他把亨利爵士看成是个非常有正义感和荣誉感的人，所以希望亨利爵士能够接受这颗宝石，作为对亨利爵士有好感的证明。这是一枚钻石，价值一千多英镑。

这颗宝石亨利·沃顿爵士非常合乎礼仪地收下了。第二天上午离开维也纳时，他向伯爵夫人塞布丽娜告辞。塞布丽娜是位意大利女士，皇帝安排他住在塞布丽娜家里，受到她的盛情款待。亨利爵士感谢了她的好意，请她接受这枚宝石，以感谢她的勤勤雅意。他送给她的宝石就是皇帝给他的那一枚。

这件事突然被人发现后禀报了皇帝，皇帝认为这是对他的极大冒犯，亨利·沃顿爵士从一位信使那里听说了。亨利爵士回答说，他接受这枚宝石时虽然心存感激，但他并不情愿接受他女主人波希米亚王后的敌人送的任何礼物，他总是这样称呼她，她对此感到很高兴。也可以强调他为君主、为英格兰所提供的其他很多服务，比如说从德意志各位君主、从威尼斯共和国那里为英格兰商人获得了很多特权和优惠政策。他还遵照国王詹姆斯的命令，因斯巴拉多主教回归罗马教会一事与威尼斯国交涉。

但这些事情的细节，还有更多我打算公之于众的事情，我想看一看有些文件，这些文件会告诉我——先王的书信署莫名其妙地转让出去了——我也的确需要时间。印刷厂在等着文稿，所以我必须马上让亨利·沃顿爵士从威尼斯回到伦敦，这个地方描写不到之处就让各位读者去弥补了，用他在纹章下面的题词去补充一点信息。他卸下最后一任大使职务返回英格兰时，凡是他休息、住宿过的房屋，他都留下了题词。

Henricus Wottonius Anglo-Cantianus, Thomae optimi viri filius natu minimus, à Serenissimo Jacobo I. Mag. Brit. Rege, in equestrem

titulum adscitus, ejusdemque ter ad Rempublicam Venetam Legatus
Ordinarius, semel ad Confoederatarum Provinciarum Ordines in
Juliacensi negotio. Bis ad Carolum Emanuel, Sabaudiae Ducem;
semel ad Unitos Superioris Germaniae Principes in Conventu
Heilbrunensi, postremò ad Archiducem Leopoldum, Ducem
Wittembergensem, Civitates Imperiales, Argentinam, Ulmamque, et
ipsum Romanorum Imperatorem Ferdinandum Secundum, Legatus
Extraordinarius, tandem hoc didicit,

Animas fieri sapientiores quiescendo. [①]

  他在国王詹姆斯驾崩前一年回到伦敦。为了报答他在国外所
做的贡献，国王答应让他继任一个职务，这一职务可以转换成他
所需要的现金，以解决其燃眉之急。国王还答应让他继任上诉法
院案卷保管员职务，如果他活得比仁慈的朱利叶斯·凯撒爵士时间
长的话。朱利叶斯爵士当时担任这一职务，但已老迈年高，据说
活得超过了人的正常寿限，那是他每天救济的很多穷人为他祈祷
的结果。

  但这些只是希望，他现在的状况需要马上救急。他在担任外交
职务之初，将父亲留下的租金收取权卖给了兄长沃顿勋爵。更糟糕
的是，现在他回来的时候欠了好几个人的债无法偿还，只有等待国

---

① "亨利·沃顿，英格兰的坎迪亚努斯，出身高贵的托马斯的幼子，最尊贵
的大不列颠国王詹姆斯一世三次派他到威尼斯共和国担任大使，曾去过一
次莱茵河畔的于利希镇，两次到过萨伏伊公爵查理·伊曼纽尔那里，和德
意志各国君主参加过一次海尔布伦大会，最后去了维滕堡公爵、大公利奥
波德那里，去了帝国的其他城市，还有阿根廷、乌尔曼克、神圣罗马帝国
皇帝斐迪南二世那里，是个非凡的使节。最后他懂得了：让灵魂得到休息
更为明智。"原文为拉丁语。——译者注

王支付了拖欠他在国外任职的款项之后才行。他带回英格兰很多仆人，其中有些是德意志和意大利艺术家。

他的部分情况就是这样，有很多次简直难以应付当天的开销。这绝对不能说是天意，就像他本人说菲利普·西德尼爵士的才智那样："这就看你能不能协调好了。"他总是对钱毫不在乎，好像救世主的话要按字面来理解似的："不要为明天忧虑。"①

但依照天意，就在这个节骨眼上，托马斯·默里先生去世，陛下的伊顿公学校长职务出现了空缺，所以很多热心、有权势的人向国王要求得到这一职务，这一职务就应该由这样的人来担任。亨利爵士就像希腊君主科林斯王那样，多年来一直滚动着那块停不下来的石头，不停地为国效力。他从实践中得知，令人满足的福分在大众之中或普通行业中是找不到的，而公学则是滋养圣洁思想最合适的地方，在那里身心都可以得到休息，这似乎正是他的年龄——当时他已年近六十——所需要的。于是他就动用自己和所有朋友的影响力，去争取得到这一职务。通过这些人的努力，陛下答应了这一要求，也兑现了他让亨利爵士继任别人职务的诺言，这是个诚实行为，这我就没有时间讲了。

这让他思想上感到非常满意。但还需要钱才能把家具物品搬走，才能在这样一个地方安家，为此他给老朋友尼古拉·佩伊先生写信，求他帮忙。这位尼古拉·佩伊我要在这里简单说一下，这样我在下面说的一些段落就会更清楚一些。

尼古拉·佩伊年轻时是个职员，从某种意义上说是亨利爵士的兄长沃顿勋爵的一个仆人。沃顿勋爵在王室担任会计师的时候为他帮忙，让他当上了王室的一名高级职员。为佩伊先生帮的这个忙，还有给他的其他一些好处——他极为诚实——他总是承认并为此而

---

① 语出自《圣经·马太福音》6:34。——译者注

表示感谢，表示的方式就是心甘情愿、不知疲倦地为沃顿家效劳，甚至一直到死。

亨利·沃顿爵士给佩伊先生写信，让他利用在宫里的所有影响力，从欠他的账上为他搞到五百英镑，少于五百他就无法在伊顿公学安家。要这一笔钱让他"满脸堆起了皱纹"——这是他的原话——要到钱之后第二天就到了伊顿公学，在他书房门上写上"Invidiae remedium"。[①]

这笔钱是欠款的一部分，通过他自己的影响力，通过诚实的尼古拉·佩伊在宫里的影响力，很快就给了他，他很快就到了伊顿公学，从这里他的幸福生活好像就开始了。伊顿公学对他来说，就像是一个经历过大风大浪的海员来到一个宁静的港湾。虔诚的创办人慷慨大方，让他在这里丰衣足食，钱绰绰有余，他在这里无忧无虑。这样一块磐石，匮乏的浪头不可能把它打翻，他镇定自若地坐在上面，俯视着下面辛苦劳作的芸芸众生，看着他们手忙脚乱地在一片险象环生的苦海里挣扎。威廉·戴夫南特爵士愉快地描述了另一个人的类似情况：

> 对国家大事付之一笑，
>
> 这是说人聪明而不是幸运。

他按照自己的心愿安顿下来之后，首先学习学校的规章。依照这一规章，他认为自己一定要担任圣职。这一点他做到了，很快就被任命为执事。

在此之后不久，有一次他身穿白色法衣做完礼拜回来，一位有身份的老朋友看见他这身打扮，就笑话他这身新法衣。亨利·沃顿

---

① "不受欢迎的补救措施"。原文为拉丁语。——译者注

爵士回答说：

"我感谢上帝和国王，凭借上帝和国王的仁慈，我才有了今天这个样子。皇帝查理五世好像也赞同这个样子。他多次取得大捷，在所有人眼里他都是成就辉煌，而他却满不在乎地放弃了皇冠，也放弃了皇冠带来的很多烦心事，把皇冠传给了儿子菲利普，到一座修道院过圣洁的隐修生活，在真诚的沉思冥想中与上帝交流，而这是富人或忙人几乎不做的事。这样他就有了空闲反思以前所犯的错误，也为那个重要日子做准备，那一天所有人都要交代清楚自己的所作所为。我这一生饱经风霜，也具备和他一样的有利条件，'在日出之时去赞美他'。①我每天都赞美上帝的这一善意，他让我抛弃了俗务，心如止水，收入丰厚，甚至是在我人生的这一阶段，当年龄和疾病要让我远离尘世间的享乐去沉思的时候，我在沉思中一直都享受到最大的幸福。"

现在谈一点他在公学里利用时间的情况。他依照惯例参加完公共祈祷之后就回到书房，在那里花几小时的时间阅读《圣经》和神学著作，以祷告来结束沉思默想。这是他在上午从事的主要活动。但一坐下来吃午饭，他脑子里就只有愉快的念头。他餐桌上经常有人做伴，这些人会带去学问和令人高兴的事，这样他愉快的念头就更多了。不过在大多数日子里，他通常会用一部分时间进行哲学推论。他也不会忘记钓鱼这一天生的爱好，他常把钓鱼叫作"并非虚度的无聊时光"。他常说，他"宁要五个五月也不要四十个十二月"。

他非常喜爱邻居，经常在餐桌上盛情款待他们。餐桌上的饭菜精美，他的谈话更精彩。

他始终爱护学校里的所有年轻学子，他发现他们一直都很勤奋，有一种才能促使他们学习。为了鼓励学生，他除了购置很多必要的

---

① 原文是"你使日出日落之地都欢呼"。参见《圣经·诗篇》65：8。——译者注

漂亮设施之外，还在学校里竖起两行柱子，让人在上面精心绘制了很多画像，都是最著名的希腊和拉丁历史学家、诗人和演说家。他还劝学生不要忽略雄辩术，因为"全能的上帝为人类留下了可以受感染的情感"。他常说："没有人看不起雄辩，只有拙嘴笨腮的人没这个本事。"他还经常选出那些历史学家和诗人的一些言论，不说几句著名的希腊格言或拉丁格言就绝不离开学校，这些格言是一个正在成长的学生值得记在脑子里的。

他经常收养一个或几个有出息的学子，从学校里挑选出来之后带到家里照管，陪学生一起吃饭，观察学生的言谈举止，以便更好地完成其预定的教育工作。他一直努力改善整体的教育状况，给后世只留下一部分就去世了。

他极为讨厌辩论宗教问题，关于这一点我要简单说一下，既证实他这一态度，也显示他才思敏捷。

他在罗马时认识了一个讨人喜欢的神父，一天晚上神父请他到教堂里听晚祷音乐。神父看见亨利爵士站在一个很不起眼的角落里，就让唱诗班的一个男童送给他一张小纸条，上面写着这样一个问题："在路德之前，你信仰的宗教在哪里？"

亨利爵士马上在这个问题下面写道："我的宗教在上帝写下的文字里，那里面现在也找不到你的宗教。"

下一次晚祷时分，亨利爵士故意还到那一座教堂，让唱诗班的一个男童把这样一个问题送给他那位诚实、讨人喜欢的神父朋友："教皇和威尼斯总督对其世俗权力有不同看法，教皇就把成千上万名基督徒逐出教会，你认为这些可怜的基督徒会下地狱吗？他们甚至不知道教皇和总督为什么争吵。说出你的良心话。"在这个问题下面他又用法语写道："Monsieur, excusez-moi."①

---

① "先生，请原谅。"原文为拉丁语。——译者注

有人问他："天主教徒可以得救吗？"他回答说："你可以得救而不问这个问题。照管好你自己吧。"

另一个人真诚有余而学识不足，正在责骂天主教徒。亨利爵士就劝他说："先生，请你先把这些问题搞清楚再骂吧。聪明的意大利人有这样一句谚语：'理解出错的人做出的结论更糟糕。'注意想一想，离罗马教会越远，离上帝就越近。"

还有个人随口说些尖酸刻薄的话语攻击阿米尼乌斯，我听见他这样回答说：

"我去威尼斯的路上经过德意志，在莱顿停留了将近一年，在那里结识了阿米尼乌斯，他当时是莱顿大学的神学教授，大家经常谈论的一个人物，很多人反对他，对他有争议。如果我对他的言论没有理解错的话——像我这样智力弱的人很容易理解错——我知道我不能同意他的一些观点。但根据我对他的判断，他是个学识最为渊博的人，我知道他生活最为严谨，性情最为温顺。

"剑桥的珀金斯先生用拉丁语写了一本书《论得救的顺序和原因》，阿米尼乌斯对此书提出一些建议，并借此机会对这一学说的结果写下一些疑问，据说他打算把这些疑问私下里交到珀金斯先生手里，并期待着收到珀金斯先生同样是私下里交给他的同样贴心的回复。由此可以看出，阿米尼乌斯是多么和善。

"但珀金斯先生还没有拿到这些疑问就死了。据认为，阿米尼乌斯打算让这些疑问与珀金斯先生一起消失。他虽然后来又活了很长时间，我听说他不想将其公开发表，但他死后他几个儿子发表出来了。很遗憾，也许这是上帝的意愿吧，珀金斯先生没有活着看到这些建议、思考这些建议并亲自回答这些建议，他也是个性情最为温顺的人，学识非常渊博，得到了大家的公认。这二人死后，很多有才华而又虔诚的人要把这些有争议的问题搞清楚，但基本上只是让自己感到满意，无法说服持不同意见的一方。

　　"毫无疑问，很多泛泛之辈用意很好，很多学识最为渊博的人说得很好，但也只是说说而已，他们永远也无法知道，直到进入天堂，在那里这些有争议的问题摆在阿米尼乌斯和圣公会中间——如果天堂里有圣公会的话。但在这个世界上，他们会篡改这些问题，因而会使这一争议复杂化，会理所当然地受到圣犹达 ① 的责难，说他们爱管闲事，自己不懂的东西瞎掺和。"

　　有件事要在这里告诉各位读者，我认为并无不妥。亨利·沃顿爵士有一个朋友想当使节，来到伊顿请亨利爵士传授一些经验，问他如何在谈判时谨慎而又安全地行事。亨利爵士笑了笑，送给他这么一句永远正确的格言：为了保护自身安全，为了效力于国家，在任何情况下你都要说实话，因为绝对没有人相信你——这似乎是个悖论。这样一来，亨利·沃顿爵士说，你说的实话就会保护你的安全，无论任何时候让你去解释都平安无事。这也会使你的对手在分析问题和做事时失败——真相在左边，他仍然会到右边去找。

　　这类例子还能找到更多，但必须把它们放到一边，因为我要在这里稍作停留，请各位读者与我一起回顾一下。按照我的承诺，我要简单谈一谈艾伯塔斯·莫顿爵士和威廉·比德尔先生，我在前面提到过他们。

　　我告诉过各位读者，亨利·沃顿爵士第一次到意大利担任大使的时候，他侄子艾伯塔斯·莫顿爵士去当他的秘书。下面我要告诉诸位，艾伯塔斯爵士死在先王国务大臣的岗位上，但我无法表达亨利·沃顿爵士第一次听到艾伯塔斯爵士离开这个世界时的悲痛之情，不过各位读者可以从下面的话语中看出一部分，第一段话来自他给尼古拉·佩伊的一封信，下面是这封信的一部分：

---

① 耶稣的十二门徒之一。——译者注

　　我亲爱的尼古拉，我来到这里将近两个星期，正感到心满意足的时候，得到了艾伯塔斯·莫顿爵士离开这个世界的消息。在这个世界上，他对我来说比我自己还要宝贵，这让我有多么伤心。你认识他，也认识我，我一说你就会相信。但造物主的意愿必须完成，他创造的人必须毫无怨言地接受，他是整个自然界的主人，是一切命运的主人。他一会儿把这个召到他那里，一会儿又把那个召到他那里，直到预定的那一天，他会让整个世界都消失，连天堂也卷起来，就像卷一卷羊皮纸似的。这是我们在尘世间必须学习的最后哲理。所以，我们这些留在世上的人，随着时日的减少和朋友的消亡，要更加互爱。在所有美德之中，包括宗教美德和道德美德，爱享有最高权利，因为死亡也无法让爱终结。我好心的尼古拉……

这是他向尼古拉·佩伊所表达的一部分悲伤之情，另一部分是下面的这首挽歌，对此诸位读者可以很有把握地得出结论：这是发自内心的真情实感，绝不是假装的。

　　　　　　在艾伯塔斯·莫顿爵士墓前流下的
　　　　　　　　　　眼泪

　　　　　　　　亨利·沃顿

　　　　　实际上沉默最能表达我的悲痛，
　　　　　最深的伤口最难表达感受，
　　　　　但让我在忙碌中抽出片刻，
　　　　　去告别那个我爱的人。

我不幸的诗啊，我年轻时
你曾发出放荡的呼喊，
而现在你充满悲伤，很难再有力气高叫：
"我的艾伯塔斯躺在这里面。"

这是那块黑石，这是那个洞，
埋葬他遗体的那个墓穴，
别人赞美他时，让我刻上
带血的诗行把他的坟墓装扮。

我在这里写下悲伤的诗句，
我在这里向死者致哀，
我真诚的泪水要在这里流淌，
让我脚下的石头具有人的情怀。

我独自一人痛惜无比的损失，
无人评判我有多么懦弱，
然而连这些忧郁的墙也让我悲叹，
对我的悲鸣随声附和。

他走了吗？我还活着在这里作诗，
好像某个缪斯愿意听我吟唱，
所有跑调者都在等着亲人，
在亲人经常玩耍的河岸上晒太阳。

与幸福的人住在一起永享天伦之乐，
卸下自然与命运女神的重托，

　　　　我的沙漏在这个转动的地球上流淌，

　　　　直到我生命尽头的那一刻。

　　涉及艾伯塔斯·莫顿爵士的事就说到这里。

　　在谈论威廉·比德尔先生之前，我要让各位读者先知道这么一件事。国王詹姆斯派亨利·沃顿爵士到威尼斯国担任大使的时候，同时也往法兰西国王那里派了一位大使，往西班牙国王那里也派了一位大使。与驻法兰西大使同行的是约瑟夫·霍尔，已故的诺里奇主教，著述甚丰，显示出他的巨大才能。与驻西班牙大使同行的是詹姆斯·沃兹沃思，与亨利·沃顿爵士同行的是威廉·比德尔。

　　这三位大使的专职牧师就读于同一所大学，也是同一所学院，都在同一个教区里担任圣职，都是最要好的朋友。但沃兹沃思先生在西班牙受到了诱惑或规劝，对他影响非常大，以至于让他宣布脱离圣公会并加入罗马教会，而他在三人之中本来是对天主教最为反感的。他不再侍奉大使，而是去了一座修道院过受教规约束的隐修生活，并死在了那里。

　　已故的诺里奇主教霍尔博士回到英格兰以后，给沃兹沃思先生写信——他刊印的《数十年》之中的第一封信——劝他回国，或说明他叛教的理由。信里好像有很多表达爱心的亲切话语，但也有一些让沃兹沃思先生听着很不顺耳的话，沃兹沃思先生索性将他的动机告诉了老朋友比德尔先生。这样一来，比德尔先生和沃兹沃思先生不断有书信往来，这些书信已刊行问世，也确实值得刊行问世。信中似乎有争论，不仅是争论宗教问题，而且在争论中透出柔情爱意。我提起这件事是因为在笔墨官司中，这种情况极为少见。

　　对比德尔先生还要再多说一点，其中大部分内容各位读者可以在下面这封信看到，这是亨利·沃顿爵士写给先王查理一世的一封信：

　　最仁慈的陛下：

　　臣耳闻阿马大主教盛情雅意，将一些人召到这里，最谦卑地请求陛下开恩，任命威廉·比德尔先生——现在是萨福克一个小封地的居民——担任您的都柏林学院[①]院长，这对该院有好处。臣也接到命令，要向陛下为威廉·比德尔提供证明。臣首次到威尼斯任职期间，他一直为臣担任专职牧师，臣一定凭良心说出实情——只要陛下开恩，愿意接受臣的愚见——对他表示认可，臣以为在您的整个王国，很难再找到更合适的人选来担任这一职务了。他学识渊博，虔诚，遵守教会礼仪，积极推动上帝的事业。在开除威尼斯人教籍期间，他在国外的辛勤努力并非不为人所知。

　　陛下会高兴地了解到，神父保罗可以说是把威廉·比德尔先生当成贴心人，把自己内心最深处的想法向他倾诉。神父宣称，他从威廉·比德尔身上学到的神学知识，包括抽象知识和实用知识，比他在实践中所用到的所有知识都要多，其中所有段落令尊先王都很熟悉。承蒙陛下开恩，不必要的话臣就不再说了。他的学识、生平和基督教信念，他在宗教上为陛下所做的大量工作，有口皆碑，比臣所能描述的更好。

　　　　　　　　　　　　　　陛下最谦恭、最忠实的仆人
　　　　　　　　　　　　　　　　　　　　亨利·沃顿

　　对这封信我还要再补充一点：威廉·比德尔先生被任命为都柏林学院院长，亨利·沃顿爵士非常高兴。他在那里公正地履职一段

---

① 即都柏林三一学院，也叫都柏林大学，爱尔兰最古老的大学。——译者注

时间之后，被调去担任基尔莫尔主教。他在这两个地方都过着圣洁的生活，似乎可以和早期基督徒相媲美。他像早期基督徒那样过余烬周，[①] 除了自己祈祷之外，还严格按照教规规定的时间祈祷，在圣公会的所有节日和斋戒日他也祈祷。

除此之外我还要补充一点。他有忍耐力，有仁慈之心，显示出他钟情于天国的事物，实际上他一生培育的都是圣灵的果实。他生性极为温顺，就像圣保罗在选举一位主教时奉劝提摩太所说的那样，"在教外亦有好名声"。[②] 威廉·比德尔先生也是这样。那些教外的人，[③] 甚至那些有天主教信仰的人——这样的人在他那个教区里有很多——一直都对他非常尊重，这就是看得见的虔诚所产生的力量。

后来，爱尔兰发生一场可怕的叛乱，疯狂的爱尔兰人不问青红皂白见人就杀。另一教派的人就把他隐藏起来，保护他免遭毒手，证明了教外人对他的尊敬。一个对立教派保护和尊重他，他也死在了那里，不是死于暴力或虐待，而是在一座僻静的监狱里死于悲伤（1642 年）。[④] 他一死，他很多值得保存的作品也都散失了，其中有爱尔兰语版《圣经》，是他经过多年商讨、研究和艰苦努力后翻译而成，他原打算刊印后供大家使用的。

比德尔先生的情况还可以说出更多，我曾告诉过诸位读者，他是亨利·沃顿爵士的第一个专职牧师。也可以谈谈第二个专职牧师

---

① 基督徒专门用来斋戒和祈祷的日子，每年有四个周：基督降临节之后第三个星期日与第四个星期日之间的一个周，四旬斋期间第一个星期日和第二个星期日之间的一个周，圣灵降临节和圣三主日之间的一个周，九月的第三周。不同教派之间有些差异。——译者注
② 语出自《圣经·提摩太前书》3:7。——译者注
③ 指圣公会之外的人，尤其是不信奉国教的新教徒，如清教徒、长老会教徒等。——译者注
④ 原文不太准确。比德尔并非死于监狱，而是获释之后不久死的。——译者注

的很多情况，他是艾萨克·巴尔格雷夫，神学博士，已故博学、好客的坎特伯雷教长。还有其他很多有业绩的人，这些人有幸跟随亨利·沃顿爵士到外国任职。但诸位读者会认为我节外生枝，扯得离伊顿公学太远了，所以我要尽可能把他们慢慢地有秩序地领回去，到伊顿公学再与亨利·沃顿爵士会晤。

　　亨利·沃顿爵士在进入伊顿公学之前，曾打算写马丁·路德传，其中包括宗教改革史，因为宗教改革发生在德意志。写这部传记他有很多有利条件，他好几次出使这些地区，对好几位帝国君主都有影响力，通过这些君主他可以接触所有汉莎同盟城市的档案，可以看到一般人看不到的秘密文档。在这些方面他取得了可喜的进展，他尊敬的朋友、已故的索尔兹伯里主教杜帕博士对此非常清楚。

　　但这一计划正在进展时，先王陛下查理一世知道亨利·沃顿爵士手里那支笔的价值，就施展软硬兼施的手段，另外还答应每年给他五百英镑，迫使他把路德放到一边，让他去撰写英格兰史。他先写了几个国王的片段，想以此为基础逐渐铺开。但目前他打算更详细地写一写亨利六世的生平，亨利六世是伊顿公学创办人，他当时在这里享受着人世间所有的幸福。但亨利爵士在写作过程中去世了。他艰难行进的足迹，以普通人的勤奋程度无法追寻。

　　这里描述了他在公学期间的一些爱好和从事的工作。他与这一学术团体不断交往，每天都和最有教养、最有才华的朋友打交道，这似乎使他焕发了青春。因此他仍然保持着愉快的心情，这是他莫大的福分。甚至到他最后的日子，他也一直没有老年人常有的坏脾气。

　　然而，他愉快的心情有时候会因为想起很多旧债而变坏，这些债务有一部分是他在国外任职期间欠下的，而国王欠他的钱本来可以清偿这些债务。但宫廷的承诺一拖再拖，他的身体也有些衰弱，所以在他死亡之前大约两年，他身为基督徒希望没有一个人因为他而遭受损失，就立下最后遗嘱。关于这份遗嘱仍然有一个疑问，也就是它透露出的是更圣洁的才智，还是正直的处世原则。但没有疑问的是，他的主要意图是身为基督徒要努力偿还债务。

这份遗嘱可以作为一个证明，作为一份遗产赠给那些爱他的人，现在我就把这份遗嘱透露给各位读者，是他亲笔写就的。

> 以全能、仁慈的上帝的名义，我，亨利·沃顿，伊顿公学校长，知道自己已到死期，死亡是我们最早的父母带给全人类的罪孽。我要以这份最后遗嘱处理我的后事，处理我留在世上的一点薄产。
>
> 我把灵魂交给永恒的上帝、我主耶稣基督之父、神圣的救世主和中保①。耶稣为整个世界的罪孽赎了罪，对他的选民来说非常有效。承蒙他的恩典，我也在选民之列，所以得到了圣灵最确凿无疑的保证，圣灵是真正永恒的安慰者。
>
> 我把遗体留给大地。如果我死在伊顿或其附近，就把我埋在公学的小礼拜堂里，此事拜托校董们安排，上帝知道，我与他们亲密无间。如果我死在肯特郡的波克顿－马勒布附近，希望把我埋在那里的教区教堂，尽量靠近家父的墓，期待着基督再临时与家父一起愉快地复活。②

说明了他的信仰，把灵魂托付给将其注入躯体的上帝，安排好遗体处理问题之后，他接着嘱咐遗嘱执行人在其坟墓上覆盖一块大

---

① 在《新约全书》中，耶稣被认为是上帝和人之间的中保。参见《提摩太前书》2: 5，《约翰一书》2: 1，《希伯来书》9: 15, 12: 24。——译者注

② 教堂被称为"神的家"，是所有基督徒聚集的地方，包括在世的和过世的。所以基督徒死后通常都埋在教堂旁边的墓地里，象征着死人与活人都与神同在。按照基督教的理念，人死后是会复活的，所以大家埋在一起也是便于将来耶稣再临时一起复活，也便于复活后一起排队，逐个接受耶稣的末日审判。——译者注

理石，要普通的石头，价格不贵。考虑到时间甚至能把石头变成粉
尘——因为墓碑也会消亡，所以他一反常规，觉得应该用一句有益
的格言保存他的名字，这是西拉的儿子给所有人出的主意，这样做
比详细列举他的世系或功德要好。无论是世系还是功德，他都可以
名正言顺地夸耀。但他满足于忘掉世系或功德，而是选择用一句审
慎、虔诚的话来表现他的性情、保存他的英名。

按照他的嘱咐，墓碑上铭刻着这样的文字：

Hic jacet hujus Sententiae primus Author:

DISPUTANDI PRURITUS ECCLESIARUM SCABIES.

Nomen alias quaere.

译成英语是这样的：

这里埋葬着第一个说这句话的人：

争论的欲望将成为教会的疮痂。

到别处去询问他的名字。

如果有人表示反对，我认为会有人反对，说亨利·沃顿爵士并
不是第一个说这句话的人，这句话或类似的话在他之前早就有了。
我的回答是，所罗门说："未说过的话，无人会说；日光之下并无新
事。"[1] 但即便是他在博览群书时见过这一句或类似的句子，既有理
性又有宽容精神的各位读者应该相信，亨利·沃顿爵士当时正专注
于和天堂里的圣徒交流，一种圣洁的想法让他沉醉，没有记住那句

---

[1] 原文是："已有的事，后必再有。已行的事，后必再行。日光之下并无新
    事。"参见《圣经·传道书》1:9。——译者注

话。毫无疑问，如果他相信自己不是第一个说那句话的人，以他为人的谨慎态度，是绝不会说自己是，也不会把它公之于众然后遭到每一位评论家谴责的。宽容的读者肯定会认为，他当时正一心想着天堂，一股圣洁的热流让他心醉神迷，在这一阵圣洁的狂喜中，他只想着已战胜邪恶并升入天堂的基督徒，他每天都期待着加入这类基督徒的行列。①

各位读者还相信，全能的上帝当时想让他成为先知，并告诉那些在尘世间与邪恶作战的基督徒，尤其是在英格兰的这类基督徒。在英格兰，争论的杂草日益疯长，毁灭了人的虔敬之心；人们对宗教仪式趣味索然，却毫无顾忌地说错话、做坏事，而这些话、这些事古代谦卑的基督徒连想一想都认为是一种罪恶。尊敬的胡克说："以前质朴、温和的性情现在找不到了，激情淹没了慈爱，圆熟淹没了温顺。"我们应该这样认为，这些糟糕的变化证明，这一墓志铭是对英格兰人必要的警告，德意志出现的恶果证明它是令人悲伤的真理。

对他墓志铭的评论就是这样。他遗嘱原文的其余部分如下：

另外，我，亨利·沃顿，任命我两个侄孙为我这份最后遗嘱的联合执行人：一个是艾伯特·莫顿，已故的骑士罗伯特·莫顿爵士的次子；一个是托马斯·巴尔格雷夫，坎特伯雷教长、我善良唯一的侄女的丈夫巴尔格雷夫博士的长子。

我请求最忠实的朋友、前面提到的巴尔格雷夫博士和尼古拉·佩伊先生，与约翰·哈里森先生一起担任我这份最后遗嘱

---

① 基督徒在传统上被分为三类：在尘世间与邪恶作战的基督徒（Ecclesia militans）、在炼狱中忏悔的基督徒（Ecclesia poenitens，这是天主教的信条，新教并不认可）、已战胜邪恶并升入天堂的基督徒（Ecclesia triumphans）。——译者注

的监督人。约翰·哈里森先生是伊顿公学的校董之一,最熟悉我的图书、绘画和其他器具。

我请求前面提到的巴尔格雷夫博士和尼古拉·佩伊先生担任我的律师,处理我死时王家财政部拖欠我的钱款问题,协助我前面提到的遗嘱执行人公道、认真地清偿我一些债主的债务,处理我现在指定的遗产,或依据任何附件或清单补充进本遗嘱之中的物品,或留在手头的物品,或留给前面提到的约翰·哈里森先生的纪念品。

首先,我最亲爱的无比仁慈的君主——我只是一个普通的老实人,他一直对我有好感——我留给他四幅威尼斯总督的画像,这些总督在位时我在威尼斯任职,他们的名字写在画像背面,画像挂在我的大餐厅里,由爱德华多·菲亚莱托依据真人画出。还留给他威尼斯选举团里的一块木牌,使节们在那里拜会,在房间烟囱外皮上挂着,也是由爱德华多·菲亚莱托制作,上面有一幅微型画,很像著名的总督利奥纳多·多纳托,他那个时代所需要的一个聪明而又忠诚的人。

细目:威尼斯一位总督的画像,挂在门上,由提香或其他著名画家所绘制,早在我之前。最谦卑地恳求陛下,这些画可以放在他任何一所房子的某个角落,以纪念他这位最谦卑的奴仆。

细目:我把骑士尼古拉·思罗格莫顿爵士在苏格兰和法兰西期间所有的书信文件和谈判材料都留给陛下,当时他为女王伊丽莎白效力。这些文件和材料中有很多国家机密,经国务大臣温德班克先生审读和分类之后,也许陛下觉得适合保存在文件室里,我记得我以前和温德班克先生商量过这件事。这些文件和材料是由尼古拉爵士的儿子亚瑟·思罗格莫顿爵士委托我处理的,为了纪念他,把这些物品交到一个最值得信任的地方,是我终人之事的最佳方式。

细目：我把《狄奥斯科里迪斯》①留给我们最仁慈贤惠的王后玛利亚，书中的植物着色自然，文本由马蒂奥洛翻译，用最优美的托斯卡纳语译成，托斯卡纳是王后殿下的祖籍②。这本书是我对她表示感谢的一点薄礼，她曾大驾光临过我的私人书房。我把当选并加冕为波希米亚王后的画像留给最有希望的太子③，波希米亚王后是太子的姑妈，冰清玉洁、德厚流光、一生饱经风霜。

我把一幅画《上帝的爱》留给坎特伯雷大主教大人，是依据国王画廊里的一幅画精心临摹的，那幅画是我呈献给陛下的。我恳求大主教大人收下它，作为我对他智慧过人的尊重。我把赫拉克利特痛哭、德谟克利特嘲笑这个世界的一幅画留给最值得尊敬的伦敦主教大人、英格兰财务大臣，我真心钦佩他身为基督徒的质朴和对虚名浮誉的轻蔑。我一生蒙受大主教大人和伦敦主教大人的恩惠，最谦恭地恳求二位大人在我死后向我们最仁慈的君主求情，希望国王以耶稣基督的心肠，看在我多年为国效劳的分上——我考虑更多的是政府的荣誉而不是我个人的功劳——从财政部欠我的钱款里取出一部分清偿我的债务。我已经任命了这份最后遗嘱的监督人，由监督人向二位大人禀报，不劳二位大人费心。我也希望陛下出于最不容置疑的仁慈，不让我受到任何伤害，索要我的那笔欠款时只要手续有一点不齐全，我就有可能受到伤害。

对于……为了给他的珍品橱稍微增一点色，也作为他美德和高尚情怀的象征，我把一块大磁石和一块琥珀留给他，这两种物品天然般配，只是在调和程度上有点差异，这被认为颇不

---

① 希腊药理学家，这里指他的代表作《药物论》。——译者注
② 王后玛利亚的父亲是法兰西国王亨利四世，母亲则来自佛罗伦萨的美第奇家族。——译者注
③ 指后来的国王查理二世。——译者注

寻常。

细目：一块六边形水晶——在生长过程中把好几样东西包裹在里面——是我在雷蒂亚阿尔卑斯山里购买的，就在它生长的地方。我欠债的不良名声就最谦恭地托付给大人了，就像我托付给前面提到的神职贵族一样，我没有更好的东西来表达我对他最真诚的感谢，为此我由衷地感到遗憾。

细目：我把老画家巴萨诺挂在客厅中央的《四季》——这幅画不大——留给弗朗西斯·温德班克爵士，陛下的主要国务大臣之一，我有需要的时候他就是我的好朋友。这幅画是我在威尼斯买的，我在那里有幸第一次与巴萨诺相识。

对于前面提到的坎特伯雷教长巴尔格雷夫博士，我把本遗嘱中没有提出处理意见的所有意大利语图书都留给他。我还把我的维奥尔琴①留给他，我曾两次把这把琴带到意大利，我在意大利与他建立了忠贞不渝的情谊。

对我的另一位监督人尼古拉·佩伊先生，我把我的箱子留给他，也就是那个装有各种工具的柜子。箱子下方盒子里装的东西，只能留给他这样一个纯粹、诚实的人。我还要留给他四十英镑，他在索要我的欠款时吃了不少苦头。我很惭愧，对于一个在我从事外交事务期间无微不至地照顾我的人，我从羞涩的囊中再也拿不出更多的东西来给予他。

我把前面没有处理的所有书稿都留给伊顿公学图书馆，给每一位校董留下一枚普通金戒指，除了边缘之外都涂成了黑色，里面刻有这一箴言："Amor unit omnia."②

这就是我的最后遗嘱，另外还附有一份清单，立于公元

---

① 类似于提琴的一种弓弦乐器。——译者注
② "爱凝聚人心"，原文为拉丁语。——译者注

1637 年 10 月 1 日，由本人署名，另有以下见证人：

尼古拉·乌德特，

乔治·拉什。

亨利·沃顿

了解事情的结果最能让人得到满足，所以我觉得应该说明，他在遗嘱里提到的每一个人都满意地得到了遗产。对于他最合理、最强烈的还债愿望，大家协力帮助他的遗嘱监督人，一起努力恳求国王——没有比国王更乐意的人了——理所当然地偿还了他的债务。

我还要告诉各位读者，他通常每年一次——如果次数不是更多的话——回到他热爱的波克顿-霍尔，到那里以后他常说，他找到一种治疗各种忧愁的方法，那就是大家欢聚，他把欢聚叫作那个地方的生活设备，把那里固有的宜人空气叫作他力量的恢复剂。

他还每年去一趟牛津。但在他去世之前的夏天，他改去了温切斯特公学，那是他离开波克顿之后去的第一个地方。他从温切斯特返回伊顿公学的路上，对陪伴他一起去的一位朋友说："一位圣洁的修道士提的建议是多么有用，他劝一位朋友在一个固定的地方经常祈祷，因为在这样一个地方，我们通常会回想起上一次来到这里时的想法！实践证明这一说法太对了。我这次一回到那个学校，看到我小时候坐过的那个地方，又让我回忆起年轻时的想法，确实是美好的想法，这为我成长的岁月带来了很多乐趣，没有掺杂忧愁，这些乐趣我从青年到成年一直享受着，所以我觉得时间过得慢。但年龄和经验告诉我，那不过是空想而已，我总觉得救世主的预言是对的：'一天的难处一天当就够了。'① 然而，我在那里看到一代又一代

---

① 原文是："所以，不要为明天忧虑，因为明天自有明天的忧虑；一天的难处一天当就够了。"语出自《圣经·马太福音》6: 34。——译者注

的孩子从事着同样的娱乐活动，他们肯定有和我当年一样的想法。这样，一代接着一代，他们的生活、娱乐、希望、畏惧、死亡，全都一个样。"

他从温切斯特回到伊顿，那是在他去世之前大约五个月，之后他变得更加深居简出，更爱沉思冥想。在此期间，约翰·黑尔斯先生经常来看望他，也就是博学的约翰·黑尔斯先生，当时是该公学的校董。

有一次，亨利爵士对黑尔斯先生这样说："在我通向坟墓的路上，我遇见了大多数会说话的人都能遇见的乐事，享受到的低级乐趣比世人的儿子通常分享到的都要多。然而，在这一旅途中，我并非总是漂浮在平静的令人满意的海面上，而是经常遇到侧风和暴风雨，经常遇到思想上的困惑和作恶的诱惑。但尽管如此，尽管我有很多人性的弱点，全能的上帝还是凭借其恩典，阻止我信仰和良心的船失事，现在想到这我心里就感到高兴，为此我最谦恭地感谢上帝。我也谦卑地承认，让我活到这么大岁数的不是我自己，而是上帝，让他享受这一大慈大悲的荣誉吧。亲爱的朋友，现在我发现即将抵达死亡的港湾了，这一港湾能让我避开未来所有的暴风雨，避开这个不平静的世界上的波涛。我愿意离开这个世界，我感谢上帝，我期待着一个更美好的世界，一个正义主导的世界，我憧憬着这个世界！"

这些以及类似的话语，是他刚开始生病发烧时说的，当时他还患有哮喘，或短暂地吐痰。但发作不到二十次，借助于常用药物和节制饮食，他的烧退了一些，但比以前衰弱了很多，戒烟之后哮喘好像也大有好转。就像很多爱思考的人那样，他也有点无节制地抽烟。

这就是他当时的状况，就这样一直持续到大约 1639 年 10 月底，在他去世大约一个月之前。这时他又一次发烧，后来好像是退烧了，但仍然非常虚弱。这些病，还有那些老年人常患的病，就像有礼貌的朋友一样经常拜访他，过了一阵之后又离他而去。现在这些病来得更加频繁，也更加厉害，最后干脆在他身上不走了，使他的身体进一步衰弱下去，情绪也低落了。

这些变化他越来越清楚地意识到，他也更经常地回到书房，整理他以前写的书信文件，既有年轻时写的，也有公务繁忙时写的，将很多没有用的投到火里烧掉。这些做法，还有他对仆人和朋友说的几句不同寻常的话，好像预示着他死期已经临近。在很多见到他的朋友看来，他对此似乎有充分准备，既有忍耐力，也毫不畏惧，他临终前在病榻上写的几封信可以作证。

他就这样一直持续到大约12月初，这时他患上更严重的每日热。在第十次发作时，亨利·沃顿爵士身体中不能死的那一部分获得了永生，人性的脆弱所能得到的满足和愉悦他都得到了。这时他心里平静如水，与上帝和人完全和睦。

这就是亨利·沃顿爵士的生命周期：这一周期从波克顿开始，先到温切斯特公学，再到牛津，在基督教世界经历很多引人注目的事件之后，在他七十二岁那年，由死亡终结于伊顿公学。

根据他的遗嘱，他被埋葬在伊顿公学，坟墓上面有一块墓碑，墓碑上刻有他的箴言。他的死无愧于他的英名和家族，无愧于很多君主、很多智慧过人和博学者对他的爱和青睐，无愧于他受到的为君主和国家效力的重托。

请诸位读者相信，他配得上一支更能生花的妙笔来纪念他的英名，将其成就介绍给后世供人效仿。

艾萨克·沃尔顿

理查德·胡克先生传

引 言

　　我所尊敬的一位朋友劝我，让我写一部理查德·胡克先生传，我应该接受这一劝告。在八卷本的学术著作《教会政治的法律》中，有五卷——如果不是更多的话——是理查德·胡克先生撰写的。我虽然承担下了这一任务，但有些不太情愿，因为我预见到对于我来说，尤其是在我这个年纪，这肯定是一项艰巨的任务，要询问、考虑、研究和确定哪些与他有关的信息需要了解。胡克先生在世时我并不认识，所以不但要回顾他的死亡——已经过去了六十四年——而且还要再往前回顾将近五十年，甚至回到他童年和青年时代，从中搜集不少资料，也许这些资料不是必需的，但至少可以为我要完成的任务增色。

　　这样的麻烦事我预见到了，而且还预见到不可能逃脱批评指责，我也不指望我的善意和勤奋能保护我免遭指责——我考虑到我所生活的时代——所以我只是恳求各位读者暂缓指责，直到我说明一些理由后再指责不迟。我本人倒是乐意相信，这些理由在某种程度上使我适合承担这一任务。如果这些理由不能让我免于受到任何指责，但至少可以减轻指责的严厉程度，我能指望的大概就是这些。我的理由如下：

　　大约四十年前——我现在已年过七十——我开始与威廉·克兰默建立起密切友好的关系。他现在已经过世，是和他同姓的那位大主教 ① 的侄孙，一家人以精明、果断而闻名。我和他及其两个姐妹关系都很密切，其中一个是斯宾塞博士的妻子。斯宾塞博士是胡克先生的好朋友，和胡克先生在牛津大学圣体学院一度是同学，后来成为该院院长。我在这里提到他们是因为下面还要提到，另外还有他们的兄弟乔治·克兰默，关于此人的才华，诸位读者可以从博学的卡姆登和其他人那里得到更为可靠的信息，比我这支笔描写得还要好。

　　这位威廉·克兰默及其前面提到的两个姐妹与胡克先生是姻亲，关系最为友好，曾经在胡克先生家里接受过教育，当时胡克先生是坎特伯雷附近毕肖普斯－伯恩教区的牧师，他们善良的父亲当时就住在坎特伯雷。我说过，他们在胡克先生家里接受过一段时间的教育，从那以后我就愉快地和他们住在一起。若干年前，我曾经极为喜爱、极为满意地读过胡克先生的一部分著作，这一喜爱使我经常询问与胡克先生有关的很多事情，也就是他的人品、性格、对时间的安排、妻子、子女、他和家人的遭遇等等。这些询问对于了解我现在要考虑并打算满足诸位读者的事情大有帮助。

　　我与已故博学的阿马大主教、尊敬的厄舍博士关系也很友好，与已故博学、仁慈的达勒姆主教莫顿博士，与伊顿公学博学的约翰·黑尔斯关系都很友好。我与这些人也经常谈论胡克先生，他们连胡克先生的名字都很喜爱。从他们那里，从很多已经获得永生的人那里，我本来可以得到更多信息，如果我当时觉得适合做经人劝说后承担起来的这项任务的话。

---

① 指坎特伯雷大主教托马斯·克兰默，英格兰宗教改革的主要人物之一。——译者注

尽管这一大丰收的机会已经无可挽回地失去了，但我在记忆里已经保存了一鳞半爪的资料，我的勤奋又为其增砖添瓦，希望这对完成我的任务有帮助。在发掘资料方面我会做到准确可靠，我的引言就以这一保证结束。

胡克传

毫无疑问，理查德·胡克出生于黑韦特里，在埃克塞特市或其辖区，或在埃克塞特附近。该市可以名正言顺地以理查德·胡克和托马斯·博德利爵士的出生地而自豪。实际上这个郡为英格兰造就了主教朱尔、弗朗西斯·德雷克爵士、沃尔特·罗利爵士和其他很多人，这些人以其勇气和学识而值得纪念。

胡克先生大约出生于公元1553年，其父母的血统和财富并没有其美德和勤奋显赫，上帝让他们拥有了美德和勤奋。凭借其美德和勤奋，他们可以为子女提供某种程度的教育，在这方面理查德·胡克就是明证。造化并不总是那么偏心，把智慧和学识这样的福分，还有随之而来的美德和为官这样更大的福分，只给予那些出身更为高贵的人。

如果我们推测他在四十岁时的模样，他肤色是红润的，夹杂有些脾气，而其动作甚至在年轻时也是缓慢的，说话也是这样缓慢。无论是动作还是说话，从来都显示不出热诚，而是与老年人相称的谦恭和严肃。

据观察——只要时隔多年之后还能回头询问——他小时候上学时就爱提问题，悄悄地问，这为什么需要记住？那为什么不需要记住？为什么这个答应下来了，那个被拒绝了？疑问之中还明显带着谦虚，流露出性格的温柔、安详和稳重，能很快领悟很多复杂的学术问题。这种能力是上天赋予一个学者的，这让他老师和其他人认为他得到了神灵的启示，所以把他当成一个小神童。当时的儿童没有那么丰富的想象力，没有那么自信，可塑性更强，而现在的儿童更聪明，但绝不是更好。

性情温顺，渴求知识，说话谦虚，这些他老师都看在眼里。老师就动员他说服父母让他继续在校学习——父母本打算让他当学徒——直到他能找到生计。老师让他说服富有的叔叔或其他有仁慈之心的人，帮他父母减轻一些生活负担，并向他父母保证，说他们的儿子极有天赋，好像上帝专门挑他来赞颂上帝似的。这位好心人还对胡克的父母说，他会加倍努力教育胡克，除了得到这一工作带来的希望和满足之外，并不期望有其他任何回报，也不接受任何回报。

这一消息并非不受欢迎，尤其是对他母亲来说。在母亲眼里，胡克是个孝顺、可爱的孩子，各方人士都对这一建议感到满意，于是就决定这样做。与此同时，父母和老师又为他未来的幸福打下基础，在他思想上种下虔诚的种子，也就是诚心诚意热爱和敬畏上帝的道德标准，让他从小就相信他知道人类灵魂的奥秘，他要惩罚邪恶、奖赏清白，让人抛弃虚伪，像对待上帝那样对待人，因为狡诈的人迟早要掉进自设的陷阱。

这些虔诚的种子种得非常及时，每天都得到圣灵雨露的滋润，他童年时期的美德培养成了圣洁的习惯，这使他日益受到上帝和人的喜爱。除此之外，他后来还掌握了渊博的学识，使他在这一代人中受到尊重，在子孙后代中继续受到尊重。

这位好心的老师我已经想不起来他的名字了，很遗憾，否则我会在这篇纪念他学生的拙文中给他以更好的纪念。好心的老师非常希望理查德的叔叔、当时的埃克塞特司库约翰·胡克照顾侄子，供养侄子上一年大学，同时想办法让侄子进入某个学院，即便该学院的档次不高也行。老师还劝约翰·胡克并向他保证，他的花费不会持续很长时间，因为这孩子的学习和表现都很突出，肯定会受到关注，上帝定能给孩子找到第二个资助人，将来他和孩子的父母都不用再照顾这孩子，也不用再为孩子花钱了。

好心的老师陈述这些理由时情真意切，再加上上帝的祝福，孩子的叔叔就满口答应下来，他会把孩子接过来照顾并承担其花费，直到下一年年底。此事由他去办，也得到博学的约翰·朱尔先生的协助。关于朱尔先生需要指出的是，他离开了牛津大学圣体学院，或者说大约在女王玛丽统治的第一年被开除出圣体学院——他是该院的董事——因为他在女王的弟弟和前任爱德华六世统治期间信奉了他接受的宗教信条。[1] 不久之后，约翰·朱尔有正当的理由担心会受到比开除更严重的惩罚，[2] 就被迫逃离英格兰，到另一个国家去避难。有了安全保障，他就可以信奉他为之吃了苦头的教义了。

但迫害和恐怖的阴云随着女王玛丽的死亡而消失，随后政教事务变得更加明朗和令人欣慰。于是大约在女王伊丽莎白统治的第一年，朱尔和很多有同样信仰的人愉快地回到英格兰。[3] 这一年，约翰·朱尔被派到王国的西部教会担任特派员或巡视员，尤其是到他的出生地德文郡，在那里与理查德·胡克的叔叔约翰·胡克建立了友谊。

大约在伊丽莎白女王统治的第二年或第三年，约翰·朱尔被任命为索尔兹伯里主教。人们总是发现他愿意做善事，愿意帮助朋友，现在他除了愿意之外又增添了能力。约翰·胡克到索尔兹伯里去拜

---

[1] 即信奉了新教。爱德华六世时期新教为国教，其姐姐女王玛丽登基后恢复了天主教的国教地位，并开始惩罚信奉新教的人。——译者注
[2] 当时有近三百个新教徒被火刑处死，更多的人被投入监狱。——译者注
[3] 伊丽莎白女王登基后废除了玛丽女王的天主教政策，重新确立圣公会的国教地位。——译者注

访他，恳求他出于仁慈之心照顾其贫穷的侄子。造物主把这个侄子塑造成做学问的料，但其父母家境贫寒，无力供养他上学，所以请主教当这个侄子的资助人，不让侄子经商，侄子是个前途无量的孩子。

主教知道，人通常都会偏爱自己的子女和亲戚，但他还是赞同约翰·胡克的看法，就安排这孩子及其老师在下一个复活节前后来找他。于是这孩子就和老师一起来了。主教问了孩子一些问题，观察了他的学习情况、态度和举止，然后就奖赏了老师，为孩子的父母安排年金，并答应把孩子接过来照顾他，将来让他得到晋升。

主教说到做到。理查德大约十五岁时，也就是公元1567年，主教安排他转到牛津，跟随圣体学院院长科尔博士。理查德就去了牛津。科尔博士按照对主教的承诺，为理查德安排了一个指导教师——据说是博学的约翰·雷诺兹博士——还为他在学院里安排了一个书记员职务。这一职务虽然不能让他自给自足，但加上他叔叔的捐助，还有好心的主教这个资助人源源不断地给他津贴，他还是过上了舒适的生活。他就这样一直持续到十八岁，在学业和智慧上都有长进，非常谦恭和虔诚，像是圣灵附体似的。他甚至像施洗者约翰一样，从娘胎里一生出来就是圣洁的，母亲经常为生他的那一天祈福。

大约这个时候，他得了重病，持续了两个月。在此期间，他母亲知道他生病之后每小时都为他祈祷，真诚地乞求上帝救他一命，就像圣奥古斯丁的母亲莫尼卡为儿子祈祷一样，以便让儿子成为真正的基督徒。两位母亲的祈祷都被听到了，也都得到了准许。胡克先生经常高兴地提到这件事，经常这样祈祷说，他永远也不会让如此善良的母亲伤心。他经常说到母亲，非常爱她，他要尽力学好，即便是为了她也要学好，就像为了他自己一样。

他病一好透就从牛津回到埃克塞特，去看望善良的母亲并让她感到高兴，由他学院的一位老乡和朋友陪着他，两个人都是步行。当时步行更时尚，或是因为缺钱，或是因为身份低才这样做。他们步行上路了，取道索尔兹伯里，专门去看望好心的主教，主教请胡克先生和同伴在他自己的餐桌上一起吃饭。后来胡克先生见到母亲和朋友们以后，以非常高兴和感激的口气夸耀这件事。

主教与他分手时给他出了好主意，给了他祝福，但忘了给他钱。主教想起来之后，急忙派一名仆人把理查德喊回来。理查德回来以后，主教对他说："理查德，我叫你回来是想借给你一匹马，这匹马我已经骑了好多英里了，感谢上帝，骑起来非常舒适。"他马上又把一根手杖递到理查德手里，说这根手杖和他一起走过了德意志的很多地方。他说："理查德，这匹马我不是送给你，而是借给你。我相信你诚实，在你返回牛津的路上会还给我的。我倒是给你十个四便士银币，给你到埃克塞特当盘缠。这里还有十个银币，我让你交给你母亲，对她说这是一位主教给她的祝福，请她继续为我祈祷。你要是把马还给我，我再给你十个银币，供你步行回到学院。上帝赐福与你，善良的理查德。"

您可以相信，双方都这样做了。但不幸的是，胡克先生回到牛津以后得到消息，说他这位博学、仁慈的资助人离开了这个世界。他到来世过更好的生活是可以相信的，因为他死时像在世时一样虔诚地冥想和祈祷，都是那样热诚，于是这成了一个宗教问题："他最后的祈祷和他的灵魂，究竟哪一个先进入天堂？"

现在胡克先生又伤心又担心：伤心是因为失去了一位他如此敬爱、如此让他感到安慰的资助人，而担心的是他未来的生计。但科尔博士让他从沮丧中振作起来，让他放心去学习，向他保证说他既不会缺吃、也不会少穿——这是他最大的愿望——科尔博士会资助他。

他就这样过了大约九个月，没有继续下去，这时胡克先生遇到一件事。

　　埃德温·桑兹——曾担任伦敦主教，后来担任约克大主教——在玛丽女王统治时期也被迫离开英格兰，到另一个国家去避难。他和主教朱尔在德意志同吃同住好几年，流亡中他们经常在一起吃苦，由此建立了深厚的友谊，直到 1571 年 9 月主教朱尔去世。

　　主教朱尔去世前不久，两位主教见了面，朱尔提起了理查德·胡克，讲到胡克的学识和人品。桑兹虽然是在剑桥接受的教育，在剑桥效过力，在那里有很多朋友，但他决定把儿子埃德温送到牛津圣体学院，想尽办法让儿子成为胡克先生的学生，虽然儿子埃德温并不比胡克先生小多少。主教桑兹说："我要为儿子找个指导教师，通过教育让儿子学知识，通过以身作则让儿子学美德，我最关心的是学美德。如果上帝愿意，这位理查德·胡克将成为合适人选，我就把儿子埃德温托交给他。"主教桑兹拿定主意以后，这样做了大约十二个月，或稍微再长一点，然后就停止了。

　　可以肯定的是，对这两个人来说，这样选择再好不过了。当时胡克先生十九岁，在大学里度过了五年，经过不懈努力精通了所有学术语言，因而成为一名优秀教师。由于不间断地学习，他让所有难以捉摸的文科变得很容易，他全都通晓，这对他发现普通学者探索不到的学问很有帮助。再加上他很强的推理能力和永不停息的勤奋精神，他不仅懂得更多的原因和结果，而且凡是他懂的，都比别人懂得更透彻。有了这些知识，他就有了最好用、最清楚的方法来展示他掌握的东西，让他所有的学生都受益匪浅——后来他有很多学生——尤其是两个最早的学生：他喜爱的埃德温·桑兹，还有他同样喜爱的乔治·克兰默，下面有充足的证据证明这一点。

　　胡克先生的学问就说到这里。至于他的品行，除了别的证据之外，还有这么一个，那就是他在四年之中，只有两次没有到小礼拜堂祈祷，对他崇拜和为之祈祷的上帝极为敬畏，所有证据都说明他喜爱天国的事物。

　　这是他对上帝的态度。至于对人的态度，据观察，他从来都没有发过火或动过怒，或有过任何过分要求。从来没有人听到他埋怨或与天意争执过，而是平静温和地顺从神意，默默地承受着每日的重负。从未有人听他说过一句不得体的话。由于这一原因，再加上他严肃的态度（这是一种非凡的魅力），他很早就受到别人尊敬，甚至那些在其他场合态度放肆、将大学生活严格要求的言谈举止规范抛到一边的人也尊敬他。他放松自己的时候，也从不嘲弄人，从未说过任何近乎放荡的话，也没有说过让听者联想到放荡的话。他在学院时就是这样温和，这样纯真，这样堪称楷模。这个善良的人就这样一直到死，其学识、忍耐力和虔诚精神一直在增长。

　　他十九岁那年，于1573年12月24日成为基金会二十名奖学金获得者之一。当选者都出生于德文郡或汉普郡，出现空缺之后，依据创建人的章程从这两个郡里补选。现在理查德受到鼓励，完全融入了他喜爱的学院，该院当时以藏书丰富、学者严谨、学生优秀而著称。该学院确实可以感到骄傲，拥有枢机主教普尔，尤其是拥有主教朱尔、约翰·雷诺兹博士、托马斯·杰克森博士，都是这个基金会的成员。第一个以其"为圣公会辩护"和驳斥哈丁、捍卫圣公会而闻名。第二个以其组织与信奉罗马天主教的约翰·哈特的公开辩论而闻名，辩论的题目是"教会的首领与信仰"，事后经双方同意刊印发行。第三个以其最杰出的"阐述教义"和其他论著而闻名。这几个人都让最博学的人感到最大的满足。杰克森博士不仅以博学而闻名，而且还生活严谨、虔诚，其表现是有大爱，性情温顺，对所有人都仁慈。

　　1576年2月23日，胡克先生的资助人推荐他成为文学硕士候选人。以博学而著称的赫伯特·韦斯特法林博士当时是副校长。下一篇论文他就完成了硕士学业，那是1577年，那年他的资助人科尔博士是副校长，他的好朋友、默顿学院的亨利·萨维尔是学监之一。这位亨利·萨维尔后来成为亨利·萨维尔爵士、默顿学院院长、伊顿校长，在牛津创办了两个著名的讲座，并为其慷慨捐赠。

就是这位亨利·萨维尔爵士，翻译并阐述了《科尔涅利乌斯·塔西佗传》，并写有最精彩的注释。他还不辞辛劳，将圣克里索斯托的断章残篇搜集起来，汇编成完整的一卷，用希腊语刊行问世，在希腊语方面他是个最有见识的评论家，以此让世人受益。就是这位亨利·萨维尔爵士，有幸成为胡克先生的同事和熟悉的朋友，这一点要让后世知道。

1577 年，他有幸被接纳为学院董事，也有幸与我刚才提到的约翰·雷诺兹博士成为同事和朋友，与斯宾塞博士成为同事和朋友，后来这两个人先后担任圣体学院院长，都是品学兼优、当代著名人物。

胡克先生在其同龄人和学院同事之中，并不比他学生时期与埃德温·桑兹和乔治·克兰默友好相处时过得更愉快。诸位读者可能注意到，这位埃德温·桑兹后来成为埃德温·桑兹爵士，以其"Speculum Europae"①而闻名，就像其兄弟乔治因撰写惊险和异乎寻常的游记而为后世所关注一样。他还以优美的文笔将大卫《诗篇》、《约伯记》和《圣经》里的其他诗歌翻译成最高雅的诗。至于他另一个学生克兰默，我希望各位读者可以查阅博学的卡姆登、法因斯·莫里森和其他人刊行的作品。

"这位克兰默，"卡姆登先生在其《女王伊丽莎白编年史》里说，"教名乔治，是个非常有希望的绅士，托马斯·克兰默的长子，大主教的兄弟埃德蒙·克兰默的孙子。他青年时代在牛津圣体学院度过很长一段时间，读了一段文学硕士之后，离开了那里外出旅行，陪

---

① "欧洲写照"。原文为拉丁语。——译者注

着杰出的绅士埃德温·桑兹爵士到法兰西、德意志和意大利游历了三年。愉快地回国之后，克兰默为著名的枢密院大臣戴维森书记官效力。戴维森不幸出事倒台之后，克兰默担任书记官，和大使亨利·基利格鲁爵士一起驻在法兰西。亨利·基利格鲁爵士死后，最高贵的芒乔伊勋爵又找他，他和芒乔伊勋爵一起去了爱尔兰。克兰默留在了爱尔兰，后来在卡灵福德附近打击叛乱分子的战斗中不幸受伤，既丧失了性命，也丧失了寄予他的厚望，当时只有三十六岁。"

胡克先生和这两个学生之间有一种圣洁的友谊，这一友谊是由宗教信条构成的，他们喜爱同样的娱乐方式，喜爱研究同样的课题，因而友谊与日俱增。这一友谊始于青年时期，始于一所大学，没有个人目的，而成年以后的友谊通常不是这样。在这种愉快、无忧无虑、精神和谐的气氛中，他们一起相处了好多年。恰如神圣的先知所说："我们素常彼此谈论，以为甘甜，我们与群众在神的殿中同行。"① 这样他们的友谊发展到圣洁的程度，已接近天国。这一友谊如此神圣，以至于在今世结束了，在来世又开始了，而在来世是不会结束的。

虽然今世不能提供与这一友谊程度相当的乐趣，但孝顺父母，希望懂事、懂礼貌、懂法律，了解其他国家，以便更好地为本国效力，这些想法使他们脱去校服离开了学院，留下胡克先生继续从事研究。胡克先生越来越刻苦，继续用哲学家、决疑学家、经院学者宝贵的知识来充实自己平静、宽广的灵魂，这些知识成为一切法律的基础和前提，包括宗教法和民法。他甚至研究距离普通人的研究轨迹最为遥远的学问。

由于他勤奋学习，他似乎是永不停息地探索圣灵在《圣经》中

---

① 语出自《圣经·诗篇》55: 14。这里所说的先知是指大卫。——译者注

向人类启示的范围和意图。在了解这一问题的时候，他像是得到了神灵的帮助，就是书写《圣经》的那个神灵。神灵认为真理在内心，这使他秘密地领会学问。这个善良的人常说："上帝憎恶困惑，认为困惑与他的本性相悖。"他还说："《圣经》写出来不是为了引起争论和骄傲的，不是让反对政府的，而是让人仁慈、谦恭、节制、服从权威、为人类带来和平的。"对于这些美德，他常这样说："没有一个人在临终前悔悟过。"这确实是他的判断，后来就出现在他作品里，体现在所有行动上。

这个优秀人物对更轻灵、更虚幻的知识也不陌生，如音乐和诗歌，这些他都玩味过，让它们发挥过作用，各位读者可以在下面看到可靠的证据。

1579 年，牛津大学校长听说公共希伯来语讲座没有按照章程开讲，讲课人金斯米尔先生脑子出了毛病，讲不成了。讲座长期不开讲，对热爱学习希伯来语的人造成很大伤害。所以校长给副校长和学校当局写信，说他听到别人对胡克先生的赞扬，夸奖胡克先生精通希伯来语，所以他想让胡克先生讲。胡克先生就开了这个讲座，一直讲到他离开牛津。

他开讲座不到三个月——即 1579 年 10 月——他和雷诺兹博士还有其他一些人被学院开除了，雷诺兹博士亲笔写的这封信对此有所描述：

致弗朗西斯·诺尔斯爵士

阁下，我很遗憾，不得不向您申诉，这件事我一定要提，抗议我们学院一个人的不光彩行为。此人违反所有的法律，不讲一点道理，把我和胡克先生与其他三个董事从学院里开除出去，只因为我们做了依照誓言一定要做的事。我们这件事一定要让温切斯特主教审理，我毫不怀疑会得到他的公正裁决。不过我们的一些对手说，主教已经被阻止，不会像我们希望的那样召见我们，所以我才斗胆恳求阁下，请您给主教写信，让他为我们主持公道。法律虽然严酷，但也公正。正义在我们一边，我相信我们一定能赢。因此我才斗胆请求阁下，为了圣体学院，更确切地说是为了基督。我乞求基督以丰厚的礼物、以圣灵的恩典为您祈福，他给您的恩赐与日俱增。

　　　　　　　　　靠着基督吩咐[①]
　　　　　　　　　　您的
　　　　　　　　　约翰·雷诺兹
　　　　　　　伦敦，1579 年 10 月 9 日

　　做出这一开除决定的是约翰·巴富特博士，时任学院副院长，沃里克伯爵安布罗斯的小礼拜堂牧师。我不知道号称的理由是什么，但确凿无疑的是，他们几个人当月就复职了。

　　回头还说胡克先生。他在学院里继续潜心研究了三年时间，随后担任了圣职，成为执事和牧师，不久之后就被指定在圣保罗十字布道坛布道。

　　为了在这里布道，胡克先生来到伦敦，立即住进"书念[②]人之家"。这是一座房屋的名称，这里除了为布道者发津贴之外，还为他在布道之前提供两天食宿，布道之后再提供一天食宿。这座房子当时由约翰·丘奇曼所拥有，此人曾是沃特林街上著名的布商，后来陷入贫困之中。这对他虽然是一种惩罚，但不一定是上帝不喜欢他的证据，因为他是个有德性的人。我不再描述他妻子类似的表现，

---

① 典出《圣经·腓利门书》1：8。——译者注
② 《圣经》里提到的一个村庄。参见《圣经·约书亚记》19：18。——译者注

而是让各位读者根据下面所说的情况自行判断。

　　胡克先生来到这所房子时淋了雨，浑身又湿又累。没听说他说什么过激的话，只是抱怨一位朋友劝他不要步行去伦敦，他发现马也不好驾驭——比如说马跑的时候他不想跑。而且在这个时候，他既没有力气又担心，不会接受劝告安安静静地休息两天，谁都没有办法让他在星期日布道。但丘奇曼夫人给他提供了温暖的床铺休息，给了他治感冒的水喝，还殷勤地服侍他，使他在星期日完成了布道任务。这事发生在1581年前后。

　　这是他在公共场合第一次抛头露面。他在布道时讲到一项教义："上帝有两个意志：一个是先行的意志，一个是随后出现的意志。第一个意志是要拯救所有人，第二个意志是只拯救一部分人，即那些达到上帝给予他们恩典要求的人。"对这一教义他没有提出反对，所以不太走运。这一教义似乎和加尔文先生之前的一个观点相冲突，很多没有能力仔细探究的人就认为理当如此，胡克先生以前就是这样认为的，后来亨利·梅森先生、杰克逊博士、哈蒙德博士和其他一些博学的人也是这样。这些人认为，与此相反的观点侵害了我们仁慈上帝的荣誉和公正。他是如何为此辩护的，我在此不做说明，但没有遭到约翰·埃尔默的反对，恰如胡克先生在给特拉弗斯先生合理的回复中所说的那样。约翰·埃尔默时任伦敦主教，也是他的听众之一，后来又成为他的辩护律师之一，胡克先生为此事而受到了控告。

　　但为这一教义辩护的结果并不坏，因为好心的丘奇曼夫人治好了他的病和感冒，胡克先生非常感激，觉得自己凭良心应该相信她说的一切，所以这个好心人就听从了她的劝告。她说，他是个体质纤弱的人，最好娶个妻子，对他来说相当于找一个保姆，既能延长他的寿命，又能让他过得舒适。而这样一个妻子她能为他找到，如果他觉得应该结婚的话。

　　胡克先生并没有考虑"今世之子，在世事之上，较比光明之子更加聪明"①。而是像个真正的拿但业②一样，不担心上当受骗，因为他不打算骗人，而是给了丘奇曼夫人以利亚撒所得到的权力——你可以在《创世记》里读到——以利亚撒被派去为以撒挑选妻子。③胡克先生也是这样，委托丘奇曼夫人为他选妻，答应一接到通知他就返回伦敦，接受她做出的选择。

　　当年胡克先生就接受下来了，或是在下一年。为他选的妻子是丘奇曼夫人的女儿琼，既没有美貌，也没有为他带来财产。至于她的状况，简直太像所罗门提到的那个妻子了，所罗门把她比喻为一座漏雨的房子。所以这位好心人没有理由"喜悦他幼年所娶的妻"，④而是有太正当的理由像神圣的先知那样说："我寄居在米设，住在基达帐棚之中有祸了！"⑤

　　胡克先生的这一选择——如果是他选择的话——令人吃惊。但让我们看看先知以西结是怎么说的："轮中套轮"，⑥上帝隐秘的圣轮——在婚姻中看得最清楚——由上帝之手操纵着，"快跑的未必能赢"，"智慧的未必得粮食"，⑦好男未必娶到好妻。上帝能从恶中造出善来——凡人看不出其中的奥妙——只有上帝才知道为什么这种福分不赐予有忍耐力的约伯，不赐予温顺的摩西，也不赐予同样温

---

① 意思是不信神的人在世俗事务上比信神的人还要精明能干。这是耶稣夸赞一个不义管家的话，语出自《圣经·路加福音》16：8。——译者注
② 耶稣十二门徒之一，在耶稣眼里是个真正的以色列人，心里没有诡诈。参见《圣经·约翰福音》1：45-51。——译者注
③ 原文有误。为以撒选妻的并非以利亚撒，而是亚伯拉罕的仆人。参见《圣经·创世记》24。——译者注
④ 原文为"要喜悦你幼年所娶的妻。"参见《圣经·箴言》5：18。——译者注
⑤ 语出自《圣经·诗篇》120：5。——译者注
⑥ 语出自《圣经·以西结书》1：16。——译者注
⑦ 语出自《圣经·传道书》9：11。——译者注

顺、同样有忍耐力的胡克先生。

但事实就是这样，各位读者就不要再感到惊奇了，因为苦难是神赐的食物，尽管人不喜欢，但全能的上帝经常、几乎总是把它当作良药，给他最喜爱的孩子灌进去，虽然味道是苦的。

结婚之后，这个好人就被迫离开了宁静的学院，从一个虔诚、快乐、安静、充满愉快交谈的花园，进入一个荒凉、长满荆棘的忙碌世界，各种烦心事陪伴着一个已婚的乡村牧师。他供职的地方在白金汉郡的德雷顿－比彻姆，离林肯主教区的艾尔斯伯里不远。1584 年 12 月 9 日，这个地方有圣职授予权的人约翰·切尼先生把他推荐到这里。他在这里采取措施，避免出现罪恶行为，就像圣保罗对一位牧师建议的那样，忍受"许多的忍耐、患难、穷乏、困苦"，[①] 但不因自己不满、匮乏而麻烦别人。

他就这样度过了大约一年。在此期间，他两个学生埃德温·桑兹和乔治·克兰默前来看望老师，看见他手里拿着一本书——是贺拉斯的《颂诗集》——当时就像谦恭、天真无邪的亚伯，[②] 在公地上放牧着几只羊。他对两个学生说，他不得不这样，仆人回家吃饭了，他得帮妻子做一些必要的家务。仆人回来后让他解脱了，两个学生陪他回到家里。他对学生最好的款待就是安静地陪着他们，但很快就陪不成了，理查德被叫去摇摇篮，后来对他们的款待也与此相似。

他们只待到第二天上午，但这段时间足以看出老师的状况并对他感到同情。当时他们愉快地回忆往事，重新讲述年轻时很多天真纯洁的游戏，还有其他类似的娱乐活动，尽量给他更多的安慰。他们不得不留下他陪伴妻子琼，自己再找一个更安静的住所过夜。

---

① 语出自《圣经·哥林多后书》6: 4。——译者注
② 一个敬畏神的义人。参见《圣经·创世记》4。——译者注

与老师分手时，克兰默先生说："好心的老师，您沦落到这里当牧师我很难过；你一直不停地学习累了之后，您妻子又是这样一个不让人省心的伴侣，我更难过。"这位好心人回答说："我亲爱的乔治，如果圣徒们在世上通常遭受双倍的苦难，我这个无名之辈对英明的造物主分配给我的苦难就不应该埋怨，而是要努力顺从他的意愿——我的确每天都这样做——让灵魂保持耐心和平静。"

二人回到伦敦之后，埃德温·桑兹把老师的悲惨状况告诉了父亲，父亲当时是约克大主教，恳求父亲把老师调到一个更安静、生活更舒适的地方。父亲一口答应下来，说等到下次归他调动职务的时候一定办到。

这事过后不久，当时是 1585 年，圣殿教堂堂主阿尔维先生死了。他是个生活严谨的人，学识渊博，举止庄重，所有人都极为爱戴和尊敬他，都称他为"神父阿尔维"。神父阿尔维死后的下一次神殿讲读会上，约克大主教与各位法官、读经师和那个团体的一些资深成员在一起吃饭时，碰见很多为神父阿尔维吊唁的人。大家高度赞扬他圣徒般的生活，赞扬他对上帝、对人表现出的美德。大家为他的死而悲伤，也希望有一个同样德才兼备的人来继承他。

这时，大主教有了一个合适的机会，可以推荐胡克先生继承神父阿尔维的职务了。他推荐得诚挚、有说服力，又拿出很多证据来证明胡克先生的才华，于是胡克先生就被人从德雷顿 – 比彻姆召到伦敦，到伦敦以后大主教推荐他担任圣殿教堂堂主，这样他可以更好地摆脱乡间的烦心事，与更优秀的人物交往，领到比乡村牧师更高的薪俸。

但这些理由并不足以让胡克先生愿意接受这一职务，他倒是希望到一个更好的乡村去当牧师，在乡村他可以看到上帝的祝福破土而出，免于喧闹声的干扰——他这样表达内心的愿望——安安静静地吃可以更名正言顺地说是他自己的面包。他虽然不喜欢，但最后还是在规劝之下接受了大主教的提议，于 1585 年 3 月 17 日被任命为圣殿教堂堂主，根据证书终身担任这一职务，当时他三十四岁。

说到这里我要停下来，先介绍一下胡克先生来到圣殿教堂时的时代背景，介绍一下英格兰人的性格，以便各位读者更好地理解下文。这一职务他是接受的，不是希望得到的。不过他在这里承诺要过贞洁的安静生活，这一宁静是他一直梦寐以求的，这样他可以在平静中产出平静的果实，靠不停地祈祷和赞美来颂扬上帝。他总是渴望得到这些。但全能的上帝并不同意。他担任这一职务成为他遭到反对的开端，成为他忧虑的开端，而在此之前他从来没有遇到过这些事，各位读者从下文中可以看出端倪来。

说到这个时代的特点，为了让诸位读者了解情况，我请大家允许我回到女王伊丽莎白统治初期。当时，很多人号称有权继承王位，经常有人谋反，①猜疑她的继承人是谁，最近的内战，女王玛丽统治时期残酷的宗教迫害导致很多人流血，这些事件所有人都记忆犹新，连国内最虔诚、最聪明的人都心生恐惧，担心腥风血雨的日子还会回来，让他们或其子孙再次受苦。

对这些危险的担忧，让大家由衷地希望解决政教问题，觉得要想安静地坐在葡萄藤和无花果树下享受劳动成果，并没有其他可行的办法。但时间、和平与富足引起了私欲，私欲又引起了仇恨、妒忌、对抗、忘恩负义，都是为了得到不久前还渴望的好处，这在当时还是他们最想得到的东西，甚至连想都不敢想。

这就是女王统治初期的特征，这种状况一直持续了太久。那些在宗教改革中从罗马教会得到他们想要的好处的人，到最后变得永不满足，贪得无厌，忘记了服从，忘记了遵守自己在逆境和恐惧中

---

① 主要是天主教徒认为伊丽莎白继位不合法，想拥立苏格兰女王玛丽入主英格兰。——译者注

发下的誓言，在很短时间内就出现了三个不同的利益集团，每一个集团都无所畏惧、一刻不停地实施自己的计划。

为了区别起见，这三个集团可以被称为活跃的罗马天主教徒、激进的不服从国教者——这一派又分为很多支派——消极、息事宁人的新教徒。①第一派出主意做决定都是在罗马。第二派既在苏格兰，也在日内瓦，②参加各种经过挑选的、危险的秘密聚会，既在国外，也在国内。第三派凭借已经通过的法律，包括宗教法和民法，提起诉讼并为自己的立场辩护。如果他们积极活跃，那是为了防止其他两派破坏法律为他们及其子孙确定下来的好处。③

至于罗马天主教徒反对政府和教会的很多危险阴谋我就不再提了，④因为我这样岔开话题的主要目的，是为了描述不服从国教者的观点和活动，胡克先生后来反对这一派的观点和习俗，和他们打起了笔墨官司，但他最不愿意这样做。他打笔墨官司并不是像反对敌人那样，而是保持温和与理性的态度。

在这些不服从国教者之中，虽然有一部分人是真诚、善意的，其头脑发涨时产生的热情非常像是仁慈的，因而掩盖了他们的很多错误，但这一派之中很多人灵魂都是非常邪恶的。我是指他们生来就有永不安宁的高傲并怀有恶念，不是指他们显而易见的大吃大喝之类的可耻行为——善良的主啊，把我们从这些罪孽之中解救出来吧——他们的罪孽性质更为严重，因为他们离上帝的本性更远，上

---

① 指圣公会成员。"不服从国教者"也是新教徒，不过是比圣公会更激进的新教徒。——译者注

② 不服从国教者以加尔文派居多，而日内瓦是加尔文派的大本营。——译者注

③ 当时三派之中只有第三派为合法教徒，其他两派均为非法。但伊丽莎白女王奉行一种"不探究灵魂"的怀柔政策，除了对少数造成严重威胁的人之外，对表面上驯服的一般教徒并不怎么处罚。——译者注

④ 主要是刺杀伊丽莎白女王、拥立苏格兰女王玛丽的各种企图。——译者注

帝是爱，是仁义，是秩序，是和平。他们更像是魔鬼，魔鬼既不贪吃、也不贪喝，但毕竟是魔鬼。我指的是灵魂上的邪恶，如恶念、复仇和反对政府。这些人乐于制造不幸，专干这种坏事，是人类的敌人和惹是生非的人。所以他们的罪孽比大吃海喝更严重，尽管有些人不相信。

　　这一派之中，还有很多人被偏见和狂热蒙住了双眼，既不讲道理，也不守秩序，成了人渣和害群之马。他们高傲自大，过于看重自己那一点可怜的小聪明，竟然不知羞耻，粗暴无礼地与他们本应尊重的人争长论短，反对他们本应遵守的法律。这些人费尽心机，先是乐于挑政府的毛病，然后又说政府的坏话，兴风作浪。这些人被同伴、谈话和习俗蒙住了双眼，竟然不知道这是罪孽，就像可拉①反叛时死去的人一样，没有忏悔罪过就死了。科平杰与哈克特②在世时作恶多端，上帝知道，他们和追随者都死了，成为可悲的典型，对那些也想作恶的人应该是个警示。

　　在这样一个乱世，也有很多心存顾忌的人。他们假装心软，不愿在一个合法的治安官面前起誓，但在他们的秘密集会上却订立盟约，相互发誓，百折不挠、忠心耿耿地尽全力建立长老会信条和行为准则，这些信条和准则他们自己还没有达成一致意见，却让政府遵守。为达到这一目的，很多人东奔西走，私下里咬牙切齿地发牢骚，散布不满，煽动叛乱，散发粗俗的小册子，恶毒诽谤教会和政府，尤其是诽谤各位主教。

　　通过这些方式，再加上恶毒无礼的布道，民众变得非常狂热，竟然认为主教就是基督之敌，是唯一阻挠上帝教规的人！到最后一

---

① 利未人，以斯哈的儿子，因反叛摩西而受到地裂的惩罚，和他的一伙人一起坠落阴间。参见《圣经·民数记》16：1-40。——译者注

② 当时的两个狂热分子，均被处死。——译者注

部分人狂热至极，精神极度错乱，竟然在圣约翰《启示录》里找到一段经文，说基督之敌将会被剑打败。就这样，那些一开始谦恭温和地情愿的人开始责备，然后就讽刺抱怨，到最后像押沙龙①那样排查谁支持自己，谁不支持自己，自以为本派人数众多，竟胆敢首先威胁主教，然后又威胁女王和国会。

他们这些所作所为，都在暗中得到莱斯特伯爵的纵容。莱斯特伯爵当时是女王陛下的大红人，据说是这些假装好心肠者的总保护人。他打算借助于这些人让大家厌恶主教，以达到把主教们的土地转让出去的目的，其中大部分都落到他手里。他这一贪心最终让他失去理智，其野心和贪婪好像要让他拥有兰贝斯宫②似的。

做这些事情，英格兰的不服从国教者受到其苏格兰教友的鼓励和支持，两国教会相互通信并结了盟，所以英格兰的教友就变得极为大胆，有人在布道时公然这样说女王：她就像头没有驯服的母牛，上帝的子民制服不了她，她只会妨碍上帝的教规。

苏格兰的教友更有信心，③宣布伊丽莎白女王为无神论者。他们的势力非常强大，可以随便攻击伊丽莎白而不负任何责任，连攻击他们自己的国王④也不构成叛逆罪，如果只是在布道坛上说一说的话。最后他们对国王拒不服从，当时王太后⑤在英格兰，然后陷入困境，被投入监狱，面临死亡的威胁，教会拒绝了国王的请求，不为王太后求情。还有一次，国王指定一个日子举行节庆活动，教会

---

① 《圣经》中的人物，大卫王的第三子，后因背叛其父被杀。——译者注
② 坎特伯雷大主教在伦敦的官邸。——译者注
③ 当时苏格兰在加尔文的朋友诺克斯的领导下完成了宗教改革，推翻了天主教会，建立了长老会，后来成为苏格兰国教。——译者注
④ 即詹姆斯六世，后来成为英格兰国王詹姆斯一世。——译者注
⑤ 苏格兰女王玛丽，在叛乱中被迫逊位后到英格兰避难，由其表姑伊丽莎白女王收留。——译者注

就宣布全国斋戒，抗拒他的权威。

他们的影响在这两个国家都达到这一程度，结果民众就接受了这些恶毒和混乱的信条，这与教会和国家安全格格不入。这些观点表达得肆无忌惮，政教两界的首领不得不采取严厉惩罚措施，一律不予赦免，包括处死和剁掉四肢，以防止出现动乱及其危险后果。如果不采取这些防范措施，就会先出现动乱，然后出现灾难并毁掉这个人口众多的国家。

这些违法行为和敌意引人注目，让一个精明的意大利人感到惊奇。此人刚到英格兰不久，以嘲笑的语气给意大利的一位朋友写信，这样描述他们说："英格兰的普通民众比最聪明的意大利人还要聪明，连妇女和店小二都能评判命运，确定什么样的法律适合管理教会，确定什么应该遵守、什么应该废除。他们更能——至少被认为是这样——起诉令人困惑的良心案件并进行判决，比意大利最聪明、最博学的大学者还要有能耐！连学问最浅薄的人、最无知的普通民众，也为一次新的或超级的宗教改革而疯狂。在这一点上，他们就像个一直不停地磨刀的人，到最后把钢磨得一点不剩，刀也没有用了。"这封信以这样的评论结束："那些最热衷于反抗、争论和闹纠纷的人，想发现其统治者的缺点，这些人往往最不谦虚、最没有羞耻心，或是最不虔诚。"

让这些不满和危险更加严重的是，还出现了一代不信神的人。这些人一直放纵欲望和妄想，极力反对圣灵的好意，也抗拒他们自己内心深处的光明，成为受邪恶奴役的人，因此堕落到相信本不会相信的东西这步田地，这些东西甚至是违反人性的——异教徒们认为有很多神，而这些人竟然认为没有神！所以他们发现自己比一无所知还要糟糕，就开始指望本来不会指望的东西，也就是"他们就像死亡的畜类一样"①，并且与恶人为伍——这是无神论者的避难所。他们竟然厚颜无耻地说，即便是最坏的人，半夜一个人的时候也希望相信没有神，但平时不能想这事。很多人都堕落到这一悲惨的地步。

教会现在受到这些观点的祸害，还有前面提到的其他谬误，教会土地面临转让的危险，至少其权力遭到轻视，因四分五裂而秩序大乱，还有一些通常伴随这一罪孽的异端邪说——异端邪说通常在始作俑者死后仍然盛行。民众似乎雄心勃勃，渴望做那些被禁止并伴随有最大危险、因而可能受到惩罚、然后又会受到赞扬和同情的事情。他们把反抗精神称作善念，抱怨受到迫害，因为他们想得到权力来迫害别人。轻率的民众大喊大叫，不停地为自己和别人制造痛苦。暴民们聚在一起，试图抛开权威来进行统治并采取行动。

在这极端恐惧之中，在教会和国家面临危险之时，为了铲除政教两界日益增多的祸害，教会和国家需要一个审慎和虔诚的人，一个无所畏惧、不屈不挠的人，这些品质都集中在约翰·惠特吉夫特身上，他被任命为坎特伯雷大主教。亨利·沃顿爵士年轻时就认识他，成年后又研究过他。亨利爵士这样描述他的真实性格："他是个值得尊敬的人，性格纯朴。教会士气低落时凭借美德的最高典范来复兴，正需要这样一种性格。"他确实就是这样一个人。

亨利·沃顿爵士所描写的这一真正的优秀品质我不敢再加以润色，但如果我不简要描述一下这位优秀人物的生平和生活方式，就既对亨利爵士的这段话不公，也对各位读者不公。我的描述很简短，我也想结束这段题外话而言归正传，接着谈胡克先生在圣殿教堂的情况。

---

① 典出自"人在尊贵中而不醒悟，就如死亡的畜类一样"。参见《圣经·诗篇》49:20。——译者注

约翰·惠特吉夫特出生于林肯郡的一个世家,以审慎和谦恭而著称,性格温和。他在剑桥接受教育,很多知识是在彭布鲁克学院学的,殉教者布拉德福先生 ① 是他的导师。他又从彭布鲁克学院转到彼得学院,从彼得学院转任彭布鲁克学院院长,又从那里转任三一学院院长。

大约这个时候,女王任命他为王室小礼拜堂牧师,不久以后又任命他为伊利牧师,然后又任命为林肯教长。多年以来,女王都对他极为尊重,青睐有加,一个明显的证据是把伍斯特主教辖区给了他,而且——这是她不同寻常的恩惠——免除了他应上缴的“初熟的果子”, ② 后来又任命他为威尔士亲王领地副大臣。

检验过他在这两个地方管理事务时所表现出的智慧、公正和节制之后,女王于 1583 年,也就是她统治的第二十六年,任命他为坎特伯雷大主教,不久以后又任命他为枢密院大臣,把她所有的宗教事务和晋升事宜都托付给他。他担任所有这些职务时都像个方舟,在他停靠的任何一个地方都留下好事,承担任何工作都像耶何耶大 ③ 那样,尽为以色列办好事。

这就是这位大主教在晋升到这一高位之前所走过的道路。在这一职位上,就像卡姆登先生在他的《女王伊丽莎白编年史》中所说的那样:“他把整个生命都虔诚地献给了上帝,把艰苦劳动的成果都献给了教会事业。”

---

① 玛丽一世统治时期被罗马天主教徒用火刑烧死。——译者注
② 依照中世纪天主教习俗,神职人员要把担任圣职第一年的薪俸献给教皇,这笔钱就叫“初熟的果子”。1534 年英格兰宗教改革以后,这笔钱改为献给英王。这一习俗由来已久,也是“什一税”的滥觞,其最早的出处应该是《圣经》:“但基督已经从死里复活,成为睡了之人初熟的果子。”参见《哥林多前书》15:20。——译者注
③ 《圣经》中提到的一个大祭司。——译者注

然而在这一职务上，他在管理教会事务时也遭到很多人的反对。他刚入职时教会事务一片混乱，其原因是他的前任格林德尔大主教老迈年高、玩忽职守，再加上不服从国教者主要在莱斯特伯爵的援助下从事活动，另外还有太多人从事活动，这些人也信奉类似的该受天谴的信条。

这些他都要面对。他虽然既不缺乏勇气，也不缺乏有说服力的理由，但他预见到如果没有女王的大力支持，就不可能站在教会地盘受到侵占、教会特权受到侵害的风口浪尖上，甚至无法维护教会剩余的地盘和权利。所以，凭借有正当理由的曲意逢迎，就像圣保罗对亚基帕王所说的那样："亚基帕王啊，你信先知吗？我知道你是信的。"① 他在女王面前红得发紫。他正当地利用了女王的信任，结果两人都在今世赢得盛名，在天国赢得荣耀。

他对女王有功，女王对他青睐，称他为"小黑丈夫"，把他的仆人称作她的仆人。他尽心尽力为教会操心，为她的利益操心，她从中明显看出他纯洁的诚意，她应该把心里的秘密吐露给他，就任命他为自己的忏悔牧师。在这方面她流露出很多明显的迹象，其中有一个是：没有得到她小黑丈夫的允许，她绝对不会在四旬斋期间吃肉。她常说，她同情他，因为她信任他，把她所有的宗教事务重担都卸下来压在他肩上，他以审慎、虔诚的态度管理着这些事务。

我要是在这段题外话里再详述细节，就无法遵守我的承诺，即简单介绍一下他对女王的影响、对教会权利的维护，所以我想用一个例子来说明这两点。各位读者若是想了解得更清楚一些，可以关注一下这么一件事：在他被任命为大主教几年之前，国会通过了一项或几项法案，打算更好地保护教会的土地，收回赋予别人出卖土地或出租土地的权利，把将来看护和保护教会土地的权利只赋

---

① 语出自《圣经·使徒行传》26: 27。——译者注

予君主。

有很多人滥用女王赋予的这一权利或给予的信任，莱斯特伯爵是其中之一。大主教凭借其对女王陛下的影响，制止了伯爵的罪恶计划，结果二人在女王面前公开闹翻，然后二人都离开了房间，看起来不再是朋友了。但大主教突然及时地回到陛下跟前——他发现只有她一个人——以极为谦恭和尊敬的语气说了下面这番话：

"臣恳请陛下耐心听臣几句话。对臣来说，陛下的安全和教会的安全比臣的性命更重要，但臣的良心比陛下的安全和教会的安全更重要，请陛下相信这一点。所以请允许臣尽到职责来告诉陛下，君主是接受委托看护教会的父亲，应该保护教会。所以，上帝不允许陛下在可以阻止的情况下看着教会毁掉而坐视不管，也不允许臣看着教会毁掉而不感到恐怖和憎恶，不允许臣向陛下隐瞒窃取圣物的罪孽和危险。

"陛下和臣都出生在一个衰弱的时代，纯朴虔诚的精神大为衰落，对教会土地和特权的维护大为削弱。然而，臣乞求陛下首先考虑有渎圣罪和窃取圣物罪。如果没有，《圣经》上就不可能有这一罪名，尤其是《新约全书》。

"臣请陛下考虑，尽管救世主说他不审判人，为了证明这一点，他既不审理也不分配两兄弟继承的遗产，也不审判与人通奸的妇女。但在教会权利问题上他却非常热心，为惩罚罪孽自己又当原告，又当判官，也当行刑者，亲自用鞭子将不敬神者赶出圣殿，掀翻货币兑换商的桌子并将其赶走。

"臣请陛下考虑，是圣保罗对厌恶偶像崇拜而又犯窃取圣物罪的基督徒说：'你厌恶偶像，自己还偷窃庙中之物吗？'①我认为这句话意味着窃取圣物是更严重的罪。这可以让陛下考虑有窃取圣物这种

---

① 语出自《圣经·罗马书》2：22。——译者注

罪。为了让陛下防止窃取圣物造成的祸害，臣还恳求陛下考虑第一位基督教徒皇帝君士坦丁及其母亲海伦娜，考虑国王埃德加①和忏悔者爱德华②，另外还有您的很多前任，很多平民基督徒，他们都把很多土地和特权献给了上帝，献给了教会，这些土地和特权他们本可以给自己家人的，但他们没有给，而是作为绝对权利和祭品献给了上帝。他们用这些特权和土地使转让者受到诅咒，上帝阻止您和您的继承人受到这一诅咒。这一诅咒紧紧依附着教会土地，就像麻风病紧紧依附着犹太人一样。

"陛下是接受委托来保护教会土地和特权的，为了让您更好地了解这一危险，为了阻止这些诅咒，臣恳求您不要忘记，教会的土地和权利已尽全力得到了保护，只要人的理性和本国法律能够保护它们，这是本国各位君主凭良心应尽的最神圣的直接责任。查阅一下《大宪章》③就会发现，您和所有前任国王一样，在加冕时都当着所有在场的贵族和主教的面，在上帝面前，在代替上帝为君主涂油的人④面前，发誓维护教会的土地，维护属于教会的权利。您也和他们一样，在圣坛上手抚《圣经》对上帝公开起过誓。

"不仅是《大宪章》，现代很多法律都诅咒那些破坏《大宪章》的人，这一诅咒就像麻风病一样，麻风病是针对犹太人的。这一诅咒也是这样，一直并将继续依附在教会的基石上。父亲犯下的窃取圣物罪，将会依附在他儿子和家人身上。陛下，在'最大之日'⑤发

---

① 十世纪时的英格兰国王。——译者注
② 十一世纪诺曼人入侵之前的英格兰国王。——译者注
③ 1215 年英格兰部分贵族迫使国王约翰签署的一份文件，旨在限制君主权力，保护贵族权益，后来成为君主立宪制的基石。——译者注
④ 依照惯例应为坎特伯雷大主教。——译者注
⑤ 指犹太人七日住棚节之后的第八日，典出《圣经》里的一句话："节期的末日，就是最大之日，耶稣站着高声说：'人若渴了，可以到我这里来喝。'"参见《圣经·约翰福音》7:37。——译者注

下的这一誓言，现在如果有人故意违背，或由于疏忽而违背，陛下或臣该如何解释呢？臣不得而知。

"所以，仁慈的陛下，已故的大人^①对一些神职人员的失误有异议，不要让这些异议诱使您因为现代人的错误而惩罚后人，而是谁犯罪让谁接受惩罚，让上帝和教会继承其遗产。我虽然不假装做出预言，但我恳求后人注意很多家庭已经显露出的迹象。为教会古老而又合理的遗产增添的土地就像咬衣服的蠹虫，双方都悄悄地毁掉了。或是像从圣坛上偷走炭的鹰，以此点燃它自己的巢，把小鹰和它这个偷炭贼一起都烧死。臣虽然不责怪先王令尊陛下，^②但也要请您注意，他父亲留给他的巨额财富之中增添的一部分教会权利，被认为必然会把这两部分都耗尽，尽管他不遗余力地去保护。

"请考虑一下，先王违反了《大宪章》里他发誓要遵守的法律以后，上帝就限制了他的统治期限，就像国王扫罗那样，被上帝抛弃之后接二连三地犯罪。所以，先王最后犯了更大的罪，臣不愿再提。^③陛下，宗教是人类社会的基石和纽带。在圣坛上效力的人如果陷入贫困，宗教本身就会受到蔑视，让人不屑一顾。您可能已经看到，全国破败的牧师住所太多了。所以，您可以依据国会法案赋予您的大权，保护或毁掉教会的土地。但您要看在耶稣分上，像您对大家承诺、对上帝起誓的那样解决土地问题，也就是像捐赠土地者所打算的那样解决。让谎言和奉承都不能骗得您采取其他做法，而是阻止上帝和利未人^④的遗产流失，阻止教会迫在眉睫的毁灭，臣恳求您，就像您在'最大之日'期待安慰一样，因为君主必须受到

---

① 指前任坎特伯雷大主教埃德蒙·格林德尔。——译者注

② 指发动宗教改革的亨利八世。——译者注

③ 亨利八世与罗马断交后，宣布英王为英格兰教会的最高首领，将大量的教会财产收归王室，并严重削弱教会的权力。——译者注

④ 以色列十二支派之一，雅各的儿子利未的后代。——译者注

审判。

"请原谅臣这一番诚挚坦率的话语，最亲爱的君主，臣恳求继续得到您的支持，也愿我主继续支持您。"

女王耐心听完了这一番诚挚的话语，她后来又为维护以前忽略的教会权利而操心，这看起来足以证明他最关心的是她和教会的利益，而且她也认为是这样。这方面的证据每天都有，二人相互感到满意，相互信任，好像他们生来就是要相信对方、为对方帮忙似的。她并不怀疑他比所有的对手都虔诚，他有很多对手；也不怀疑他的审慎不亚于她最主要的枢密大臣，这些大臣当时以才智敏捷而引人注目，这是那个危险时代所必需的，或是这个国家一直都享有的。

他这种状况一直持续了二十年。在此期间，他看到那些反对他的人在她面前得宠，但更多的是在她面前失宠，尤其是莱斯特伯爵。这似乎显示上帝仍然让他受到女王的青睐，这样他就可以保护教会剩余的土地和特权，不让窃取圣物者将其转让出去。

这个好心人配得上女王赏赐给他的所有荣誉，配得上她赋予他的所有权力。他是个虔诚的人，当然具有高尚、知恩图报的道德标准。他以聪明的方式管理着教会事务，把她管理教会的担子全都卸了下来。在俗务方面，凡是遇到极端困难和危险时，他都给她提出正确、审慎的建议，这种情况很多。他成为女王晚年主要给予她安慰的人，成为最常和她在一起的人，成为她个人祈祷时的助手。她临终时，他成为给予她灵魂最大安慰的人，看着她咽下最后一口气，看着她闭上双眼，这双眼睛多年来一直以尊重和喜爱的神情看着他。

另外再补充一句，为她举行葬礼时，他是主祭。另外不要忘记的是，她死后几小时，他就高兴地宣布国王詹姆斯是王位继承人，詹姆斯以和平方式继承了她。

我恳请诸位读者允许我再多说几句这位好心的大主教，就说几句，然后马上言归正传，还说胡克先生。因为我要尽快说完，我就只说一部分这位大主教的仁慈和谦恭，但这一部分既包括仁慈，也包括谦恭。

他建了一个大济贫院，位于萨里郡克里登他自己的邸宅附近，在这里为一个院长和二十八个穷人提供生活费用。他经常到这里来看望，知道他们的名字和性格。他真是谦恭，称呼他们为兄弟姐妹。只要女王屈尊光临他的兰贝斯宫和他一起吃饭——她经常光临——他通常就在第二天也屈尊到克里登，看望他的兄弟姐妹，在济贫院和他们一起吃饭。在此期间，你会相信餐桌上充满欢声笑语。

他在这个地方还建了一所漂亮的免费学校，为校长和学生提供良好的食宿条件。法兰西大使博伊斯·西西也是这里的居民，这给了他正当理由在大主教死时这样说："大主教出版了很多学术著作。但一所培养年轻人的免费学校，一所为老人和穷人提供食宿的济贫院，是大主教留给后世的基督教知识的最好证据。"

这位好心的大主教活着看到国王詹姆斯以和平方式登上王位，然后就在兰贝斯宫生了重病。国王听说以后急忙去看他，发现他在床上非常虚弱。二人简单交谈了几句，国王临走时对他保证说，国王非常喜爱他，高度评价他的审慎和美德，一定会为了教会的利益恳求上帝让他活下来。好心的大主教听了之后回答说："Pro Ecclesia Dei! Pro Ecclesia Dei!"[①] 这就是他的临终遗言，以此证明他最关心的就是上帝的教会，他活着时关心，临死时同样关心。

约翰·惠特吉夫特于 1583 年被任命为大主教。这一繁忙的职务他一直担任了二十年零几个月，在此期间您可以相信，他经历了很多考验勇气和忍耐力的时刻。他的座右铭是 "Vincit qui patitur"。[②]

---

① "为了神圣的教会！为了神圣的教会！"原文为拉丁语。——译者注
② "能忍耐的人获胜。"原文为拉丁语。——译者注

他做得很好。

他经受的很多考验，都是由权倾一时的莱斯特伯爵造成的。伯爵仍然扶持——不过是秘密地——一派不服从国教者反对他，尤其是一个名叫托马斯·卡特赖特的人，学识渊博，与大主教在剑桥一度是同事，而且在同一所学院，大主教是院长。在那里二人开始竞争——细节我不谈——最后演变到公开的激烈冲突，您可以相信最该指责的是卡特赖特先生，假如他被学校开除一事可以让您相信的话。

1588年伯爵死后出现的冲突中，卡特赖特先生像是一派拥护日内瓦教会管理体制的主要支持者。为了达到目的，卡特赖特先生多次冒着失去自由和性命的危险，最终用多份抗议书的形式为自己和他这一派辩护，他让人将这些抗议书刊印出来。大主教对此首先做出回应，卡特赖特又回复了大主教，然后大主教反驳了他的第一次回复。卡特赖特先生或是感到满意，或是受人规劝后感到满意，反正他不再动笔回应，而是让读者去判断是谁最宽容、最有理性地维护了自己的主张。

沉默了一段时间之后，卡特赖特先生得到大主教给他的很多好处，就到一个更僻静的地方去居住，那里位于沃里克，被任命为一个救济院的院长，过上了清静日子，变得富裕起来。大主教允许他在那里布道，条件是让他承诺不涉及有争议的问题，而是把听众引向虔诚和节制。卡特赖特先生在有生之年一直遵守这一承诺，直到1602年去世。大主教只比他多活了几个月，每个人死时都对对方完全宽容。[1]

这些冗长的题外话为各位读者提供了了解下文的信息，说了半

---

[1]　原文所说的死亡时间不太准确。卡特赖特死于1603年12月27日，大主教死于1604年2月29日，所以多活几个月是对的。——译者注

天之后再回来说令人尊敬的胡克先生。前面提到他在圣殿教堂，在
那里与沃尔特·特拉弗斯——卡特赖特先生的朋友和特别喜爱的
人——发生了激烈争执，就像大主教与卡特赖特先生的争执一样激
烈，这件事我要在下面谈一谈。

一开始情况是这样的。卡特赖特先生与大主教的笔墨官司虽然
停息了，但又出现了新一代停息不下来的人，这些人通过与人交往
和喧闹拥有了一种信仰，本来他们自己相信就行了，但他们不能这
样做。这些人断言，天主教徒不能得救。

大约这个时候，苏格兰女王被处决，[①]在其葬礼上布道的主教是
豪兰博士，当时为彼得伯勒主教，他在布道时因为没有明确诅咒苏格
兰女王而遭到辱骂。[②]他们除了胆大妄为把自己当成神，限制豪
兰博士的宽容之外，不仅有一个马丁·马教士，[③]而且每天都刊行
一些恶毒的书，其内容极为荒唐粗俗，重要的神学家根本不屑于
反驳。

但这些书在普通民众之中却极受推崇，直到汤姆·纳什出来公
开反对。纳什是个头脑敏锐的人，是嘲弄、讽刺、搞笑的大师，用
他那支笔来发现那些愚昧、居心不良、胡说八道的小册子的荒谬
之处，他们的布道词也同样是胡说八道。纳什的回应像他的书一
样，用的是这一类的标题："鹦鹉的一枚杏仁""我教子的一个无花
果""来把我这个坚果砸开"等等。这些玩笑话让一些人成了笑柄，
让大家发现了他们的荒谬之处，比一个更聪明的人还更加有效地阻
止了这些恶毒小册子的传播，真是奇怪。

现在各位读者要注意，圣殿教堂堂主阿尔维神父死时，这位沃

---

① 1587 年 2 月 8 日。——译者注
② 苏格兰女王玛丽是天主教徒。——译者注
③ 当时一个激进派团体的笔名。——译者注

尔特·特拉弗斯是圣殿教堂的讲经师，负责在晚上布道，非常受人称赞，尤其是一些市民和这个团体里的年轻绅士，其中大部分内容胡克先生都赞同，同时也遭到一些人的反对。

特拉弗斯先生继续担任了一段时间的讲经师。他的确是个学识渊博的人，有迷人的风度，过着无可指责的生活。但他在安特卫普接受了长老派圣职，同时也接受了一些长老派的观点，这是永远也消除不掉的。如果说有什么事能让他激动的话，那就是他非常希望能在英格兰建立长老制。为了推进这一工作，他与日内瓦的西奥多·贝扎通信，与一些苏格兰人通信，在实施这一计划时是卡特赖特先生最主要的助手之一。

特拉弗斯先生还特别想在圣殿教堂建立长老制。为达到这一目的，他竭尽全力想当堂主。胡克先生来了以后，他的计划落了空，由此引发二人在布道时公开冲突，其中很多地方涉及圣公会的教义和礼仪。就像圣保罗当面顶撞圣彼得一样，他们也在布道时相互攻击。有人打趣说："上午布道讲的是坎特伯雷，下午讲的是日内瓦。"[①]

这些布道中基本上没有仇恨，每一方都尽量讲道理，证明对方的观点是错误的。就这样持续了很长时间，直到冲突非常明显，后果非常危险，尤其是在这个地方，审慎的大主教就明确下达禁令，不许特拉弗斯先生布道了。特拉弗斯先生表示不服，就提出上诉，恳请女王陛下的枢密院撤销这一禁令。枢密院里除了他的保护人莱斯特伯爵之外，还有很多朋友支持他。但他们无法说服大主教，无法推翻大主教的禁令，女王把教会的所有权力都交给了大主教。大主教明确知道胡克先生的信条，知道他的博学和节制，就顶住了所有人的恳求。

特拉弗斯先生的上诉被驳回之后，他这一派有很多人感到不快，

---

① 即上午宣讲圣公会教义，下午宣讲加尔文派教义。——译者注

上诉状的合理性最后被他们公开夸大，被这一派的其他很多人夸大，结果再也没有得到回应。于是他们打算让大主教和胡克先生丢丑，就私下里把上诉状刊印出来四处散发。这样胡克先生被迫露面，并公开做出抗辩，把抗辩书也提交给了大主教。

这是一份非常完整的抗辩书，有很多清晰的推理，语气谦恭，风格大气。大主教对胡克先生钦佩起来，高兴地看到他出现在自己的行列之中，并真诚地恳求与他交朋友，甚至是密友，胡克先生是个不张扬、博学而又谦恭的人。

列举胡克先生和特拉弗斯先生很多不同观点的细节至少会显得过于乏味，这些观点我全都看过，或者说大部分都看过。所以我在下面只向各位读者提到两个，由这两个再判断其余的。

特拉弗斯先生反对胡克先生在一次布道时的这一说法："对我们来说，凭借《圣经》相信事物，没有凭借感官相信事物更有把握。"胡克先生承认说过这句话，并试图通过下面的理由来为这一说法辩护：

"首先，我说过，上帝在《圣经》里断言的东西，比我们触摸或看见的东西更加确凿无疑，但我们真的是这样确定无疑吗？如果我们真是确信无疑，那为什么上帝经常用我们凭感官经验总结出的道理来证明他的承诺？因为我们对证据比对经过证明的事物更加确信，否则它就不是证据。比如说，很多人同时看月亮，为什么每个人都像其他人那样确信那就是月亮呢？但对于同一个承诺，大家相信的程度就不会完全一样。人凭感觉确信的东西，只能确信到这个程度了。而人世间信仰最坚定的人，总是需要艰苦努力和恳求，希望他对天国和精神领域事物的确信程度会增加、会提高吗？"

他在布道中给出了这样辩解的理由，说"除了这一证据的确定性之外，还有忠贞的确定性"。这样就把这个问题说得更清楚了。他最清楚地论证了什么是忠贞的确定性之后，就充满自信地利用这一确定性。他说："不必担心信仰不坚定的人，这些人自认为没有信仰，不相信，但他们有忠贞。圣灵在暗中运作，在暗中对他们施加影响，也很奏效，虽然他们缺乏内心的证据。"

他说，把这告诉一个因罪恶感而沮丧的人，此人过于苛刻地评价自己，认为自己缺乏信仰，因为他对此缺乏确定性。他的回答是，不要不顾我的理解、不顾我自己的感受来劝我，我知道我不相信。下面是胡克先生自己的话：

"好吧，对这样的人照顾一点，他们有弱点，就算他们想象的是正确的。假使他们不坚守上帝的承诺，而是不相信，没有信仰，那他们不会为自己的无信仰而悲伤吗？他们承认会悲伤。他们不希望、不尽力希望不悲伤吗？我们知道他们希望不悲伤。为什么会是这样？因为他们从心眼里喜爱那些他们相信的事物。没有任何一个人喜爱他自己不相信的东西。如果他们相信有这些东西，他们希望相信这些东西，他们就会表现出喜爱来。情况肯定是这样。凭借希望相信，他们证明自己是真正的信仰者。没有信仰，就没有人认为有那些别人相信的东西。这一论点，所有狡诈的恶人永远都无法解释。"

这段话节选自胡克先生对其观点进行辩护时所提出的部分理由，他因为这一观点而遭到特拉弗斯先生的反对。

胡克先生还受到特拉弗斯先生的指控，说胡克先生在一次布道时宣称，他并不怀疑上帝对我们很多信奉罗马天主教的祖先是仁慈的，只要他们是因为无知而犯错。胡克先生在其抗辩书中承认这是他的看法，并摆出他这样宽宏大量的理由如下：

首先，他陈述了"称义"和"善工"问题，陈述了没有善工的信仰基础是如何被推翻的，接着又弄清那个"道"，自然人和其他一些人误以为那就是"道"，他们希望凭借这个"道"去得到真正永久的幸福。他发现这是个错误，接着指出真正的"道"，只有凭借这个

"道"才能得到永生和天恩，其他的"道"都不行。这两个"道"他是这样论证的，以下是他的原话：

"那个是'自然之道'，这个是'天恩之道'，自然之道的目的就是得救，预先假设人的善工是正当的。人是义人，人有做善工的本能。这一本能，还有上帝的仁慈，让善工达到完美的程度。但天恩之道的目的是把得救作为礼物赠送给人，不预先假设人是义人，但原谅他们的不义行为，即称义。人称义不是他们凭本能做善工，而是对不做善工感到痛心，是真诚地信仰上帝，为了上帝也接受不做善工的人，这是他们的使命。他们的使命是当上帝的选民，将他们从迷路的孩子行列中挑选出来。他们成为选民，凭借中保而当选。这一中保角色是一种无法解释的仁慈。这一仁慈是假设耶稣为解救人的苦难而死，这才让他成为中保。"

他还说："除了基督之外，我们称义没有其他值得称赞的原因，除了他的仁慈之外都不奏效。"他还说："如果我们凭借一种高傲的想象认为我们应该得到永生，或者说配得上永生，我们就否认了我主耶稣基督的天恩，滥用、取消、废弃了他受难给我们带来的好处。"他说，相信这就是摧毁我们称义的精髓，他认为一切与此相似的观点都是非常危险的。

"然而，"——他因此而受到指控——"考虑一下有多少善良、公正的人，多少圣徒和殉教者有危险的观点，其中之一是他们通过自愿受到惩罚，希望能为上帝做出一部分补偿。因为凭借这一观点，或类似的错误观点，结果就否定了基督的功绩。人可以如此大胆地在其坟墓上写'这些都是永世受罚的人，他们不能得救'吗？圣奥古斯丁说：'Errare possum, Hæreticus esse nolo.'①除非我们对因无知而犯错的人和顽固坚持错误的人加以区分，又有哪个人能指望

---

① "我错了，我想成为异端分子。"原文为拉丁语。——译者注

得救呢？给我找出一个教皇或枢机主教，大苦大难让他认识了自己，上帝让他因为自己的罪孽而真心悔恨，让他心里充满对基督和上帝福音的爱，愿意睁开双眼去看真理，随时准备宣布抛弃所有的错误——这个有价值的观点除外，他认为上帝会让他拿在手里——因为他想，他发抖，受到劝阻，但还可以说，主啊，清除我所有隐藏的罪孽吧！由于这个或类似的错误，我可以认为这些人连基督的衣服边都不触摸吗？如果他们触摸了，我应该怀疑基督会行善来拯救他们吗？不会，我并不害怕对这样一个人说，你的观点错了，但你放心吧，你要和一个仁慈的上帝打交道，不会和一个强词夺理的决疑学家打交道。上帝会把你那一点正确的观点往最好处想，而决疑学家会从你做的每一件错事中把最糟糕的部分挑出来。"

但胡克先生说，承认任何程度的功绩都会摧毁基础，失去得到怜悯的希望，失去得救的任何可能性。（下面是胡克先生的原话。）

"他们虽然在基督教信仰的其他部分都真诚地坚持真理，虽然在某种程度上具有圣灵的所有美德，虽然具有上帝子民的所有其他标志，这又有什么关系呢？他们虽然根本没有任何高傲的观点，凭借其行为的价值就能得救，这又有什么关系呢？虽然唯一给他们添麻烦、干扰他们的事只是稍微多了一点沮丧，由于一种错误的自负而引起的一点过分担心，担心上帝要求他们有价值，而他们却伤心地发现自己缺乏这一价值，这又有什么关系呢？虽然他们并不固执地坚持这一观点，这又有什么关系呢？虽然在某个理由足以证明这一观点是错误的情况下，他们愿意并高兴地将其放弃，这又有什么关系呢？虽然他们在死亡之前不放弃这一观点的唯一原因是不知道证明其错误的方法，这又有什么关系呢？虽然在这个问题上的无知不消除的原因是不知道能够将其消除，结果没有将其消除，这又有什么关系呢？让我死吧，"胡克先生说，"如果能证明只是一个错误就让一位教皇或枢机主教在这种情况下完全失去活下去的希望的话。

当然，我必须承认，如果认为上帝即便在我们犯错误的情况下也出于仁慈而拯救我们是错误的，那我最大的安慰就是我的错误。要不是我爱这个错误，我根本就不想说话，不想活下去。"

我愿意提到这两点，觉得它们非常重要。由于它们是这样得出的，对读者可能会有用，而且回答这两点的论据反映了胡克先生了不起的清晰推理，还有同样了不起的仁慈。

特拉弗斯先生对他还有别的异议，如"他在布道之前祈祷而不是在布道之后；祈祷时提到主教的名字；既在祈祷时下跪，也在领圣餐时下跪"。胡克先生在抗辩时说："其他异议和这些很像，即便是把它们列举出来就是个错误，我觉得比做出来的错误还要严重。"

同样值得注意的是，在处理这么大的一场争论时，比这更严厉的斥责，还有和这类似的斥责，从来都没有从这个谦恭的人那支快乐的笔下出现过。与此类似的驳斥出现在一次提出的类似异议时，他对异议的回答是："你的下一个论点由责骂和理由组成。对你的责骂我无话可说，对你的理由我有以下话说。"

我很高兴有这么一个机会来证实这样一个温顺和无与伦比的人像鸽子一样纯洁的性格。毫无疑问，如果全能的上帝让那些不同意圣公会仪式和教规的人也具有类似程度的智慧和谦恭，而不是像现在这样顽固和狂热，那么服从和真理就会相互亲吻，和平与虔诚就会在这个国家盛行，圣公会和政府就会像耶路撒冷一样有福气，也就是政教合一。但这永远也指望不上，除非上帝让这个国家的民众相信分裂是罪过，而民众并不适合判断什么是分裂；除非上帝让民众相信没有冒犯也可能犯罪，法律制定出来不是让平民来争辩的，而是让大家来遵守的。

这一点也值得注意：特拉弗斯先生对胡克先生的这些异议被证明是"幸运的错误"，因为这些异议导致胡克先生抄写其为数不多的布道词，现在我们可以看到这些布道词和他的书一起刊行；也导致他写出《对特拉弗斯先生上诉的抗辩书》，还有他最博学、最有用的《论称义、信仰和善工》。他的布道词经他抄写后被别人保存下来而没有散失，而他太多的无与伦比的作品都散失了。从他的布道词里我采集了他很多言论，用在了这部传记之中。

胡克先生撰写的《对特拉弗斯先生上诉的抗辩书》发表以后，他在国内最博学、最聪明的人之中声望越来越高，但对圣殿教堂的很多人来说效果适得其反，这些人支持特拉弗斯先生，支持他的教规。特拉弗斯先生虽然离开了这个地方，但凭借谦恭的胡克先生了不起的理性和温顺，不满的种子并不能从这个团体里完全清除。虽然这个团体里的资深成员对胡克先生非常尊重，给予他很多鼓励，但他在这里仍然遭到特拉弗斯先生很多拥护者的冷遇和反对，这让他极为伤心。

为了让这些人醒悟并把他们争取过来，他打算写一篇经过深思熟虑的论文，论述教会有权制定使用礼仪的教规，用法律强制他们服从，就像强制教会的孩子一样。他打算将其写进《教会政治体的法律》八卷，提出的论点迫使所有人都赞同，如果用亲切、没有任何挑衅语言所表达的理性能够做到的话。为了防止任何偏见，他写了一篇很长的前言，也叫"致不服从国教派教友的一封信"，充满柔情爱意，在爱与理性的结合上能够超越它的只有《圣经》，尤其是圣保罗写给他亲爱的兄弟和同工腓利门的书信，[①]除此之外再也没有任何书信能与胡克先生的相比。

所以，胡克先生死后，他的好朋友和共同从事研究的伙伴斯宾塞博士这样公正地说："他是个真正谦恭的人，其渊博的学识和深刻的见解多么令人赞叹。除了在他自己眼里之外，他在所有聪明人眼

---

①   即《腓利门书》。——译者注

里都是伟大的。他用严肃、庄重的语言，以口头和书面形式描述了天国的奥秘。他内心谦恭，眼睛总是俯视地面。从他心里流出的一切，就像是从爱神身上散发出来的一样，他好像圣灵化身的鸽子似的没有苦味——那些不认识他的人，就通过他的作品来判断他灵魂的形象吧。"

这几部著作的基础是在圣殿教堂打下的。但要完成他打算做的事情，他觉得圣殿教堂并不是一个合适的地方。所以他恳求大主教把他从这里调走，对大主教这样说：

"大人，我失去了住在小房间的自由，也就是我的学院，不过我在乡间安静的牧师住宅里找到了一定程度的自由。但我对这里的喧闹声和反对声感到厌倦，看来上帝和造化不打算让我与人争辩，而是让我学习和享受安静。

"大人，我在这里与特拉弗斯先生的争辩尤其让我感到不愉快，因为我相信他是个好人。这一想法让我按照他的观点来拷问我自己的良心，为此我查阅了《圣经》和其他法律，包括民法和教会法，看看他和支持他的人的良心是否应该遵从，是否应该改变我们的教会管理体制、崇拜上帝的方式、赞美上帝和向上帝祈祷的方式，还有我们已经确立的教会礼仪，只要他和其他善良的人对我们提出要求。

"通过这次良心的拷问，我不仅感到了满足，而且还开始写一部专著，打算以此为我们的教会政治体的法律辩护，以便让上帝及其天使在'最大之日'为我的良心作证。我不打算冒犯任何人，而是为了满足所有善良的人。但找不到一个合适的地方，这件事永远也做不成，我要在这个地方研究，求上帝为我的努力祝福，让我处于一个安静、隐秘的环境，看见上帝的祝福从大地涌出，在无人作对的情况下自己生活。所以，如果大人觉得我配得上这一恩惠，就让我得到它，以便让我把开始做的事情做好。"

大约这个时候，塞勒姆主教辖区的博斯库姆教区牧师或堂区主
管牧师职务出现了空缺，那里离塞勒姆市六英里。塞勒姆主教是这
个教区的圣职授权主管人，但在教区职务出现空缺期间——从主教
皮尔斯调到约克教区，到主教考德威尔进入这个教区，其间有三年
时间——这一教区的所有事务和圣职安排，均由坎特伯雷大主教处
理。1591 年，坎特伯雷大主教把理查德·胡克推荐到这里任职。同
年 7 月 17 日，理查德·胡克还被任命为索尔兹伯里的副受俸牧师，
其受俸地的人员都在下港，离索尔兹伯里市大约十英里。这一受俸
地价值不大，但可以让他在这一教堂得到晋升。

他在博斯库姆一直待到完成计划的《教会政治体的法律》八卷
之中的四卷，1592 年 3 月 9 日收入出版商会馆的登记簿中，但直
到 1594 年才出版，包括前面提到的充满深情的长篇前言，让那些谋
求——用他们的话说——圣公会宗教法和圣职改革的人看。关于这
几本书我不再多说，只说这么一句就行了：他在有生之年勤奋努力，
最后完成了其余四卷——后面的写得更好——但在博斯库姆他仅完
成并出版前四卷，当时他三十九岁。

1595 年，他离开了博斯库姆，把它交到主教考德威尔手里。他
推荐本杰明·罗素到这里任职，同年 6 月 23 日罗素上任。

肯特郡毕肖普斯 - 伯恩村的牧师住宅距离坎特伯雷三英里，也
是大主教赠送的礼物。但到 1594 年下半年，堂区主管牧师威廉·雷
德曼博士被任命为诺里奇主教。这样一来，推荐圣职的权力就暂时
落到女王手里。1595 年 7 月 7 日，女王推荐理查德·胡克到毕肖普斯-
伯恩村这个好地方任职，她非常喜爱胡克。胡克在这里一直居住到
去世，既没有升职，也没有得利。

我把理查德·胡克从其出生地带到了埋葬地，下面只讲他的著
作，讲讲他在毕肖普斯 - 伯恩村牧师住宅的所作所为，然后就搁笔
休息，也让各位读者休息。

他的前四卷著作和长篇书信，据说是 1594 年他在博斯库姆时刊印的。下面我要说的是，他第一次刊印这四卷书时，在书的末尾有给各位读者的告示："由于某些原因，我觉得现在先把这四卷刊印面世，这比将它们与其余几卷先搁置起来，等凑齐以后一起出版更合适一些。这里先把原因概括一下，在介绍下面几卷时再单独说详情，这样做也许并无不妥。同时也请各位读者纠正印刷错误，这在下面有说明。"

接下来我要说明的是，第五卷比前四卷还要长，第一次也是单独刊印的，时间是在 1597 年，题献给了他的资助人大主教，在此之前他没有选择任何人。这几部著作因其优秀而受到读者赞赏，其美名远扬海外。

四十多年前，我听说或是枢机主教艾伦，或是博学的斯特普尔顿博士——均为英格兰人，胡克先生的四卷书首次刊印时二人都在意大利——听说这几部大作的美名后，想看看这位作家的作品，无论是改革派还是他们自己罗马教会里的博学者，都对这位作家交口称赞，于是就让人将这几部著作送到罗马，斯特普尔顿博士读过后对教皇——当时是克莱门特八世——夸耀说，虽然他最近说过，从来没见过配得上作家称号的英格兰人写的一本书，而现在一个奇迹出现在他面前，对圣座来说也会是奇迹，如果书是用拉丁语撰写的话。斯特普尔顿博士说，英格兰一个默默无闻的穷牧师，写了四部有关教会政治体的法律的书，文风既谦恭又严肃、庄重，显示出清晰的推理，在他读过的所有作品中，没有一个作者能超过这一位。

教皇听了以后，非常想让斯特普尔顿博士把这四部书拿来，让他看着英语用拉丁语读出一部分来。斯特普尔顿博士就把第一卷读到末尾，读完以后教皇这样说："没有任何知识这个人没有探索过，没有任何难题他不懂，此人的确配得上作家的称号。他的著作会受到时间的尊重，因为书里有永恒的种子。如果其余几部也像这一部一样，它们会传承到最后的大火把所有的知识都烧光。"

这并非高度赞扬他这几部著作的唯一证据。国王詹姆斯刚到英格兰时，就向大主教惠特吉夫特打听他的朋友胡克先生，那个撰写了《教会政治体的法律》的人。国王得到的回答是，胡克先生比女王伊丽莎白早死一年，[①]女王听到这一噩耗后非常悲痛。国王回答说：

"我听到这一噩耗也同样悲痛，我无法得到见到他并与他交谈的好运了，我从他大作里得到了极大的满足。大人，实际上我阅读胡克先生的一页或一段，要比阅读别人——都是非常博学的人——撰写的同样题材的大部头专著还要感到满足，虽然胡克先生只论及教会形式或教堂音乐之类，尤其是圣礼。我发现胡克先生的语言毫不做作，而是庄重、详尽，显示出清晰的推理，得到《圣经》、著名神学家和经院哲学家权威的支撑，得到所有法律的支撑，包括民法和教会法。虽然其他很多人也写得很好，但在下一个时代就会被人忘记。不过毫无疑问的是，胡克先生书中每一页上都有神圣灵魂的画像，有真理和理性的画像，由圣洁的颜色画成，永远也不会褪色，而是让作者的英名永垂不朽。"

此话千真万确，国王说的是心里话。就像英格兰最博学的人曾经并仍然充满敬意地提起胡克先生那样，国王只要一提起他，就用"有学问的"、"有见识的"、"令人尊敬的"之类词语来称呼胡克先生。

国王詹姆斯的儿子、先王查理一世一提起胡克先生也同样充满敬意，并命其儿子、我们仁慈的国王[②]研读胡克先生的著作。我们博学的古文物研究者卡姆登先生提到胡克先生的死亡、谦虚和其他美德，赞扬胡克先生的著作，并表达了这一愿望："为了英格兰的荣

---

① 实际上早死了两年多。——译者注
② 查理二世。——译者注

誉，为了让其他国家受益，这些著作能翻译成通用语就好了。"这一工程很多人都承担过，但他们干累了以后就放弃了。

但各位读者现在可以期待，索尔兹伯里现任主教大人厄尔博士早已动笔，最近已经完成了。对于这位主教，我可以公正地说——希望不会冒犯他，因为这是实话，不应该向后世隐瞒，也不应该向仍然健在但不认识他的人隐瞒——自从胡克先生去世以来，还没有一个人像他那样得到上帝赐予的那么多纯洁的智慧、得到认可的学识或虔诚、平和、纯朴的性格。所以，这个杰出人物似乎只像他自己，只有我们令人尊敬的理查德·胡克可以让各国学者满意，让他们知道了长期以来仅限于我们这座蕞尔小岛上的语言所表达的信息。

可能还有更多合适的机会来谈论他的著作，对于这些作品从未有人赞扬得太过分，也不可能赞扬得太过分。但我不再赞扬，而是赶快叙述他身为基督徒在毕肖普斯－伯恩村的品行，叙述他在这里去世的情况。在这里他还像以往那样，过着节制和克己的生活，经常斋戒，经常沉思和祈祷，享受着这样做带来的回报。这些回报只有过严谨生活的人才能感觉得到，而生活放荡、不虔诚的人是感觉不到的。有关心灵的事物，只有心灵才能意识到。

胡克先生来到这个地方以后，经常来和他交往的有哈德良·萨拉维亚博士，当时或在此前后被任命为坎特伯雷的受俸牧师之一，出生于德意志，在佛兰德和荷兰都担任过牧师。萨拉维亚博士曾在荷兰学习，仔细研究过主教制度和窃取圣物罪之中一些有争议的问题，到英格兰以后利用一个合适的机会，向低地国家担任牧师的同事发表他对这两个问题的看法。

萨拉维亚博士的观点遭到西奥多·贝扎等人的反驳，萨拉维亚博士又驳斥他们的反驳，这样他就有幸用拉丁语写了很多学术文章，尤其重要的是其中三篇。第一篇论述"牧师的等级"，论述"主教地位高于长老"。第二篇"抨击窃取圣物罪"，第三篇论述"基督徒

服从君主"。最后一篇是耶稣会会士格雷策尔鲁斯促使他写的。据
观察,在当时教会内部出现混乱的时候,贝扎向苏格兰大臣陈述理
由,要求废除苏格兰的主教制度,有时候通过书信,但主要是通过
一篇论述"三重主教制"的论文,他称之为"神的"、"人的"、"魔
鬼的"。 萨拉维亚博士在大主教惠特吉夫特的帮助下,及早发现了
他们这样做的意图,所以这篇论文刚一发表,他就做出回应,在其
论文中发现贝扎的观点与加尔文及其追随者的观点相矛盾。

　　在主教制问题上,就让他们去争执吧。这些论文与我无关,我
就不再多说,只提一句也就够了:这些文章大部分都题献给了大主
教约翰·惠特吉夫特,也就是他的保护人,也是圣公会富有警惕性
的保护人,其刊印时间大约和胡克先生的《教会政治体的法律》前
四卷初版时间相去不远。

　　这位博学的博士想和胡克先生交往,您可能相信胡克先生不会
拒绝,胡克先生正好也非常喜爱他,也抨击特拉弗斯先生、卡特赖
特先生及其他观点相同的人,这一争论与萨拉维亚博士的争论极其
相似。所以,在 1595 这一年,在这个毕肖普斯－伯恩村,这两个
杰出人物开始了他们圣洁的友谊。二人的情谊与日俱增,两个人就
像是有一条心似的。他们计划维护上帝的荣耀,维护教会的和平,
相互帮助提高对方的价值,希望增进在平静和虔诚中得到的安慰。
这些我愿意提起,因为这给下面讲述的一些事奠定了基础。

　　毕肖普斯－伯恩村的这座牧师住宅离坎特伯雷三英里,靠近从
坎特伯雷市到多佛的一条公路。胡克先生在这里住了不到十二个月,
但其著作和圣洁的生活却名声远扬,很多人走这条路时顺便来拜访
他,还有人——尤其是学者——专程来拜访他,他的生活方式和学
识广受赞扬。

　　唉!就像我们的救世主说施洗者约翰那样:"他们出去看什么?

一个穿着紫色袍和细麻布衣服的人？"①不是的，的确不是，而是一个寂寂无名、没有害人之心的人。一个身穿破衣服，腰上通常裹着一件粗布长袍或法衣，身材中等，腰弯得低低的，但更低的是他谦卑的沉思。他拖着疲惫的身躯，不是因年纪而疲惫，而是因为研究和节制。他脸上有很多粉刺，这是由于不爱活动和久坐而引起的。

除了他的长相特征之外，我再说说他的性情和举止。上帝和造化赋予他羞怯的性格。他年轻时，学生看他两眼他就感到不好意思。所以无论是年轻时还是上了岁数，他都不愿意看任何人的脸。他性情极为温和谦恭。他和贫穷的教堂执事谈话时，要么都戴着帽子，要么都脱掉帽子。另外，他虽然连半盲也不是，但近视或视力弱。他开始布道时眼睛盯着某个地方，就一直盯着那个地方，一直盯到布道结束。各位读者可以大胆相信，他的谦虚和视力弱是他委托丘奇曼夫人为他选妻的部分原因。

这位教堂执事活到长期国会②的第三年或第四年。从胡克先生去世直到这位执事去世这段时间，很多人来看胡克先生的墓地，看威廉·库柏爵士献给他的墓碑，威廉爵士仍然健在。这位穷执事把人领到胡克先生的墓地和那通墓碑，可以得到很多赏金，总是听到人们以赞美和尊敬的口气提到胡克先生，对此他又补充他自己了解和观察到的胡克先生的谦恭和圣洁。通过这些交谈，这个可怜的人更加坚信他对胡克先生美德和学识的看法。

但在前面提到的长期国会的第三年或第四年，毕肖普斯-伯恩村的在职牧师被扣押了——您可能猜出来是为什么③——一位日内瓦牧师住进了这个好地方。扣押这位牧师和其他一些人，让这位执

---

① 语出自《圣经·路加福音》16：19。——译者注
② 1640 至 1653 年。——译者注
③ 英格兰内战期间，清教徒逐渐得势，他们自然要处罚圣公会的神职人员。——译者注

事感到惊奇，说他们扣押了那么多好人，他担心要是他好心的主人胡克先生还活着，他们也会扣押他的！

不久之后，这位外来的牧师在这个教区举行一次聚会，想以日内瓦的方式领受圣餐。为此指定了一个日子，挑选了一批人，祭坛——也就是圣餐台——周围摆好了长板凳和高脚凳，让大家坐在那里吃喝。但做这件事的时候，还缺少一些折叠椅子，于是牧师就吩咐那位执事去搬椅子，然后再去拿垫子，但不许跪在上面。

执事看到大家开始落座，就感到奇怪，但牧师让他"不要觉得奇怪，把教堂门锁上"。

执事回答说："请您拿着钥匙，把我锁在外面吧，我再也不进这座教堂了，大家都说我的主人胡克是个好人，是个好学者，我相信他活着的时候不是这个样子。"

据说这位老人家回到家里就死了。我不是说马上就死了，而是过了几天之后死的。

但我们还是让这位有感恩之心的执事安静地躺在坟墓里，回头还说胡克先生，继续观察他身为基督徒在这个地方的表现。他在这里令人尊敬地告别了尘世间的所有娱乐和诱惑，让灵魂恪守道德规范，处于安静的状态。他保持这一状态的方式是不停地研究、祈祷和沉思。

他习惯每个星期日布道一次，晚祷时第二课结束之后，由他或副牧师解答问题。他布道时间不长，也不刻板，而是用一种谦恭的声调，既严肃又有热情，眼睛总是盯着一个地方，免得分散想象力，像是边说话边沉思似的。他布道的方式——实际上他所有谈话的方式都是这样——是摆出这样说的理由，摆理由时用上某种语言技巧，靠说服而不是吓唬来让人虔诚。他研究不是找主题——他永远都不缺少主题——而是找适当的例证，用大家都熟悉的例子来教导那些没有文化的听众，以令人信服的实例来劝他们向善，从来不说难懂的话，而是用大家不经意就能辨别的话语来娱乐听众，为他自己赢得荣誉，但荣誉只属于上帝。他常说，布道者的这一意图是可以看出来的，"就像看出自然美不同于人工美一样"。

每个余烬周之前的星期日，他都要通知本教区居民，劝他们要斋戒，还要为博学、虔诚的神职人员加倍祈祷，尤其是为虔诚的神职人员祈祷。他常说："一个虔诚牧师的生活就是看得见的语言技巧，非常令人信服，连最不虔诚的人——虽然他们目前不会放弃寻欢作乐——也私下里希望自己像生活最严谨的人。"

除了劝别人之外，他自己还做斋戒和祈祷的榜样，差不多每个余烬周都从教堂执事手里把教堂门的钥匙拿走，每天都到教堂里把自己锁起来好几小时。在大多数星期五和其他斋戒日，他也会这么做。

他绝不会忽略列队行进这一习俗，劝大家和他一起巡视，包括富人和穷人，如果他们希望保护爱、保护他们教区的权利和自由的话。大多数人都来参加。巡视时，他通常比在其他场合说话更令人愉快，总是说一些亲切、诙谐的话语让人在来年之前记住，尤其是让男孩子和年轻人记住，让他们和教区的所有居民温顺、互助互爱，因为"爱没有恶意，而是掩盖很多缺点。"

他经常询问教区里谁病了，有什么烦恼，经常去看望他们，不请自到，认为这是发现他们错误最适当的时机，是健康和富足使他们没有看到这些错误。以虔诚的理由和祈祷让他们对未来做出圣洁的打算之后，他就让他们忏悔，为他们的罪过痛哭一场，以便戒除邪念，然后领受圣餐，既增强这些圣洁的信念，也标志着上帝对其灵魂表现出的怜悯，万一这场病结束其生命的话。

他对病人这样关心、这样仁慈，也同样尽心防止打官司，奉劝其教区居民和邻居相互容忍对方的缺点，相互爱护，就像圣约翰所说的那样:"住在爱里面的,就是住在神里面,神也住在他里面。"①
为了让这一爱的圣火在纯洁心灵里的圣坛上一直燃烧,他建议大家
要留心和祈祷,一直保持可以领受圣餐的状态,然后就经常领受
圣餐,这样既可以确认也可以巩固他们得到的恩典。这就是他的
建议。

他无论是走进还是离开任何一家,通常都会和全家人打招呼,
叫着他们的名字为他们祈福。就像他年轻时得到上帝的教诲一样,
在这个地方他也像以诺②那样传授他的箴言,虔诚恭敬地和他一起
行走,让每一天都成为通向永生的一步。

在这个虚弱衰败的世界上,这样的榜样非常稀少,简直令人难
以置信。让他的英名得到这一真实记录的祝福吧,因为赞美理查
德·胡克就是赞美上帝,是上帝赋予人这样的才能。让拙作对他的
描述成为一种典范吧,这样可以吸引后世效法他的美德。

这就是他在毕肖普斯-伯恩村的一贯表现,也是他在住过的所
有地方的一贯表现。他就这样与上帝同行,踏着早期虔诚基督徒的
脚印前行。

然而,连那位温顺和纯洁的伟大典范、我们神圣的耶稣也难免
受到诬告,耶稣这位弟子,这个最谦恭、最清白、最圣洁的人也是
如此。他受到的诽谤,与贞洁的苏珊娜③受到邪恶长老的诽谤一样,
或像圣亚他那修④受到的诽谤那样,其传记里有记载。

这位圣洁的人有异端分子与他为敌,他所受到的诽谤现在叫作
"诱入圈套",其详情就不必重复了。这是诬告,只需要对控告者进

---

① 语出自《圣经·约翰一书》4: 16。——译者注
② 该隐的长子。参见《圣经·创世记》5: 21—24。——译者注
③ 天主教信奉的《圣经·但以理书》中提到的人物。这卷经书被新教认为是
　　伪经。——译者注
④ 四世纪时亚历山大城的主教,东方教会的教父之一。——译者注

行公开惩罚，让他们公开承认胡克先生是无辜的就行了，不需要其他证据。据说这一指控是由一个不服从国教派的教友策划的，此人无法容忍圣公会的宗教礼仪，因胡克先生的著作而仇视他，对其著作无法解答。此人的名字有人告诉我了，但讲出来我没有多大把握，不敢用我这支笔将这一耻辱钉到他身上传之后世。我宁可让其存疑，直到真相大白的那一天。

但可以确定的是，胡克先生受到这一指控，这让他焦虑不安，但好几个月他都没有告诉别人。这样一个无助的人，若不是无辜者的保护神偶然给了这么一个机会，迫使他把这件事告诉了两个最好的朋友埃德温·桑兹和乔治·克兰默，这一沉重负担他就会承受更长时间。这两个学生非常敏感，能觉察到老师的痛苦。他们坐不住了，经过不停地追查，终于发现了这一骗局，并把这一好消息告诉了他，说控告者承认冤枉了他，请他原谅。这个好人回答说：

"主会宽恕他们，主也会为这一令人欣慰的消息赐福与你们。现在我有了一个合适的机会引用所罗门的话：'朋友为患难而生。'[1] 你们向我证实了这句话。我还对上帝说，就像施洗者圣约翰的母亲所说的那样：'主在眷顾我的日子，这样看待我，要把我在人间的羞耻除掉。'[2]

"上帝啊！无论是我的生命还是名誉，都不在我的安全掌控之中，而是由您掌控着，我还在母亲怀抱里吃奶的时候您就照顾我。主啊，信任您的人有福了！有人诬告我的时候，我马上就要蒙受耻辱的时候，夜里辗转难眠的时候，渴望灵魂得到解脱的时候，就像鹿渴望喝水一样，是您，主啊，聆听了我的控诉，怜悯我的冤情，现在成了我的救星。只要我还活着，我就要这样举起双手，赞美

---

[1] 原文是"弟兄为患难而生"。参见《圣经·箴言》17: 17。——译者注
[2] 语出自《圣经·路加福音》1: 25。——译者注

您的仁慈，您没有把我当作猎物交到敌人手里。网破了，他们被抓住了。

"啊，信任您的人有福了！将来再富足，我也永远不会忘记那些悲伤的日子，不会忘记我在痛苦的日子里向您发下的誓言。上帝啊，这些供奉会让您满意，我会提供的。"

这个好人心里就这样迸发出喜悦和感激之情。可以看得出来，招致这一诽谤是由于他谦恭的举止和鸽子一样的天真纯洁，他以此而闻名，所以他基督式的仁慈行为应该效仿。人是那么热衷于复仇，不借助于神奇的恩典无人能克制住自己，复仇精神深深地扎根于人性之中，所以为了阻止无节制的复仇行为——人不知道自我节制——全能的上帝根本就不允许任何人有丝毫复仇的念想，而是说"伸冤在我"。①

这虽然是上帝亲口明确说出来的，然而复仇是如此痛快，人很难接受劝告，把复仇之事交给造物主，让造物主选择适当的时机、以公正的方式、运用自己的智慧处理此事，而是自己亲手解决。不过若是有人自己完全放弃，把这件醋畅淋漓的快事只交给上帝，让上帝在适当的时机、以适当的方式来处理，那就是这位理查德·胡克，我所描写的这个人。诽谤他的人即将遭到惩罚时，他千方百计要求饶恕他们。这一要求遭到拒绝时，他回答说，他会斋戒、祈祷，恳求上帝让他们忏悔，给予他们忍耐力来经受惩罚。

他的祈祷又回到他自己的怀抱，第一个请求得到了同意，如果我们可以相信一种悔罪表现、相信当众忏悔的话。可以看得出来，这事过去之后，他经常对萨拉维亚博士说："啊，我从诽谤的恐惧中解脱出来之后，心灵是多么平静！战胜了复仇的欲望之后，心灵更平静得多！"

---

① 语出自《圣经·罗马书》12：19。——译者注

1600 年前后，他四十六岁时生了一场重病，持续了很长时间，是他从伦敦到格雷夫森德之间过河时受寒引起的，以后就再也没有恢复过来。从生病到去世这段时间，他日思夜想，只有顺从上帝的意志，他在病床上才能踏实，心灵才平静下来，其病躯才感到舒适。

然而在此期间，他一直挂念他的研究，经常对萨拉维亚博士——此人每天都来看望他，是他生活中给他安慰的主要人物——说，他"恳求上帝延长寿命不为别的，只为完成剩余的三卷《教会政治体的法律》。然后，'主啊，如今可以照你的话，释放仆人安然去世①'"。这是他常说的话。上帝听到了他的祈祷，尽管他不愿向教会承认是祈祷带来的好处，是他自己完成的祈祷。据认为，他因急于把这几部书赶写出来而加快了死亡。但可以肯定的是，他越接近死亡就越谦恭，思想就越圣洁，意志就越坚定。

他死之前大约一个月的时候，这个从来都不知道享受美味、到最后也绝对不想享受美味的好人，先是没有了食欲，接着就厌食，断断续续几个星期好像仅靠闻闻饭菜的味道活着似的，但他仍然从事研究和写作。这时，他的保护天使似乎向他预告其大限已近，他充满活力的灵魂像是渴望着这一天。

在他生病期间，去世之前几天，他家里遭到抢劫。他听说以后问道："我的书和文章没事吧？"得到的回答是安然无恙，他回答说："那就不要紧。其他损失我都不在乎。"

大约在他死亡前一天，萨拉维亚博士来看望他。萨拉维亚博士知道他心灵的秘密，二人应该是对方的忏悔牧师。他们商量了教会赦罪的好处、必要性和安全性，决定由博士在第二天为他赦罪并给予他圣餐。为此博士来了，二人独处了一会儿之后又来到大家中间，

---

① 语出自《圣经·路加福音》2: 29。——译者注

博士把圣餐给了他和他身边的一些朋友。领过圣餐之后，博士觉得在胡克先生脸上看到一种令人尊敬的快乐和喜悦，但持续的时间并不长，体内的疾病突然又回来了，而且更加明显，博士担心他很快就会死亡。但他又有所好转，博士就在夜里离开了他，并答应第二天一大早就赶来。

第二天博士又来了，发现他气色好了一些，凝神沉思，不想交谈。于是博士就问他现在的想法，他回答说：

"我在想天使的数目和本性，他们服从、守秩序，没有这些天堂上就不会平静。尘世间也是这样该多好啊！"

然后他又说："我在有生之年看到世界上一片混乱，我早就准备离开这个世界了，壮着胆子等待与上帝结账这一可怕的时刻，恐怕这一时刻就要到了。我虽然年轻时承蒙天恩爱上帝，上了岁数以后又敬畏上帝，尽力保持良心清白不冒犯上帝，不冒犯任何人。主啊，如果您一定要记下我犯的错误，谁又能容忍它？所以，主啊，我有做错的地方就请您怜悯我。我不是申辩我正确，而是请求饶恕我的过错，这是为了主的功德，他以自己的死亡换来对悔罪者的宽恕。主啊，我欠您一死，请不要让我死得可怕，您不必着急，我会把命交给您。主啊，不要实现我的愿望，而是实现您的愿望。"

说完这番话，他陷入危险的沉睡之中，这对他的苏醒有危险。不过他竟然苏醒了，但只说了这么几句话：

"好心的博士，上帝听到了我每天的恳求，因为我与所有人都和睦相处，上帝也与我和睦相处。确信这一点，我才感到内心的快乐，这一快乐这个世界不能给予我，也不能从我这里夺走，我的良心能为我作证，这一证明使我在想到死亡时感到愉快。我希望能活着为教会做更多的事，但我指望不上了，我的日子已经过完了，就像影子一样一去不复返了。"

他还想再说下去，但已经没有气力了。生命力与死神搏斗了一会儿，他轻轻地叹了口气，再也没有回过气来，就这样安息了。

现在，他就像拉撒路躺在亚伯拉罕的怀里一样。[1]我在这里拉下他的帷幕，直到这位最博学、最谦恭、最圣洁的人，与那些最光荣的族长、使徒队伍和最高贵的殉教者、圣徒大军一起醒来永享安宁，比普通基督徒分享更多的荣耀。

主啊，与此同时，为他的教友、为这个国家的牧师们祝福吧，让他们通过努力，即便达不到他那样博学的程度，也要像他那样非常温顺，像他那样圣洁纯朴，像他那样保持基督式的节制，因为这会最终带来平安。主啊，让他最优秀的著作实现他撰写时制订的计划吧，也就是让教会平安，对人类友善，荣耀属于在天国的您，上帝！阿门。阿门。

艾萨克·沃尔顿

******

下面的墓志铭早已公之于世，以纪念胡克先生，作者是威廉·库柏爵士。威廉爵士还在伯恩教堂为他竖立一通漂亮的墓碑，[2]并认他为自己的忏悔牧师。

虽然无论用任何语言，
都不足以纪念他的美名：贤明的胡克；
虽然为他花了这一代价，
他自己的著作就是一座永久的丰碑；
但我们还是应该表达对他的尊重，

---

① 典出自《圣经·路加福音》16: 19-22。——译者注
② 墓碑上有胡克先生的半身像，头戴帽子，身穿法衣。——译者注

如果不是夸赞他的才能。

他遵守宗教礼仪，但为什么

他死时没有任何礼仪？

难道是因为他的死和生一样，

都要成为谦恭的楷模？

或许他就是唯一光荣的楷模，

但他为什么没有享受？

然而，他虽然长期默默无闻，

现在要去享受更大的荣耀。

所以有抱负的人要学得聪明些，

谦恭是崛起的真正途径。

上帝这样教训我，

让我对这个谦恭的人说：

"朋友，坐直些吧。"

附　录

经过长期不懈的探索，我实现了自己的愿望，如实地向各位读者讲述了胡克先生的生平，同时我还希望向各位讲一些与其生平有关的事情，这些话只能在他死后才能说。读者可以在下面的附录里看到这一简短而又真实的描述。

首先不容置疑的是，他享年四十七岁，如果不是四十六岁的话。[①] 我提起这件事是因为很多人认为他活的时间更长。但我调查过这件事，相信我没有搞错。

---

① 实际享年是四十六岁零七个月。——译者注

至于胡克先生死亡的年份，卡姆登先生说他死于 1599 年。卡姆登在其 1599 年出版的《女王伊丽莎白编年史》中提到胡克先生，称赞他的生平和学识。但他的碑文上说他死于 1603 年，其墓碑由威廉·库柏爵士出资，竖立在伯恩教堂，胡克先生就埋在这座教堂里。

但毫无疑问，他们二人都错了。我让大主教的坎特伯雷教省户籍管理员威廉·萨姆纳核实过，理查德·胡克先生遗嘱上写的日期是 1600 年 10 月 26 日，然后在 12 月 3 日验证过。

他身后留下四个女儿：爱丽丝、西塞莉、简、玛格丽特，他给每人留下一百英镑，指定其妻子琼为唯一的遗嘱执行人。根据其财产目录，他的遗产是 1092 镑 9 先令 2 便士，其中很大一部分是书籍，比他自己估算的多得多。这笔钱不是他操心攒下的，更不是他善于持家的妻子攒下的，而是由他可靠的仆人托马斯·莱恩攒下的。莱恩在挣钱上比主子还要精明，在管钱上比女主人还要节俭。

关于胡克先生的遗嘱我就不再多说了，他的好朋友、乔治·克兰默的父亲托马斯是见证人之一。托马斯我曾经提到过，下面还有机会说到他。

他一个较大的女儿嫁给了一个名叫查利诺的人，此人一度担任奇切斯特校长，夫妇二人早已去世。小女儿玛格丽特嫁给了伊齐基尔·查克，神学学士，坎特伯雷附近哈布尔唐的圣尼古拉教区牧师，死于大约十六年前，留下一个儿子伊齐基尔，现在还活着，担任圣职，是苏塞克斯郡沃尔德伦教区牧师。她还留下一个女儿，几个月前我还和她们母女说过话，知道她守了寡，家境并不差，但远谈不上富裕。母女二人还向我证实，外祖父理查德·胡克有个姐姐名叫伊丽莎白·哈维，活到一百二十一岁，死于 1663 年 9 月。

他另外两个女儿的情况我知之甚少，只听说她们不到结婚年龄就死了。他妻子则与耶弗他的女儿①大不一样，并没有为自己守寡而哀哭足够的时间，再婚后还没有来得及感到懊悔就死了。她再婚肯定有其理由，她和胡克先生的死亡时间只相差四个月。她死了，就让她的缺点和她一起埋葬吧。

他的年龄、死亡年份、遗产、妻子与孩子的情况就简单说到这里。接下来我谈谈他的著作，这方面我必须多说几句，否则就对不起我本人，更对不起各位读者，这一附录主要是为读者写的。

我在前面胡克先生的传记里说过，他打算撰写八卷书，前四卷刊印于1594年，第五卷首次单独刊印于1597年，并在有生之年完成了原计划八卷书中的其余三卷。

但我们看到的最后三卷是不是他本人完成的，这是个应该提出来的重要问题。关于这个问题我要说的是，将近四十年前，一个对胡克先生及其家庭情况都非常熟悉的人对我说，胡克先生去世大约一个月之后，坎特伯雷大主教惠特吉夫特派一位专职牧师去询问胡克夫人，了解她丈夫撰写的其余三卷《教会政治体的法律》的情况。对此问题她什么也不想说，或无话可说。

这件事过去大约三个月之后，大主教派人把胡克夫人叫到伦敦，经他安排由枢密院的部分官员对她进行讯问，了解那几本书的下落。但为了准备第二天的讯问，大主教把她请到兰贝斯宫，很友好地问了她一些问题。她对大主教供认说，一位查克先生和一位住在坎特伯雷附近的牧师找过她，说他们想到她丈夫书房里看看他的一些作品，他们就在书房里烧毁和撕毁了很多作品，并向她断言这都是不适合看的东西。有关这几本书的其他情况她就不知道了。她当时住

---

① 耶弗他向上帝许了愿，其女儿便归了上帝，终身为处女。后来以色列的女子每年都为耶弗他的女儿哀哭四天。参见《圣经·士师记》11: 29-40。——译者注

在威斯敏斯特的国王街，第二天上午被人发现死在了床上。她新婚丈夫受到怀疑并接受了讯问，但被认为与她的死毫无关系。

我还要说的是，胡克先生传里提到的约翰·斯宾塞博士是胡克先生学院的，和胡克先生同时在那里，二人友情甚笃，一直在一起研究所有问题，尤其是与这几卷《教会政治体的法律》有关的问题。那三部完整的书稿丢失之后，我认为大主教惠特吉夫特就把不完整的书稿，或者说是初稿交到了这位斯宾塞博士手里，让他尽量把书稿梳理完整，因为斯宾塞博士既熟悉胡克先生的字体，也最了解胡克先生的意图。

对此很有说服力的一个证据是一封书信。这封信首次刊印在胡克先生的五卷书之前，后来也经常刊印在那里，但在 1662 年八卷一起最后一次印刷时却把它遗漏了，其原因不得而知。出版商似乎想把有疑问的那三卷硬说成是胡克先生确定无疑的那三卷。这封信最后有 J. S. 两个字母，代表的就是这位约翰·斯宾塞。各位读者可以在这封信里看到这几句话，以此作为我这样描述他最后三卷书的依据：

> "胡克先生虽然为了赶写这几部书而折寿，但他亲眼看到了这几个'便雅悯'①，他的右手之子，虽然对他来说这几部书后来成了'便俄尼'，痛苦与悲伤之子。但有些人心怀鬼胎，或是有恶意，或是有贪心，或是邪恶轻狂，究竟是如何我拿不准。这几个便雅悯一生下来父亲就死了，他们也窒息了，在传递完整的书稿时，却把残缺不全、杂乱无章、支离破碎的书稿

---

① 雅各和拉结的小儿子，拉结生他时死于难产，死前给他起名叫"便俄尼"，意思是"忧患之子"。后来他父亲为他改名叫"便雅悯"，意思是"右手之子"。由于书是用右手写成的，"便雅悯"便成了书的别称。参见《圣经·创世记》35: 15–18。——译者注

留给了我们。没有转交的字眼，没有敬语，没有他们自己的一
点影子。

　　"要是父亲活着看到他们这样遭到污损，他就会名正言顺
地将他们命名为'便俄尼'，即忧伤之子。但学者不愿让他们
死去埋掉，想让世人看到他们的本来面目。学者可以在他们身
上看到其父亲的一点影子和模样。上帝开恩，他们作为和平使
者，与其兄弟一起被奉献给教会，凭着还剩下的一点力气繁荣
兴旺，通过消除那些愿意了解的人的疑虑，他们可以在结束内
部争斗造成的灾难方面助一臂之力。"——J. S.

　　接下来各位读者会注意到，斯宾塞博士的这封书信在胡克先生
死后四年内写出并首次刊印，在此期间人们竭尽全力寻找完稿，后
来觉得找不到了，于是就尽可能依据胡克先生的草稿将其完成，就
像斯宾塞博士在信里所说的那样，斯宾塞博士去世已经五十年了。
　　我以一个基督徒的信誉担保，斯宾塞博士的妻子——她是我姨
妈，我前面提到的乔治·克兰默的妹妹——四十年前对我说，她丈
夫整理或完成了胡克先生的最后三卷书，说她丈夫临终前，或在最
后一次生病时，把这三卷书交到她手里，嘱咐她交给坎特伯雷大主
教阿博特博士，或交给伦敦主教金博士，不要让其他任何人看见。
她就按照丈夫的吩咐做了。她说的话大意如此。
　　我认为，好多抄本都是依据斯宾塞博士的书稿，不是依据其他
书稿，而且我还知道这些抄本可以在好几个地方找到，也就是托马
斯·博德利爵士的图书馆①、已故的温顿主教安德鲁斯博士的图书馆、
已故的康韦勋爵的图书馆、坎特伯雷大主教的图书馆、阿马主教的
图书馆，还有其他很多图书馆，其中大多数都声称是作者亲笔所写，

----

①　即牛津大学图书馆。——译者注

但有很多不一致的地方，实际上经过修改和删节，因为每个人都觉得应该让胡克先生的观点符合自己的想法，或把胡克先生的观点作为自己邪念的权威依据。下面的证据可以部分说明这一问题。

巴纳德博士曾是已故的阿马大主教厄舍博士的专职牧师。1661年由理查德·霍奇金森刊印的一本书《长钉》里，巴纳德博士说他仔细研究了大主教的手稿，认为那三卷书稿应该是胡克先生《教会政治体的法律》的第六、第七、第八卷，在这三卷——现在以胡克先生的名义刊印——书里有很多删节，共有很多段落，造成很多地方不连贯。删节之处详细标注在这部刊印的书里，我希望各位读者完整地看一遍。但我觉得有必要在这里插上一部分删节的内容。

最初，天体中没有任何物体运动，除非先有某个物体推动所有的物体运动，而它自己则一直固定不动。同理，在政治社团中，必须有一些人不能受惩罚，否则没有人应受惩罚。因为惩罚总是来自上司，上司享有司法管理权，这一管理权必须有一个来源，从这一来源衍生出其他一切，而它自己则没有任何来源，否则司法过程就会无限循环下去，每一个上司都有自己的上司，永无尽头，这是不可能的。所以有一个源头：一个司法最高长官，所有人都要服从他，而他自己则不服从任何人。在一个王国，除了国王之外，还有谁应该享有这一最高权威呢？所以，只有国王才能享有司法权，其他任何人都不能享有。

如果平民犯了罪，由管着他们的治安官来审判。如果治安官犯了罪，则由其君主来审判。如果君主犯了罪，则由天国的特别法庭来审判，君主会到那里出庭，不向尘世间的任何人解释。博士说，到这里突然断了。

这些话我让费边·菲利普斯先生亲自作证过，此人以其有实用价值的书而闻名。

"如果有必要，我会发誓：已故的林肯主教桑德森博士临死之前向我证实，他见过一部手稿，有人向他证实是胡克先生亲笔所写，其中并没有提到国王或最高统治者向民众解释的事。对此我可以发誓，那个好人向我证实过。"

费边·菲利普斯

由此看来，前面提到的刊印出来的最后三卷书中，既有删节，也有增补，也许这就是那位博学的主教桑德森博士——其作品受到公正的高度重视——临死之前或在其遗嘱中下达严厉命令的一个原因：凡是没有刊印出来的材料，在他死后一律不许刊印。

众所周知，我们博学的国王詹姆斯对胡克先生的大作评价非常高，先王查理①——为教会而光荣牺牲——认为，在所有书中，胡克先生的书位居第二，他把这些书推荐给儿子查理阅读就是明证，这位查理现在就是我们仁慈的国王②。大家可以推测，查理一世对那三卷伪书并不陌生。因为在长期国会期间，有一次国王在与塞伊勋爵交谈时，塞伊勋爵请求国王承认其观点是正确的，因为那是胡克先生的观点，这一观点他引自胡克先生那三卷书中的一卷。国王听了以后回答说，那不是胡克先生的书，但他允许把它们说成是胡克先生的书，并同意塞伊大人引述那三卷有疑问的书来证明其观点，如果塞伊大人同意胡克先生在其他五卷书里提出的观点的话，那五卷肯定是胡克先生的。

我在这里提到胡克先生那三卷有疑问的书，其目的是提出疑问，

---

① 查理一世。——译者注
② 查理二世。——译者注

然后把我观察和了解到的情况记下来。我这样做不是因为和这件事有纠葛，而是持客观公正的立场，让各位读者自己判断其真伪。但为了让其他人也同样可以做出选择，以确定是相信或不相信那是胡克先生的作品，那就让我们看一看：胡克先生与斯宾塞博士商量过这几本书的结构和处理方式，另外还主要和他喜爱的学生乔治·克兰默商量过——克兰默的妹妹是斯宾塞博士之妻——下面这封信可以证明这件事，也可以为本附录和胡克先生传里提到的一些事提供依据，所以也附在这里。

艾萨克·沃尔顿

乔治·克兰默致胡克先生的一封信
1598 年 2 月

后世如何评判有关教规的这些问题，我们还是推测为好，如果我们想一想最近几年，我们这个时代在经历过一些事情之后是如何评判这些教规的话。大家还记得，一开始国内绝大多数学者或是明显受到触动，或是表示赞同。当时写出来的那些书，大部分内容有惩戒的味道，所有布道坛上都回响着它的声音，也成了所有人经常谈论的话题。持反对意见的人开始担心他们走错了路；很多人指责这些教规，但不是说这些教规不是更好的管理形式，而是说对我国不适用，由此很可能出现危险的新观念。

这里只说一个人[1]，不要因为他涉嫌阿谀奉承而让他失去应该得到的赞美。他蔑视一部分人，鼓励另一部分人，自己首当其冲，让

---

[1] 指坎特伯雷大主教约翰·惠特吉夫特。——译者注

别人得以喘息准备防卫。由于对手突然发动猛烈攻击，防卫受阻，而上帝用大主教的座右铭"Vincit qui patitur"[1]助他成功。他遭受了什么样的指责和侮辱，世人可以作证。他战胜了对手，上帝给了他什么荣誉，他的对手必须承认，尽管他们一点也不乐意承认。

近几年来，人们对于教规的热情大为减弱，观点开始转向另一边。博学者掂量了一下，发现它很轻。聪明人有某种担忧，怕它不但成不了最好的管理形式，反而成为破坏所有管理形式的祸根。

人们改变观念的原因，可以从错误普遍具有的性质中找到，那就是用真理的名义来伪装和掩盖错误。人们一开始对其极为着迷，但后来逐渐发现了它的缺点，以前得到的名声就失去了。从一座房屋旁边路过的人，常常被房屋的外观所欺骗，直到看了屋子里面的设施才明白过来。所以，人们一开始听说是教规和改革，就产生了幻想，而现在他们并不满足于只是从旁边路过，远远地看上一眼这座经过改造的房子的外观。他们走进屋子里面，甚至是由房屋的主要建筑师和工匠首领特别邀请的，仔细看了各个房间，看看光线及各种设施，发现和他们听说的情况不一样，和听说以后他们自己想象的情况也不一样。这样一来，一开始不可一世的教规露出真面目之后，就开始泄气，低下了头。

在教规问题上改变看法的这个原因是学者特有的，或是受到学者教诲的人特有的。另外一个原因更公开，对所有人来说都更显而易见，也就是实行的过程，改革派从一开始就和我们一起来做这件事。

第一度只是在帽子和白色法衣上有一点小分歧，但还不至于造成教会分裂，也不至于破坏已经建立起来的管理体制，而是平安无事。第二度动静大一些。有人以傲慢的口气告诫国会，反对我们的

---

① "能忍耐的人获胜"。原文为拉丁语。——译者注

整个管理方式。为了捍卫这一管理方式，用英语和拉丁语出版了多部著作，但也不过是纸上谈兵而已。采取了一些措施来实施没有权威的教规，但也考虑到要慎重，采取了节制的做法。

最后爆发了公开冲突。一开始由马丁用文字形式，从他处理这些事情的方式可以看出：

一、托马斯·卡特赖特及其大师总是把教规树立为女王，树立为上帝的女儿，马丁就反其道而行之，让教规更为民众所接受，让她扮演舞台上的傻瓜。

二、可以推测，马丁这样自负是以一个罕见的策略为基础的：他发现教规受到文字作品的驳斥，在国会遭到拒绝，从秘密的角落里被找出来加以谴责，他就想象着通过公开辱骂——对平民百姓来说最为动听——国教就可能会遭到蔑视和憎恨，然后以民众所希望看到的方式将其推翻，就会成为大家最为感激的事。

三、可以注意到的是——我知道这是真的——一些人虽然觉得丢脸，不同意做这么下流的事，但他们会愿意抓住这件事来推进自己的主张，承认上帝对主教们的秘密审判，希望以此为自己的教会捞点好处。他们确实捞了点好处，虽然不是按照他们自己的解释。

四、与他们的期望相反，辱骂不仅没有推进他们的主张，反而给他们带来了极大的耻辱和伤害，人们发现一开始矛盾程度很低，最后发展到侮辱和诽谤之类的粗暴行为，而且还可能继续发展下去。

还有一种程度更高的暴行：出现了几个先知，他们认为上帝不可能让这件事做不成，那是他们曾经非常希望做的事，即上帝的圣徒、教规的制定者和保护人应该获得释放，从受迫害中解救出来。由于没有普通的解救办法，他们只好说服自己，认为上帝肯定能想出特殊办法。最能被他们说服的还是他们自己，他们马上就成了这一伟大工程的工具。于是他们设计了一个很有把握的方案：在齐普赛街一辆豌豆车上布道的时候，让大批民众马上汇集过来，吃惊地问他们："Viri fratres, quid agimus?"①他们的回答可能与圣彼得的回答大不一样："某某、某某没有资格当领导，把他们剪除。某某、某某是上帝的爱子，把他们提拔上来。"

这些人之中，有两个人值得同情。即便如此，其他人学着他们的样子可以接受指示，而且会得到一些启发。教规如果启发聪明、有思想准备的人，会激起极大的热情。

如果有人怀疑他们是哪个团体的，或是改革派不承认他们，声称受到他们的责难，那就考虑这几个问题：

一、他们在参加这一疯狂行动之前是谁的同伙？经常去听谁布道？钦佩谁？

二、在参加行动的时候，他们征求谁的意见？参加时是谁批准的？把意图告诉了谁？请求了谁的帮助？但我们对他们不公正，这样指控他们，对此他们加以驳斥和谴责。当然啦！他们告诉了治安官，会被治安官捂住？他们不满足于袖手旁观，要看到结局，不愿意给这一情绪泼冷水？这些疯狂的人肯定是他们一伙的，无论是在发疯之前还是在发疯过程中，他们的关系都最为密切。关于这一问题，可以读读班克罗夫特的书。

第三个诱因可能是不喜欢教规，如果我们不仅考虑改革派自己走了多远，而且还考虑别人在他们的基础上有何建树的话。排在前列的是布朗派②，改革派的直系后裔，接受了一些奇怪的观点，这些观点连他们的前辈改革派都闻所未闻。但布朗派和巴罗派③出于利

---

① "弟兄们，我们该怎么办？"原文为拉丁语。——译者注
② 独立派创始人罗伯特·布朗的追随者，激进的清教徒，主张从国教会中分离出去。——译者注
③ 亨利·巴罗的追随者。巴罗因著书攻击伊丽莎白女王及其政府而被处决。——译者注

害关系的考虑而接受了这些观点。如果改革派的观点是正确的，我看不出布朗派的主要和一般性结论是错误的。在我看来，他们的主张就是这两点：

一、因为我们没有教会，他们就要与我们分离。

二、没有世俗权威，他们就要建立自己的教会。

如果第一个主张是正确的，我认为第二个就成立。如果人首先要重视得救，如果脱离了教会就无法得救，那么，我们要是没有教会就没有办法得救，所以从这一点来说，从我们这里分离出去就是合法的和必要的。另外，从这个伪教会分离出去的人，就要加入某个教会，不是加入我们的教会，更不会加入罗马天主教会，所以就加入他们自己成立的教会。

所有这些推论的基础既然如此，在我们的教会里没有办法得救，这一说法就依照改革派的原则得到了最清楚的证明。与得救的必要性相关的任何信仰只要遭到否认，就不可能有得救的办法。但在圣公会，被认为是信仰问题而且是得救所必需的教规不仅遭到否认，而且受到非难，教授教规的教师受到压制。Ergo。[1]

另外——这个理由可能不充足——每一个真正的基督教会都承认基督的全部福音，他们认为教规是福音的一部分，但我们的教会不承认。Ergo。

另外，教规在本质上是与教会融为一体的。用"本质上"这个词，其意思肯定是必不可少的一部分，或是必不可少的一个属性。这两点确定无疑。只要没必不可少的教规，也就没有任何教会。所以，应该让他们与布朗派郑重其事地辩论一次，他们经常一本正经地向我们发出挑战。对于这些和类似的辩论，现在还看不出他们可能会如何回应。他们可能会被迫参加辩论，但完全否定结论——

因为所有前提都是他们自己的——或巧妙地推翻他们以前提出的原则，在这些原则的基础上他们固执地得出了多么荒谬的结论。

您能从他们言辞激烈地夸大教规的话语中找到其他什么证据？我让您回想一下。但我首先希望用这一个论点来抨击他们，因为这最能让他们伤脑筋，是所有论点——据我所知——之中最难回答的。虽然您会说，他们的论点可以被推翻，您会由衷地感到高兴，因为布朗派不像是从他们之中分离出来的。但在推翻他们的论点之前，他们必须允许我们这样想：他们已经撒下了种子，毒草就要长出来了。

还有另一类人，这些人满足于和改革派同行一段路，把改革派当成实现他们自己计划的可怜的工具。这都是些没有宗教信仰的政客，他们发现教规是由两部分组成：推翻主教制，树立长老的权威。主教制不废除，长老的权威就树立不起来。于是他们就乐于和改革派联手，去废除教规中的主教制，将改革派玩弄于掌股之上，这样另一部分他们就愿意做了。但总有一天，他们会不愿意受到这样的控制，就像他们现在愿意摆脱这样的控制一样。这些人所做的一切都是为了制造混乱，他们的借口，他们的特色，他们的改革。

他们以此为借口做这些事情是为了自己的利益，这些事情包括：

一、通过树立一个反对派，让神职人员一直处于惊恐之中，以此让他们更加驯服，愿意做出牺牲以求太平无事。

二、通过维护牧师之间的平等，他们准备达到吞没大教堂和主教薪俸的目的。

三、通过大声疾呼反对教会弊端，他们更加隐蔽地在政界从事肮脏的交易。民众的本性就是这样。很多事情他们并不能马上弄明白，在他们讨厌或喜欢上某一样东西的时候，其他很多东西可能就不知不觉地被他们忽略掉了。

四、他们试图让神职人员丢脸，让人们产生一种幻想，通过持续不断的实施而让人确信：学者，尤其是从事最主要学术活动的神职人员，不许从事国务活动，这与所有治理良好的国家的做法相反，也与几年前我们国家的做法相反。

第三类人虽然不是从改革派中衍生出来的，但在一定程度上是改革派培养出来的，在改革派的帮助下实力大增，这就是一帮该受诅咒的无神论者。这也是其中一个问题，这些问题我希望您最有效地处理，竭尽全力对付与行动和情感有关的所有问题，如布朗派问题，要全力以赴。这是最可恶的一类人，但在世人普遍怀疑的今天，也是最普遍的一类人。其形成的原因在各派自身之中，您虽然在第五卷开头谈到过，但现在还可以再次涉及。改革派为他们提供了帮助，其原因我认为有两个：毫无意义的说教，羞辱神职人员。无论是理性还是人的权威都不维护的东西，人们怎么不敢非难呢？

但在各派自身之中，我认为出现无神论者有两个原因：

一、才智多于辨别能力，能说会道强于见识，所以他们更愿意驳斥任何观点，不愿意聆听真理的声音。所以，他们大部分的知识都不全面，而是一知半解。他们辩论与其说是凭借论据，不如说是凭借嘲弄。这种嘲弄的口气把最严肃的问题变成嬉戏，这种情况现在非常普遍，连先知用"亵慢人的座位"表示什么意思①我们都懒得知道，对使徒预言好讥诮的人末世必来②也懒得知道。我们这个时代已经证实了他们所说的话，这也可以成为反对嘲笑者和无神论者自己的论据，因为这是很多世代之前预言的，说到了世界末日会有这样的人。这种事情其他任何人都做不出来，只有既知现在也知未来的人才能做到。

连他们极力坚持的复活这个主要问题，假如没有明确的预言，

---

① 意思是一个好人不会坐一个看不起别人的人坐过的座位。"先知"是指大卫王。典出自《圣经·诗篇》1：1。——译者注

② 典出自《圣经·彼得后书》3：3。——译者注

到了世界末日他们仍然会说:"他承诺的来临在哪里?"对创造天地、方舟等很多问题据说也有异议,其提出的理由是打趣话连篇,没有学识和判断。

无神论的第二个原因是耽于声色,这使得人们想把阻止过罪恶生活的所有障碍全部扫除,其中最主要的障碍就是宗教,这样他们就可以不知羞耻地在今世寻欢作乐,也可以——如果可能的话——在来世不受惩罚。于是他们就绞尽脑汁来消除天堂的快乐,他们知道天堂的快乐——如果有的话——没有他们的份儿。他们也想消除地狱的痛苦,这种痛苦他们所承受的份额一定很大。所以,他们不是认为自己不应该遭受这些痛苦,而是在明知道应该受苦的情况下,想尽办法如何免于受苦。

有人竟然拼命说服自己,压抑肯定是他自己内心的冲动,认为其灵魂就像畜生的灵魂一样,会和躯体一起死亡、一起腐烂,还能想象到比这更卑鄙的异想天开吗?他们自己的无神论,就是反对这一野蛮观点的强有力的论据。如果灵魂不是一种可以和躯体分离的生命力,那它怎么能与纯粹是精神的、与物质完全无关的事物交谈呢?当然,灵魂之中要是没有一些天国的、来自上帝的东西,它就不能想象天国的任何东西,就有可能反对天国、反对上帝。

从改革派吸取力量并得到鼓励的最后一派是罗马天主教徒。改革派与罗马天主教徒虽然是死敌,但改革派不经意地给了他们很多好处。对于任何一个敌人来说,除了反对他的盟友之间发生分歧与分裂之外,他还能指望什么呢?在这一问题上他们要记住,如果像人们所说的那样,我们与罗马教派共有的少数几个宗教仪式①使天

---

① 伊丽莎白女王主导的宗教改革并不彻底,所以圣公会保留了一些天主教的教阶制度和宗教仪式,为后来圣公会内部分裂埋下隐患,出现了所谓的"高教会派"和"低教会派"。——译者注

主教徒的力量大为增强，那么我们内部的这些分歧就使他们的力量增强得太多了，尤其是这些分歧据认为不仅是在小问题上，甚至是在信仰和得救这些大问题上。他们所说的一些过头话对巴罗派和罗马教派明显有利，我们倒是希望他们承认那是因一时冲动而说出来的，不是深思熟虑之后说出来的，因为他们太爱自己制定、哺育和捍卫的教规了，常常一提起来就赞不绝口。

从这里您可以转谈另一个话题，衔接方式您自己酌情处理，我觉得很适合在这里或其他地方充分讨论，其内容可包括以下几点：

在我们与他们的分歧上，要把真正的要点和次要问题区分开来。最重要的问题有两个：废除主教制，建立长老制。但在这两个问题上，凡是与他们一致的人，都被认为是他们一派的成员。凡是在其他问题上同意他们观点的人，但认为主教权威并非不合法，长老权威并非必要，这些人则应该从他们那一派之中排除出去。所以，那些人员、法律或圣职方面的事情如果有不足之处，则可以申诉，可以承认和修改，但他们一点也不会更接近其主要目标。假如我们的礼拜仪式中他们所认为的所有错误都得到改正，甚至是按照他们自己的意愿来改正，假如神职人员不在其教区居住、兼任多个圣职之类的问题都完全得到解决，他们的平信徒长老还会马上得到授权吗？或者说他们至高无上的宗教裁判权还会确立吗？

即便是他们抱怨教会管理中一些显而易见的次要问题，在很多方面也是错误的。

一、在他们自己提出的目标上。抨击弊端时，他们的意图不是将弊端革除，而是羞辱现政权，为建立他们自己的教规做准备。就像在威尼斯，如果某个元老院成员抨击元老院的权力，说元老院太专权也好、治理能力太弱也好，其目的是让元老院的权力趋向于适度，这是完全允许的。但如果不是这样，如果他说话的目的像是要推翻现政权、催生新政权，那就不能得到允许。

  所以，无论是涉及教会的原因还是政府的原因，我们都要关注申诉方的想法，看他是想纠错还是想创新，以此来决定是允许还是阻止。所以，他们的反对是毫无意义的。"什么，批评弊端还不行吗？"行，但其目的是医治感染疾病的局部，不是毁掉整个躯体。

  二、第二个错误是他们申诉的方式。不仅是他们的言辞大部分都尖酸刻薄，而且还是向普通民众申诉，民众则辨别能力不足，既不能确定哪个地方出了差错，也没有本事和权力来纠正差错。由此可以看出，他们的意图和目的是破坏，不是矫正。

  三、他们的反对意见毫无意义，也不切题。他们的确指责一些事物不虔诚。如果它们看起来不虔诚，上帝就会禁止它们得到支持。

  对于其他问题，他们宣称这都是些无用的繁文缛节，可以设计一些更好、更有益的来。在这方面他们受到双重欺骗。这不足以成为一个理由，必须放弃，因为可以设计出更好的，因为我们在判断好坏时，在把设计中的东西与使用中的东西加以比较时常常出错。设计中的东西，其缺点是隐蔽的，只有经过时间的检验和试验才能发现。而使用中的东西，其缺点是显而易见的，所有人都能看到。

  最后一点——我认为这一点很重要，我想详细谈谈——他们并不知道，在大多数情况下，在他们打击国教的时候，由于某个人有缺点，无形中就伤害了政府。"可以用来批评教会的话语，就不能用来批评政府吗？"无论是教会还是政府，政治家总是人，而且永远是人。有时候他们会被错误蒙住眼睛，最常见的情况是因冲动而做出反常举动。很多平庸之辈在教会和政府里得到晋升，很多有才华的人则受到冷落。

  至于弊端，他们声称是法律本身的问题。他们大骂神职人员不在其教区居住，而政府里有人在北方担任一个重要的肥缺，但其本人却长期住在南方，他们觉得这样合法或合适吗？"担任职务的人就要履行职务。"他们抨击有人兼任多个圣职，要把这些人罚入地狱，而在俗界无数人得到晋升，对这个问题他们有什么看法？那位伟大的哲学家，在《政治学》第二卷第九章中禁止同一个人担任很多要职，认为这是对政府最危险的事。[①]他们嘲笑我们的宗教仪式是花架子、毫无意义，而加冕典礼、国会和所有法院的仪式，他们也能这样反对吗？能把上帝规定的割礼说成是残忍的仪式而加以反对吗？能说过逾越节时穿着鞋、腰里束着带子、手拿牧杖、吃着羔羊肉是荒唐吗？

最后几句话。您可以劝告神职人员——或不把您的决定告诉所有神职人员，而是只告诉两所大学[②]里博学的人——劝他们适当考虑一下所有问题，对每个问题都依照其重要性给予应有的重视。通常有这样的情况：人自己设计的东西，或非常喜爱的东西，其价值和优点他都会赞不绝口。一个基督徒最需要知道的事，牧师布道时应该宣讲的主要内容，就是基督被钉死在十字架上。就此而论，不仅是俗界的事物，连天国的宝物，甚至教规本身，也是低级无价值的。而现在由于激烈的争执和情绪的冲动，对一派的热情严重伤害了对另一派的爱。所以，现在要劝他们宣讲基督被钉死在十字架上，宣讲禁欲，宣讲灵魂的新生，不要宣讲那些争吵时似乎觉得很珍贵，但心平气和之后又觉得无用和幼稚的东西。

乔治·克兰默

---

① 原文不太准确。亚里士多德《政治学》第二卷第九章里没有提到这件事，而在下文则有类似的说法："迦太基流行兼职的习惯，这看来也是一个缺点。每一职务最好是由一个专人负责。"参见亚里士多德：《政治学》第二卷第十一章。——译者注

② 当时英格兰仅有牛津和剑桥两所大学。——译者注

乔治·赫伯特先生传

引　言

最近我放弃了俗务，放弃了很多经常拖累我的琐事，开始思考记录在宗教故事里的一些历史片段，尤其是发生在我们仁慈的救世主和圣女抹大拉的玛利亚之间的故事，[①] 她是妇女、罪人、哀悼者之中的奇人。我称她为圣女，因为我以前不认为、现在仍然不认为她被七个魔鬼附身，[②] 也不认为她那淫荡的眼神和凌乱的头发是特意用来诱惑和勾引好色的旁观者的。但我以前认为、现在也认为，她后来对自己的淫荡行为明确表示懊悔，哭得双眼流出了悔恨的泪水，像水洗的一样，头发也擦干净了，最热烈地亲吻了她和我们仁慈的耶稣的脚。

现在我确信，因为她有大爱，不仅得到了宽恕，而且除了罪过得到赦免，高兴地了解到她目前的幸运境况之外，还从耶稣那里得到了证据，把她石盒里的珍贵油膏倒在他头上和脚上，把她的松香

[①]　参见《路加福音》8: 1–3，《马太福音》26: 55–56，《马可福音》15: 40–47，《约翰福音》20: 1–18.——译者注

[②]　典出自"还有被恶鬼所附、被疾病所累、已经治好的几个妇女，内中有称为抹大拉的玛利亚，曾有七个鬼从她身上赶出来"。参见《圣经·路加福音》8: 2。——译者注

及各种香料奉献出来为他的圣体防腐，这个石盒、松香和香料就可以让人铭记她的英名。她所表现出的圣洁的爱和殷殷感激之情应该记录下来，只要读起福音书就要提起她，以此让她的名字就像耶稣的名字一样传之后世，甚至直到时间的终结。

受到这个楷模的启发，我最近回首往事，并非没有感到些许满足——至少对我本人来说——我的一番努力应该得到我两个亡友多恩博士和亨利·沃顿爵士的爱，我尽力让人铭记他们的英名，描述了他们一生中所从事的几种职业和经历的各种事件。我现在打算写乔治·赫伯特先生的生平。他虽然对我来说是个陌生人，我只是见过他，但他是多恩博士和亨利·沃顿爵士的朋友，也配得上是他们的朋友，而且他很多朋友也是我的朋友。所以我认为，这对于他们在世时认识他们，或现在通过我的作品或他们的作品而了解他们的人来说，在他们死后一起看看几个人的传记并非不可接受。没有这几部传记，与他们有关的很多事情、与他们生活的时代有关的一些事情就会不完整，就不能传之后世。

由于这些原因，我就承担了这一任务。如果我赶在比我更有能力的人之前动笔，我就恳求他和各位读者原谅。

赫伯特传

乔治·赫伯特出生于公元 1593 年 4 月 3 日，出生地是蒙哥马利镇附近的一座城堡。这座城堡就叫蒙哥马利，和这个镇和郡的名字一样，当时是一个雄伟、坚固的要塞，在赫伯特家族一代又一代人手里一直都很幸运。赫伯特家族早就拥有了这座城堡，另外还有大量财产，还有对穷邻居慷慨大方的胸怀。

这个家族非常幸运，男人都有非凡的智慧，愿意为国效力，甚至是为全人类谋福利，并以此而闻名。但不幸的是，在最近一次叛乱中，他们的财产损失惨重，城堡继承人看到城堡被夷为平地，埋葬那些造成这一灾难的坏蛋再合适不过了。

我们的传主乔治的父亲是理查德·赫伯特，理查德的父亲是骑士爱德华·赫伯特，爱德华的父亲是骑士理查德·赫伯特。骑士理查德的父亲是著名的蒙默思郡科尔布鲁克的理查德·赫伯特爵士，方旗骑士，①这位方旗骑士是著名的彭布鲁克伯爵威廉·赫伯特的幺弟。彭布鲁克伯爵生活在国王爱德华四世统治时期。

乔治的母亲是玛德琳·纽波特，理查德爵士的幺女，塞洛普郡哈伊－阿卡尔的弗朗西斯·纽波特爵士的妹妹，弗朗西斯爵士是纽波特勋爵弗朗西斯的祖父，纽波特勋爵现在是王室财务总管。这个家族由于忠心耿耿而遭受到巨大的财产损失，看到那座漂亮的建筑毁于一旦，那是他们祖先长期居住的地方，其祖先以殷勤好客而闻名。

乔治·赫伯特母亲的相貌、智慧和美德，我打算在一个合适的地方再如实地加以描述。她是个幸运的母亲，生有七男三女。她常说，那是约伯的数目，是约伯分配的。②在上帝保佑之下，这几个孩子无论是身材还是智力，都没有任何缺陷。她经常责备他们，说他们这么有福却不感谢上帝。

我要向各位读者简单介绍一下他们的名字，其命运就不多说了。

长子爱德华，先被册封为巴斯勋位骑士，当时正是我们已故的亨利亲王被册封为嘉德勋位骑士的辉煌时期。经过多年有益的游历，掌握了多门语言之后，他被国王詹姆斯派到法兰西国王路易十三那里担任大使。他在那里待了大约两年，但忍受不了吕讷公爵的脾气，

① 因打仗勇敢而获得的称号，享有展示方旗的荣誉。——译者注
② 约伯也生有七男三女。参见《圣经·约伯记》42:13。——译者注

吕讷公爵当时在宫里是很有势力的大红人。所以,他向我们的国王诉苦之后,闷闷不乐地被召回英格兰。

但他回来以后,把他的工作描述得极为风光体面,证明自己对待公爵和整个宫廷的方式是正确的,结果又突然把他派回到同一个大使岗位。我们仁慈的国王查理一世统治之初,他离开了大使岗位回国,国王先是册封他为城堡岛男爵,不久以后又册封他为塞洛普郡切尔伯里男爵。他是个非常博学和明智的人,这从他刊印的书籍"*De Veritate*"①中可以看出来,从他的《国王亨利八世统治史》及其他几本小册子里也可以看出来。

老二是理查德,老三是威廉,兄弟二人冒着生命危险,到低地国家参战以赢得荣誉,当上军官后双双战死沙场。

查尔斯是老四,死时是牛津新学院的董事。

亨利是老六,国王詹姆斯统治时期成为王室家仆,一直干了五十年。在此期间他担任节庆典礼官,这一职务要求聪明勤奋,而上帝赋予了他这一才能。

老七是托马斯,罗伯特·曼塞尔爵士接受派遣率领舰队攻打阿尔及尔时,他在其中一艘船上担任船长,表现出幸运的真正英格兰人的英勇气概。

三姐妹我就不必多说了,全都嫁给了门当户对的有钱人,成为贤惠的楷模,积德行善。

下面转谈我打算描述的乔治,七兄弟之中的老五。

乔治·赫伯特在精明的母亲亲自照料下,在一个牧师的教导下,幸福地度过了童年的大部分时光。这位牧师是她家里乔治及其两个兄弟的教师,她当时孀居在家。乔治在家里住到十二岁,熟练掌握了语法规则,不久以后就被托付给尼尔博士照管,尼尔博士当时

---

① "真相"。原文为拉丁语。——译者注

是威斯敏斯特教长。尼尔后来又把他托付给当时的校长爱尔兰先生照管。

　　他在这所学校里表现良好，显露出聪明才智，小小年纪就崭露头角，非常可爱，好像是把他选出来从事虔敬事业，让他受到天国的眷顾，由一个特别的善良天使保护和指引他似的。他就这样待在这所学校，直到精通学术语言，尤其是希腊语，在这方面后来成为一个优秀评论家。

　　他大约十五岁时——当时是王家奖学金学生——从那所学校里被推选出来上剑桥三一学院，转到剑桥大约是在 1608 年。在此之前，他母亲通过言传身教，将美德和清白灌输到他脑子里。他母亲是个精明人，知道他会很容易丢掉或削弱脑子里的美德和清白，于是就请慷慨大方的内维尔博士对他进行特别关照，为他找一个指导教师。内维尔博士当时是坎特伯雷教长，也是三一学院院长，最为乐意地承担起这一任务。他知道乔治母亲的美德，知道如何珍视这一友谊。

　　这就是他接受教育的方法，一直到他在剑桥安顿下来。我们先把他留在这里学习，然后按我的承诺谈谈他优秀的母亲，我会尽量长话短说。

　　我已经谈了她的出身、婚姻和几个孩子，对这几个孩子也做了简单介绍。下面我要告诉各位读者的是，乔治大约四岁时她丈夫就死了，接着我要说她孀居了十二年，然后又幸福地嫁给了一个高贵的绅士，此人是丹比伯爵丹弗斯大人的弟弟和继承人，对她的相貌和最优秀的天赋才能评价很高。

　　她在孀居期间，希望为长子爱德华的学习和其他方面的教育提供有利条件，以配得上他的出身和家境，以便让他更好地为国效力。爱德华一到合适的年龄，她就和他还有几个小一些的儿子一起，从蒙哥马利城堡搬到了牛津。

　　她让爱德华进入王后学院以后，为他找到一个合适的家庭教师，委托这位教师照顾他，但她仍然和他待在那里，仍然让他对她本人保持适度的敬畏，经常亲眼看着他，每天都和他见面交谈。但她设法让这一控制他的力量没有任何死板乖僻的意味，不让孩子感到与她为伴是一种折磨，而是让他感到幸福，让他享受到年轻人的乐趣，让他愿意与亲爱的细心的母亲在一起度过很多时光。

　　这让她感到非常满意。她常说："吃什么食物，身体就吸收什么营养。同样的道理，与恶人为伍，与恶人交谈，灵魂不知不觉就学坏了。"所以她常说："不知道恶是保持美德的最好方式。知道恶就像是一根导火线，能点燃罪恶并让它一直燃烧。"由于这些原因，她让孩子喜欢与她在一起，与他在牛津一起待了四年。

　　在此期间，她表现出了不起的无害的才智、令人愉快的魅力、彬彬有礼的举止，这让她结识了大多数有杰出才能或学识的人，与他们建立了友谊，当时这些人都在这所大学或在其附近。尤其是约翰·多恩先生，她在这里时他碰巧到这里来。这位约翰·多恩就是后来的多恩博士，伦敦圣保罗大教堂的教长。他离开牛津时写了一首诗留在这里，刻画了她长相美和心灵美的特征。他这样描写她的长相：

　　　　无论是春天还是夏天的魅力，
　　　　都没有我见到的这张秋天的面庞美丽。

这样描写她心灵的美：

　　　　她对每个人说的话都很得体，
　　　　无论是参加宴会还是坐下来商议。

她其他方面的特征可以在他刊印的诗里看到，那首名叫《秋天美》的挽歌。当时他们二人都已过盛年。

在此时此地开始的这一友好关系，并没有玷污他们的心灵，这一关系是由一系列得体的爱好和善行所建立起来的，与圣克里索斯托和他心爱的有德性的圣奥林匹娅丝①的关系相似，圣克里索斯托在信中称呼圣奥林匹娅丝为圣女。

实际上这一关系更像是圣希罗姆与波拉的关系。圣希罗姆因为喜爱她，到老年成了诗人，为她撰写墓志铭，恨不得全身都是嘴，以便向后世公正地赞美她。多恩先生与玛德琳·纽波特的关系是从他一段美好的时光开始的，当时他将近四十岁——在他担任圣职几年之前——要养活妻子、七个孩子和一家人，每天都要为他们提供必需品。这时，她成为他最慷慨的资助人之一，他也心存感激地承认这一关系。我所说的这两个优秀人物的事，下面这封信和十四行诗可以证明。

　　夫人：

　　　　您对我的恩惠无处不在，我利用这些恩惠，拥有这些恩惠。我在伦敦享受这些恩惠，然后把恩惠留在那里，但又在米彻姆见到您的恩惠。这些谜难以形容，这就是您的仁慈。

　　　　今天在这里见到您的仆人，我简直感到惭愧，因为我不愿意让任何人见证我昨天夜里没有回家，甚至今天上午才回去。但我没回家是可以原谅的，因为有要紧事耽误了。我今天才回去是效仿抹大拉的圣玛利亚，她星期日一大早起来是为了寻找她最爱的人②，我也是这样。将我与她相比，我要感谢一个应该

---

① 圣奥林匹娅丝是圣克里索斯托的忠实门徒。——译者注
② 抹大拉的圣玛利亚天还没亮就到耶稣的坟墓，发现坟墓已空，然后第一个看到耶稣复活。参见《圣经·约翰福音》20:1-18。——译者注

感谢的人，对此人我们太有好感了，我们最需要的那些人对我们也有好感。

在这个美好的日子里，我委托这位信使将附在下面的赞美诗和十四行诗——这些诗没有烧毁是因为内容而不是因为技巧——送给您过目并保留，如果您觉得值得保留的话。我让这首附上的十四行诗领着它们到您幸运的手里。

您最无能的仆人

如果您不接受他让他改好的话

约翰·多恩

米彻姆，1607 年 7 月 11 日

致玛德琳·赫伯特夫人：论抹大拉的圣玛利亚

她取的名字和您一样，[①]

继承了漂亮的贝蒂纳和马格达拉，

积极接受了非常先进的信仰，

一度知道得比教会还要多。[②]

复活！她说得太好了，

连一些教父都不愿意相信

一个妇女能说出这话来，

而是认为有两个或三个抹大拉。

增加她们的数目，夫人，提高她们的声望，

她们的忠诚再加上您的纯真。

---

① "玛德琳"与"抹大拉"在英文里都是"Magdalen"。——译者注
② 当时只有抹大拉知道耶稣复活了。——译者注

以她为楷模，取了她的
抹大拉为名；出于报答，
她们庇护了基督这位客人，
庇护这些赞美基督的诗吧。

约翰·多恩

这些赞美诗我们现在找不到了，但肯定就是他们二人在天堂里所唱的歌。

这两位优秀人物还可能有更多的话语表露他们的友谊和圣洁的爱——我手里有很多他们往来的书信——还可以举出更多例子来说明她了不起的审慎和虔诚。但我并不打算写她的传记，而是写她儿子的传记，所以我只告诉各位读者，那封写给她的信过去整整二十年后，我看到并听到这位约翰·多恩先生——当时是圣保罗大教堂的教长——在伦敦附近切尔西教区教堂为她举行的葬礼上哭着布道，她现在就长眠在那里的坟墓里。

现在我们必须把她留在那里，接着说她儿子乔治，前面我们谈到他在剑桥学习。

我们到剑桥看看乔治·赫伯特的表现，可以得出这样的结论：他把自己早年的第一批成果奉献给了美德和认真的学术研究。他在剑桥的第一年，写给他亲爱的母亲一封信和一首十四行诗作为新年礼物，这封信和十四行诗可以部分证明他是这么做的：

……但我担心我最近患疟疾发的烧把这些泉水烧干了，学者们说，缪斯通常都住在泉水旁边。但我并不需要缪斯的帮助来指责那些无聊的情诗，每天都有人写，奉献给维纳斯。没有几首诗是写给上帝和天堂的，我也不需要缪斯的帮助来为他们表示悲哀。就我来说，我打算——亲爱的母亲——用这些十四行诗来展示我的决心：把我这一点可怜的诗才全部奉献给上帝的荣耀，请您收下它作为证明。

上帝啊，古代对付您的高温在哪里？

大批殉教者就是用这一高温烧死的，

除了其他烈火之外。

诗穿着维纳斯的衣服，只为她效劳吗？

为什么诗不为您而写，

放在您的祭坛上焚烧？

您的爱就不能唤起对您的赞美，

就像赞美维纳斯一样？

您的鸽子①就不能比他们的丘比特飞得快？

您的路深，也很平静，

为您写的诗走起来就那么不顺畅？

为什么凭借您的力量每个人都能触摸火，

而燃料只能选择

蠕虫总有一天也可能偶尔拒绝的东西？

主啊，您肯定有力量耗干墨水的海洋，

就像大洪水淹没过大地一样，

您的神威也普照大地。

每一片云都渗出对您的赞美，

禁止诗人将其另作他用。

玫瑰与百合赞美您，

用玫瑰、百合做成面颊是对您的伤害。

---

① 鸽子是圣灵的象征。——译者注

我为什么把女人的眼睛当成水晶？

她们低级的头脑虚构出如此拙劣的东西，

她们的火疯狂燃烧，但并不向上，

不用一点墨水来赞美主。

打开骨头，在最美的脸上

你只能找到污秽；主啊，

美在于对您的发现。

乔治·赫伯特

这就是他把这封信寄给母亲时的决心，当时他大约十七岁。随着岁月的增长，他的学识也在增长，也越来越得到上帝和人的宠爱。在他短暂一生的初期，他似乎以美德为突出特征，得到天国的眷顾。上帝仍然将他的灵魂保护得如此圣洁，他可以而且应该成为万世的道德楷模，尤其是成为其神职人员同事的道德楷模。有关这方面的情况，读者可以在下文看到更确切的描述。

我不必宣称他是个一丝不苟的学生，因为他本来就是，他未来生涯中有很多例证。所以我只告诉各位，1609 年他成为初级特别研究生，1611 年获得文学学士学位，1615 年 3 月 15 日成为学院的高级特别研究生，这一年他还获得文学硕士学位，当时他二十二岁。

在此期间，他学习之外的所有或最主要的消遣就是练习音乐，在音乐方面成为大师。他常说，音乐缓解了他的沮丧情绪，使他烦乱的心情稳定下来，让精神振作起来，在他得到天堂喜悦之前给了他预兆。

可以注意到的是，他一进入学院，慷慨的内维尔博士就特别关心他的学习，喜爱他这个人、他的举止和他卓越的天赋，经常让他在自己身边，这样就巩固了他天生的文雅。如果说在此期间他犯过任何错误，那就是他与别人太疏远了，与晚辈的距离拉得太大了。他穿的衣服似乎显示，他太看重自己的才华和门第了。

　　他的性格就是这样，1615 年获得文学硕士学位之前利用时间的情况就是这样。1619 年，他当选为大学演讲人，在他之前的两名演讲人是罗伯特·农顿爵士和弗朗西斯·内瑟索尔爵士。罗伯特·农顿爵士不久之后就被任命为国务大臣，弗朗西斯爵士在担任演讲人之后不久，就成为波希米亚王后伊丽莎白公主的秘书。

　　演讲人这个职务乔治·赫伯特担任了八年，表现得像他之前或之后的任何一位演讲人一样得体，既严肃又有喜庆意味。因为他"掌握了渊博的知识，拥有丰富的想象力，有礼貌，才思敏捷，有一种天生的优雅，无论是举止、言谈还是文笔"。在所有这些方面都有很多详细的例证，但我只举三个。

　　第一个显示他胜任演讲人这一职务的显著机会是他写给国王詹姆斯的一封信，当时国王将他一本书《特效药膏多伦》送给了剑桥大学。大学演讲人要表示收到这一殊荣，对陛下屈尊馈赠表示感谢，在信的结尾他写道：

Quid Vaticanam Bodleianamque objicis, hospes!
Unicus est nobis Bibliotheca Liber.[①]

　　这封信用极为漂亮的拉丁语写成，构思巧妙，所有话语都适用于国王的天才。国王询问演讲人的名字，问彭布鲁克伯爵威廉是否认识此人。威廉回答说，他与这个人太熟了，而且和这个人是亲戚，但他更喜爱这个人的学识和美德，不是两个人的亲戚关系。国王听

---

① "梵蒂冈图书馆里没有，这是我们图书馆里的书！"原文为拉丁语。——译者注

了以后笑了，请伯爵允许他也喜爱这个人，认为此人是那所大学的宝物。

他下一次展示其才能的机会是表示他对教会的喜爱，他曾在这个教会里接受了洗礼，承认自己是这个教会的成员。

情况是这样的。有个人叫安德鲁·梅尔文，苏格兰教会神职人员，圣安德鲁斯教堂牧师。他通过与一个反对主教制、心怀不满的神职人员长期不断的交谈，最后成为那一派的主要首领。国王詹姆斯还只是苏格兰国王的时候，梅尔文曾自豪地以这一身份出现在国王面前。詹姆斯在英格兰加冕为王的第二年，召集一部分主教和其他一些博学的神职人员到汉普顿宫来见驾，以便与一些持不同意见的教友友好协商，既有圣公会的，也有苏格兰教会的，苏格兰一方就有安德鲁·梅尔文。

梅尔文是个博学的人，喜爱讽刺诗，曾散发过很多怀有恶意的诗，攻击我们的礼拜仪式和教会管理体制，受到本派一些人的夸赞，认为他有才气。于是有人把这些诗拿到威斯敏斯特学校。在这所学校，乔治·赫伯特先生当时和后来经常对这些诗做出回应，对梅尔文及其苏格兰教会进行反思，足以让那些事先没有过深地介入这场争执的人醒悟过来不再受骗。

回头还说在汉普顿宫参加会议的梅尔文先生。他在会议上表现得无拘无束，有一种莫名其妙的信心，极为狂热，恣意冲动，对国王和其他与会者傲慢无礼，结果既失去了圣安德鲁斯教堂的牧师职务，也失去了自由。他以前写诗，现在辱骂教会和政府，结果沦为阶下囚，被关进了伦敦塔。

他在伦敦塔被囚禁了三年，一直愤愤不平。在此期间，他发现阿拉贝拉夫人①也被无辜地关在这里，就在被关押的第二天，很高

———————————
① 国王詹姆斯一世的堂妹。——译者注

兴地写了两行诗送给这位善良的女士。现在我把这两行诗抄录下来，
让读者欣赏一下他其他方面的诗作：

Causa tibi mecum est communis, carceris, Ara-

Bella, tibi causa est, Araque sacra mihi.①

为了不给读者添麻烦，我就不再讲述他是如何从监狱里获释的，
后来又是如何死的。但我要告诉读者的是，赫伯特先生的诗被认为
值得保存，博学的彼得伯勒教长杜波特博士最近搜集了赫伯特先生
的作品，将其中很多首诗刊印出来，以纪念其朋友乔治·赫伯特先
生，纪念赫伯特所从事的事业。

为了说明我所观察到的他第三个和最后一个巨大才能，就要讲
一讲这么一件事。大约这个时候，国王詹姆斯经常到纽马克特和罗
伊斯顿去打猎，几乎每次都被邀请到剑桥，在那里享受到的娱乐是
喜剧，这很适合他那令人愉快的性格。在剑桥，乔治·赫伯特先生
用演讲人的贺词和掌声来迎驾，他总是表现很好，越来越受到国王
的青睐，于是国王特别指定他到罗伊斯顿伴驾。国王在罗伊斯顿与
赫伯特交谈后，对赫伯特的亲戚彭布鲁克伯爵说，他发现演讲人的
学识和智慧远超过其年龄或风趣。

第二年，国王下令巡幸到剑桥为止，在剑桥小住几日。这时伴
驾的有他学识渊博的大臣、维鲁伦勋爵弗朗西斯·培根爵士，还有
永远值得纪念的博学的温切斯特主教安德鲁斯博士，当时这两个人
都开始与我们的演讲人建立友谊。

弗朗西斯爵士高度评价赫伯特先生的判断力，他任何一本书在

---

① "你为什么和我一起坐牢，阿拉贝拉，你让阿拉克变得神圣起来。"原文
　　为拉丁语。——译者注

刊印之前，通常都要先得到赫伯特先生的认可。他觉得赫伯特先生真够朋友，他把先知大卫的很多圣诗翻译成英诗之后，就让乔治·赫伯特做资助人，公开把这些圣诗题献给赫伯特，认为赫伯特是圣诗的最佳评判人。

至于那位博学的主教，可以发现当时二人开始了一场适度的辩论，涉及的问题是上帝预定论[①]和生命的神圣性。不久之后，演讲人在一封长信中送给主教一些与这两个问题有关的可靠、有用的警句，信用希腊语写成，语言和推理都极为精彩，主教看了之后把信放进衣服的胸襟里，经常拿出来让很多学者看，既有本国学者，也有外国学者，但看完之后总是把它放到原来的地方，一直贴着心口，直到他生命的最后一天。

除此之外，我还可以补充上他与亨利·沃顿爵士和多恩博士持久与纯粹的友谊。但我承诺长话短说，所以除了多恩博士传里提到的之外，我只补充一个例证。多恩博士死前不久，让人制作了很多印章，在上面雕刻上基督被钉死在锚上的像，锚是希望的象征。多恩博士经常说："Crux mihi anchora."[②] 这些印章他送给了大多数他器重的朋友。赫伯特先生死的时候，人们发现了这首包在印章上的诗，印章是多恩博士送给他的：

> 我亲爱的朋友不能写作的时候，
> 他把这枚印章给了我，
>
> 风大浪高的时候，我相信

---

① 基督教新教神学认为，世间万物，尤其是人灵魂的最终命运，由上帝在人出生时就已经决定了，个人后天的行为并不能改变这一命运。——译者注

② "十字架是我的锚。"原文为拉丁语。——译者注

这个锚能确保我和我的信仰安然无恙。

赫伯特先生担任演讲人的时候，非常纯熟地掌握了意大利语、西班牙语和法语，希望能像其前任那样，将来担任国务大臣一职，当时他非常受国王器重，王宫里最显赫、最有权势的贵族也很器重和喜爱他。由于这一原因，再加上他喜爱与宫里的人交谈，而且还希望将来有一个更好的前程，于是他就经常离开剑桥，王宫在哪里，他就到哪里去陪王伴驾。

国王当时给了他一个闲职。这一职务由陛下来安排，我想是由于圣阿萨夫主教去世而导致的。以前也有过这样的事，女王伊丽莎白曾把这一职务给了她的红人菲利普·西德尼爵士，其价值为每年一百二十英镑。有了这一职务，还有他的年金，他学院的有利条件，再加上他演讲人的身份，他在穿衣服上养成了上流社会的习惯，喜欢与王宫里的人为伴，很少关注剑桥，除非国王在那里，他从未疏忽过。在其他时间，他就把演讲人的事务交给他博学的朋友赫伯特·桑代克先生，现任威斯敏斯特的荣誉受俸牧师。

我不会忘记告诉各位，他经常打算离开大学，放弃所有的研究，他认为研究会损害健康。他的身体容易感染肺病，容易发烧和患上其他疾病，他认为是研究增加了他的疾病。他常说，他的头脑太爱思考了，就像一把削笔刀放进太狭窄的鞘里，对他的身体来说太锋利了。

但他母亲绝不允许他离开大学，也不让他去旅行。他虽然既想离开大学，也想外出旅行，但他绝不想为了满足自己的愿望而付出这么大的代价，让人家说他不孝顺，竟然这样对待慈母，于是他总是接受母亲的教诲。我说的这些可以在他刊印的一本诗集里看到一部分，在一首叫《哀伤》的诗里（他还有一些诗以《哀伤》为标题），像是在虔诚地反思天意，反思他人生中的一些片段，他说：

我的出身和气质
本应让我过上都市生活,
而你却背叛我,让我一直读书,
还让我穿上大学的礼服。
还未来得及改变生活方式,
就让我卷入世事的纷争之中。

我时常扬言要突破这一围困,
不再嗤笑我自己的年纪,
你却时常夸奖大学,
消解我的愤怒。
我吞下加了糖的药丸,来到一个
既不能走、也不想留的地方。

我唯恐陶醉在
不幸之中,
把泻药当饭吃,你让我
患上更多的疾病。
你用偏见来对付我,不给我
好礼物,又迫使我改走别的路。

我在这里,你会对我做什么,
我的书不会告诉我。
我边读边悲叹,希望我是一棵树,
那我就肯定能生长,
结出果实或遮阳,至少鸟会
在我身上安家,我派上了用场。

你虽然折磨我，但我必须温顺，

必须在体弱时保持坚强，

好吧，那我就改换门庭，

另投他主，

亲爱的上帝啊，我虽然被完全遗忘，

如果我不爱你，就让我不爱吧。

乔治·赫伯特

赫伯特先生这样陪王伴驾，企盼着有一个好机会让他离开剑桥入宫的时候，上帝（有看不见的一连串理由）在很短时间内就结束了两个人的生命，那是他最热心、最有影响力的两位朋友：里士满公爵洛多威克和汉密尔顿侯爵詹姆斯。不久之后，国王詹姆斯也去世了。

他们一去世，赫伯特先生入宫的所有希望也都破灭了。于是他很快就离开了伦敦，来到肯特一个朋友家，在那里隐居下来。他特别喜爱独处，这被认为会损害健康，比他做研究造成的损害还要大。在此隐居期间，他思想上有很多斗争，是回到王宫享受灯红酒绿的快乐生活，还是去研究神学担任圣职，他亲爱的母亲经常劝他担任圣职。这些思想斗争，只有那些经历过的人才会知道。实现抱负的愿望，对尘世间虚名浮誉的追求，不是能够轻易放弃的。但上帝最终让他下定决心到圣坛上效力。

他返回伦敦时，对宫里的一位朋友说他决定担任圣职。这位朋友劝他改变主意，说干这差事太下贱，太失他的身份，与他杰出的才能和天赋太不相称。赫伯特先生回答说：

"以前大家都认为，天父的家仆应该由世间最高贵的家庭来担任。近年来，神职人员的地位虽然遭到贬低，牧师的圣名遭到藐视，但我要努力让这一圣名受到尊重，把我所有的学识和一点绵薄之力都奉献出来，以此为赋予我能力的上帝增光添彩。我知道，上帝为我做了那么多，让我成为基督徒，我无论为他做什么都不算多。我要努力像救世主那样，让谦恭在所有人眼里变得可爱起来，向我亲爱的耶稣学习，他是仁慈、温顺的榜样。"

这就是他当时的决心。永恒的上帝打算把他树立为美德的楷模，就让他保持这一决心，当年他就被任命为执事。但在哪一天，由谁来任命的，我就不知道了。但他就是大约那个时候被任命的，这一点确凿无疑。我在林肯档案室里查证，1626 年 7 月 15 日，他被任命为林肯主教区莱顿教会的荣誉受俸牧师，这一圣职是林肯主教大人约翰给他的。现在他有了一个适当的机会来表现其虔诚和慷慨，那是他慷慨的母亲和其他值得纪念的祖先赋予他的。当时情况是这样的。

这个莱顿教会是斯帕尔登附近的一个村庄，位于亨廷登郡。教堂的大部分已经倒塌，仍然矗立的部分也已破败不堪，又小又没有用，教区居民无法在那里向上帝尽义务，无法举行公共祈祷和赞美上帝的活动。这种状况一直持续了将近二十年，在此期间有人搞了一点微不足道的公共募捐，想让居民们重建教堂，但没有成功。

后来，赫伯特先生承担起这项任务。他自己出了资，他很多亲戚和高贵的朋友也都捐了钱，承担起教堂的重建工作。他基本上把这件事当成他的全部任务，直到看见教堂建成才安下心来，现在教堂仍然坐落在那里。建造工艺上用的是造价昂贵的镶嵌图案，形状上是不折不扣的十字形。至于说派头和美观，我相信是这个国家能拿得出手的最了不起的教区教堂。赫伯特先生活着看到教堂用护墙板装饰好，简直是无与伦比。按照他的指示，读经座位与讲道坛相距稍微远一些，二者高度相同。他常说："读经座位与讲道坛谁也不应该比谁优先，祈祷与布道同样有用，就像两兄弟一样和谐相处，享受同样的荣誉和尊重。"

　　在我继续讲述之前，我必须回到赫伯特先生被任命为荣誉受俸牧师那个时候，并告诉读者在不久之后，他母亲就听说了他打算重建教堂的消息，担心他可能为自己、为亲朋好友带来巨大的麻烦和花费，否则教堂就建不成。于是母亲就派人把他从伦敦叫到切尔西，她当时就住在切尔西。

　　他来了以后，母亲对他说："乔治，我派人叫你回来是要劝你丢掉圣职，把圣职授权主管人给你的礼物原封不动地退还给他，也就是把你的荣誉受俸牧师退还给他。乔治，你身体虚弱，钱包空空，承建教堂你吃不消。"听了母亲这番话，他想用一天时间考虑一下，然后给她个回话。

　　第二天，他回到母亲那里，先请求她的祝福，母亲就赐福与他，然后他又请求说，她会在他三十三岁时让他成为一个不尽职的儿子，因为他对上帝发过誓，如果可能的话他会重建那座教堂。然后他又向母亲说明了他决定这样做的理由，于是她马上要求捐助，并恳求彭布鲁克伯爵威廉也捐助，威廉认捐了五十英镑。不久之后，赫伯特先生给他写了一封又诙谐又有说服力的信，威廉又捐了五十英镑。

　　在这次提名的捐助人之中，伦诺克斯公爵詹姆斯、他六弟亨利·赫伯特爵士值得铭记，慷慨的尼古拉·法勒先生和亚瑟·伍德诺特先生也值得铭记。法勒先生是莱顿附近的绅士，伍德诺特先生是伦敦福斯特巷的金匠，他们都不应该被遗忘，其英名应该在他们身后流传。至于法勒先生，我会在一个更适当的地方再提到他。但在我继续讲述之前，我要简单描述一下亚瑟·伍德诺特先生。

　　他是这么一个人，认为财产如果增长过快，保存这些财产比得到这些财产常常需要更加小心和警惕，还认为有很多不满是财富无法消除的，所以他限制自己对财富的欲望。他现在得到的财富足以让他救济穷人，也为他自己保留了相当的资产，所以他就把余生奉献给上帝，为上帝效力，为朋友帮忙。他对赫伯特先生就是这样。

除了自己捐钱之外，他还为重建教堂募捐，重建教堂的大部分花费都是他出的。所有费用他都记在账上，并经常下去公布账目，让所有工匠都领到报酬。

我说过，这位好心人是为赫伯特先生父母都帮过忙的朋友，现在又继续帮助赫伯特先生，直到在床上永远闭上双眼。说到这里我就不再说他了，下一次有了机会我再提起他与赫伯特先生圣洁的友谊。伍德诺特先生将下面这封赫伯特先生写的信捎给他母亲，在她生病的时候交给了她，不久之后她就过世了。

赫伯特先生的一封信，写给病中的母亲

夫人：

上次与您分别时，我还更高兴一些，当时我希望能把家里所有的疾病都带走。但我知道我并没有都带走，您分担的份额依旧，甚至有所增加，我就真诚地希望能再回到您身边，很快实现我的愿望。但我这边的学业让我脱不开身，现在开学只有一个月，我要是不在，自然会增加人们的疑虑，我就要为了您而更经常、更诚挚地向上帝祈祷，上帝把安慰带给所有人。

与此同时，我也恳求您保持心情愉快，从安慰所有人的上帝那里得到安慰，上帝不愿意看到任何悲伤，除非是因为有罪。是什么让剧烈的痛苦一直持续下去呢？或者说我们在今世的痛苦为什么有如此强大的力量或胆量，竟然抵制我们对来世享受欢乐的期望呢？夫人，从天堂的角度看，尘世不过是一粒尘埃而已，所以与天国的欢乐相比，尘世间的烦恼不值一提。如此说来，如果年老或疾病让您去享受天堂的欢乐，请考虑一下您比年轻人与健康人要优越得多，看看是谁更接近真正的安慰。

您上封信让我优先考虑尘世间的升迁，我希望为了您而担任圣职。但您也会分享与选择吗？我们学院的惯例不允许这样，如果我可以与您交换的话，我就认为自己是最幸福的。我总是发现，生命线与其他线或丝是一样的，有很多纠缠不清和梳理不通的地方。谁的线能一直缠到头，随时可以在新耶路撒冷①使用，谁就是个幸福的人。

至于我，亲爱的母亲，我总是更担心疾病而不是死亡，因为疾病使我无法履行我在这个世界上应尽的职责，我必须留在这个世界上尽到职责。

但您就没有这一担心了，您已经圆满完成了任务，既把家治理好了，也把儿女养大了，他们都到了自己可以做决定的年龄，有能力养活自己了。所以，现在他们如果做得不好，责任不能由您来承担。您为他们树立的榜样，您对他们的抚养，既能让您对世人做出解释，也能对得起自己的良心。因此，无论是您回忆往事，还是展望未来的快乐，您都足以抵御所有的不安。

至于尘世间的痛苦，我恳求您考虑一下：您可能遇到的所有痛苦，无非是财产带来的痛苦，或身体、精神上的痛苦。说到财产带来的痛苦，那还值得挂在心上吗？我们要是拥有财富，就应该遵照命令把它送出去，所以利用财富的最好方式，就是在拥有财富时把它放弃。

但也许是因为我们位居普通人之上，我们的荣誉和受到的尊重要求我们比别人的生活更加奢华。但是，上帝啊，回答这一问题该有多么容易！我们可以考虑一下，《圣经》里从来

---

① 指基督再临时从天国降临到尘世间的一座圣城。典出《圣经·启示录》21：2："我又看见圣城新耶路撒冷由神那里从天而降，预备好了，就如新妇妆饰整齐，等候丈夫。"——译者注

都不为富人祝福，只为穷人祝福。我从来没有见过"富人有福了"或"贵人有福了"，只见过"温柔的人有福了"①，"贫穷的人有福了"②，"哀恸的人有福了，因为他们必得安慰"③。然而，上帝啊，大多数人表现得好像是不希望得到祝福，甚至是害怕得到祝福。

至于身体上的痛苦，亲爱的夫人，想想那些为上帝而殉教的人，有成千上万人被烧死，还受到其他形式的折磨，这些折磨形式一提起来就会让人震惊。但他们所受到的残酷磨难已经结束了，您受的磨难——感谢上帝，您受的苦比他们少一些——也不会持久。我恳求您想想这些殉教者，以此来减轻您目前的恐惧和悲伤。如果您的痛苦被证明像歌利亚④一样，您就可以像大卫那样说："耶和华救我脱离狮子和熊的爪，也必救我脱离这非利士人的手。"⑤

最后谈谈灵魂的痛苦。考虑一下，上帝打算建一座他自己居住的圣殿，不给悲伤留任何居住的房间，也不让任何伤心与他竞争。尤其是如果考虑未来的任何事情会妨碍您，就请您记住《诗篇》作者的妙语："你要把你的重担卸给耶和华，他必抚养你。"⑥圣彼得也说："你们要将一切的忧虑卸给神，因为他顾念你们。"⑦上帝承担起我们的重负，替我们操心，以便我们更安心地为他效力，这是何等的好事啊！

---

① 语出自《圣经·马太福音》5: 5。——译者注
② 语出自《圣经·路加福音》6: 20。——译者注
③ 语出自《圣经·马太福音》5: 4。——译者注
④ 非利士勇士，向以色列人讨战时被大卫割下头颅。参见《圣经·撒母耳记上》17。——译者注
⑤ 语出自《圣经·撒母耳记上》17: 37。——译者注
⑥ 语出自《圣经·诗篇》55: 22。——译者注
⑦ 语出自《圣经·彼得前书》5: 7。——译者注

最后，我再向您推荐一段话，《腓立比书》第四章第四节，圣保罗说："你们要靠主常常喜乐；我再说，你们要喜乐。"他说两遍是为了打消一些人的顾虑，这些人可能会说：什么，我们要在痛苦中喜乐？是的，我再说一遍，要喜乐。这样，喜乐或不喜乐就由不得我们了，无论我们遇到任何事情，无论在任何时候，我们都必须为主而喜乐，主会顾念我们的。接下来就是这样的诗句："当叫众人知道你们谦让的心。主已经近了。应当一无挂虑。"① 还有什么话说得比这更让人感到安慰呢？不必自找烦恼，上帝已经近了，要把我们从一切苦难中解救出来。

亲爱的夫人，原谅我的冒昧，请接受我的好意。

您最孝顺的儿子

乔治·赫伯特

三一学院

1622 年 5 月 25 日

1629 年前后，赫伯特先生三十四岁时患上了严重的日发疟，想换换空气来祛病。为此他去了埃塞克斯的伍德福德，但到那里主要是为了见见他喜爱的六弟亨利·赫伯特爵士，见见六弟家里的一些朋友。他在弟弟家里住了大约十二个月，成了他自己的医生，治好了疟疾，其办法是戒酒，不吃任何肉，包括羊肉、鸡肉或鸽子肉，除非是腌制的。

通过这样坚持节食他治好了疟疾，但带来的麻烦更严重：很容易患感冒和其他疾病，还有一种据推测是肺病。需要注意的是，他在发病最厉害的时候常常这样说："主啊，减轻我的剧痛吧，或增强我的忍耐力吧。但我不埋怨。主啊，我在您面前说不出话，因为您

---

① 语出自《圣经·腓立比书》4: 5-6。——译者注

在说话。"他就这样甘愿服从上帝的意志，显示出愿意忍受基督教规那令人愉快的约束，当时是这样，在他后来的生涯中也是这样，在这方面有很多真实的例证。

他现在关心的是治好肺病，就从伍德福德转移到一个空气最适合治肺病的地方。他搬到了威尔特郡的当齐，一座宏伟的建筑，坐落在一个空气好的地方，当时的主人是丹比伯爵丹弗斯大人。伯爵非常喜爱赫伯特先生，为他安排的房间让他感到最方便、最喜欢。

在这个地方，通过节制饮食，放弃一切令人困惑的研究，加上适度的锻炼和令人愉快的谈话，他的健康状况明显好转，体力增强，精神愉快。然后他宣布了结婚和当牧师的决定。这是他母亲和其他亲戚长期以来的期望，但母亲没有活到那一天，既没有看到他结婚，也没有看到他当牧师，1627年就死了。他虽然在莱顿教堂一事上没有听从母亲，但依照母亲的意愿一直担任演讲人一职，母亲一去世他马上就辞职了。而且继承他的可能是他朋友罗伯特·克赖顿，他就更愿意辞职了。罗伯特·克赖顿现在是克赖顿博士，杰出的威尔斯主教。

现在我转谈他的婚姻。为了说清楚这一问题，我先向读者简单介绍一下他的长相，然后再说他妻子，还有与此有关的一些情况。

他身材偏高，身板笔挺，根本没有赘肉，而是瘦到了极点。他面相上是一副乐呵呵的样子，言谈举止都像个绅士，因为他是那样温柔，那样彬彬有礼，所有认识他的人都喜爱他、尊敬他。

这些特征，加上其他显而易见的美德，让他受到一个高贵绅士的喜爱。此人是他朋友丹比伯爵的近亲，也就是威尔特郡班顿的查尔斯·丹弗斯先生。这位丹弗斯先生早就认识赫伯特先生，而且很熟。他非常喜爱赫伯特先生，经常公开说他有一个愿望，就是让赫伯特先生娶他九个女儿之中的任何一个——他女儿非常多——但最好是简，他最亲这个女儿。这番话他也经常对赫伯特先生本人说，如果赫伯特先生愿意娶简为妻，简也愿意嫁给赫伯特先生，简就应该得到双重祝福。丹弗斯先生也经常对简这样说，对她极力夸赞赫伯特先生，简就对从未谋面的赫伯特先生以心相许。

这对一桩婚姻来说是个很好的铺垫。但不幸的是，赫伯特先生还没有隐退到当齐，简的父亲就死了，但双方的朋友安排二人见了面。二人一见倾心，就像征服者走进一个被突然占领的城市一样。爱情把他们完全征服了，制定了双方谁都无法抗拒的律法和决议。第一次见面后的第三天，简就改姓赫伯特了。

这一匆忙做出的决定在旁人看来是一种疯狂的爱情，甚至比这还要严重。但实际上不是这样，因为他们像王公贵族一样求爱，连经过挑选的代理人都有了。代理人是双方真正的朋友，在双方见面之前就非常了解赫伯特先生与简的性情，也了解双方的财产状况，就是依照最严格、最谨慎的规则，这一突然做出的决定也是合情合理的。

不仅如此，双方还都感到非常幸福，永远爱人类的神让他们过得幸福美满，双方平等互爱、相互依从，甚至从来都没有拌过嘴，除非是比试看谁对另一方更顺从。二人之间的这种爱、欢乐和满足一直持续，完美无缺，而且日益增长，每日里二人相敬如宾，在本来就圣洁完美的心灵上锦上添花，再想完善只有到天堂，现在他们就在天堂里安享这一完美的生活。

二人结婚大约三个月之后，威尔特郡贝默顿教堂牧师柯尔博士被任命为巴斯和威尔斯主教，不久之后又被调到温切斯特。这样一来，为贝默顿推荐牧师的权利没有落到彭布鲁克伯爵手里——彭布鲁克伯爵是其无可置疑的圣职授权主管人——而是落到了国王手里，原因是柯尔博士晋升了。但彭布鲁克伯爵菲利普——威廉不久前去世了——恳求国王把这一职位授予其亲戚乔治·赫伯特，国王说："如果这一职位值得让赫伯特先生接受，我最愿意授予他。"于是伯爵连问都不问，心甘情愿地突然把推荐书给了赫伯特先生。

赫伯特先生以前虽然决定担任圣职，但接到推荐书以后，他担心末日大结账，担心要为拯救那么多的灵魂负责，就经常斋戒和祈祷，考虑了不少于一个月的时间。在此期间，他曾想不当牧师，不领牧师的俸禄。在他考虑期间，他常说他"经历了激烈的思想斗争，除了经历过的人之外，谁都无法想象"。

在他经历思想斗争的时候，老朋友亚瑟·伍德诺特先生到班顿来问候他——他当时在班顿，和妻子的一些亲戚朋友在一起——亲眼看到他的健康状况和幸福婚姻后非常高兴。他们在一起愉快地度过了几天，到威尔顿去了一趟，那里有彭布鲁克历任伯爵著名的宅邸，当时国王、伯爵和整个宫廷都在这里，或是在索尔兹伯里，这两个地方离得很近。这时，赫伯特先生向伯爵表示感谢，感谢伯爵把贝默顿推荐给他，但他还没有决定是否接受，并把理由告诉了伯爵。

这天夜里，伯爵把他亲戚拿不定主意的情况告诉了劳德博士，劳德当时是伦敦主教，后来成为坎特伯雷大主教。第二天主教就去劝说赫伯特先生，说拒绝就是罪孽，已经派人叫裁缝马上从索尔兹伯里赶到威尔顿为他量尺寸，次日之前就为他做好法衣。

于是裁缝就做好了。赫伯特先生穿上法衣，拿着推荐书去找博学的戴夫南特博士，当时的索尔兹伯里主教，戴夫南特博士马上就把处所给了他，几年前赫伯特先生就被任命为执事了，而且他当天——1630年4月26日——就搬进漂亮、更舒适而不是更有利于健康的贝默顿牧师住宅，距离索尔兹伯里一英里。

现在我把他领到了贝默顿的牧师住宅，这一年他三十六岁，然后就此打住，请读者准备听我讲一件令人难以置信的事，也就是他圣洁的一生只剩下短短几年。他一生行善、谦恭，具有基督徒所有的美德，值得让善于表达的圣克里索斯托来赞扬和表述。赫伯特先生的生平如果由圣克里索斯托那支笔来描述，现在就不需要到古代去寻找纯朴虔诚的典范了，这样的典范在赫伯特先生的生平里全都能找到。

但令人遗憾的是，又有谁适合承担这一任务呢？我承认我不行，我也不愿意承担。现在有几个神职人员像他那样生活，又有多少不像他那样生活，一想到这个问题我就感到吃惊。但我的任务不是批评，而是打算让读者相信，我不遗余力地了解情况，以便告诉读者下面所说的实情。我虽然不能用修辞技巧让故事生色，但我会诚心诚意地讲述。

他刚到贝默顿教堂时，把自己关在里面，只有他一个人敲钟——戒律要求他这样做。他在里面待的时间比正常情况下长得多，然后才回到朋友那里，大家在教堂门口一直等着他。他的朋友伍德诺特先生透过教堂窗户往里看，发现他拜倒在祭坛前面的地上。就在此时此地——后来他对伍德诺特先生说——他为自己未来的生活制定了一些规则，并当场发誓要努力遵守。

当天夜里，他参加了就职典礼。他对伍德诺特先生说：

"现在回头想想我以前的追求，感到比实现我当年的抱负还要高兴。现在我可以用不偏不倚的眼光来看待宫廷，可以清楚地看出宫廷充满了欺诈、争头衔、奉承和其他很多无聊、空虚、纸醉金迷的享乐，这些享乐极为无聊，享受之后仍然不会满足。但充分的享乐是爱上帝，为上帝效力，而且不会厌烦。

"现在我会竭尽全力，让亲戚和侍从热爱并信赖上帝，上帝永远不会辜负信赖他的人。但首先我一定要表现好，因为一个生活圣洁的神职人员，能够最有力地说服那些亲眼看到他的人敬畏和热爱上帝，至少让他们希望能像他那样生活。我会这样做，因为我知道，我们这个时代更需要楷模而不是说教。

"上帝给了我荣誉，让我在他祭坛上为他效力。他给我特殊的恩典，让我心里产生了这些美好的愿望，让我下了这样的决心。所以我恳求上帝保佑，给予我精神力量来实现这些愿望。我恳求上帝，让我谦恭、慷慨仁慈的生活方式能够赢得别人的好感，以此来为耶稣争光。

"从今天起，我就把耶稣认作我的主人和统领，为他效力我感到自豪，我将永远执行和服从他的命令，遵从他的意志，永远称呼耶稣为我的主人。我将在我主人耶稣的祭坛上效力，永远蔑视我的出身，蔑视任何可能授予我的头衔或要职，如果我把这些头衔或要职与我的牧师头衔加以比较的话。"

他就是这样做的，这可以从他《圣诗》中很多片段里看出来，尤其是他那首《香气》。在这首诗中，他好像因想到耶稣而感到高兴，说把"我的主人"加在"耶稣"前面并经常重复，就像是往他脑子里喷香气，把东方的芳香留在他的气息里。至于他自愿选择在上帝的祭坛上效力，他好像在诗集里的另一首《珍珠》①里高兴地说："我懂得学习的方法；知道造化愿意做什么，受到火的强迫时做什么；知道获得荣誉的方法，知道何时荣誉会让灵魂使用庄重的话语；了解宫廷；了解享乐的方式，爱的方式，风趣的方式，音乐表演的方式，在什么条件下我放弃这一切来选择为主人耶稣效力。"他最后说：

> 穿过这些迷宫，不是我这低下的才智，
> 而是您从天堂上放给我的丝线，
> 引导我、教会我如何沿着丝线
> 攀爬到您那里。

---

① "天国又好像买卖人寻找好珠子，遇见一颗重价的珠子，就去变卖他一切所有的，买了这颗珠子。"参见《圣经·马太福音》13: 45-46。——译者注

他就任贝默顿牧师，解下佩剑、脱下丝绸衣服换上法衣后的第三天，以这身打扮与朋友伍德诺特先生一起回到班顿。他见到妻子打过招呼之后，马上就对她说："你现在是牧师的妻子了，必须忘掉你父亲的家族，不得声称比其他居民有优先权。你要知道，牧师的妻子不能要求任何优先权或地位，只能通过助人与谦恭来得到。我相信，这样得到的地位最适合她。让我告诉你，我是个好心的信使，向你保证这都是实话。"

她是个贤妻，向他保证说，这对她来说绝不是坏消息，他会看到她非常乐意听他的话。实际上她的谦恭是自然的，是本来就有的，是与生俱来的，所以她会非常乐意这样做。她这样做之后，所有与她谈过话的人都真诚地爱她、尊敬她。这种爱在所有地方都伴随着她，就像阳光下物体与其影子一样无法分离。

几天以后，他回到贝默顿，查看教堂，维修圣坛。实际上几乎要重建他住所的三个地方，这三处已经倒塌或朽烂，因为其前任住在了一座更好的住宅，也就是在米纳尔的住宅，距离这里有十六或二十英里。

赫伯特先生一个人来到贝默顿的时候，一个贫穷的老妪来找他，打算把自己贫穷的状况告诉他，另外还有一些烦心事。她刚说了几句话就突然恐惧起来，呼吸急促，话也说不出来了。他看到以后对她极为怜悯，谦卑地拉着她的手说："说吧，老大妈，不要害怕和我说话，我会耐心听你说下去，如果可能的话也会帮你解决困难，我愿意这样做。大妈，不要害怕，把你想说的话说出来吧。"

说完这一番安慰话之后，他又一次拉住她的手，让她坐在他旁边。他知道老大妈是他教区的，就对她说他会和她熟悉起来，还会照顾他。他耐心听明白了她的困难。对于一个穷人来说，有人耐心听完她的话对她是一种宽慰。他不愧为基督教牧师，用谦恭的言谈举止来安慰她。但这并没有花钱，他又给她钱来接济她，然后愉快地送她回家，感谢上帝，为他祈祷。

乔治·赫伯特先生就像得到了大卫的祝福一样，在他自己眼里就是这样一个有价值的人，这样卑微的人，而在别人眼里就是这样一个可爱的人。

那天夜里他回到班顿，向妻子讲述了那个穷妇人的事。妻子很有感触，第二天就去了索尔兹伯里，在那里买了两条毛毯，送给了老妇人以表示她的爱心，另外还带去一句话：她在贝默顿的房子建好以后，就去看望老妇人并和老妇人结识。

这样的事情他和妻子经历了很多，其中有几个我要讲一下。但我首先要说的是，他很快就把教堂修好了，然后又装修小礼拜堂——就在他家附近——他自己出了一大笔钱。接下来他又重建牧师住宅的一大部分，同样是全部建成并自己出资。做完这件善事之后，他让人把这首诗写在或刻在大厅的壁炉架上：

致继任者

如果你偶然找到
一所你中意的新房，
建造时没有花你的钱，
那你就对穷人行善，
因为上帝给了你很多。
这样我一番辛苦就没有白费。

承蒙读者允许，我们现在要假定他定居在贝默顿，让他看到教堂修好，小礼拜堂由他自己出资也装饰一新——这事千真万确。他定居在这里以后，我要继续讲述他其他方面的表现，看他如何对待居民，如何对待很多认识他并与他交谈过的人。

赫伯特先生担任圣职之前，肯定考虑并为自己制定过规则，对他身为基督徒如何对待上帝、如何对待人做出过规定。同样可能的是，他拜倒在圣坛之前的时候，到贝默顿教堂就职的时候，又重新强调了这些规则。但他只是个执事，所以就企盼着下一个余烬周能任命他为牧师，这样他就能主持两个圣礼了。①

这时，现任伦敦主教大人、可尊敬的汉弗莱·亨奇曼博士——他一提到赫伯特先生就肃然起敬，对赫伯特先生的生活方式和博学表示敬佩——对我说，他用手按过赫伯特先生的头，②但不幸的是，三年还没有过去，他就把好朋友抬进了坟墓。

一个像赫伯特先生这样的牧师，如果打算严格遵守教规的话，是可以更好地遵守的，时间的流逝也不大可能让他不知不觉地忘掉。但第二年，他对这些决定做出一些改动，所以他把这些改动后的决定写下来，其顺序就像现在世人在他那本小册子《乡村牧师》里看到的那样，其中一些规则是：

  牧师的知识

  牧师星期日的职责

  牧师的祈祷

  牧师的布道

  牧师的慈善工作

  牧师安慰病人

  牧师的辩论

  牧师的屈尊

  牧师的旅行

  牧师的娱乐

---

① 圣公会与其他新教教派一样，只有洗礼和圣餐礼。——译者注
② 牧师就任圣职时，要由主教行按手礼，即把手按在头上。——译者注

牧师与教会执事

牧师为人赐福

他对待上帝与人的行为，可以说是对这些规则的实用说明，对他这本有用的小册子里提到的其他教规的实用说明。这本书里有很多明白易懂、考虑周全和有用的规则。一个能省出十二便士而没有这本书的乡村牧师，简直是不可原谅的，因为它既能指导你应该做什么，又能让你认识到没有做什么。

赫伯特先生死后，这本书落到了他朋友伍德诺特先生手里，伍德诺特先生又把它交到了可靠的巴纳巴斯·奥利先生手里，奥利先生将其出版了，并以最认真的态度写了一篇最精彩的前言。从这本书里我了解到一些真相，并写进了赫伯特先生的这部传记里。

他第一次布道的主题选自所罗门的《箴言》第四章第二十三节，原文是："你要保守你心，胜过保守一切。"在第一篇布道词中，他给居民们很多必要的、圣洁和可靠的规则，让他们凭良心履行义务，既有对上帝的义务，也有对人的义务。他第一次的布道最为精彩，既表现出渊博的学识，又表现出雄辩的口才。但在布道结束时，他对大家说，那不是他通常的布道方式，因为全能的上帝并不打算用难以回答的问题来把人领向天堂，所以他不想把无用的概念灌输到他们脑子里。但为了大家的缘故，他将来布道时会使用更浅显易懂、更常用的语言。然后他又谦恭地请求大家经常参加下午的礼拜活动，经常提问题，并以令人信服的理由说明他为什么希望这样。他有礼貌的举止和劝说让大家愿意满足他的愿望。

他后来所有的布道词——上帝知道，他布道并不多——主题经常选自当天的福音书，他经常说明为什么教会指定《圣经》的某一部分供某一天讲读，每个星期日的短祷告以何种方式涉及福音书，或涉及当时为他们讲读的使徒书信。

　　为了让大家在理解的基础上祈祷，他常常抓住机会解释，不仅解释某个星期日的短祷告，而且还解释礼拜活动中所有的短祷告和回应经文，让大家觉得教会的所有礼拜活动都是向上帝献祭，这一献祭是合理的，因而是可以接受的。也就是说，我们以"承认我们自己是卑鄙可怜的罪人"开始，这是因为在承认自己是罪人之前，我们不能得到怜悯，这一怜悯我们承认自己需要并乞求得到。但是，我们向主祈祷时，乞求宽恕我们承认的罪孽，并希望得到这一宽恕，因为牧师在我们公开忏悔并真心悔改的情况下，已经宣布赦免了我们的罪过。于是我们就敢于向主乞求宽恕，"张开口，嘴里就会发出对主的赞美"。而在此之前，我们既没有能力赞美他，也不配赞美他。假如是这样，我们就可以说"荣耀归于圣父，归于圣子，归于圣灵"，就可以继续做礼拜，在接下来的礼拜活动中做短祷告、吟咏赞美诗、唱赞歌。

　　对于赞美诗和赞歌，他接下来告诉大家在做礼拜时为什么经常背诵，有一部分还要每天背诵。也就是说，赞美诗每月一次，因为背诵赞美诗是对过去仁慈行为的感恩，这种既有祷告又有赞美的内容应该经常背诵、公开背诵。对于这样的奉献活动，上帝会感到荣耀，感到高兴。这说的是赞美诗。

　　向会众讲读完第一和第二次日课之后，每天都要吟唱圣歌。在这方面他告诉大家，他们听完牧师在讲读那两章时所表达的上帝意愿和仁慈之后，站起来表达对全能上帝的感激之情是他们最合理、也是最合时宜的义务，感谢上帝给予他们的仁慈，给予全人类的仁慈，然后就用圣母的话说："我心尊主为大，我灵以神我的救主为乐。"[1] 他们也有义务像西面[2] 唱歌时一样高兴，用他的话说："我的

---

[1]　语出自《圣经·路加福音》1: 46-47。——译者注

[2]　雅各与拉班的长女利亚所生的次子，以色列西面支派的祖先。——译者注

眼睛"也"已经看见你的救恩",① 因为他们看到了直到那时才预言的救恩,于是就发出表达这一喜悦之情的感叹,说他看见了。但他们在历史上每天都看见,所以为了这一特别的仁慈行为,就应该每天都感到高兴,每天都向上帝奉献赞美。

这一礼拜仪式现在经常用于圣母和西面,用于天堂上所有的圣徒。现在他们在天堂上经常相互唱着"圣哉,圣哉,圣哉我主上帝,在至高之处荣耀归与神,在地上平安归与人"。他教导大家说,这样做是上帝可以接受的礼拜仪式,因为先知大卫在《诗篇》里说:"凡以感谢献上为祭的便是荣耀我。"②

他让大家明白他们是多么幸运,我们祖先承受的法律重负现在被解除了,也就是法律要求的供奉取消了,利未人的律法规定的很多仪式取消了,割礼取消了,严格遵守犹太人的安息日之类的规定取消了。

他让大家知道,自救世主时代以来,得到这么多、这么大的恩惠,让他们每天为这些恩惠表达感谢,站起来做礼拜,像撒迦利亚那样说:"主以色列的神是应当称颂的,因他眷顾他的百姓,为他们施行救赎。正如主借着从创世以来,圣先知的口所说的话,向我们列祖施怜悯,记念他的圣约,就是他对我们祖宗所起的誓。"③这肯定是全能的上帝可以接受的奉献行为。

他让大家明白,我们有幸活着看到并享受到耶稣的出生、生平活动、受难、复活、升天所带来的好处。耶稣正坐在天堂上,对我们所受到的诱惑和我们的弱点看得一清二楚。他正在替我们向他父亲、也是我们的圣父求情,所以大家每天都应该公开表达感激之情,

---

① 语出自《圣经·路加福音》2: 30。——译者注
② 语出自《诗篇》50: 23。——译者注
③ 与原文稍有出入。参见《圣经·路加福音》1: 68-73。——译者注

每天都像撒迦利亚那样说："主以色列的神是应当称颂的，因他眷顾他的百姓，为他们施行救赎。"①

这就是赫伯特先生教导他的会众每天都要在礼拜仪式上读《诗篇》、唱圣歌的部分理由。

他还告诉大家牧师何时只为会众祈祷、不为自己祈祷，何时会众只为牧师祈祷。也就是说，牧师背诵完"信经"②接着念主祷文，或任何一段指定的短祷告之后，要跪下来为他们祈祷，说："愿主与你们同在。"会众为牧师祈祷的时候说："与你的灵魂同在。"然后牧师和大家一起做下面的短祷告。他让大家确信，牧师与会众这样互爱、这样在一起相互祈祷的时候，神圣的天使会从天堂上俯视他们，马上就会把他们良好的愿望转告给全能的上帝，上帝马上就会接受这些愿望。这样，基督教全体会众凝聚成一颗心，用一个声音、用一种谦恭的姿势向上帝发出请求，看起来就像耶路撒冷一样美，这就是大家和睦相处。

他还教导大家为什么在每一次正式礼拜仪式上要经常念主祷文。也就是说，在礼拜仪式的几部分结束时都要念，这不仅是因为主祷文是耶稣本人写成并提出要求的，而且还为我们不太完美的祈祷形式提供了一个完美的样板，所以最适合用来概括和结束我们所有不完美的请求。

他还教导他们说，依照第二条戒律，我们不得躬身崇拜偶像或假神。所以，依照与此相反的戒律，我们就要对真神躬身下跪，或站起来敬拜真神。他教导大家为什么在背诵信经的时候会众必须起立。也就是说，因为他们以此来表示服从教会，表示赞同这一信条，

---

① 语出自《圣经·路加福音》1: 68。——译者注
② 圣公会接受的信经既包括传统的三大信经，即《使徒信经》《尼西亚信经》和《亚他那修信经》，也包括后来制定的三十九条信纲和《公祷书》。——译者注

他们接受洗礼时就信奉了这一信条。

　　他教导他们说，在每天背诵较短的信经①或唱《三一颂》时，他们也要站起来证明自己的信仰，即"我等敬拜三位一体的独一神：圣父、圣子、圣灵，我等与牧师给予他荣耀"。因为有一些异端分子不承认这三个位格之中的某一个为上帝，②所以会众要站起来给予他荣耀，说："开始如此，现在如此，直到永远都是如此。"所有人都起立表示赞同这一信仰，并说"阿门"。

　　他还教导他们说，教会规定庆祝节日并充分利用节日，这给他们带来了很大好处。也就是说，设立这些节日是为了特别纪念从全能上帝那里得到的特别恩典。正如胡克先生所说，节日是辨别日期的标记。通过节日，我们知道注意时间的流逝，不应该让时间过去而不庆祝和赞美那些恩典，而节日给了我们机会来想起这些恩典。

　　所以他们要记住，一年是从 3 月 25 日开始的，③这一天纪念天使出现在圣母面前，告诉她这一好消息："你要怀孕生子，他就是救世主。"④她生下救世主是在得到这一喜讯四十个星期之后，也就是圣诞节，我们在这一天纪念耶稣在欢乐和赞美声中降生。

　　圣诞八天之后，我们纪念耶稣行割礼，也就是在我们称之为"新年"的那一天。在我们所说的"第十二天"，⑤我们纪念耶稣向异教徒显示他神秘的财富，这一天还纪念他出于善意而派一颗星去指引东方三博士到伯利恒，这样他们可以敬拜他，向他奉献上黄金、乳香和没药。赫伯特先生教导他们说，耶稣在出生四十天之后被母

---

① 《使徒信经》和《尼西亚信经》较短，其余的较长。——译者注

② 教会里一直有人不承认圣子为上帝，认为耶稣是人而不是神。——译者注

③ 3 月 25 日是基督教的"天使报喜节"。西方在罗马时期就以三月为新年开端，后来基督教稍加变通，以复活节或天使报喜节为新年开端。——译者注

④ 与原文稍有不同。参见《圣经·路加福音》1:31。——译者注

⑤ 即 1 月 5 日，主显节前一天。——译者注

亲抱到圣殿里，这一天我们叫作"圣母行洁净礼日"。

　　赫伯特先生教导他们说，通过四旬斋，我们仿效并纪念救世主在四十天斋戒期间所受到的羞辱，我们应该努力学习他的纯洁。在耶稣受难日，我们悼念他被钉死在十字架上。复活节纪念他令人惊叹的复活。赫伯特先生教导大家说，耶稣向使徒们显现，就是那个"被钉在十字架上，死了，葬了"①的基督。复活之后，耶稣出现在使徒们面前，与他们交谈四十天，然后当着众使徒的面升上天堂，那一天就是"耶稣升天节"。

　　然后我们纪念耶稣在升天之前向众使徒做出承诺，也就是"我若不去，保惠师就不到你们这里来；我若去，就差他来"。②耶稣差他来的那一天，教会称之为"圣灵降临节"。

　　教会就这样每年周而复始地纪念历史上的节日。这些节日我们应该纪念，通过纪念这些节日，我们就会收到或可能收到特殊的祝福。

　　赫伯特先生还告诉大家教会为什么指定余烬周，让大家知道为什么要在圣坛或祭坛旁讲读"十诫""使徒书信"和"福音书"，牧师为什么要跪着念连祷文，为什么要站着做短祷告。他还介绍了其他很多知识，很适合那些没有多少文化的会众，但不适合我在这里描述，我必须适可而止，不能把这写成一部专著，我本来打算写得比这更简短一些。但我已经写了，我还告诉过读者，他每个星期日下午经常用问答形式讲解，也就是在第二次日课之后，在圣坛上，从来不超过半小时，总是非常高兴地看到会众顺从地全部到场。

　　除此之外我还要说，如果他某一次布道时太冲动，那他是在训斥一些人在神圣的礼拜仪式上表现得粗俗无礼，一些牧师在祈祷时

---

① 语出自《使徒信经》。——译者注
② "保惠师"即圣灵。语出自《圣经·约翰福音》16: 7。——译者注

缩作一团，看不出一点敬畏之情，比如说一口气就把主祷文或短祷
告念完了。而他自己则习惯在每一个短祷告之后都停顿下来，让大
家回味一下祷告的内容，心里向往上帝，然后再接着做下一个祷告。

讲述了赫伯特先生费尽苦心让大家明白祷告的内容，让他们知
道为什么要赞美和崇拜造物主之后，我希望会更容易让读者相信下
面所描述的赫伯特先生自己的做法了，也就是经常带着妻子、三个
外甥女——一个已经去世的姐姐的女儿——和全家人，每天两次到
小礼拜堂里做祷告，这个小礼拜堂紧靠着他的牧师住宅。

他去祷告的时间严格按照教规，准时在上午十点和下午四点，
此时此地他在会众中间，把一双纯洁仁慈的手高高举起朝向上帝。
他很高兴在那里度过这段时间，那里有他主人耶稣的荣耀。他谦恭
的举止和显露出的崇敬之情，一直在证实着他内心的忠诚。他怀着
这一忠诚，像约书亚那样，不仅带领着"我家人去侍奉耶和华"①，
而且还带领着大多数居民，还有附近的很多绅士，这些人都成为他
每天两次的会众成员。

赫伯特先生教区里一些身份微贱的人非常喜爱和尊敬他，只要
他敲响祈祷的钟声，他们就会把犁子放到一边，和他一起向上帝祈
祷，然后再回去犁地。他生活最为圣洁，所以他们崇敬上帝，崇敬
他，带着赫伯特先生给予的祝福回去干活时心里格外高兴。他靠自
己言传身教说服别人虔诚奉献的力量就是这么强大。

他虽然经常带领大家祈祷，但从来也不会忽略他个人的祈祷，
也不会忽略他觉得应该和家人一起做的祷告，这些祷告总是有一种
固定形式，时间都不长。他总是用一个短祷告结束，这一祷告是教
会为某一天或某一周指定的。他就这样让每一天都成为一个圣洁的
日子，一步步迈向天国，而不圣洁的人是进不了天国的。

---

① 　与原文稍有出入。参见《圣经·约书亚记》24: 15。——译者注

他最主要的娱乐是音乐，在这一天国的艺术 ① 方面他是最杰出的大师，亲自创作了很多圣歌和颂歌，他边演奏鲁特琴或六弦提琴边唱。他虽然喜爱离群索居，但极为喜爱音乐，通常每个星期两次在指定的日子到索尔兹伯里大教堂，回来的时候常这样说，他把时间花在了祷告和教堂音乐上，这样振奋了精神，那里就是他的人间天堂。但从大教堂回到贝默顿之前，他通常要在一个私下里举行的音乐会上唱歌或演奏乐器。他常这样说来证明其好处："宗教并不禁止娱乐，而是让娱乐有节制，为娱乐制订规则。"

享受人间天堂的欲望让他每星期两次去索尔兹伯里，所以对其他人来说，他去那里的路上就有了很多趣事，我要提到其中的几个。

有一次，在去索尔兹伯里的路上，他赶上了一位绅士，这位绅士现在仍然住在索尔兹伯里。两人一起走的时候，赫伯特先生找到一个适当的机会与他交谈，谦卑地乞求他原谅，能不能问一下他的信仰情况，说："我问您是因为您虽然不是我这个教区的，但我经您佃户的手一直收到您缴纳的什一税。所以，先生，我问您的胆子就大了一些，因为我知道有些听布道的人就像一些鱼一样，这些鱼总是生活在咸水里，但一直都是淡的。"

说完这番话之后，赫伯特先生问了一些必要的问题。得到他的回答之后，赫伯特先生就提到一些教规来考验他的诚意和虔诚的程度。赫伯特先生态度和蔼可亲，让这位绅士喜爱上了他，喜爱上了他的谈话。于是，他就经常到去索尔兹伯里的路上碰运气，想见到赫伯特先生，或陪伴赫伯特先生返回贝默顿。现在他提起赫伯特先生仍然充满敬意，仍然感谢上帝让他有机会认识赫伯特先生。

---

① 文艺复兴时期，西方人对音乐的兴趣逐渐浓厚。当时他们还不知道声音传播的原理，只觉得音乐虽能听见但看不见，是一种神秘的艺术，所以是与上帝交流的好形式。数学的情况与音乐类似，也开始受到西方人的青睐。——译者注

还有一次，在去索尔兹伯里的路上，他碰见一个邻近的牧师。二人友好交谈了一阵子，对虔敬精神的衰落和普遍看不起神职人员哀叹一番，赫伯特先生就趁机说道：

"解决这些问题的一个办法，是让神职人员自己严格按照教规过余烬周，恳求其教区居民与他们一起斋戒，一起祈祷，希望神职人员更虔诚。

"另一个办法是让神职人员自己恢复被忽视的问答式教授教义的职责。很多贫穷、没有文化的平信徒，全指望这种问答式教授来得救，但主要是神职人员自己的生活方式要无可挑剔。尤其是有尊严的神职人员，他们要讲节制，要避免过分，在生活中要利用一切机会来表现出谦恭和仁爱。这样，所有认识他们的人就会爱他们，仿效他们，从内心里尊敬他们。"（为证明这一点，我们不需要其他证据，只要看看已故的巴斯和威尔斯主教莱克博士的生与死就行了。）

"这就是根除我们这个时代的邪恶和日益增长的无神论的办法。亲爱的兄弟，在我们认真做到这些之前，根本不要指望改变平信徒的生活方式。这不是学问的问题，只有这样做才行，在此之前，问题就在我们面前摆着。"

在另一次去索尔兹伯里的路上，他看见一个可怜的人和一匹更可怜的马，马被驮的东西压垮了，人和马陷入困境，急需有人帮忙。赫伯特先生见状就脱掉法衣，帮那个穷人卸货，然后再把货放到他自己的马背上。那个穷人为他祝福，他为那个穷人祝福。他就像那个乐善好施的撒玛利亚人 ① 一样，给了那个穷人钱，让那人和他的马吃点东西。赫伯特先生对他说："你要是爱你自己，就应该善待你

---

① 　一个犹太人被强盗打劫，受重伤后躺在路边无人理睬。唯有一个路过的撒玛利亚人照应他，自己出钱把犹太人送进旅店。参见《圣经·路加福音》10: 25–37。——译者注

的马。"然后他就离开了那个穷人。

他来到索尔兹伯里，见到那些喜爱音乐的朋友，朋友们感到奇怪，觉得赫伯特先生一贯穿戴整洁，怎么这一次衣冠不整，还那么脏？赫伯特先生就告诉了他们缘由。其中一个朋友对他说："干这么一件脏活，太掉价了。"

赫伯特先生回答说："想想我做的事情，到半夜里会感到这就是音乐。如果不做这事，只要一路过那个地方，我的良心就会受到谴责，良心上就会有不谐和音。我有义务为所有遇到困难的人祈祷，我相信我有这个义务，只要我有能力做我希望做的事。我虽然不希望每天都遇到这种事，但我要告诉你：不安慰一个伤心的人，不向他表示怜悯，这样的日子我连一天都不愿意过。我为有这样的机会而感谢上帝。现在为我们的乐器调音吧。"

这样，就像我们仁慈的救世主复活之后趁机对革流巴 [①] 和另一个门徒解释圣典，他是耶稣在去以马忤斯的路上碰见并结伴前行的，所以赫伯特先生在去天堂的路上，每天都抓住机会教导那些没有文化的人，或安慰任何遇到困难的人。教导别人做的，他总是首先做到，表现出谦恭与仁慈，给予听众恩典。

让他最高兴的是，妻子真诚地支持他行善，他让妻子做他的施赈员，经常把钱交给她，那是他收到的什一税的十分之一，让她把钱分给教区里的穷人，还赋予她权力处理他每年谷物收成的十分之一。对于交给她的这些任务，她最为忠实地去完成，经常向他汇报工作，并经常请求他多给穷人发放一些。她喜欢这一工作，通常把钱用来买毛毯或鞋子，发给那些她认为最需要的穷人。这是她的慈善行为。

---

① 最早看到耶稣死后显现的两个门徒之一。参见《路加福音》24: 13–32。
　　——译者注

至于他的慈善行为，他从来都不为自己设限，从来都不回避那些他看见的有困难的人，而是给予他们帮助，尤其是他的穷邻居。他经常到那些最微贱的人家里去，了解他们的需要，如果有困难就欣然救济他们。他总是赞美上帝，既是出于自愿，又因为他有这个能力。

有个朋友劝他再节俭一些，因为他可能要生养孩子，他回答说："我不会去看如此遥远的困难，我只知道《圣经》里鼓励施舍，说施舍是基督徒最高的美德，是弥补罪过，是履行法律义务，是信仰的生命。施舍可以让人在今世得福，在来世得到报答。除此之外，施舍啊，《圣经》里还有对你更高的评价！上帝啊，我所有的什一税和教会税都是您送的礼物。上帝啊，我相信您的承诺，现在我把这些礼物还给您，承蒙您的恩典我会这样做，把这些礼物送给您有困难的穷人，或仅仅是有我主耶稣形象的人。"

"先生，"赫伯特先生对他朋友说，"我死之后，我妻子有足够的财力养活自己。所以，这是我的请求，也是我的决心。承蒙天恩，我的决心是不会改变的。"

这是对他一生中部分慈善行为的描述，这些行为他一直保持到患上肺病，身体衰弱下去为止。患病以后他被迫待在家里，或到小礼拜堂去，小礼拜堂离他家非常近。他每天两次到小礼拜堂里念祈祷文，尽管他非常衰弱。

有一次他正念的时候，妻子发现他很痛苦，就对他这样说，说疾病消耗了他的元气，身体也衰弱下去了。他承认是这样，但他说："一生为主人耶稣效劳，不可能有比这更好的人生了。主人为了我而受了那么多苦。但是，我不会任性，我精神上虽然愿意，但我发现身体已经虚弱，所以明天要让博斯托克先生替我读祈祷文，我只听，直到我获得永生。"

第二天，博斯托克先生接着干这份美差，直到赫伯特先生去世。

这位博斯托克先生是个品学兼优的人，赫伯特先生的老朋友，当时是富尔斯顿教堂的副牧师，富尔斯顿距离贝默顿一英里。对于富尔斯顿来说，贝默顿是个舒适的小教堂。赫伯特先生到索尔兹伯里参加音乐会不在教堂的时候，博斯托克先生就替他在教堂里主持礼拜仪式。

赫伯特先生去世之前大约一个月的时候，他的朋友法勒先生——我曾向读者承诺描述一下这个人，所以打算在这里突然兑现这一承诺——听说他病了，就派埃德蒙·邓肯先生从他家吉登－霍尔去看望赫伯特先生，吉登－霍尔离亨廷登不远，邓肯先生现在是米德尔塞克斯郡修士巴尼特教区牧师。邓肯先生向赫伯特先生保证，他肯定每天为赫伯特先生祈祷，祝愿他康复。

邓肯先生要回到吉登，说明赫伯特先生的病情。他发现赫伯特先生身体虚弱，正躺在床上或草垫子上。赫伯特先生一看见邓肯先生，就挣扎着起身向他致意，并诚挚地询问他兄弟法勒先生的健康状况，邓肯先生满足了他的要求。赫伯特先生谈了一会儿法勒先生圣洁的生活，谈到法勒先生一直为上帝效力，然后又对邓肯先生说："先生，我凭你的法衣判断你是个牧师，我希望你和我一起祈祷。"

邓肯先生答应了，又问他："祈祷什么？"

赫伯特先生回答说："先生啊，我母亲圣公会的祈祷文！其他任何祈祷文也比不上它！但现在我只求你念连祷文，我身体非常虚弱。"邓肯先生照办了。

祈祷完之后，又谈了一会儿法勒先生，赫伯特先生请邓肯先生吃了一顿便饭，为他准备了干净的住所请他去休息。这是邓肯先生告诉我的，他还对我说，他第一眼看见赫伯特先生，就发现其威严与谦恭和其相貌举止和谐一致，这让他对赫伯特先生肃然起敬。邓肯先生说："他谈吐虔诚，举止彬彬有礼，将近四十年之后想起来，仍然记忆犹新。"

第二天上午，邓肯先生与赫伯特先生告别，然后去了巴斯，但答应五天之内还回来。他兑现了诺言，但我描述两人的谈话之前，我先兑现我的承诺，说一说法勒先生。

尼古拉·法勒先生——六岁时就享有圣尼古拉的美誉——出生于伦敦，年轻时肯定受过良好教育，小小年纪就成为剑桥克莱尔学院的特别研究生，在那里仍然以虔诚、节制、博学而闻名。

大约二十六岁时，法勒先生外出旅行。除了原来掌握的拉丁语、希腊语之外，他在旅行期间又熟练掌握了基督教世界西部所有的语言，了解清楚了他们的宗教信条、习俗和崇拜的理由。旅途中，他遇到很多人劝他加入他们称之为天主教的教会。但他旅行回来时和去时一样，仍然是圣公会教徒，他以服从母亲圣公会而闻名。

法勒先生离开英格兰期间，他父亲——一位商人——给了他很多钱让他花。他回到英格兰以后不久，由于父亲死亡，或是一个哥哥死亡，或是两个人都死亡，他继承了一笔财产，用这笔钱买了地，其价值可达每年四百或五百英镑。这块地大部分都在小吉登，离亨廷登四英里或六英里，离剑桥大约十八英里。他选择这个地方是图这里清净，图那栋大楼，那里有个教区教堂和小礼拜堂，小礼拜堂从属于教区教堂并与其相邻。

法勒先生看透了尘世间的枯荣沉浮，就像赫伯特先生所说的那样，发现它就是"两道菜之间毫无趣味的东西"，于是就蔑视它，决定在禁欲、祈祷和行善中度过余生，随时准备死亡。他的余生是这样度过的：

他和家人就像一所小学校一样，大约有三十口人，大多数人都严格按照教规过四旬斋和所有的余烬周，斋戒，按照教会的要求禁欲、祈祷。他和家人经常在星期五也这样做，也在圣徒纪念日的前夜斋戒。他通过这样节俭、节欲来救济穷人，但这只是他慈善活动的一部分，其他还做了什么只有上帝和他自己知道。

　　我说过他这一家大约三十口人，其中一部分是亲属，其余的是挑选出来适合过虔诚生活的人。所有人都生性易于服侍、温和、谦卑，不招惹任何流言蜚语。他为全家人做好安排以后，在1630年前后，就去长期有条不紊地为上帝效力了。其方式是这样的：他在大多数家人的陪伴下，每天亲自讲读《公祷书》^①——他是个执事——时间固定在上午十点和下午四点，地点是在教区教堂，离他家很近，已经装修一新。该教堂曾遭到严重毁坏，原因是法勒先生在购买这座庄园之前村民们走了不少。

　　他还在每天早上六点念晨祷，或是在教堂，或是在祈祷室，祈祷室就在他家里。祈祷结束之后，很多家人继续和他一起在那里，用几小时的时间唱圣歌或赞歌，有时候在教堂，更多的时候是在祈祷室，由管风琴伴奏。有时候他们在那里沉思，或单独祈祷，或自己读一段《新约全书》，或继续祈祷，或读《诗篇》。

　　如果白天不读《诗篇》，就由法勒先生和会众之中的其他人在夜里读，报更钟一敲响就去教堂或祈祷室，在那里祈祷、赞美上帝，读白天没有读过的《诗篇》。这些人或会众之中的任何人疲倦或头晕的时候，就敲响报更钟，有时候在午夜前，有时候在午夜后。然后家里另一部分人起来继续坚守报更岗位，或祈祷，或唱赞美歌，或读《诗篇》。

　　几小时之后，这些人也疲倦或头晕了，就敲响报更钟，由前面一拨人中的一部分或其他人把他们换下去，这些人继续祈祷——如前所述——直到天亮。

　　值得注意的是，在这种持续的礼拜仪式上，整部《诗篇》在二十四小时之内都要吟唱完或朗读完，从第一首直到最后一首。这

---

① 圣公会的祈祷用书，可以帮助教徒理解《圣经》。——译者注

件事每天都做，就像太阳每天都绕着大地转一样，这一轮一结束，下一轮马上开始。

法勒先生及其幸福的家人就这样日夜侍奉上帝，总是表现得像是在上帝面前一样。他们按照最严格的教规来节制吃喝，其吃喝方式要确保随时可以在午夜起床，或在报更钟敲响的时候起床，然后向上帝祈祷。可以这样告诉读者，很多更喜欢做祷告而不是出于怀疑进行无谓争辩的神职人员，也经常来到吉登－霍尔，成为这个幸福团体的成员，待上一个星期或更长时间，与法勒先生及其家人一起祈祷，帮助他们在夜里换班值更。

这些不同形式的礼拜活动，在夜里从来不少于两个家人参加，教堂或祈祷室里一直有人值更，除非是在极度严寒的冬夜，这时就改在一个生有火的客厅里，客厅为此专门进行了改装。这种形式的虔诚行为，还有对穷邻居的极度慷慨行为，法勒先生一直坚持到1639 年去世。

法勒先生与赫伯特先生的圣洁生活广为人知。二人的圣洁有口皆碑，这给了他们一个机会重叙当年在剑桥同学的一点旧情。这一新的纯洁友谊持续了很长时间，但两人一直没有见面，只通过书信传递友情。

显示他们友谊和虔诚的一个证据，就是法勒先生把《约翰·瓦尔德索的思考》——他在旅途中见到的一本书，从西班牙语译成了英语——这本书委托赫伯特先生审查一下再出版。这本优秀的图书赫伯特先生读了，加了很多旁注之后还给了法勒先生，后来这些旁注也都刊印出来了，同时刊印的还有赫伯特先生给法勒先生写的一封热情洋溢的信。

这位约翰·瓦尔德索是西班牙人，由于品学兼优而受到伟大的皇帝查理五世的器重和喜爱。皇帝长期征战，瓦尔德索一直以骑士身份跟随皇帝行进在危险的征途上。后来瓦尔德索老了，厌倦了战争和尘世，就找到一个适当的机会对皇帝说，他决定不再为皇帝效劳，想到一个安静的地方在沉思中过活，"因为在打仗与死亡之间应该有一段空闲"。而皇帝由于同样或类似的原因，也产生了同样的想法。但上帝和皇帝本人刚知道这一想法，所以皇帝希望瓦尔德索三思而行，先把这一想法埋在心底，等他们二人有了机会再好好谈谈。于是瓦尔德索就答应了。

与此同时，皇帝悄悄安排一个日子，由他和瓦尔德索再次会面。经过真诚而又坦率的交谈，二人就确定个日期公开领受圣餐，由一个口才好的虔诚修士布道，表达对尘世的不屑，描述安静沉思生活的幸福与好处。这位修士讲得非常动情。布道结束之后，皇帝趁机公开宣布，布道者促使他决定放下尊严，放弃尘世生活去出家。他自称是他劝说约翰·瓦尔德索也出家的。但毋庸置疑的是，皇帝把他儿子菲利普从英格兰召回，把他所有王国都交给儿子之后，和约翰·瓦尔德索一起兑现了诺言。

约翰·瓦尔德索这件事我是听一个朋友说的，这个朋友是听法勒先生说的。读者可能知道，约翰·瓦尔德索就是在隐修时写出了他的一百一十个思考问题，还有其他很多重要作品，这需要第二个法勒先生来得到这些作品并翻译出来。①

介绍完法勒先生和约翰·瓦尔德索之后，我再接着说赫伯特先生和邓肯先生。邓肯先生依照承诺，第五天从巴斯回来了，然后发现赫伯特先生比他走之前更虚弱了，所以他们交谈的时间并不长。但邓肯先生临走时，赫伯特先生对他这样说：

"先生，请您向我兄弟法勒说一下我日益衰弱的身体状况，对他

---

① 作者在这里可能把瓦尔德索及其孪生兄弟阿方索混为一谈了。瓦尔德索长期在意大利，并没有跟随查理五世南征北战，阿方索倒是长期在皇帝手下任职。——译者注

说我求他继续每天为我祈祷，告诉他我已经考虑过了，上帝愿意是什么就会是什么。承蒙天恩，我现在就像他那样，能让上帝满意的我也会满意。告诉他我不埋怨，不健康我也欣然接受。告诉他，我一心向往着那个地方，只有在那里才能找到真正的欢乐。我渴望去那里，用希望和耐心等待着那个确定的时刻。"

说完这番话，他以令人赞叹的谦恭态度对邓肯先生鞠躬致意，并以关切和满足的神情对邓肯先生说：

"先生，请把这本小册子转交给我亲爱的兄弟法勒，他会在里面看到一幅画，表现的是我把自己交给主人耶稣任凭他发落之前，上帝与我的灵魂之间多次发生的精神冲突，我在侍奉耶稣的过程中找到了完全的自由。让他看看，他要是觉得这对一个沮丧的可怜人有好处，就把它公之于众，要是觉得无用就把它烧掉。我和这本书根本不配得到上帝仁慈的万分之一。"

这个谦卑的人就这样贬低这本优秀的书，现在这本书叫作《圣殿；或圣诗与独自一人的祷告》。法勒先生对这本书评价说："书里每一页上都有一幅圣洁灵魂的图画，整本书里圣洁的激情协调一致，以其欢乐与虔诚为这个世界增光添彩。"这本书看起来就是这样。自第一次印刷以来，已经销售了两万多本。

应该注意的是，法勒先生把这本书拿到剑桥请求批准出版的时候，副校长绝不允许这两行著名的诗

> 宗教在英格兰踮起脚尖，
> 随时准备到美利坚海滩。

刊印出来。而没有这两行诗，法勒先生绝不允许把这本书刊印出来。是否同意这两行诗公之于众，二人就此问题辩论了一段时间，然后副校长说：

　　"我和赫伯特先生很熟悉，知道他经常思考天国的问题，是个宗教诗人。但我希望世人不要把他当成个有灵感的先知，所以我准许出版全书。"

　　这本书就这样刊印了，它自从交到邓肯先生手里以后，连一个音节也没有增减，只是法勒先生在前面加了一篇精彩的前言。

　　邓肯先生离开赫伯特先生的时候——在他去世大约三个星期之前——赫伯特先生的老朋友伍德诺特先生从伦敦来到贝默顿，此后就再也没有离开赫伯特先生，直到他在床上咽下最后一口气，闭上双眼。赫伯特先生在病危期间，住在附近的所有神职人员都来看望他，为他祈祷，尤其是他的朋友索尔兹伯里大教堂主教和一些荣誉受俸牧师。但比这些人都更尽心的是他妻子、三个外甥女——当时是他家的成员——和伍德诺特先生，这几个人非常伤心地眼看着他一天天衰弱下去。他经常对这几个人说：

　　"我现在回忆起以前享受到的快乐，在追求美、妙语、音乐和愉快的谈话方面得到了满足，而现在这些都像梦一样过去了，或像个影子一样一去不复返了，对我来说全都消失了，或者说我对它们来说消失了。我知道，就像我父亲和前辈们一样，我现在也要在黑暗中（和约伯一起）突然铺一张床。① 感谢上帝，我已准备就绪。感谢上帝，我现在不需要再学着忍耐了，我已经急不可待了。我已经禁欲了，每天都想死，不希望一直死不了。

　　"我希望很快就离开这个流泪谷，② 从发烧和疼痛中解脱出来，这是一种更幸福的状态。我将没有罪孽，也没有伴随着罪孽的任何诱惑和忧虑。这一切都过去之后，我将居住在新耶路撒冷，和完美

---

① "我的床必安慰我，我的榻必解释我的苦情。"典出自《圣经·约伯记》7:13。——译者注

② 指人生的苦难。典出自《圣经·诗篇》84:6。——译者注

的人住在一起，住在眼睛能够看见我的主人和救世主耶稣的地方，看见和他在一起的我亲爱的母亲、我所有的亲朋好友。

"但我必须死，否则就去不了那个幸福的地方。我一天天走近它，我每度过一天，我命中注定的时间就减少一点，度过这一天之后我活的时间就少了，这样我就满意了。"

诸如此类的话语他经常说，可以说是他在享受天堂之乐之前的享受。

他死前的那个星期日，突然从床上或躺椅上起来，叫人拿来一件乐器。他把乐器拿在手里，说：

> 我的上帝，我的上帝，
> 我的音乐能找到您，
> 每一根琴弦
> 都有歌唱的能力。

他调了调弦，边拉边唱：

> 人一生的星期日，
> 都串在时间这根线上，
> 制成手镯
> 给永恒荣耀的天王之妻戴上。
> 天堂之门在星期日敞开，
> 到处都是祝福，
> 比希望还要多。

他就这样在尘世上像天使一样唱圣歌和赞歌，现在他和法勒先生都在天堂歌唱。

他就这样继续沉思、祈祷、喜悦，直到死亡那一天。死亡那天，他对伍德诺特先生说：

"我亲爱的朋友，除了罪孽和痛苦之外，我没有任何东西可以奉献给仁慈的上帝，我感到遗憾。但我的罪孽得到了饶恕，再过几小时痛苦也结束了，我将突然走开，再也见不到我了。"

听到这话，伍德诺特先生趁机提起他重建莱顿教堂，另外还有他的很多慈善行为。赫伯特先生回答说：

"如果上面洒有基督鲜血的话，这些都算善工，否则就不算。"

这次谈话之后，他更加不安宁，其灵魂似乎对尘世间的住所感到厌倦。这种不安情绪非常明显，他妻子、三个外甥女还有伍德诺特先生一直站在他床边，很伤心地看着他，不愿意把视线从他身上移开，不指望还能看他很长时间了。

他们这样站着看他时，他妻子发现他呼吸微弱，而且还很困难，又发现他突然陷入巨大的痛苦之中。她大吃一惊，突然冲动起来，问他是怎么回事。他回答说：

"我与最后的敌人进行了一场搏斗，凭借主人耶稣的功德战胜了敌人。"

回答完之后，他抬起头来，看见妻子和几个外甥女号啕大哭，就命她们如果还爱他的话就退到隔壁房间去，在那里每个人都单独为他祈祷，除了她们的哭声之外，没有任何东西能让他死得难受。

听到这一请求，她们哭得一句话也回答不出来了。但她们还是忍着悲痛顺从了他，只留下伍德诺特先生和博斯托克先生与他在一起。

她们几个人一走，赫伯特先生马上对博斯托克先生说："先生，请打开那扇门，往柜橱里面看，您可以很容易找到我的最后遗嘱，把它拿给我。"

遗嘱拿过来之后，赫伯特先生把它交到伍德诺特先生手里，说：

"老朋友，我把最后遗嘱交给你，你在里面会看到，为了我妻子和几个外甥女，我把你立为唯一的遗嘱执行人，我希望你善待她们，她们需要你。我并不希望你对她们公平，我知道你要考虑你自己，但看在我们友谊的分上，我让你照顾好她们。"

伍德诺特先生答应了他的请求之后，他说："我现在准备死了。"说完这话，他又说："主啊，不要抛弃我，我没有力气了，看在耶稣功德的分上请怜悯我。现在，主啊，接受我的灵魂吧。"

说完这话，他呼出了那个圣洁的灵魂，看不出受到任何阻碍。伍德诺特先生和博斯托克先生看着他咽下最后一口气，合上了他的双眼。

他死时和活着时一样，都像个圣徒，一点也没有受到尘世的玷污，做了很多善事，始终保持谦恭，是圣洁生活的楷模。我借用这句话来结束他的生平，真是再好不过了：

> 人人都要走进冰冷的坟墓，
> 但公正者的虔敬行为，
> 死时散发出芳香，
> 花朵在尘埃中怒放。

乔治·赫伯特先生就是这样，死时散发出芳香，而且肯定能流芳百世。我在这里再说一句话。如果安德鲁·梅尔文死在他之前，乔治·赫伯特死时就没有一个敌人。我希望我能像他那样死去，愿上帝成全我，这样我就心满意足了。

艾萨克·沃尔顿

我还欠赫伯特先生的贤妻一份债务，我努力偿还其中的一部分，在下面简要介绍一下她的余生。

　　她一直在孤独中孀居了大约六年，哀叹她失去了最爱的人，但更重要的是她失去了为她可怜的灵魂指路的精神导师。她常说："我要是能像圣母玛利亚那样，把他的话语牢记心间该有多好！但我没有能力这样做，我只能像他那样生活，他现在居住的地方我也会去。"她常说——就像先知大卫说他儿子押沙龙那样——"我恨不得替你死。"①

　　她就这样一直伤心，直到时间和谈话缓和了她伤心的程度，成为格洛斯特郡海纳姆骑士罗伯特·库克爵士幸福的妻子。罗伯特爵士虽然对她的才华和相貌评价很高，就像赫伯特先生那样，但并不像主人一样管制她，而是像个充满爱心的丈夫。不过她还是找机会在他面前时常提起赫伯特先生，说赫伯特的名字肯定会活在她记忆里，直到她获得永生。

　　她与罗伯特爵士只生了一个孩子，是个女儿，有才华，也很富有，在这个世界上生活得很幸福，也合理利用了她的才华和财富，这足以证明她在来世也会过得很幸福。

　　赫伯特夫人做了八年罗伯特爵士的妻子，罗伯特死后又守寡大约十五年，在此期间她一直高兴地提起并赞扬乔治·赫伯特先生的种种好处。她死于 1663 年，埋葬在海纳姆。赫伯特先生埋葬在他自己的教堂里，在祭坛下面，上面覆盖有一通墓碑，没有任何碑文。

　　这位库克夫人保存了很多赫伯特先生的私人作品，她打算将其公之于世。但这些作品还有海纳姆的房子都被最近的反叛者烧光了，后世再也看不到了。

艾萨克·沃尔顿

---

① 　语出自《圣经·撒母耳记下》18: 33。——译者注

乔治·赫伯特先生

致尼古拉·法勒（瓦尔德索的译者）的一封信

我亲爱的好兄弟，我现在把您的瓦尔德索还给您，非常感谢，另外还有一些注释，您在里面会发现一些忧虑，我在悲痛之中克制不住。首先是为了您，因为您委托我做的任何事情，我都不会掉以轻心。其次是为了作者，我认为他是上帝真正的仆人，为此，为了所有这一切，我必须勤勉。第三是为了教会，刊印出来就是给予教会的，我希望您为它祝圣。您欠了教会一份义务，上帝把这一义务交到您手里，让您去履行——就像上帝把嘴里含有钱的鱼送给圣彼得一样[1]。

幸运的是还有这一义务——上帝的想法非常多——上帝想让他的仆人作者得到荣誉：作者虽然在本国默默无闻，但会在这个光明之国、这个福音之地的选民中享有盛名。

当然，我对他的一些东西并不喜欢，您在我写的一些片段里可以看出来，但我希望您想尽一切办法将其出版，因为从中您可以明显看出三点：

第一，上帝在天主教会中会让人睁开眼睛，把福音书里接受基督是义人[2]的意图看得清清楚楚，表达得明明白白，这从他考虑的所有问题上可以看出来。令人奇怪的是，这件事敌人用障碍物将其掩盖起来了。

第二，他到处都表现出对我主极大的尊敬，在结束每一个

---

① 典出自《圣经·约翰福音》17: 24-27。——译者注
② "小子们哪，不要被人诱惑。行义的才是义人，正如主是义的一样。"参见《圣经·约翰一书》3: 7。——译者注

考虑的问题时几乎都提到他的圣名，极为虔诚地陈述他的功德。为此我非常喜爱他，即便是没有别的，我也会刊印它，我主的荣耀也会随之传扬。

第三，要求我们过禁欲生活的很多虔诚规则，观察我们心中的天国，还有这一天国的运作，在这方面他是个勤奋的观察者。

这三点在作者身上非常明显，其价值超过了出版的缺陷，我是这样认为的。

写于索尔兹伯里附近贝默顿的牧师住宅

1632 年 9 月 29 日

已故林肯主教罗伯特·桑德森博士传

致温切斯特主教乔治大人

大人：

　　如果我要列举我与大人相识多年来所得到的种种好处，我就要做一件非常冗长乏味的事，就像为立这块纪念碑而搜集资料一样，我立这块碑是为了纪念您的好朋友桑德森博士。我虽然不一一列举，也会把它愉快地珍藏在记忆里，并以感激之情申明是您把我介绍给桑德森博士、奇林沃思先生和哈蒙德博士的，他们的功德永远都不应该忘记。

　　我与桑德森博士的友情是从将近四十年前开始的，当时根本就没有想到、也不指望比他活得时间更长，更没有打算为他写传记。但安排所有人寿命和行为的神延长了我的寿命，现在又允许我写传记，我就谦恭地——当然，这是应该的——把它呈献给您，希望它能公开证明我的感激之情。

您的老朋友和最谦卑的仆人

艾萨克·沃尔顿

前　言

我写的这部桑德森博士传，我既不敢认为里面没有错误，也不敢向读者这样保证。但我确信，这里没有一个故意犯的错误，也没有一个严重错误。我承认，一个比我更博学、更有才能的人，才配得上写这部传记。但没有一个人出于对桑德森博士和后世的感激之情而承担起这一任务，我对此感到非常吃惊。我们知道，我们的救世主就有这种情怀，抹大拉的玛利亚对他好，他就让她的名字永远被人铭记。可以肯定的是，桑德森博士一生谦恭、纯洁，学识渊博，所以需要做出同样的努力，才能使他的英名流传下去。让我吃惊的是，这件事已经被人疏忽十五年了。

但我这样说不是要指责别人——我根本就没有这个意思——而是要为自己开脱，或者说是为我胆敢承担这一任务而乞求原谅。话说到这里，我希望告诉读者，我在这里斗胆所说的话，我认为他——我有幸和他相识——在同样情况下也会这样说。如果我这样说得不对，也无法得到他的原谅（他是爱我的），但我会乞求读者原谅，我希望读者也喜爱我。

虽然我这个年纪可以为我得到一份赦免证书，让我以后避免这类麻烦，但我从一开始就遇到很多人愿意为我提供信息，我从这些人和其他人那里得到很多帮助与鼓励。所以，每当我困倦了，被我承担的重负压累了，准备撂下不干的时候，时间和新的力量最终让我把这部作品呈现在读者面前。

同时我也希望读者注意，桑德森博士在其遗嘱中，或在其最后一次生病时表示，他死后他的任何作品都不得刊印，因为有些作品据说是他的但实际上不是他的，也因为有些作品写过之后他可能改变了观点。这些理由虽然应该考虑，而且也已经考虑了，因为他在有关"轻率誓言"的良心问题上表了态，不过我们还有其他充足的理由不照他说的做。尽管有他说的理由，我们还是应该像读"伪经"一样读一读。我们可以解释，但不要那么确信这里所说的就是他的作品。

　　我再多说几句。我查资料写桑德森博士传的时候，碰见这几本附录的小册子。我以前查资料写胡克先生传的时候，见到一篇布道词，我相信这也是胡克先生的，在这里我把它作为胡克先生的作品呈献给读者。据证实——我有理由相信——一些画家肯定知道原画和临摹画的区别，知道是什么时候、由谁来画的。如果是这样，那么我希望同样可以证实的是，这里所呈现的他们的作品就很像他们的秉性，像他们别的作品，像他们的时代，像他们写作时的背景，所有读者都可以有把握地做出结论：其作者不可能是别人，只能是令人尊敬的胡克先生、谦恭博学的桑德森博士。

　　最后，我非常高兴地把这些分散的回忆录搜集起来，将它们集中到一起。如果我乐此不疲地这样做能让别人感到满意，或让他们获益，我就达到了当初动笔时设定的目标。但为了读者，也为了桑德森博士，我真诚地希望后世能通过一支更能生花的妙笔来了解他的博学与美德，这样一支笔能让他的英名不朽。凭他的学识与美德，他理应永垂不朽。

艾萨克·沃尔顿

桑德森传

　　罗伯特·桑德森博士是已故博学的林肯主教，我打算真实、清晰地描写他的生平。他出生于 1587 年 9 月 19 日，出生地是约克郡的罗瑟拉姆。这是一座名镇，尤其是以托马斯·罗瑟拉姆而闻名。托马斯·罗瑟拉姆一度担任约克大主教，就出生在这个镇，是个智慧过人、慷慨大方、生活圣洁的人，使这个镇更加值得纪念。作为罗伯特·桑德森的出生地，它也值得纪念。如果说讲述他生平的这部拙作，在某些方面能与他伟大的虔诚精神、博学和其他方面的杰出天赋相称，我相信读者也会相信这一点。

　　他是约克郡罗瑟拉姆教区吉尔斯威特－霍尔的罗伯特·桑德森先生的二儿子，也是最小的儿子。他母亲是伊丽莎白，约克郡埃克尔斯菲尔德教区巴特斯威特－霍尔的绅士理查德·卡尔的女儿。

　　这位父亲罗伯特·桑德森出生于一个人口众多的名门世家。为了查证这一事实，我让对此感兴趣的读者查阅索罗顿博士的《诺丁汉郡古物史》和其他文献记载，我觉得没有必要让读者去查找空头衔，大家知道头衔本身并没有任何实际意义。头衔不是挣来的，而是继承的，只能告诉我们哪一个祖先有头衔，他们是如何得到了这一荣誉，此荣誉他们的子孙要求得到，但可能不配享有。如果这一头衔传给了堕落到作恶的子孙，这些子孙抛弃了延续已久的追求学问、勇敢和美德的传统，那他们就摧毁了这一荣誉的根基，其所有的罪孽都应该甩到这些不肖子孙的头上，狠狠地惩罚他们，剥夺他们的头衔，让他们背负骂名。

　　但我们的传主罗伯特·桑德森无愧于他的英名和家族，一个证据就是人称什鲁斯伯里大伯爵的吉尔伯特，认为桑德森无愧于和他一起成为已故的坎特伯雷大主教吉尔伯特·谢尔登大人的教父，对于这位大主教的功德与英名，后世——尤其是神职人员——应该表示尊敬。

　　但我回头还讲述身为儿子的罗伯特，他从年轻时起，就开始让教会法和孝顺父母成为他人生的规则，甚至从那时起就想把自己、把他平生所学都奉献给虔诚与美德。

　　他喜欢这样做是由于他本性善良，那是善于确定所有人本性的神赋予他的。所以他心平气和，温柔，不喜欢与人作对，结果他整个一生都一帆风顺，对他自己和别人都充满感激之情。他审慎的父亲以身作则，所以他的好脾气得以保持和改进。父亲经常和他交谈，教他一些简短的格言，讲些有趣的小故事，将其用于实际生活中，所以儿子从小就学会了憎恶虚荣与邪恶，把虚荣与邪恶当成恶魔，学会了辨别智慧与美德的可爱。凭借这些方法，再加上上帝的恩典，他的知识不断增加，善良的本性进一步巩固，结果完全成为他的习惯，让人很难分清到底是本性使然还是教育使然。

我在这里要告诉读者，他从小就具有美德，得到了上帝恩典的帮助，得到了圣保罗为腓立比人所乞求的赐福："在你们心里动了善工的，必成全这工。"①全能的上帝这样做了，所以桑德森整个一生始终如一，天真无邪，他临死前可能说了——他说的是实话，说得心安理得——圣保罗在对腓立比人说过之后又说的一句话，劝他们学着他的样子行事。②

我所说的这一善良，似乎是与他的年龄一起增长。善良增长，学识也一起增长。他学问的基础是在罗瑟拉姆语法学校打下的，这所学校与另外两所一起，都是那位了不起的善良的罗瑟拉姆主教创办并慷慨资助的。他在这所学校上学时，人们发现他不知疲倦地勤奋学习，其态度之认真与他这个年龄很不相称，谦虚得更是不同寻常，举止文静，彬彬有礼，校长与全体同学无不爱他。

在这种受到爱戴与和睦友好的气氛中，他在这所学校一直学到大约十三岁。这时，他父亲想提高他的语法水平，就把他从罗瑟拉姆转到一所更有名的学校，或是在伊顿，或是在威斯敏斯特。在那里学了一年之后，父亲又把他转到牛津。

父亲带他走的时候看望了一位老朋友，是个学识渊博的牧师，就把这一打算告诉了这位朋友。牧师问了他儿子很多问题，都得到

① 语出自《圣经·腓立比书》1:6。——译者注
② 圣保罗的原话是："弟兄们，你们要一同效法我，也当留意看那些照我们榜样行的人。"语出自《圣经·腓立比书》3:17。——译者注

了令人满意的回答，就向父亲保证说，他儿子是个无可挑剔的语法学家，为建造任何一门或全部文科的大厦打下了牢固的根基。所以，牧师就劝父亲缩短行程，把儿子留在牛津，父亲就照办了。

父亲把他留在牛津，交给基尔比博士一人照看，基尔比博士当时是林肯学院院长。过了一段时间之后，考验了他的举止和学识，基尔比博士觉得他可以上林肯学院，就录取他进入牛津大学，时间是 1603 年 7 月 1 日。

但他直到 1606 年 5 月 3 日才被推选为特别研究生，当时他获得了文学学士学位。他获得学位时，他的导师对院长说："桑德森有超人的大脑，记忆力无与伦比，我觉得他提高记忆力是凭借他自己发明的技巧。"桑德森未来所从事的所有工作，都证明他的导师没有看错。

我要在这里停下来告诉读者，这位基尔比博士是个有大学问、大智慧的人，在希伯来语方面是个杰出的评论家，被任命为牛津大学的希伯来语教授。他还是个优秀的希腊学家，国王詹姆斯指定他为《圣经》[①]的翻译者之一。

基尔比博士与桑德森先生经常交谈，二人亲如父子。博士要到德比郡去旅行，就带着桑德森先生与他做伴。二人在一个星期日和博士的一个朋友上路，到了他们所在的一座教区教堂，发现一位年轻的布道者考虑不周，把布道时间浪费掉一大部分，一直批评几个词的翻译，根本没想到听众之中有基尔比博士。他给出三个理由，说明某个词为什么要用别的译法。

晚祷结束以后，布道者被请到博士朋友家里，说了一会儿闲话之后博士对他说：

"你本可以讲更有用的教义，不讲没有用的对翻译的反对意见。

---

① 指 1611 年出版的钦定本《圣经》，英文《圣经》的一个划时代版本。——译者注

对于那个词，你对那些可怜的会众提到三个应该按你所说的方式来翻译的理由。这三个理由我和其他人都考虑过，我们又找到十三个更充足的理由，说明为什么应该按现在刊印出来的方式来翻译。"博士还对他说："如果和我一起来的这位朋友被证明这样轻率，他就会失去我对他的喜爱。"

桑德森先生回答说："我希望我不会这样。"

布道者坦率地说："我不会为自己辩解。"

然后我回到有关牛津的叙述。

1608 年 7 月 11 日，桑德森先生完成了文学硕士学业。我并非不知晓，他达到这一程度所用的时间，比当时或现在所需要的时间都要短，他能做到是因为他的出身，或在特殊训练时的良好表现，或是有其他优点。读者要相信，那是因为他有其他优点。读者还要相信，如果我在时间上有误，那是学院的档案记录为我提供了错误信息，但我希望档案记录无误。

1608 年 11 月 7 日，他被学院推选为逻辑学讲师。他表现很好，1609 年 11 月 6 日又获得推选。1613 年，他当选为副院长，1614 年再次当选。1616 年仍然获得信任，又一次当选。

在此期间，在他担任的所有工作中，他的能力和表现让他得到整个团体的爱戴和尊敬。没有人因为他有任何过错而反对他，而是有人为他过于胆怯、过于害羞这两个弱点而感到惋惜。上帝知道，他生性如此，永远也没有改掉。我不知道喜爱他的人是否希望他改掉。这些毛病就像是人体内固有的湿气，保护着灵魂里美德的生命，凭借上帝恩典的帮助永远都不会消失，直到人获得永生。这两个幸运的弱点我在下面还要谈到，如果可以称其为弱点的话。

1614 年，他参加竞选大学学监。他这样做并不是要实现什么抱负，而是为了满足院长和全院的愿望，他是其中一名成员。六十年来，他们学院没有一个人当选为学监，也就是从 1554 年一直到他参加竞选。大家劝他说，他的功德广为人知，大家是这样爱戴他，他只要愿意竞选学监，只要一露面，绝对能击败任何对手。大家对他说，这样他就能恢复学院似乎销声匿迹的一项权利或荣誉。经过这些人和其他人劝说，他接受了大家的建议，出面竞选学监。

但选举是突然而又秘密进行的，由非常强大的一派操纵，他落选了。他知道之后，很严肃地对朋友们说，他要是因落选而烦恼，那是为他们而烦恼，不是为自己而烦恼，他根本就不愿干这一差事，又操心又麻烦，到头来只会受人指责，或树敌招怨，甚至既受人指责、又树敌招怨。

第二年，基尔比博士等人一本正经地劝他，让他把几年以前在学院里讲过的逻辑讲座再看一遍，看过之后整理刊印出来，以方便后世阅读。他虽然不愿意公开出版，但架不住很多人一再请求，他自己也再三掂量，就把羞怯抛到一边，答应他会这样做。这事于1615年完成。

这本书后来证明就像朋友们预料的那样，也就是非常有用，我们不知道是应该尊重这门学科，还是应该尊重作者。逻辑可以说是一门教人正确推理的学科，让那些以假当真的人醒悟过来，让人做出正确的判断，发现谬论，而有些人却把谬论当成了真理。我们的作者在这门学科上是个了不起的大师，这从他清晰的方法、推理和论证上很容易看出来，他所有作品都有这一显著特点。他本人可以非常熟练地运用推理，最有资格为教育别人制定规则。

我对他这部处女作的优点和适用性更为满意，我听说两所大学的大多数教师都选用桑德森博士的这本逻辑学教学生，把这本书作为基础，在其之上建造未来哲学 ① 研究的大厦。为进一步证实我这

---

① 当时所说的"哲学"包括所有的学科，与现在的"哲学"概念不太一样。——译者注

一观点，读者可能知道，他这本逻辑学自首印以来，已经销售出去的不少于一万本，既可以用来继续发现真理，又可以确定未来世界的推理并使其明白易懂。

他上次竞选学监失利了，身为一个具有大智慧同时又非常羞怯的人，他肯定感到极为不快，不愿意再次冒险，让自己的荣誉和信心受到打击，这是很容易理解的。然而，基尔比博士、他院里的董事、上次选举时大多数反对他的人都向他保证，说他的《逻辑学》让大家相信了他的博学和审慎，他在上次选举时的表现也赢得了大家的普遍爱戴，上次反对他的人全都感到后悔，所以大家劝他再尝试一下第二次竞选。

经过这些人和其他人的鼓励，他虽然内心里还是有些不乐意，但还是放弃了自己的意见而接受了大家的意见，答应参加竞选。他就这样参加了，于1616年4月10日当选为第二年的大学监，基督堂学院的查尔斯·克鲁克先生当选为小学监。

他担任学监这一年，发生了很多值得纪念的事件。贝列尔学院院长、钦定神学教授罗伯特·艾伯特博士，几个月之前当选或被任命为塞勒姆主教，由所有学院的院长和大学领导护送出牛津去他的主教区。普里多博士接替了他的教授职务，一直担任到1642年，随后当选为伍斯特主教，于是我们的新学监桑德森先生接替他担任钦定教授。

这一年，新学院院长亚瑟·莱克博士晋升为巴斯和威尔斯主教。对于这个人我可以公正地说，他受到信任担任这一要职，这成为他一生中主要关注的事，是他的整个事业。这样说的一个证据是，他经常和教区法官一起坐在教区法庭上，在判决大多数违反教规的罪犯时至少提出建议，如果不是协助判决的话。我们可以发现，在宣布判决苦行赎罪之后，他很少甚至从来都不允许减刑，而是确保苦行赎罪判决得以执行，然后按照惯例宣讲一番禁欲和悔罪，让那些站在他面前的罪犯当场悔悟，至少决定改过自新。之后他会带他们——虽然绝对不是穷人——和他一起吃饭，对他们很友好，分手的时候为他们祝福，劝他们过圣洁生活，恳求他们相信他。他的谦恭、仁慈，还有基督徒的其他美德，都与此相似。所有这些读者都可以在他传记里看到，写得很真实，刊印在他的布道词前面。

这一年，长期担任英格兰大法官、然后又担任牛津大学校长、非常审慎聪明的埃尔斯米尔大人辞去了校长职务，同样杰出的彭布罗克伯爵威廉·赫伯特阁下被推选出来接替他担任校长。

这一年，先王查理一世——当时是威尔士亲王——大驾光临牛津，仔细参观了大学、各学院和图书馆，他和随从人员受到应有的礼遇和宴请。

这一年，国王詹姆斯致函牛津大学，要求整顿其学习科目，尤其是年轻神职人员的学习科目，建议他们不要依赖现代人的概括和分类，而是学习权威神学家的作品和宗教会议的相关材料，还有更早的作品。这一建议的起因是很多牧师所做出的轻率结论，其依据是加尔文先生有关上帝预定论、普遍得救论、天恩不可抵抗论的教义，还有由这些教义引出的一些复杂论点。这些论点很多人认为并不是加尔文的本意，但解释论点的人却迫使大家认为就是加尔文的意思。这些论点是真是假我没有能力做出判断，我提起这件事只是为了告诉读者国王写信的缘由。

我们可以发现，这一年发生的这么多事件，为我们的学监提供了可以详细论述和赞颂的丰富材料，而且依据章程和惯例，他在这一职务上离任时必须这样做。然而，他却选择了将其忽略，只进行一些简短的评述，向主管人员和听众只提交一些维持大学纪律和秩序的规章。当时的规章有缺陷，或规章虽好却执行不力，结果造成纪律极为涣散。

这一年，学监在掌管校规方面需要更为勤勉，维护校规比以前更难了，因为新校规复杂多样，造成很多混乱。这一段执行这些规定，然后突然又执行其他规定。这些校规虽然没有预想的那样完善适用，直到大主教劳德对校规进行协助制定筹划之后才完善起来，但我们现任的学监谨慎勤勉，让校规尽量有效。其中有一个例子值得注意。

他晚上散步时，如果碰见不守纪律的学生在学校规定的时间内不在学院，或因为喝酒而惹是生非，或与不三不四的人为伍，他并不动用权力进行严厉惩罚，而是通常把这些学生的名字记下来，让他们答应在第二天上午自动来找他。学生来了以后，他就说服他们，既有礼貌又讲道理，学生离开的时候，就像那个上帝喜欢的人那样下定决心，这样说道："但在你有赦免之恩，要叫人敬畏你。"[1] 他就用这种态度对待所有人，然后非常高兴地卸下这一危险的差事，甚至没有树一个敌，这是很少有人能做到的事。

他发言结束以后，就和一个朋友一起归隐到一个方便的地方，他看着这个朋友格外高兴，对这位朋友说：

"回顾一下我最近的工作，我自己还感到满意，这真得好好感谢全能的上帝，他让我的脾气不容易得罪哪怕是最低贱的人，而是忽略他们的弱点，如果发现他们有弱点的话。我在担任这一工作期间——上帝知道——我有很多得罪人的机会，也有很多忽略别人弱点的机会。

"我考虑过，有很多人和我的脾气相反，突然因为小事儿发怒，犯下当时在气头上无法预料的错误，冷静下来后仔细想想又自责，后悔不已。我还考虑过，悔悟虽然能让我们免受惩罚，但压根儿就不犯错误却比要求宽恕要舒服得多。我还考虑过，冒犯人的错误虽然得到上帝和被冒犯者的宽恕，但毕竟在脑子里留下了令人不安和

---

① 语出自《圣经·诗篇》130:4。——译者注

自责的印象，冒犯者心里就不那么愉快了。

"我考虑到这些，考虑到上帝仁慈，给我一个好脾气，不让我犯下这些大错，我就感到高兴和感激。我虽然不能像大卫那样说——我希望能这样说——'我要时时称颂耶和华；赞美他的话必常在我口中'，① 但我仍然希望凭借上帝的恩典，再加上我本人的努力，让这句话永远不会从我记忆里抹去。现在我恳求全能的上帝，永远不会将其抹去。"

说到这里我必须回过头去，再提一件他在担任学监期间发生的事，也就是已故的坎特伯雷大主教吉尔伯特·谢尔登大人在这一年被派到牛津大学三一学院。他去了之后不久，他的教父——传主学监的父亲——寄给他一封信，让他告诉其儿子写信这件事，并让他与儿子相互认识，让他格外关注儿子的表现。这对学监来说是一个让他满意的命令，他非常愿意顺从父亲。几天以后，他就派仆人去请谢尔登先生第二天上午到他寝室里来。

但谢尔登先生——他还是个年轻人——像是出了点差错，这让他意识到犯了校规，所以担心这次学监请他去是惩罚他的前奏。这一担忧让他一夜辗转难眠。但第二天上午两人一见面，学监笑容满面，谢尔登的担忧顿时烟消云散，二人就像朋友一样自由交谈起来。我要告诉读者，这第一次见面成了二人友谊的开端，他们心灵上的友情达到了人性所能达到的极限，没有任何私欲，而且一直都是这样，直到死亡将他们从尘世上分开，而现在他们又在天堂相聚了。

说完他的表现，说完他在担任学监期间发生的大事，我要接着告诉读者，这一繁忙的工作结束以后，他为获得神学学士学位而用拉丁语讲道，语言典雅，内容也同样精彩，可以和牛津大学自那时以来任何人的讲道相媲美。顺利完成了学位所要求的其他作业之后，

---

① 语出自《圣经·诗篇》34：1。——译者注

他于 5 月 29 日得到了学位，1611 年被伦敦主教约翰·金任命为助祭和牧师，约翰·金不久之前还是基督堂学院院长，与他非常熟悉，成为他最好的朋友。这一年他大约二十九岁，获得了大学颁发的布道许可证。

1618 年，他被卡斯尔顿子爵尼古拉·桑德森爵士介绍到维博顿担任堂区主管牧师，那里离波士顿不远，位于林肯郡，薪俸很高。但那里地势低，潮气大，对他的健康不利。健康——仅次于良心——是今生上帝赐予的最大福分，所以要求每个人都要一直注意保护健康。桑德森先生担心，如果在维博顿度过第二个冬天，他就有失去健康的危险，于是就辞去职务，把职务交还到他可敬的亲戚和圣职授权主管人手里，大约在这位亲戚把职务交给他一年以后。

大约在他辞职的时候，他被介绍到布思比－潘内尔担任堂区主管牧师，也在林肯郡。这是一座名镇，而且会一直有名，因为桑德森博士，谦恭博学的桑德森博士，在这里当了四十多年的牧师，他所有或大多数无与伦比的作品都是在这里写成的。

担任这一圣职——薪俸和维博顿一样多，但空气比那里更纯净——是由托马斯·哈林顿先生推荐的。哈林顿先生也是林肯郡的，也在同一个教区，是个出身于古老世家的绅士，整个一生为当地奉献很多，很受尊重。温顺仁慈的桑德森博士和他的圣职授权主管人一起住在布思比－潘内尔，友情甚笃，直到这位圣职授权主管人去世为止。

大约在他被任命为布思比－潘内尔牧师的时候，他辞去了林肯学院的董事职务，把这一职务交给了院长和其他董事。他的辞职信是这样写的：

Ego Robertus Sanderson perpetuus, &c. [①]

---

① "我，永远都是罗伯特·桑德森。"原文为拉丁语。——译者注

　　我是罗伯特·桑德森，牛津大学圣玛丽与万圣学院董事，通常称之为林肯学院，自愿把我在该院的所有权利和称号交给院长和各位董事，并以圣父、圣子、圣灵的名义，祝愿他们及其继任者平安、虔诚、幸福。阿门。

罗伯特·桑德森
1619 年 5 月 6 日

　　他辞职之后不久，就被约克主教或职务空缺的金任命为约克教区索斯韦尔牧师会教堂牧师，不久之后又被林肯主教任命为林肯教堂牧师。

　　他现在决定在布思比－潘内尔定居下来过安静的日子，回想起离开牛津他熟悉的环境，尤其是愉快的大学生活，就感到有点伤心。一想到这里无人交往，就让他这个乡村牧师更为不安，因为没有人可以交谈，他就产生了想结婚的模糊念头。他考虑过，结婚虽然比单身生活受到更多的拖累，但一个贤妻能把这些烦心事变得双方都满意，就像圣保罗所受的苦一样。[①]要不是因为受苦能为圣保罗带来欢乐，他是不愿意受苦的。

　　考虑到这些，另外他还发现子女能为父母带来语言难以描述的快乐，发现每天操心养育这些和自己长得一模一样的小家伙能给夫妻二人带来乐趣和幸福的烦恼，这样所有的吃苦受累都会让他们感到无比幸福。考虑到这些，对这一幸福的向往就把他想结婚的模糊念头变为明确的决定。

---

① "现在我为你们受苦，倒觉欢乐，并且为基督的身体，就是为教会，要在我肉身上补满基督患难的缺欠。"参见《圣经·歌罗西书》1: 24。——译者注

他很幸福地得到了安妮，神学学士亨利·纳尔逊的女儿，亨利·纳尔逊当时为林肯郡霍加姆堂区主管牧师，一个非常博学有才华的人。给予人一切好处的神对他非常好，给了他这么一个让他称心如意的妻子。只要他一高兴，妻子必定感到满意，这让他的生活非常幸福。妻子分享他的快乐，减轻他的痛苦，分担他的重负，心甘情愿地服从他的一切愿望，以此显示她的爱，在他整个一生中都是这样，在他死时也是这样，她比他活得时间长。

在布思比－潘内尔，他或是发现这里的居民本来就温顺，或是他让居民们变得温顺起来，他们和他一起规规矩矩地经常参加礼拜仪式。这样，他和教区居民与圣职授权主管人一起，心满意足地过着互爱和平静的生活。他并不宣讲高深空洞的概念来让他们费解，而是讲一些浅显易懂的道理，这些道理他们必须知道、必须相信、必须照着做才能得救。他的教诲大家都赞同，这从他们都遵奉他的教义上可以得到证明，他们表示相信他、爱他。他常说："没有爱，最显而易见的真理——比如从敌人或生活放荡的人那里听来的——就不会奏效，或至少是不太奏效，通常会让听众更顽固而不是让他们相信。"

这个优秀人物并不认为仅仅在教堂里念祈祷词、回答听众问题、布道、及时主持圣礼就算履行职责了。如果上帝的律法或教规并不比人制定的有缺陷的法律可以禁止或实际禁止的多，但他认为上帝的要求会更多，要求教徒执行内心的法律，全能的上帝已经让所有虔诚的基督徒将其刻在良心上，让那些他爱的人去执行。

考虑到这些，他就成为自己的法律，做良心让他做的事：调解纠纷，防止打官司，既在他教区之内，也在他教区附近。除此之外，他还经常看望病人和不幸的人，劝他们要有忍耐力，用劝告和愉快的谈话来让他们从沮丧中振作起来，如果是穷人有困难的话他还给予救济。我们要是照圣保罗所说的去做，全能的上帝就会非常满意："你们各人的重担要互相担当"，① 或是分担痛苦，或是分担困难。检查所有人心的神让我们认真交代所做的坏事，交代所遗漏的好事，回忆一下安慰过或帮助过多少沮丧或痛苦的家庭，这将是一件多么令人感到安慰的事。

他习惯做善事。这里有一个例子。他碰见一个贫穷沮丧的邻居，抱怨说他租了一个牧场，租金是每年九英镑，正准备把干草运回牲口棚时，连续几天下雨使水位升高，洪水突然把一切都冲走了，而富有的地主一点租金也不减。如果不给他减去一半的租金，他和七个孩子就全完了。

大家知道，在这个时代，有一号人一点也不像仁慈的上帝，毫无怜悯之心，只爱自己和孩子，根本不管别人在悲痛或耻辱中受煎熬。有一号有钱人，误认为只有钱才能让自己和家人幸福。桑德森博士却不是这样，而是关心并安慰这个贫穷沮丧的人，让他回家祈祷，不必难过，桑德森博士第二天上午就去找那个地主，如果地主不愿意像他希望的那样减租，桑德森博士和一个朋友就会替他交租金。

第二天，桑德森博士去找那个地主，谈话中博士说明了那个贫穷沮丧的佃户的窘况，对地主说如果同情穷人上帝会非常高兴。他还对地主说，上帝虽然爱献祭，但更爱怜悯，称呼他仁慈的上帝他会非常高兴。博士对地主说，他所拥有的财富是仁慈的上帝给他的，如果他得到了那么多，却像福音书里提到的那个富管家那样，"遇见他的一个同伴欠他十两银子，便揪着他，掐住他的喉咙，说：'你把所欠的还我！'"② 上帝就会不高兴，也不会宽恕他。博士对他说，国家的法律——他就是依据这一法律来索要租金的——并不是要人诚实或仁慈，而是尽量阻止人不诚实或不仁慈，但在这两方面都有

---

① 语出自《圣经·加拉太书》6: 2。——译者注
② 语出自《圣经·约翰福音》18: 28。——译者注

缺陷。他要收取穷佃户的租金，而上帝不让他享有，虽然法律允许他收取。如果他收了，他就像刚才提到的那个富管家一样。博士对他说，这样得到的钱财，再加上他原来的巨额财富，就像约伯所说的那样，"就会成为塞进牙缝里的沙石"，^① 将来必定侵蚀他的良心，或在他临死前变得令人讨厌，他就会使劲将它往外吐，但吐不出来。所以博士劝他说，身为富人，在那个罪恶的日子降临到他头上之前和不义的玛门^② 为友，但既不为自己，也不为上帝，收取贫穷、沮丧、伤心的佃户的租金，这样虽得到尘世间的幸福，却要失去永恒的幸福。他严肃、充满同情心地说出了这些和其他类似的理由，地主终于免除了那个佃户的全部租金。

读者很容易相信，桑德森博士那么温柔、那么仁慈，会马上高兴地把这一好消息告诉那个沮丧的佃户。我们还相信，告诉这一消息后，两个人都很高兴。约伯曾夸口说，他没有见过一个人因缺衣而冻死，经常让寡妇心里感到高兴。^③桑德森博士肯定也可以在这样或很多类似的情况下夸耀。但他没有夸耀过，我就利用这一适当的机会替他夸耀一次，这样做我很高兴。我还可以告诉读者，像我讲过的这类事情，桑德森博士在整个一生中不知做过多少，我要是全讲出来会感到厌烦，也会让读者厌烦。

他就继续这样每天用言语和行动悄无声息地做好事，只要一有机会就做。但他做的事并非无人知晓，他的博学、审慎和虔诚受到他那个教区主教的关注和重视，也受到那个郡大多数贵族与绅士的关注和重视。教区主教经常请他去做探访布道，贵族与绅士多次请他参加巡回裁判。他的布道虽然很受邀请者的尊重，邀请者适合做出评判，但受到的评价却不太高，因为他布道是照着稿子念，是被迫的。他虽然记忆力超常——甚至掌握了记忆技巧——但他有天生的无法克服的胆怯和害羞，这样记忆力就毫无用处，把写下来的布道词重复来重复去。于是在1632年，他的布道词首次刊印出来让人评头论足的时候，人们就评价说是"写得最好的布道词，但绝不是最好的布道"。

他继续在默默无闻中自得其乐，直到博学、好心的大主教劳德——他与劳德同时在牛津，二人非常熟悉——对国王（消息灵通、认真负责的国王查理一世）说，有一位桑德森先生，是个默默无闻的乡村牧师，极为真诚，精通决疑之学，希望陛下能任命他为王宫小礼拜堂牧师。国王最为爽快地答应了，命大主教抓紧办理此事，他非常希望能与一个致力于研究这门学问的人交谈。

大主教没有忘记国王的嘱托，桑德森先生于1631年11月被任命为王室常任牧师。二人相识以后，国王把很多有关良心的案件交给他，从他那里得到经过深思熟虑、可靠而又清晰的解决方案，并对此感到非常满意，就像与他交谈时感到满意一样。在他伴驾一个月结束时，国王对他说："我会盼望着明年11月，到时候你回来之后，我想更深入地了解你。"

第二年11月，桑德森先生又回来了，仁慈的国王从来都不缺席他的布道。国王常说："我用耳朵听别人布道，但我用心聆听桑德森先生布道，并照他说的做。"国王这句话不应该向后世隐瞒，他说的是心里话，他在那一段生活平静的时期①把桑德森先生当作顾问。国王担心自己有丧命或被罢黜的危险时，桑德森先生又成为他痛苦中的安慰者。这件事下面还有更多的描述。

---

① 指查理一世在世的最后三年，当时他在内战中被国会派软禁，等待处理。——译者注

在国王召开的第一届国会上——那是在 1625 年——桑德森先生当选为林肯主教区教士会议文书。我之所以提起这件事，是因为当时对上帝预定论有很多争议，对由此教义引发或与其交织在一起的很多重要观点也有很多争议，据说是由一篇有关加尔文先生新信条的专题论文引起的，不过也有人认为争议出现在加尔文先生之前。

对于这一争议，桑德森博士为了满足自己的愿望，就起草了一个方案——他称之为 "Pax Ecclesiæ"①——不但满足了自己的愿望，后来也满足了其他人的愿望，至今仍受到最博学的人的高度评价。在仁慈的国王查理一世统治时期，他还当选为所有教士会议的文书。这件事我之所以告诉读者，是因为我在下面还要提到 1640 年的教士会议，提到不幸的长期国会，提到有一些关于上帝预定论观点的争执，这些观点由他、博学的哈蒙德博士、现任索尔兹伯里教长皮尔斯博士妥善处理过。

1636 年，陛下在巡幸时顺便视察了牛津，他和随从们娱乐了两天。读者应该相信，以他们的身份这是理所当然的。我提起这件事是因为国王到那里去的时候，桑德森博士也陪着他，并于 8 月 31 日被授予神学博士学位，同时还有国内的很多贵族被授予文学博士、文学硕士学位。其中有些人的名字将被记载下来，并与他的名字一起传世，但谁的名字也不会比他的名字传得久远。

首先是柯尔博士和雷恩博士，当时分别是温顿主教和诺里奇主教，以前都在剑桥获得过学位，和桑德森先生一起在牛津被授予神学博士。博学的艾萨克·卡索邦的儿子梅里克也是这样。还有仍然健在的鲁珀特亲王、伦诺克斯公爵、赫里福德伯爵、伯克郡的埃塞克斯伯爵，还有其他很多贵族，人数不胜枚举，这些人都被授予文学硕士。

---

① "教会的和睦"。原文为拉丁语。——译者注

　　不幸的长期国会之前几年，这个国家还是平安幸福的——虽然内部出现了问题——也就是 1639 年，苏格兰教会里心怀不满的一派躁动不安起来，要对其教会管理体制再次改革。为此他们起草了一份新的誓约，为了让大家都签署，他们假装请求国王同意，由国王下令让所有苏格兰人都签署。

　　但这份请愿书并不是由他们那一派的一个八人或十人委员会来呈交给国王，而是由数千人来呈交，像是要用武力迫使国王同意其请求似的。为此，他们不顾国王的禁令进入英格兰，发疯似的占领并抢劫了纽卡斯尔，国王被迫率领一支军队在那里与他们见面。但经过谈判并做出一些让步之后，国王把他们打发回去了，虽然收获没有他们想象的多，不过当时没有流血。

　　但是，这次和平，这份誓约，只不过是战争的前奏，是接下来很多灾难的前奏。第二年，很多人被选进长期国会，这是一届由狂热、爱闹宗派的改革者拼凑起来的会议。很多国会议员，最后还有普通民众，提出了几个要求和计划，造成了极大的混乱。但他们被相反的计划、担忧和混乱闹迷糊了，就相信苏格兰人及其誓约可以帮他们恢复以前的平静。

　　为此，英格兰长老派于 1643 年再次邀请苏格兰誓约派来到英格兰。他们耀武扬威地来了，长矛上和帽子上写着"为了两个王国的国王与誓约"。这些我都看见了，也吃了苦头。回想起造成的家破人亡，流血，道德沦丧，这个罪孽深重的国家以前的虔诚和公平现在变为残酷和狡诈，我就感谢上帝没有让我加入帮助引进誓约的那一派，没有让我陷入随之而来的可怕的混乱之中。我与桑德森博士曾谈到这段令人伤心的往事，他也和我一样感到庆幸，因而我才斗胆对自己这样说。

　　我之所以说这些题外话，是为了让读者更好地了解下面有关桑德森博士的情况。首先，英格兰的誓约派及其在国会的同党，多次抨击《公祷书》和教会的礼拜仪式，似乎是急不可待地要进行改革。在国王和博学的坎特伯雷大主教劳德看来，他们的要求似乎不合理。但为了良心的安宁，为了防止将来出现动乱，国王和大主教还是在1641年让桑德森博士再召开两次教士会议提出建议，让他对祈祷书做出适当修改，取消一些对满足良心最不重要的礼拜仪式。

为此，他们在威斯敏斯特教长家里每星期私下里见面两次，一共持续了三个月或更长时间。但之后不久，桑德森博士将修改稿准备拿出来征求意见时，教会和政府都陷入了混乱，桑德森博士的修改稿就成了废纸。但他声望很高，于是在1642年，国会上下两院向当时身在牛津的国王提议，想让桑德森博士担任处理教会事务的受托人之一，国王也同意了，但协商毫无结果。

1643年，国会两院制定一项条例并召开一次神职人员会议，讨论解决一些有争议的宗教问题，其中有很多不适宜做出判决。桑德森博士也得到提名，但他没有出席会议，我觉得他缺席的理由和其他很多有才华和博学的人缺席的理由是一样的，即召开这次会议没有得到国王批准。

说到这里我要回过头去告诉读者，1642年7月21日，经一个更确定的权威提名，让他担任一项更崇高的职务，成为牛津大学钦定神学教授。他虽然学识渊博，但他谦虚，对自己的巨大才能评价太低，另外还有一些真实或假装的理由——这些理由是他第一次就职时表达的，后来刊印出来了——结果他直到1646年10月才上任。

大约有一年时间，他继续举办无与伦比的讲座，一开始讲的是"de Juramento"，[①]一个很难讲的问题，当时涉及这一问题非常危险。但他是个博学的人，才华出众，有能力在这个重要问题上让人们在良心上得到满足。所以，在这个堕落的时代，当发假誓成为宗教的

---

① "论誓言"，原文为拉丁语。——译者注

主要组成部分时，他并不缺乏勇气来明确肯定发誓的真正责任。

在这个问题上学术界应该在多大程度上感谢他，还有他后来"de Conscientiâ"①的讲座，我就不再说了，因为大家都知道，即便是最有才华的文笔也不足以赞美他。我只补充一点，也就是直到今天，甚至直到永远，他的讲座都是一个完美的典范，足以解决道德神学上最重要的疑难问题。

所以接下来我要告诉读者，大约在他举办这些讲座时——当时国王被关押在怀特岛——国会把誓约和否定誓约送来了，其他还有什么我就不知道了，让讲座博士、各院院长和其他所有级别较低的学者，无论获得什么学位，在一个指定的日子发誓。凡是不发誓的，在敲鼓之后二十四小时之内必须离开学院，也离开大学。如果停留时间过长，就要作为间谍受到起诉。

坎特伯雷大主教劳德博士、斯特拉福德伯爵和其他很多人，都被这届邪恶的国会杀害了。但国王还没有，牛津大学仍抱有一线希望，觉得目前正在商谈，或假装突然进行商谈，国王和国会可能会达成一项协议，学校里持不同宗教观点的人可能会保留他们在学院里享有的良心自由和物质待遇。

在人们错误地对国会抱有希望的时候，国会还没有变得过于残忍，还允许有明显理由的人不发誓。牛津大学指定了二十名代表开会，商量起草一份声明递交国会，陈述他们不愿意违背良心而发誓的原因。这些代表中，有已故的坎特伯雷大主教谢尔登博士、哈蒙德博士、桑德森博士、温切斯特现任主教莫利博士，还有最诚实、最有见识的民法律师朱什博士，其他人的名字我现在想不起来了。

全体代表请朱什博士起草法律部分，然后交给桑德森博士，请桑德森博士梳理补充涉及推理和良心的内容，并整理成形。桑德森

---

① "论良心"。原文为拉丁语。——译者注

博士接受了大家的请求。然后全体教士会议宣读通过，并用拉丁语刊印出来，这样国会议程和牛津大学所受的委屈就向各国曝光，希望强制大家宣誓的人悔悟或做出答复。

但他们没有悔悟。至于答复，我可以发誓他们既不能答复，也不愿答复。陈述原因的这份声明也由桑德森博士当即翻译成英语，这样三个王国的人就能更清楚地看出忠于国教派所受的委屈。

大约这个时候，独立派——当时已经成为军队中最强大的一派——已经放宽了对国王的监禁。他们自己声称良心自由，也只好让国王享受一点良心自由。1642 年，国王派人去找桑德森博士、哈蒙德博士、已故的坎特伯雷大主教谢尔登博士、温切斯特现任主教莫利博士，让他们来伴驾，以便和他们一起磋商，看看为了教会和国家的安宁，他在多大程度上能够在保持良心清白的情况下接受国会的提议。国王的请求长老派国会曾经拒绝过，而现在掌权的人则允许他这样做。

桑德森博士和其他神职人员一起，也在怀特岛上陪伴国王，为国王布道，在公开场合和私下里多次与国王交谈，陛下非常满意。国会曾向国王提议废除教会的主教制，认为主教制与君主制不协调。国王就让桑德森博士考虑一下这个问题，并发表他的看法。桑德森博士答应下来，并考虑了这个问题，但直到国王复辟之后才刊印出来。

桑德森博士最后一次陪伴国王后辞行的时候，国王请他写有关良心的一些案例，以便让后世受益。桑德森博士回答说，他现在老了，不适合写有关良心的案例了。但国王大胆地对他说，这是他听到的桑德森博士最简洁的回答，没有一个年轻人适合做评判，或写有关良心的案例。

我利用这一机会告诉读者一件真事，一般人都不知道。国王与桑德森博士交谈时，有一次良心清白的国王对他说，或对当时服侍国王的一个人说："想起来做过的两件错事让我非常痛苦，一件是同意处死斯特拉福德伯爵，一件是废除苏格兰的主教制。如果上帝以和平方式恢复我的王权，我会当众忏悔表示悔悟，并甘愿以苦行赎罪。"我认为是光脚从伦敦塔或怀特霍尔走到圣保罗教堂，希望民众向上帝求情饶恕他。我相信告诉我这件事的一个人还健在，他会证明确有此事。

　　值得注意的是，桑德森博士的"论誓言"讲座得到了国王的准许和重视。现在国王遭到单独监禁，他就把这一讲座准确地翻译成英语，希望当时陪伴他的伦敦主教贾克森博士、哈蒙德博士和托马斯·赫伯特爵士与原文比照一下。托马斯·赫伯特爵士还健在，他在一封亲笔信中提到这件事，还提到国王的其他一些美德，这封信不久前纹章院长威廉·达格代尔爵士让我看过。这本书打算存放在圣詹姆斯区的国王图书馆，但我怀疑现在并不在那里。我认为，作者和译者的荣誉与本传记都有很大关系，不应该向读者隐瞒，所以就把这件事穿插在这里。

　　现在回头还说桑德森博士在牛津担任教授。在牛津，那些不愿意发誓遵守誓约、不愿意发否定誓约、不愿意遵守国会关于教规和礼拜仪式法令的人忧心忡忡，每天都担心被开除，每天都等待着巡视员的到来。城市和大学里到处都是士兵，还有一帮长老派神职人员，这些人贪婪，随时准备占有，就像无知、居心不良的巡视员要将持异议者从学院里赶走，剥夺其生计似的。

　　但桑德森博士仍然继续举办讲座，当着那些长老派神职人员和士兵的面，讲得条理清晰，镇定自若，好像他们应该感到羞耻而不知羞耻，应该乞求上帝和桑德森博士宽恕，不做后来所做的事情似的。但这帮不可一世的罪犯铁石心肠。巡视员驱除了国教派，然后就肆无忌惮或不知羞耻地占有了学院。如此一来，桑德森博士就和其他人一道，于1648年6月被迫卷铺盖走人。他没有像谢尔登博士、哈蒙德博士和其他人那样遭到监禁，真该感谢上帝。

现在我必须还回到牛津，告诉读者在这次开除员工的前一年，大学当局不同意签署誓约，并担心以后有遭到巡视的危险，于是就派当时的基督堂学院教士、温切斯特现任主教莫利博士和其他一些人向国会请愿，请求国会撤销法令，或降低其严厉程度，或接受他们提出的不发誓理由。

国会把他们的请愿书交给一个委员会听取陈述，然后向国会报告其理由，并确定了听取陈述的日期。然后莫利博士一行通知并聘请法律顾问，在指定的日子为他们辩护。

但委托辩护的人太多，谁也不敢承接，因为当时这届国会的特权成了"Noli me tangere"①，变得神圣不可侵犯，就像圣传②对于以前或现在的罗马教会一样。究竟有多少人肯定永远也不会知道，所以并非没有受到干涉的危险。

由于这一原因，在没有找到法律顾问的情况下，莫利博士被迫申辩牛津大学拒不服从国会命令的理由。尽管他申辩得很有道理，有胆量，他的事业也是正义的，但结果他和一行人只是凭运气才返回牛津，没有被投入监狱。

这件事过去几天之后，巡视员和更多的士兵就被派来，将持异议者赶出了大学。

有一个在国会里很有势力的人，也是那个委员会的成员，在听莫利博士申辩的时候注意到他的表现和推理能力，又打听到他品行很好，所以愿意对他法外施恩。我和莫利博士很熟悉，此人就派人把我叫过去，对我说他非常喜爱莫利博士，知道他不愿发誓，所以肯定会被赶出学院，离开牛津；所以他想让我给莫利博士写信，让

---

① "不许碰我"。原文为拉丁语。——译者注

② "traditions"，指耶稣及其使徒口头传下来的教义，《圣经》里并无记载，但对于罗马教会来说同样具有权威。——译者注

莫利博士在巡视员来的时候先离开牛津，等巡视员走了以后再回来，而且肯定可以安全返回；这样他就不必发誓，也不会受到其他干扰，继续在他学院里当教士。

听到他这一番好意，我感到非常高兴，我相信他这一派有权势，也相信他说到就会做到，于是我就给莫利博士写信。莫利博士回了信，让我一定向这位朋友——此人仍然健在——表达他谦恭、真诚的感谢，不过他不能接受这位朋友的好意，因为除了沃尔博士之外，院长、加德纳博士、佩因博士、哈蒙德博士、桑德森博士和学院里其他人全都被赶走了，他不愿意只和沃尔博士一个人留下来，这即便不是罪孽，也是一种羞耻。沃尔博士我认识，我对他不置一词，他已经死了。

很容易想象，这些自恋的改革者占据了所有空缺的高位该有多么高兴，其他人离开他们热爱的学院、丢掉生计该有多么不甘心。但对他们来说，良心比生计更珍贵，所以他们就扬长而去，改革者不知羞耻或无所顾忌地占据了他们的职位。

我把这些胆大妄为的人留在这里，谈谈当时伦敦的形势，这是读者下一步要耐心关注的事。

在伦敦，所有主教的住所都变成了监狱，里面全是神职人员，他们或是不愿发誓，或是不愿放弃讲读《公祷书》，或是受到指控犯有诸如此类的错误。值得注意的是，大约这个时候，国会发布一项公告，鼓励所有平信徒控告牧师制造麻烦、搬弄是非，或拒不服从国会的命令，发现这类问题可以向一个委员会控告。受到控告的牧师即便是离伦敦有一百英里，也要到伦敦来赎罪，或接受扣押。可以肯定的是，每一个教区都不缺贪婪、邪恶或乖戾的控告者。这样一来，伦敦和其他一些地方的所有监狱，都成为国教派神职人员的伤心之地。

大约这个时候，坎特伯雷大主教依据某个不知名的法律被判死刑，处决延缓了一些日子。很多邪恶的市民担心他会获得赦免，就关闭了店铺，声称不将他正法就不开门。这种邪恶和疯狂简直令人难以置信，但是我亲眼所见。

主教们经投票被赶出国会，有一些当时就被关进伦敦塔。这让很多誓约派人士感到高兴，认为布赖特曼先生——很可能是个善良的好心人——在他的《论启示录》里已有启示，这本书的节本已刊印出来，被认为是布赖特曼先生的《启示录的启示录》。虽然他在其他事情上大错特错，不过他让没有主教的日内瓦教会和苏格兰教会成为《启示录》里的"非拉铁非"教会，即上帝喜爱的天使，[1] 让主教成为基督之敌，即邪恶天使，现在已从众议院里被赶了出去，永远也不会恢复其职位了。所以，誓约派称赞布赖特曼先生，说他透露并预示了主教倒台。于是他们一边骂主教，一边以很便宜的价格买主教的地，那是众议院的朋友为他们提供的，作为对他们积极协助推翻主教的奖赏。

现在主教职位空出来了，民众非常高兴，每一个教区都可以自选牧师，并告诉牧师什么时候宣讲真教义，什么时候不宣讲真教义。通过这种或类似的办法，不同的教堂选出不同的牧师，他们祈祷和布道时或相呼应，或相互攻击，让听众激烈地争论他们自己并不懂的道理，其中有一些我要在下面提到。

我听说两个人在交谈中描述第三个人的性格，一个说他是个非常诚实的人，"因为他感激我"；而另一个人说他不诚实，"因为他不感激我"。这一类问题就是誓约派和独立派设计的，现在独立派变得和誓约派一样人数众多，一样有势力。这两派在很多信条上有分歧，布道时相互攻击。誓约派认为，只要热心于誓约，就是蒙受天恩的征兆。独立派认为，买卖应该有统一标准，依据《圣经》我们

---

① 参见《圣经·启示录》3: 7–13。——译者注

要求自己享有良心自由，也要让别人享有同样的良心自由，所以不能强迫任何人在违背自己良心的情况下发誓遵守誓约，既失去生计也失去自由。

两派虽然在结论上有这样的分歧，但他们在布道时都攻击《公祷书》，都搬到最幽静的牧师住所里住，无论这些住所真正的拥有者及其妻儿落得什么下场，他们都心安理得地住下去，一点也没有良心上的顾忌。

他们在选举、惩罚罪恶之徒下地狱、自由意志和由此引申出来的一些问题上有不少奇谈怪论，这些问题连最聪明的普通民众都难以判断，我相信我也不行。不过我要从历史角度在一个更适当的地方提到一些，也就是我把读者领到布思比 – 潘内尔，到桑德森博士那里去的时候。

在到那里去的路上我要告诉读者，一个誓约派成员，也是个苏格兰人，和这个不幸的誓约一起来到英格兰的时候，在一个长老派教区的帮助下，搬进了一个舒适幽静的牧师住所，教区将其真正的主人赶走了。这个苏格兰长老派成员在这个舒适的住所安顿下来之后，就开始改造教堂庭院，砍倒了一大棵紫杉树和其他一些树，这些树是美化这个地方的，通常是为居民们遮阴的。居民们反对他砍树，得到的回答是"树是我的，每个人使用自己的东西都是合法的，我认为能砍就能砍，不是你们认为能砍不能砍"。

他是个邪恶至极的人，连死人下葬以后他都要偷裹尸布。我听说没有对他提起诉讼，但不知是真是假。我听说原因是没有人这么没有人性，制定这样一项法律会往国家脸上抹黑，让人家以为国家会认定有这样一个恶人出生在这里，另外也没有人相信会有人这么坏，干这个誓约派所干的事。是不是有可以起诉他的法律我不知道，但这个教区竟然将其合法牧师驱除出去，我对这个教区就不那么同情了。

　　现在我们在布思比教区赶上了桑德森博士，他希望在这里享受他向往的虽然贫穷但平静的生活。但实际情况并不是这样。全国每一个角落都是誓约派成员，到处都是一片混乱，到处都是委员会成员和士兵，为各自的目的而相互帮忙，或为复仇，或为夺权，或为获利。这些委员会成员和士兵大部分都被誓约迷住了，就像那些感染上可怕的雅典瘟疫①的人一样。感染上这种瘟疫的人焦躁不安，很多人聚在一起取乐——史学家这样说——这样他们就传染了别人，甚至是最亲近的朋友或亲属。

　　这些誓约派成员虽然有一部分是受了骗，其用意是好的，但他们都是这个样子，时代风气就是这样，可以相信桑德森博士稳重、不会伤害别人，所以与这些人显然格格不入，不能过平静日子了。士兵们会出现，明显干扰他在教堂里读祈祷文，假装建议他如何以最能接受的方式做礼拜活动。这种方式他不接受，念祈祷文做礼拜的时候继续遵守秩序、举止得体。他们就把他的祈祷书夺走撕碎，想让他随口说出祈祷词来。

　　这时，国会里一个有权势的著名人物，也是个非常器重他、喜爱他的人向他建议，让他不要一字一句地照着《公祷书》念，而是在个别地方稍加改动，尤其是士兵们过来看着他的时候，否则此人和一些朋友就无权保护他不发誓或不受扣押了。由于这一原因，他就做出一些变通，不严格按照教规执行。现在我把他用过的忏悔词记下来，我有他亲笔写的忏悔词。我还要告诉读者，他改动的其他地方也很少，与这一篇非常相似。

---

① 指公元前430年，即伯罗奔尼撒战争的第二年，爆发于雅典城邦的一场传染病。——译者注

他的忏悔词

全能的上帝、仁慈的圣父啊，我辈是您不肖之仆人，以羞愧与悔恨之意向您忏悔。我等一生误入歧途，恰似迷途之羔羊，随心所欲，爱慕虚荣，在思想、言语和行动上严重违反了您神圣的律法；多次未尽应尽之义务，多次做出本该避免、不该做之坏事。

主啊，我等承认，没有人会帮忙解救我们，只能指望您的仁慈，我等作孽，招致您的制裁。主啊，怜悯我们吧！怜悯我们这些罪犯吧。仁慈的上帝啊，饶恕我们这些认错的人吧，绕我们一命。

依据您通过我主耶稣基督对我们人类的慷慨承诺，在我们真心悔改后，请您恢复对我们的恩惠。最仁慈的圣父啊，看在我主耶稣基督分上，并通过他，让我们从今以后尽力为您效劳，过圣洁、正直、有节制的生活，为您的圣名增光添彩，让您满意，让我们的灵魂永远感到宽慰。阿门。

在他遭到撕书的干扰之后，一个邻居在一个星期日晚祷之后来看望他，对他遭到士兵们的当众侮辱表示慰问。桑德森博士若无其事地对他说：

"上帝又让我与妻子儿女在一起，过上了我向往的清静生活。我想在这里图个安静，但这里没有安静。我要尽量宽慰自己，因为我所依赖的上帝认为我不适合安静。我感谢上帝，他以其恩典阻止我良心沦丧，维护我的声誉和利益。我的状况需要我维持生计，我顺从就是了。上帝让我来到世上不是让我自行其是的，而是要服从他的意志，那我就得服从。"

他就这样令人赞叹地依靠英明、强大、仁慈的造物主，欣然执行上帝的命令，以此证明他所宣讲的教义是正确的。

大约这个时候，《国王沉思录》这部优秀作品出版发行。桑德森博士非常喜爱作者，想让全世界的人在这部书中看到国王的品行，看到他们受难的一些原因，他就打算将其翻译成拉丁语。他非常精彩地翻译完一半，他的朋友厄尔博士就阻止了他，像是在他之前就已经出色地译完了全书似的。

大约这个时候，他最要好的朋友、博学的哈蒙德博士到他这里来交谈、休息了一些日子。以前哈蒙德博士曾劝他凭借良好的记忆力，将布道词说出来而不是照着稿子念出来。桑德森博士欣然从命，答应试一试。

为此他们二人在星期日一大早到附近的一个牧师那里，请求和他交换布道，二人就换了。桑德森博士走到讲坛的时候，把布道词——很短——交到哈蒙德博士手里，打算照着写好的内容布道。但在他讲到第三部分之前，哈蒙德博士一看写好的布道词，发现他讲的不是稿子上的内容，不知道讲到哪里去了，于是就替他担心，很多普通听众都能听出来。

简短的布道结束以后，二人在回家的路上，桑德森博士很严肃地说："好心的博士，把我的布道词给我。我说，无论是你还是任何人，再也不要劝我不看稿布道了。"

哈蒙德博士回答说："好心的博士，不要生气。我要是再劝你不看稿布道，我就允许你把我所知道的东西都烧掉。"

哈蒙德博士这次来访的部分原因，是和桑德森博士交换一下意见，如果他们当时没有分歧，以前也肯定有过。这是一些棘手问题，被学者称为"加尔文－阿米尼乌斯之争"。下面我就讲一讲这个问题，但不做任何判断——我没有这一妄想，只是简单说说其来龙去脉。

自从那个不幸的誓约被引进英格兰，让大家普遍接受以来，很多布道者——尤其是伦敦的布道者——在普世救赎、上帝预定论和由此引申出来的一些问题上随便起来，话说得过于绝对。有些人在布道时说：

"所有人在来到这个世界上之前，就已经注定要么得救升天，要么被罚入地狱，即便是犯了罪也无力改变得救的命运，再勤奋努力也无力改变被罚入地狱的命运。"

其他人不这样认为，因为不能说上帝会为一个罪人的死亡而伤心，是上帝自己通过一项不可避免的裁决让他死的，在他来到世上成人之前就这样决定了。所以可以断言，人还保留一些权力来完成上帝的意愿，因为他得到建议，要通过敬畏和发抖来得到救赎。他们认为，几乎可以肯定的是，每个人都可以尽其所能来得到拯救，那些能尽自己能力得救的人绝对不会被罚入地狱。但很多确信这一点的人也承认，这一恩典只是诱惑人的提议，让我们接受或拒绝，与带领我们升天的恩典不一样。

哪个是真理，哪个不是真理，或两个都是真理，或两个都不是真理，无论情况如何，在这样或类似的场合，桑德森博士、哈蒙德博士、现任索尔兹伯里教长皮尔斯博士都很友好地对这些问题进行辩论。对这一问题我要谈一谈，但非常简短。

1648年，五十二位伦敦牧师——当时伦敦锡安学会的一个联谊会——在一份刊印出来的声明中最无耻地诽谤哈蒙德博士，因为哈蒙德博士在其《实用教义问答》中声称，我们的救世主是为全人类的罪孽而死的。为证明这个真理，哈蒙德博士马上做出了仁慈的回答——已刊印在他的作品之中。

此事过去之后，哈蒙德博士、桑德森博士、皮尔斯博士之间有很多书信来往，论述上帝的恩典和命令。桑德森博士很不情愿地卷入了这场争论，说这样做让他感到很不安，他对上帝命令的看法与哈蒙德博士不一样，而他非常尊敬和喜爱哈蒙德博士，所以不愿与哈蒙德博士争论，认为这场争论会没完没了。但他们在好几封信中都专题讨论过这些问题，让学术界感到非常满足。桑德森博士与哈蒙德博士的书信刊印在他的作品中。至于他和博学的皮尔斯博士之间发生的事情，请读者参见下面附录的一封信。①

我认为，桑德森博士在介入这些辩论之后，改变了他最初的观点。1632 年，他杰出的布道词首次以四开本刊印出来时，读者可以在页边空白处看到一些指责阿米尼乌斯错误教义的文字。1657 年，这些布道词以对开本再次刊印时，对阿米尼乌斯的指责已经不见了。在他那封写给皮尔斯博士的信中，可以更明显地看出他改变了观点。

对于前面提到的几次证实上帝的命令，读者可能会感到困惑。现在让我告诉读者，哈蒙德博士在给桑德森博士最后一封信的附言中说："上帝能调和他自己的矛盾之处，所以建议所有人都像使徒们那样学习有节制，明白节制的意义。"

我再做些补充。如果说是锡安学会的这五十二位牧师引起了这几封信中的争论，我认为他们也终结了"加尔文－阿米尼乌斯之争"，因为从此以后再也没有人提起这件事了。大家好像都想明白了，对其他问题一概不管不问，一直来到所有人吐露心中秘密的地方再说。

我还要告诉读者，如果其他人都像桑德森博士那样，坦率承认而不是掩饰自己改变了观点，这既是为了上帝的荣誉，也是为了自己的荣誉，那我们国家就会减少无谓的争执，就会有更多人改变信条。

我们把桑德森博士和哈蒙德博士留在了布思比－潘内尔，但我暂时还不能把读者领到他们那里去，还要先回顾一下长期国会和锡安学会里的誓约派，还有分散在伦敦各处的其他一些人，谈谈他们的所作所为，看看他们是如何对待已故博学的坎特伯雷大主教劳德

---

① 考虑到此信与正文关系不大，中译本未译出。——中译者注

博士的。

我虽然不提劳德博士是如何含冤而死的，不提当时和在此之前他们是如何虐待劳德博士的，但我希望大家关注在此之后发生的一件事，因为这件事现在或以后与我们有关，也就是劳德博士临死前在断头台上最后一次令人伤心地布道时，完全宽恕了他所有的敌人，谦卑地恳求上帝宽恕他们，并恳求在场的众人宽恕他，为他祈祷。

不过劳德博士好像指控伦敦城的治安官，说他们让一帮可怜的并不知道他为何被判刑的人四处奔走，为一份上诉状征集签名，敦促国会尽快将劳德博士处决。劳德博士说，他认为自己被判刑、被指控引进天主教会是冤枉的——指控他引进天主教会是处死他的原因之一——然后他又伤心地说：

"英格兰这几大派——我曾极力避免出现这些派别——给教皇所做的贡献要比我大得多，远远超出了教皇的期待。这些派别以一种想象的宗教为掩护来提倡亵渎神灵。我们把宗教变成了主张，这样就丢掉了宗教的本质。这样一来，耶稣会成员们用尽一切阴谋诡计都毁不掉的这个教会，却被那些控告我的人带入显而易见的危险之中。"

劳德博士临死前大致就是这样说的，这些还有他更多的话语，读者可以在他最后一次在断头台上令人伤心的布道词中见到。我在这里提到这件事，是因为他的好朋友桑德森博士也是这么说的，就在其两卷布道词前面两篇著名的长篇序言里。桑德森博士在其最后遗嘱中，好像非常伤心地再一次说起这件事，他在担心自己已不久于人世时立下了这份遗嘱。这些誓约派人士应该看看他说的这些话，想一想在他们发动的那一场罪恶的战争中，桑德森博士被解除了牛津的教授职务。假如他继续担任教授职务——他又活了十四年——英格兰和其他国家的学者就会非常幸运，又能看到他写出的很多优秀良心案例，表述得有理有据、简洁清晰，判断令人信服，后世就会高兴地夸口说，桑德森博士就是出生于这个国家，为以后所有学者提供了便利。但这一便利就像流逝的时间一样，一去不复返了。

现在我要回到布思比－潘内尔，我们把哈蒙德博士和桑德森博士一起留在了这里。但两个人都不在这里了，哈蒙德博士在去伦敦的路上，桑德森博士则在朋友离开后作为犯人被押送到林肯，当时林肯是国会的要塞。拘押他的所谓理由，我要在下面讲一讲。

有一位克拉克先生，阿林顿牧师。阿林顿是个镇，离布思比－潘内尔只有几英里。此人是国会和誓约派的积极分子。贝尔沃城堡——当时国会的一个要塞——被国王的一支军队占领时，克拉克先生就在城堡里，被俘虏后押解到当时国王的一个要塞纽瓦克。这个人非常积极，对他那一派很有用，所以其同党就很想把他解救出来。于是林肯委员会就派出一支骑兵，将桑德森博士作为囚犯带到这个要塞。

桑德森博士有幸在这里遇到很多熟人，大家待他都很好，但对他说："你要继续当囚犯，直到与克拉克先生交换后才能获得自由，现在克拉克先生是个囚犯，被关押在国王要塞纽瓦克。"桑德森博士给出很多理由，证明囚禁他是冤枉的，作为俘虏被交换出去不公平。但他说啥都没用，必须这样做，否则他就继续当囚犯。这样做的条件如下：

首先，桑德森博士与克拉克先生交换，然后在各自教区生活，不再受到干扰。如果一方受到对方士兵的伤害，发现后要予以纠正，受到的损失或任何伤害都要予以补偿，否则受害方就要以同样方式对待另一方。然而，桑德森博士既得不到安全，也得不到安静，好几次遭到抢劫，有一次身上三处受伤。但他担心不耐烦或抱怨会让情况更糟，就忍气吞声，也不抱怨，让灵魂保持满足和安静，毫无怨言。

他虽然享受不到交换俘虏时所期待的安全，但神意能变恶为善，结果变得对他非常有利。他的薪俸从 1644 年起就被扣了，一直扣到他被囚禁。但依据他与克拉克先生交换的战争条款，扣薪俸的命令被撤销了。这样一来，他和妻子、孩子就过上了虽然穷但很满足的日子，直到国王复辟、教会复兴。

　　他这样过着贫穷但满足平静的日子期间，他的决疑能力、宁静节制和诚心诚意变得引人注目，很多人来找他解决良心问题。有些人他认识，但多数他不认识。有些人寻求面谈，其他人寄来书信。这些人非常多，他的日子简直平静不下来，就像这些人思想上平静不下来一样。但他来者不拒。圣洁的赫伯特先生说："与显示仁慈或行善相比，一切世俗的欢乐都不那么重要了。"如果此话当真，那么桑德森博士肯定可以自豪地说，他救助了很多不安和受伤的灵魂。正像所罗门所说的那样："人有疾病，心能忍耐，心灵忧伤，谁能承当呢？"①一颗解除了痛苦的心灵，如果语言无法表达其快乐，那么桑德森博士就会高兴地说，他让那么多人得到了明显的发自内心的满足。他不拒绝任何人，经常感谢上帝让他拥有这一能力，感谢上帝让他有机会帮助那些最卑微、贫穷但宝贵的灵魂，救世主就是为了这些灵魂而被钉死在十字架上的。

　　他通过书信也救助了很多人，其中有一些为后世保存并刊印出来：

　　　　1. 论安息日

　　　　2. 与拒不参加圣公会的天主教徒结婚

　　　　3. 论不合法的爱情

　　　　4. 论军队生活

　　　　5. 论丑行

---

①　语出自《圣经·箴言》18:14。——译者注

6. 论以国王的名义结盟

7. 论婚约

8. 论轻率的誓言

但更多书信还在私人手里，其中有一封谈论买卖圣职罪，我希望世人能看到它，这样它就能让一些圣职授权主管人醒悟过来。这些人认为，如果他们不收钱就授予圣职的话，就等于完成了这一巨大而又危险的委托任务，既是上帝的委托，也是人的委托，尽管可以为了其他不太正当的目的而放弃这一职责。

在他隐退期间，布道词里经常出现错误和误用真理现象，普通民众对此感到吃惊和迷惑不解。他们曲解《圣经》，把上帝说成是他们那一派的，在祈祷时请上帝袒护他们的窃取圣物罪和狂热。这一时期，桑德森博士非常同情被误导的国民，虽然局势危险，他还是冒险写出了那一大胆的长篇序言，放在他最后二十篇布道词——1655年首印——前面保存至今。这篇序言合乎情理，对不服从国教者有非常强的说服力。

有一位不服从国教的教友心里充满矛盾，既不能维护自己的错误，也不能向显而易见的真理屈服，在静修生活中其良心长期处于休眠状态。但他读了这篇序言后被惊醒了。一开始他的思想与序言中讲的道理发生了冲突，如果接受的话就会受到伤害。他还是不愿被说服，不向序言里讲的道理认输。他匆忙赶到卖这本书的书商那里，愤怒地威胁书商说："你卖的这本书里都是假神学，序言里骂了国会，骂了国会派很多圣洁的牧师，说他们处事不公。"

书商蒂姆·加思韦特回答说："我干这一行不是判断真神学、假神学的，我只管印书、卖书。无论是你或是你任何一个朋友，如果愿意写一本书来反驳这一本，并在书上署上你的名字，我就把你的书印出来推销。"

　　桑德森博士刊印他这篇著名序言时，我偶然在伦敦碰见他。他身穿颜色暗淡的衣服，根本说不上昂贵，不知什么缘故。我们碰面的地点是在小不列颠①附近，他到那里去买书了，书就在他手里拿着。我们不愿意马上分手，所以就转身站在房檐下面的一个角落——天开始下雨了。很快又起了风，雨也越下越大，我们都很尴尬，不得不到一所干净的房子里，买了面包、奶酪、麦芽酒，还生上了火。

　　这场雨和风帮了我大忙，迫使我们在那里待了至少一小时，我感到非常满意，收获很大，他当时说了很多有益的话，很坦诚，都是心里话。其中有些话我要在这里讲一下，希望能对读者也有所帮助。

　　他看上去很伤心，国会要废除我们的礼拜仪式，让很多虔诚、博学的人感到愤怒，让殉教者蒙受耻辱，殉教者是为维护这些礼拜仪式的真理、为让大家使用这些礼拜仪式而死的。而现在，牧师要是不公开谴责这些礼拜仪式，就会被认为不虔诚，至少要假装即席换成更好的祈祷词。能这样祈祷的人只有凭借圣灵帮助，而且都是圣洁的人，尽管他们在布道时有争执，在祈祷时明显相互矛盾。

　　桑德森博士不喜欢这样，所以他极力称赞《公祷书》说："短祷告词是所有语言中最热情、最适当、最优美的话语，其中充满了虔诚和教诲，让我们认识到上帝的力量、智慧、伟大和仁慈，认识到我们对上帝和邻居应尽的义务。教徒们举止虔诚，共同恳求上帝恕罪，感谢上帝的仁慈，没有比这更能让上帝满意了，比那些不假思索、脱口而出的话语强得多，对这样的话，很多听众说不出'阿门'。"

　　然后他推荐我经常用大卫的《诗篇》，这样对我说："那是安慰基督徒的灵丹妙药，适用于所有人，适用于各种情况。它时常提起

---

① 伦敦的一条街。——译者注

上帝对悔过罪人的怜悯，以此让人从沮丧中振作起来，激起圣洁的愿望，增加快乐，减少悲伤，孕育希望，通过盼望上帝的悠闲来教人有耐心，让人信任造物主的仁慈、力量和远见，让我们顺从他的意志。这时，直到这时，我们才会认为自己是幸福的。"

他说，这就是教会礼拜仪式和《诗篇》教导我们的。经常使用《诗篇》，不仅能够安慰灵魂，还会养成一种习惯，将《诗篇》转换成作者灵魂的形象。他就这样表达了对礼拜仪式和《诗篇》的看法。他好像还感到伤心，在讲坛上将早期的祈祷词变成了无谓的争论，涉及自由意志、神的选择、惩罚罪恶之徒下地狱等问题。这些问题，还有很多类似的问题，我们完全可以不予理会，因为全能的上帝并不打算用难题将我们领进天堂，而是用顺从、仁慈和经常祈祷将我们领进天堂。

他好像非常伤心，由于布道不合规范和轻率，全体国民都犯下危险的错误，认为"我们可以先笃信宗教，然后再做到公正和仁慈。可以出卖良心，但还留下一些值得保留的东西。可以肯定自己是上帝的选民，虽然明显声名狼藉。认为诡诈就是聪明，有钱就是幸福，尽管这些钱都是不义之财。认为忙于自己不懂的东西不是罪孽"。

对这些和类似的错误他感到伤心，恳求上帝消除这些错误，让我们重新拥有谦恭、真挚和诚实。这些品质在这个不幸的誓约引进之前，国民们全都拥有，每个人都宣扬自己认为最好的东西。然后他对我说：

"要把国民们更温顺、更笃信基督的性格恢复起来，就要把神学的全部内容——或需要了解的内容——写进五十二篇布道词之中，其长度不超过一小时讲读量的三分之一或四分之一。这些必须讲读的问题要浅显易懂，才智平庸的人也能知道需要相信什么、上帝要求做什么，然后再用上考验和说服。这些内容一年中每个星期日都要讲读，就像血液在体内循环一样确定无疑，然后在下一年从头开始。这样做可能减少我们贪得无厌的欲望，只做我们懂得并应该做的事情。"

这就是这个审慎的人真诚的愿望。桑德森博士要是这样做了该有多好！那是很可能见成效的。

在这一段享受他陪伴并与他交谈的幸福时光里，他表达了遗憾，这样对我说：

"我要是跟着才华出众的绅士、您朋友亨利·沃顿爵士当专职牧师该有多好！我曾有这一打算，当时他第一次去威尼斯国当大使，为做好这一差事我就不得不与人交谈，不仅和他谈，还和不同国家的人谈。这样可以使自己避免羞怯，羞怯是件非常令人讨厌的事，也同样给我自己带来不便。现在我担心羞怯已经成了习惯，再也改不掉了。要是改掉的话，我可能还会认识、至少有幸见到一位已故的奇人，一位博学、审慎、谦虚的人——亨利·沃顿爵士的好朋友神父保罗。据神父保罗的传记作者说，保罗也是生来就羞怯，和我一样改不掉。只要美德和学问还有用，还受人尊重，保罗的英名就不会被遗忘。"

这就是我在那一小时的交谈中获益的一部分，我高兴地回忆并提起这件事，以此证明我的幸福，证明他的谦逊和虚怀若谷。

我还有一次有幸见到他，我想在这里告诉读者。他感到很痛心，有很多教区管理不善，没有牧师行使职务，很多最好的牧师职位被顽固的誓约派所占据，这些人不为居民们主持圣餐礼，除非是以大家不能接受的条件和方式来主持。他提到这件事时很痛心，说：

"通过准备领圣餐，这一圣礼就为虔诚的领圣餐者提供了一个审视誓言的机会，因为他们得到了饶恕其以前罪孽的最后保证，审视和重新探查内心，反思忏悔过错。然后就为这些过错而悲痛，并重新发誓或下定决心服从上帝的一切命令，恳求上帝施恩来执行这些命令。这样做过之后，圣餐礼就恢复衰减的恩典，帮助我们战胜弱点，给予我们恳求上帝施恩的恩典，然后答应我们的请求。圣餐礼让我们更加渴望得到上帝的正义，得到以后再经过我们的努力，正义就会与我们同在，让我们在今世得到满足，临终前得到安慰。"没有得到这一福分他感到痛惜，对那些人的窘况感到同情，这些人希望得到但无法得到。

我希望不会让读者感到失望，我想在这里再谈谈他的长相与性格。

首先，他个头稍高，举止坦诚得体，不大讲究客套，但足以保持礼节。他的相貌和举手投足都流露出和蔼与亲切，同时也有镇定和无与伦比的刚毅，足以让他拒绝服从国会的很多命令，这些命令干预良心上有疑虑的人。

他的学问系统、准确，智慧实用，正直显而易见，整个一生没有瑕疵，各个方面都应该作为楷模保存下来供后世效仿，尤其是神职人员应该效仿。神职人员不应该用肮脏的手为上帝献祭，上帝纯洁的眼睛看不惯不公。

他的布道词里没有不妥当的字眼，也没有令人困惑的不同意见，这些不同意见可以说是像强光一样让人眼花缭乱，景物反而看不清了。但其中不乏有用的内容，没有废话，论述清晰，能消除所有的疑惑，听众听了以后会更明白、秉持操守的决心更坚定。

他的记忆无与伦比，非常可靠，只有羞怯才会让他记不住。他可以一个人或对一个朋友背诵贺拉斯的整部《歌集》，背诵西塞罗的整部《论义务》，还能背诵尤维纳利斯和佩尔西乌斯的很多作品。他常说："背诵贺拉斯的一首颂歌对我来说就是一首乐曲，就像别人上一堂提琴课一样，为他们自己或为朋友演奏一曲。"

他虽然比别人判断力更强，但并不轻信自己的判断，而是对后果考虑再三，不急于做出决定。尽管没有人能做出更妥当的决定，但在牛津时钟声响起，该他登台开讲神学，所有学生都来听他讲的时候，他还没有决定把他打算讲的内容写出来，或直到这时才决定写下来。所以，他的好朋友谢尔登博士常说："他的判断力比想象力强得多。无论这意味着什么，他不喜欢也好，克制也好，他仍然想过来想过去，时间都耗费完了他才不得不动笔写，而且写出来的很可能不是最好的，而是他最后想出来的。"此言一点不虚。

然而，对于所有听众来说，他所讲的又是那么有用、那么清楚、那么令人满意，结束的时候没有一个人能赢得更热烈的掌声。这些想法让他疲倦和困惑，所以他不愿意费尽心机去考虑任何决疑问题，因为在此期间，这些问题要么不让他的身体休息，要么不让他的脑子休息。

他虽然并不总是考虑这些棘手问题，但他研究旧档案、宗谱和纹章学，这对他来说是一种娱乐，让他感到高兴，他说这让他的脑子得到了休息。我见过两卷漂亮的纹章学，其真实性或准确性读者不必怀疑。

这个谦卑的人战胜了所有不满和炫耀的想法，还有其他一切难以控制的激情。如果某一天发生的事情对他有危险或有害，他在这一天开始和结束的时候就会保持平稳和泰然自若，总是感谢上帝不让他和他贫困的家人缺吃少穿，不让他违背良心来保全自己，也不让他以更优裕的条件来养活自己和家人。所以，他决心像大卫那样，"赞美他的话必常在我口中"[①]。

我向读者介绍了他的长相、性格和经历的一些事件，而且可以补充的还有很多。但我要沉痛地展望那些令人伤心的日子，那是1658年前后，很多善良的人遭了罪，当时桑德森博士经济上陷入困境。

这时，罗伯特·波义耳先生 —— 一个出身高贵的绅士，其慷慨、博学和美德更为显赫，我想进一步描述他，他还健在 —— 偶然见到

---

① 语出自《圣经·诗篇》34∶1。——译者注

并阅读了他的演讲集《论誓言》，感到非常满意。他又听说桑德森博士非常单纯、襟怀坦白，由于不服从国会的命令而让全家陷入困境，就让好朋友巴洛博士——现在是博学的林肯主教——送给桑德森博士五十英镑，同时还有一个请求和一个承诺。

一个请求是让他复审其演讲集《论良心》，那是他担任牛津讲座博士时所讲的内容，为了后世把它刊印出来。这一任务桑德森博士于 1659 年完成了。一个承诺是在他有生之年给他一笔钱，如果他愿意的话还可以给得更多，让他用这笔钱雇用一个抄写员，以减轻他自己写作的负担。关于这件事的详情，读者可以参阅这位巴洛博士写的一封信，我把它附在了这一传记后面。

1659 年年底，很多派别，还有创建并保护这些派别的残忍的人，陷入了混乱的旋涡之中。他们感到震惊和恐惧，其不安的良心让他们意识到，他们长期敬拜的上帝现在准备付给他们报酬，就像他一直付给巫婆报酬一样，巫婆服从他的命令。这些恶棍预感到国王一回来，[1] 他们的末日就要来临。而像桑德森博士这样的受害者——还有很多受到迫害的神职人员和其他人——也预见到，让他们遭受痛苦的乌云就要驱散了。

第二年年初，国王在上帝的帮助下复辟了，恢复了我们熟悉的法律和自由，三个民族[2] 普遍感到高兴，到处都是祥和的气氛。然后是遭到扣押的神职人员获得释放，又有了收入，可以按照以前良心和誓言的约束来敬拜上帝、赞美上帝、向上帝祈祷了。读者很容易相信，桑德森博士及其沮丧的家人高兴地看到了这一天，是欢庆人群之中的成员。

一个值得考虑的问题——我经常听到和读到——是在教会早期，

---

① 指 1660 年查理二世的"王朝复辟"。——译者注
② 指英王统治下的英格兰、苏格兰、爱尔兰。——译者注

人们通常是寻找博学、有美德的人，恳求这样的人担任主教职务，但他们通常会拒绝。他们认真考虑过，担任主教要操心受累；他们受到委托担任上帝的施赈员，将教会的收入发放给穷人，对穷人要加倍操心；自己要生活严谨，还要一直监督其家人、职员和神职人员也生活严谨；在最后那个可怕的日子，还要向检查所有人心的神交代自己的履职情况。所以，在教会早期，他们不敢承担这一职务。

我们不能说桑德森博士具备这些才能，或具备担任主教的其他所有条件，可以完全满足这些要求。但可以肯定的是，他在七十三岁时——国王回归时他已年迈——具备了很好的条件，需要上帝或人宽恕的缺点明显比当时的其他人少。上帝知道，当时我们明显缺乏圣洁和对上帝荣耀的热情，而在教会早期这一圣洁和热情显而易见。

我之所以提到这件事，是为进一步谈论桑德森博士做铺垫。也就是说，国王回归时，已故审慎的坎特伯雷大主教谢尔登博士——没有任何人比他更了解、更器重、更喜爱桑德森博士——成为国王任命的主要受托人，让他推荐合适人选担任空缺的主教职务。谢尔登博士知道，没有人比桑德森博士更合适了，于是就谦恭地希望国王允许他提名桑德森博士。提名之后，谢尔登博士又谦恭地希望桑德森博士看在上帝和教会的分上，把这一职务接受下来。

桑德森博士如果说不是不愿意的话，但肯定是不敢接受。他常说，他不会让自己陷入诱惑，而现在朋友却让他陷入诱惑，那是他每天都提防的。如果他接受下来，他恳求上帝施恩帮助他，他会以身作则，尽心尽力提升上帝的荣耀，帮助别人得到救赎。

我提起这些是为描述他担任主教做好铺垫。下面我要说的是，1660年10月28日，他在威斯敏斯特被任命为林肯主教。

大约这个时候，有一项对基督徒的关照措施。据说一些人良心脆弱，不能遵守教会的礼拜仪式，这些人可以得到一种补偿，参加一场友好辩论，从这些人之中挑选出来一部分，与那些因为礼拜仪式而受到扣押后来又获释的人进行辩论，双方人数大致相当。这些获释的人有一部分后来晋升到教会的显赫位置，其中就有主教桑德森，他当选为辩论仲裁人。

桑德森博士履行这一职务时很温和，有耐心，讲道理，但这一切都毫无作用。有一些先入之见，如猜忌，虽然没有明显的原因，但无法将其消除，就是讲出明显能证明正确的理由也不行。这次辩论的指定地点是在斯特兰德大街上的萨伏伊宫，辩论的问题我认为有很多，有些被认为是真理，合乎道理，有些被认为既不是真理，也不合乎道理。辩论用的语言用词不严谨，意思含糊不清，双方都不满意。得到肯定的问题马上就被遗忘或被否定，所以双方都不满意。

但辩论可能对以后更有用，于是就决定在第二天，让不服从国教者将他们的愿望和理由写出来，然后得到服从国教派的书面回应。我既不能、也没有必要提及辩论的所有问题，或是不服从国教派的名字，但我相信巴克斯特先生是其中之一，相信下面是辩论的问题之一。

关于合法上司的命令，是什么可以让它成为合法的命令？这一命题是由服从国教派提出来的。

"一项命令，如果其命令要做的事情本身是合法的，并没有要做其他不合法的事情，这项命令就是无罪的。"

巴克斯特先生不接受这一说法，他有两个理由，并亲笔写了下来：

一个理由是，"因为那可能是一项偶然的罪过，它本身并不是罪过，也可能下达命令的方式不合法，虽然这一偶然事件并不在命令之中"。另一个理由是，"命令可能是在受到不公正的惩罚时下达的"。

服从国教派还提出了这一命题："一项命令，如果其命令要做的事情本身是合法的，也没有在受到不公正处罚的情况下做其他事情，也没有在任何偶然情况下出现下令者应该预防的犯罪，这项命令就是无罪的。"

巴克斯特先生不接受这一说法，他有一个理由，并亲笔写了下来："因为下令做的第一件事情可能会偶然不合法，是因为受到不公正的处罚而下达的命令，虽然没有因此而下令做其他事情。"

服从国教派还提出另一个命题："一项命令，如果其命令要做的事情本身是合法的，也没有在受到不公正处罚的情况下做其他事情，也没有在任何情况下直接或偶然出现下令者应该预防的犯罪，其命令中包含合法命令所必需的一切要素，尤其是没有下令做一件偶然不合法的事情，也没有在受到不公正处罚的情况下下令做事。"

巴克斯特先生由于同样原因也不接受这一说法。

彼得·冈宁
约翰·皮尔森

这是当时的两位辩手，仍然健在，他们可以为这件事作证，一个是现任伊利主教，一个是现任切斯特主教。切斯特主教不久前对我说，一位不服从国教者——我知道是谁，但不提他的名字——在桑德森博士看来非常鲁莽，令人讨厌，在辩论中不讲道理，迫使有耐心的桑德森博士——当时是林肯主教，和其他几位主教一起担任仲裁人——以不同寻常的急切口气说："我从来没有见过这样一个人，在整个辩论中这么刚愎自用、这么无能。"

在萨伏伊宫举行的这次辩论结束之后，虽然双方都不太满意，但双方都比以前更加了解对方的愿望，更加了解对方的能力。近年来一直苦恼的神职人员现在恢复了以前的权利和权力，就在下一次教士大会上设法给予不服从国教者补偿，修改、解释、补充礼拜规则和《公祷书》中的部分内容，还增补一些必要的短祷告，还有一个特别的感恩祷告。这些新的短祷告有多少是桑德森博士起草的我并不知道，但我确信整个教士大会都非常尊重他，他没有就任何具体问题发言，但大家全都愿意聚精会神地听他说。一旦某个具体问题确定下来，大会通常让他用文字将大家的想法表达出来，而且同意他的表达方式并感谢他。

在这次教士大会上，《公祷书》变得更加完整，增添了三项新的必要的礼拜仪式，也就是"为殉教者国王查理遇害表示羞耻；为查理之子、我们的国王复辟表示感恩；为年龄上更成熟的人施洗"。我不知道这些是否都是桑德森博士起草的，但他肯定比大会上任何一个人所做的都要多。

根据大会的要求，桑德森博士还修改并补充了海上祈祷形式，现在已经收录进祈祷书。值得注意的是，现任坎特伯雷大主教威廉也积极参与了这些工作，尤其是帮助修订了日历和礼拜规则。

最后值得注意的是，为了满足所有的不服从国教者和其他人，按照他们的要求，大会修改和补充《公祷书》的理由委托桑德森博士起草出来，起草完以后由大会批准，然后刊印在《公祷书》前面，以其标题"序言"而广为人知，其开头是"这是教会的看法"。

现在我要跟随他到他的主教区，描述他在繁忙工作中的一些表现。首先，他对其神职人员中地位最低的人也屈尊俯就、谦恭有礼，认识他们，他们也认识他。实际上他这样对待所有人，无论其地位高低，尤其是老邻居或布思比－潘内尔教区居民。大家来看望他的时候，餐桌上一片欢声笑语，大家真诚地为他祈祷，他也真诚地为大家祈祷。

我认为不可否认的是，担任主教需要吃苦受累，可以正当地要求得到财富和收益，以前的主教们已经合法地拥有了财富和收益。

但他要求的并不多，这是为当世和后世做好事，他的做法如下。

主教的主要邸宅在巴克登，位于亨廷登郡，他的前任通常都住在这里，因为它坐落在主教区的中心。他就任主教的时候，邸宅的大部分都倒塌了，仍然矗立着的那部分也明显破败，他承担起了修复任务。修复工程进展很快，修建得很精心，花费也很多。

另外需要补充的是，国王下令让主教、教长和所有大教堂的受俸牧师负责"维修教堂、邸宅和扩建教区牧师的小住宅"。桑德森博士在修理巴克登邸宅的时候，也扩建了教区牧师的小住宅，续租的租金交得有多快，修建工程进展得就有多快。

一位朋友发现他慷慨，就大胆地让他记住"你还在上交'初熟的果子'，你也老了，有妻子孩子，但你为他们提供的生活费却很微薄，尤其是考虑到你的身份"。

桑德森博士对朋友表示了感谢，并温和地回答说：

"一个主教，让其前任建造的邸宅因失修而毁坏是说不过去的。让任何担任圣职在上帝祭坛上献祭的人经常吃苦果，而主教只要稍微一扩建就能让他吃到甜面包却不这样做，这就更加说不过去了。我希望能这样做，也有义务让所有人幸福，其他什么都不想。至于我妻子和孩子，我希望留给他们一笔钱，把他们托付给上帝，上帝会抚养所有保持清白的人。我相信上帝的保护，他的保护总是足以让我幸福。"

他教区里有一个和他岁数差不多的牧师，桑德森博士离开林肯学院的时候这位牧师就在那里。牧师经常来看望他，总是受到欢迎，因为牧师是个清白、光明磊落的人。牧师问主教看得最多的是什么书，什么时候打下了渊博学识的基础。主教回答说，他读书并不多，但所读的书都是经过仔细挑选的，而且经常读，对这些书非常熟悉。主教还说，主要有三本书：亚里士多德的《修辞学》、阿奎那的《神学大全》第二集第二部，还有西塞罗，但主要是他的《论义务》，他读过不少于二十遍，到这个年纪不看书还能背下来。

主教还对牧师说，博学的平民朱什博士——最近刚去世——撰写了《法律原理》，这本书他不看也能背下来。聪明人读得次数再多也不过分，无论如何喜爱或赞扬它也不过分。主教对牧师说，这就是他的用功之处。他也天生喜爱宗谱和纹章学。他在研究中遇到难题时，就把研究放在一边，拿起宗谱和纹章学换换脑子。这样通过消遣，他完全掌握了宗谱和纹章学，可以在很短时间内说出国内任何一个贵族或绅士的血统、纹章或古老的习俗。

我在叙述桑德森博士最后病倒之前，想告诉读者他身体健康，心情愉快，性格温和，饮食有节，在去世几年之前很少生病。但后来他每年冬天都腹泻，直到天气转暖才止住。随着年纪增大，腹泻病发作得更加频繁，每次发作持续的时间也更长。这种病虽然让他衰弱下去，但主要是让他心情不愉快而不是病倒，根本不能阻止他做研究，实际上他研究的时间太长了。他体力衰弱了，但记忆力或智力不减，这种病并不伤害理解力。他立下最后遗嘱，我要简单介绍一下，以证实前面所说的话，证实我认为可以让大家知道的事情，然后再说他的死亡和葬礼。

他在最后遗嘱中，以这样的话语讲述了他的宗教信仰和教会管理理念：

"我，罗伯特·桑德森，神学博士，耶稣基督不称职的牧师，依照天意成为林肯主教，因长期患有痼疾，致使身心俱衰。但凭借上帝的仁慈，我在身体上没有其他痛苦、智力没有衰退的情况下，亲笔立下这份遗嘱，同时废除我以前立下的所有遗嘱，如果这些遗嘱可以找到的话。

"首先，我把灵魂交给全能的上帝，他是可靠的造物主，我谦卑地恳求他大发慈悲接受下来。这一灵魂并不仅仅是灵魂而已——上面已沾染上无穷的罪孽——而是得到了他喜爱的独生子、我最仁慈的救世主耶稣基督宝血的救赎和净化。我只相信他的功德和调解，依赖上帝的仁慈来饶恕我的罪孽，并得到永生的希望。

"我在这里声明，我生在基督普世教会团体之中，希望——承蒙天恩——并决定也死于这一团体之中，是圣公会真正的儿子。圣公会是依法确立的国教，无论是其教义还是礼拜仪式，都符合上帝的教诲，我坚信在最重要的问题上，既与基督教早期圣洁教会的信仰一致，也与其习俗一致。

"我坚信，这一信仰不是来自习俗和教育的力量——绝大多数人在宗教上的不同信仰，都来自习俗和教育的力量——而是来自真理和理性的明确证据。依据上帝给予我的理解标准和机会，经过认真、公正地考察天主教和清教的立场，我选择了信仰圣公会。我对此极为满意。天主教徒指责我们分裂，清教徒指责我们迷信，而实际上是天主教徒分裂、清教徒迷信，该受指责的正是他们自己。

"所以，我谦卑地恳求全能的上帝、仁慈的圣父，以其权威和意志来保护教会，让教会平安、守正、圣洁，直到世界末日。他肯定会这样做，如果一个罪孽深重民族的邪恶和安全——尤其是那些在我们中间盛行并与日俱增的罪孽，如忘恩负义、骚乱、窃取圣物——没有诱使其耐心走向反面的话。

"我还要谦卑地恳求上帝，请他让我们仁慈的君主、各位主教和国会及时考虑一个巨大的危险：最近天主教徒急剧增加，借助罪恶的圈地运动来创收，这会明显威胁我们的教会。希望他们采取健全有效的补救办法来加以防范，否则就来不及了。"

桑德森博士其他谦卑的想法和愿望，读者可以在他遗嘱的另一部分看到：

"至于我的遗体，我把它留给诞生它的大地，把它体面地埋葬在巴克登教区教堂高坛上端，在我死后第二天、最多第三天下葬，动静、排场越小越好，花费越少越好。除了巴克登的居民之外，不邀请任何人参加，无论和我关系有多近。不在盾徽、手套、缎带等物品上破费。除了讲坛布、枢车布、布道者穿的丧服之外，住宅、教堂里面或周围不悬挂任何黑布。遗体下葬之后，讲坛布送给葬礼布道牧师，枢车布送给当时的副牧师。

"我还要求由我家里的小礼拜堂牧师在葬礼上布道，讲一些有关必死的命运、死者复活和末日审判等有益的内容。他将得到五英镑的劳动报酬，条件是除了我吩咐的之外，对我本人一个字也不许提，无论是说好话还是说坏话，只向听众说明是我本人要求这样做的。

"我要求不许为我竖立花费昂贵的纪念碑，在我遗体上面覆盖一块干净的大理石板就行了，上面用清晰的罗马字体刻上这样的铭文：

DEPOSITUM ROBERTI SANDERSON NUPER
LINCOLNIENSIS EPISCOPI, QUI OBIIT ANNO DOMINI
MDCLXII. ET ÆTATIS SUÆ SEPTUAGESIMO SEXTO, HIC
REQUIESCIT IN SPE BEATE RESURRECTIONIS. ①

"这一安葬方式，我料想我最亲近的朋友和亲属不会感到满意，也很容易受到其他人的指责，他们会说我太吝啬，心胸太狭窄，太不同寻常，不合乎时尚。但这合乎我的心意，我非常希望我的遗嘱会得到严格执行，希望能得到别人效仿，至少说明我临死时——我在世时也经常这样真诚地申明——非常讨厌葬礼布道中常用的溢美之词，讨厌在葬礼和应酬上大肆挥霍钱财，这对任何人都没有多少好处。这些钱如果花在宗教和慈善事业上，就能让公众和很多人受益。"

接下来我要说的是，他死于 1662 年 1 月 29 日，死后第三天遗

---

① "这里埋葬的是罗伯特·桑德森，前林肯主教，卒于公元 1662 年，享年七十六岁，在这里安息并期待复活。"原文为拉丁语。——译者注

体安葬在巴克登。至于安葬方式，就像他希望的那样一点也不铺张，他遗嘱的其他部分也得到严格执行。我说出这一实情——这是对他公正的赞扬——"他死时一点也不富有"之后，要回过头去看看他，再谈谈他在临终前的情况。

他最后的遗嘱——我在前面提到一部分——是在他死前大约三个星期时立下的，这时他发现自己因经常生病而体力衰竭，另外还有肺病引起的咳嗽，于是他回到卧室，表示他在最后时刻要一个人认真思考一番，不要别人打扰或照料，尤其是和今世有关的事。他的神职人员——其人数比任何主教的都多——之中，不让一个人因为他卧床而受到伤害，他授权自己的小礼拜堂牧师普林先生行使主教权力，在他本人不能履职期间为所有的受俸牧师或教会官员晋升制定规矩。

在他卧床期间，他希望自己得到解脱。一些爱他的人为他祈祷，希望他康复。他一旦发现自己有好转，就露出不高兴的样子，说朋友们祈祷是为他帮倒忙，他并不想毫无意义地活着，他占着一个位置，就把一个可以为上帝和教会效力的人挤掉了。他经常高兴和欣慰地提到，他担任管家时——长达四十多年——没有一个人埋葬在家庭之外，现在他好像要成为第一个。他还经常欣慰地提到，他在六十岁之前，从来没有在法律上花过五先令，也没有在喝酒上——他自己——花过五先令。他这辈子从来没有让善良的父亲伤心过一小时，这让他感到很高兴。他希望死时没有一个敌人。

他在卧床期间，让人在他卧室里每天祈祷两次，夜里九点时，让人为他和一部分家人念"人所当尽的本分"①。他研究和办事历来

---

①　圣公会的祈祷词，标题来自《圣经》："这些事都已听见了，总意就是敬畏神，谨守他的诫命，这是人所当尽的本分。"参见《传道书》12：13。——译者注

准时，所以他都是自己叫饭。他的晚饭通常都是在祈祷结束时准备好，他等着吃饭并叫人把饭端来，得到的回答是"再过一刻钟就好了"。他回答说："一刻钟！一个可能活不了几小时的人，一刻钟就什么也不算吗？"在此之后他虽然又活了好多小时，但没有几天。第二天——此时离死还有三天——他极度虚弱，既不想动，也不想坐，只好安心或被迫躺在床上。我希望他在床上休息，我要讲一讲他在床上和卧床之前的表现。

他卧床前一天——此时离死亡还有三天——他在妻子、几个孩子和一个朋友的陪伴下，以满怀敬畏、谦恭、热情的态度，从其小礼拜堂牧师普林先生手里接过圣餐，以便得到饶恕罪过的新保证，在去新耶路撒冷的路上更加坚强。赞美和感恩之后，他这样说道：

"上帝啊，您把我领出娘胎，成为我强大的保护者，一直保护到现在。我现在老了您没有抛弃我，后来我受到诱惑、让我违背良心来保护我的自由和财产时，您也没有让我抛弃您。别人在受到考验时倒下了，我由于承蒙天恩而经受住了考验。我现在满怀喜悦和欣慰之情想起您的这些善举，我希望能在赞美您时死去。"

经常背诵大卫的《诗篇》，是早期基督徒祈祷的主要部分。《诗篇》里不仅有祈祷词和圣训，也有对上帝善举的纪念，可以帮助我们依赖造物主的力量、意志和仁慈，保持、鼓励和坚定我们依赖的信心。我提到这些是为了告诉读者，就像《诗篇》的作者所说："我趁夜更未换将眼睁开，为要思想你的话语。"[①]桑德森博士也是这样，每天早上一醒过来，就背诵教会指定用在晨祷的圣诗。晚上上床以后，他就闭上眼睛背诵教会指定用在晚祷的圣诗，记住并背诵指定在每一天要背的圣诗。这样每月周而复始，他的祈祷词也随之变换。如果他一觉醒来先想尘世，或是想与尘世有关的事，他就严厉谴责

---

① 语出自《圣经·诗篇》119: 148。——译者注

自己。这样，他就在尘世间做现在在天国所做的事。

他卧床以后，大约在死前一天，他让小礼拜堂牧师普林先生赦免他的罪孽。牧师赦罪时，他脱下帽子，让普林先生把手放在他头上。他这一愿望得到满足以后，身上感到舒服一些，心情也更愉快了，说："主啊，我体力不行了，请不要抛弃我，而是继续怜悯我，让我说出赞美您的话语。"

他在夜里和第二天一直保持耐心。为了让他舒适，为了给他提神，给他做一些简单的礼拜活动，每做一点他都很感激。在此期间，他经常背诵《诗篇》第一百零三章，而且经常是这一句："我的心哪，你要称颂耶和华，凡在我里面的，也要称颂他的圣名！"[①]他现在想的似乎全是死亡，他已完全准备好，即便是死神在夜里偷偷进来也吓不住他。他常说，他已准备就绪，就等着死。死亡这一愿望像是来自天国，灵魂不升天他是不会放弃这一愿望的。在天国享受至福的灵魂正等着和他一起赞美上帝，是上帝把他们领进了天国，罪孽和悲伤是进不去的。

这个温顺和纯洁的楷模就这样进入天国享福。我要是想像他那样生活现在已经太晚了，我已经八十五岁了。但我还是谦恭地恳求全能的上帝让我像桑德森博士那样死去，也真诚地恳求每一位读者说——阿门。[②]

"凡心里没有诡诈，耶和华不算为有罪的，这人是有福的。"[③]

---

① 该章第一句。——译者注
② 来自拉丁语，意思是"但愿如此"。——译者注
③ 语出自《圣经·诗篇》32：2。——译者注

图书在版编目（CIP）数据

英国近代早期传记名篇 /（英）乔治·卡文迪什，
（英）艾萨克·沃尔顿著；王宪生译. —杭州：浙江大
学出版社，2019.7
ISBN 978-7-308-19024-4

I.①英… II.①乔… ②艾… ③王… III.①历史人
物-传记-汇编-英国 IV.①K835.61

中国版本图书馆CIP数据核字（2019）第048208号

英国近代早期传记名篇

［英］乔治·卡文迪什 ［英］艾萨克·沃尔顿 著 王宪生 译

责任编辑	王志毅
文字编辑	伏健强
责任校对	闻晓虹
装帧设计	王小阳
出版发行	浙江大学出版社
	（杭州天目山路148号 邮政编码310007）
	（网址：http://www.zjupress.com）
制 作	北京大观世纪文化传媒有限公司
印 刷	北京中科印刷有限公司
开 本	635mm×965mm 1/16
印 张	30
字 数	376千
版 印 次	2019年7月第1版 2019年7月第1次印刷
书 号	ISBN 978-7-308-19024-4
定 价	88.00元

版权所有 翻印必究 印装差错 负责调换
浙江大学出版社市场运营中心联系方式：（0571）88925591；http://zjdxcbs.tmall.com